"十四五"时期水利类专业重点建设教材
全国水利行业规划教材

节水灌溉工程技术

主　编　孙西欢　马娟娟　杨树青

·北京·

内 容 提 要

本书内容主要包括：绪论、节水灌溉的理论基础、地面灌溉新技术、喷灌工程技术、微灌工程技术、灌溉管道输水工程技术、渠道防渗衬砌工程技术、集雨灌溉技术以及节水灌溉自动化技术等。为了进一步提升教学质量和教学效果，本书在纸质教材的基础上，增加了适配我国节水灌溉工程技术的视频资料等，强化学生对难点知识的认知深度。

本书可供农业水利工程及相关专业院校师生、科研人员在教学科研工作中使用，也可供水利工程技术人员在灌区规划设计和管理工作中参考。

图书在版编目（CIP）数据

节水灌溉工程技术 / 孙西欢，马娟娟，杨树青主编. 北京：中国水利水电出版社，2025.5. --（"十四五"时期水利类专业重点建设教材）（全国水利行业规划教材）. -- ISBN 978-7-5226-1363-5

Ⅰ. S275

中国国家版本馆CIP数据核字第2025TL9250号

书　名	"十四五"时期水利类专业重点建设教材 全国水利行业规划教材 **节水灌溉工程技术** JIESHUI GUANGAI GONGCHENG JISHU
作　者	主编　孙西欢　马娟娟　杨树青
出版发行	中国水利水电出版社 （北京市海淀区玉渊潭南路1号D座　100038） 网址：www.waterpub.com.cn E - mail：sales@mwr.gov.cn 电话：（010）68545888（营销中心）
经　售	北京科水图书销售有限公司 电话：（010）68545874、63202643 全国各地新华书店和相关出版物销售网点
排　版	中国水利水电出版社微机排版中心
印　刷	天津嘉恒印务有限公司
规　格	184mm×260mm　16开本　22.5印张　548千字
版　次	2025年5月第1版　2025年5月第1次印刷
印　数	0001—2000册
定　价	**68.00元**

凡购买我社图书，如有缺页、倒页、脱页的，本社营销中心负责调换
版权所有·侵权必究

前 言

按照水利类教学指导委员会对"十四五"时期水利类专业重点建设教材、全国水利行业规划教材建设规划的要求，我们编写了《节水灌溉工程技术》。

《节水灌溉工程技术》是为普通高等院校农业水利工程专业所编写的专业课教材。本书在编写过程中，精心进行数字资源的配置，尽量使一些比较抽象、难理解的知识点以微视频或动画的形式展现，以适应水利教育教学改革、提高教育信息化数字化水平、提升人才培养质量、服务新时期水利人才队伍建设的需求。

全书共分9章，主要内容包括绪论，节水灌溉的理论基础，地面灌溉新技术，喷灌工程技术，微灌工程技术，灌溉管道输水工程技术，渠道防渗衬砌工程技术，集雨灌溉技术以及节水灌溉自动化技术等。

本书由孙西欢教授、马娟娟教授、杨树青教授任主编。具体分工如下：前言和第1章由太原理工大学孙西欢教授编写；第2章由太原理工大学马娟娟教授编写；第3章由太原理工大学郭向红教授编写；第4章由内蒙古农业大学杨树青教授编写；第5章由新疆农业大学洪明副教授编写；第6章由太原理工大学李永业副教授编写；第7章由太原理工大学肖娟教授编写；第8章由甘肃农业大学齐广平教授，康燕霞教授，银敏华副教授，白有帅老师和马彦麟老师编写；第9章由太原理工大学周义仁教授编写。全书由孙西欢教授负责统稿，由中国灌溉排水中心李仰斌教授级高级工程师负责审稿。在教材编写过程中，许多专家学者和企业提供了相关资料、素材，给予了大力支持，在此一并表示衷心的感谢。

由于水平所限，书中难免有不妥之处，恳请广大师生及各位读者批评指正。

作 者
2024年12月

目 录

前言

第1章 绪论 ··· 1
  1.1 节水灌溉的内涵 ··· 1
  1.2 发展节水灌溉的重要意义 ··· 3
  1.3 节水灌溉技术体系与主要内容 ·· 4
  1.4 国内外节水灌溉工程技术发展 ·· 8
  参考文献 ·· 18

第2章 节水灌溉的理论基础 ·· 21
  2.1 土壤、水分与作物的关系 ··· 21
  2.2 作物需水量 ·· 35

第3章 地面灌溉新技术 ··· 45
  3.1 地面灌溉基础理论 ·· 45
  3.2 畦灌与节水型畦灌 ·· 52
  3.3 沟灌与节水型沟灌 ·· 60
  3.4 波涌灌溉 ·· 69
  3.5 覆膜地面灌溉技术 ·· 73
  3.6 水稻节水灌溉技术 ·· 77
  3.7 果园地面灌溉新技术 ··· 79
  参考文献 ·· 83

第4章 喷灌工程技术 ··· 84
  4.1 概述 ··· 84
  4.2 喷灌设备和选型 ·· 87
  4.3 管道式喷灌系统规划与设计 ·· 92
  4.4 机组式喷灌系统设计 ··· 102
  4.5 工程设计示例 ··· 113

第5章 微灌工程技术 119
- 5.1 概述 119
- 5.2 微灌设备 123
- 5.3 微灌技术要素 151
- 5.4 微灌系统规划与设计 159
- 5.5 微灌系统的安装与维护 182
- 参考文献 190

第6章 灌溉管道输水工程技术 191
- 6.1 概述 191
- 6.2 灌溉管道输水工程规划与布置 194
- 6.3 常用管材与附属设施 207
- 6.4 灌溉管道输水工程施工 215
- 6.5 灌溉管道输水工程消能措施 228
- 参考文献 231

第7章 渠道防渗衬砌工程技术 232
- 7.1 概述 232
- 7.2 渠道防渗衬砌工程规划 235
- 7.3 渠道防渗衬砌材料与结构 236
- 7.4 渠道防渗衬砌工程设计 245
- 7.5 渠道防渗衬砌工程冻害防治 256

第8章 集雨灌溉技术 264
- 8.1 概述 264
- 8.2 集雨灌溉工程规划 267
- 8.3 集雨灌溉工程设计 272
- 8.4 集雨灌溉工程施工与管理 302
- 8.5 集雨灌溉工程案例分析——贵州黔西县太来乡芭蕉片区烟水配套工程 317
- 参考文献 326

第9章 节水灌溉自动化技术 327
- 9.1 灌溉信息监测技术 327
- 9.2 自动化灌溉技术 337
- 9.3 智能化灌溉技术 342
- 9.4 基于物联网云平台的自动化灌溉系统 347
- 参考文献 353

第 1 章

绪 论

1.1 节水灌溉的内涵

水利是农业的命脉。我国是农业大国,又是文明古国,灌溉历史悠久,孕育了中华文明。所谓灌溉,是为了保证作物正常生长,获得高产稳产,在天然降雨不足时,人为地补充作物所需水分的技术措施。灌溉的实施依赖于灌溉工程,即将水源的水通过取水工程、输配水工程(渠道或管道)送到田间,利用与灌水方法相适应的田间工程将灌溉水转化为土壤水,以满足作物的需水要求。灌溉工程的设计、施工、运行与管理所需要的技术,统称为灌溉技术。

随着人口的不断增长,粮食需求的不断增大,同时,水资源的有限性与经济社会迅速发展对水资源需求的激增形成了尖锐的矛盾,节约用水成了国计民生与经济社会和谐发展的战略性共识。农业作为国民经济用水结构中的用水大户,节水农业的发展势在必行。从灌溉农业生产中水的运行轨迹看,可以分为四个主要转化环节:①通过输配水工程(以输水管道或者灌溉渠道等方式)从水源将水输送到农田中。②将输送到农田中的灌溉水,以一定的灌水方法合理有效地分配到作物根系集中层,形成土壤水。③作物根系对土壤水进行吸收和利用,形成植物体内的生物水,以维持正常生理活动。④土壤水进入植株体后,在作物内部通过一系列生化反应,形成经济产量。在这四大转化环节中均伴随着大量的水量损失,因此,通过对这些环节的深入分析,充分挖掘节水潜力,从而制定科学合理的节水措施,对于实现农业全面节水具有重要意义。在前两个环节中,大量的水量损失主要发生在输配水和灌溉过程中,水量损失的主要形式为渠系渗漏、蒸发、田间深层渗漏等,该过程的节水潜力较大,可主要从提升工程技术水平、改进灌水方法和管理措施等方面着手,尽可能提高田间土壤储水量和水源取水量之间的比率,以此来提高水的利用率,这是当前节水灌溉的主要方面。在第三和第四环节中,作物蒸腾蒸发是造成水量损失的主要形式。作物蒸腾蒸发主要包括两个方面,即作物蒸腾和土壤棵间蒸发。据相关研究报道,用于作物生长的实际用水会远远低于蒸腾作用吸取的土壤水分,因此适当减小作物蒸腾作用并不会对作物产量造成显著影响。通常蒸腾作用与光合作用和产量形成过程是紧密相连的,因而,对蒸腾作用的抑制强度不宜过大,否则会对作物生理活动和产量造成影响。在作物总需水量中,约有 $20\% \sim 50\%$ 水量被消耗在棵间蒸发过程。这部分水量有助于改善作物生长环境,但对作物产量无显著影响,因此,可采取合理措施抑制棵间蒸发,提高水分利用效率。生产实践中常用的措施类型有农艺技术、生物技术、化学技术、能够减少植物蒸腾蒸发的灌水技术及管理技术等。概括来说，在第三、四环节，总的目标是尽可能提高蒸腾量与耗水量、生物量与蒸腾量的比率，以此来提高水的利用效率。综上所述，水从水源到作物产量形成的全过程均存在一定的节水潜力，在整个灌溉水输送和转化过程中，凡是能够降低水的无效损耗，有利于灌溉水利用效率增加的各种技术、方法和措施均属于节水灌溉的范畴。

《节水灌溉工程技术标准》（GB/T 50363—2018）对节水灌溉（water-saving irrigation）的定义是：根据作物需水规律和当地供水条件，高效利用降水和灌溉水，以取得农业最佳经济效益、社会效益和环境效益的综合措施。节水灌溉的内涵包括水资源的合理开发利用、输配水系统的节水、田间灌溉过程的节水、用水管理的节水、农艺节水及其他节水增产技术措施等方面。深入理解节水灌溉内涵的实质，还需要把握以下几点：

（1）节水灌溉要探究作物的需水规律，采取正确的节水灌溉措施。不同的作物类型和品种，其需水规律有差异。只有充分了解作物的需水规律，明确作物生长过程中哪些生育阶段是关键需水期，哪些生育阶段多用水会造成浪费，才能够根据作物需水特性采取相应的节水灌溉措施，实现节水增产。

（2）节水灌溉要坚持因地制宜的原则。各地的水资源、地形、气候、土壤和社会经济条件不同时，对节水的要求也会存在差异。因此，对于不同的国家、地区，在不同的历史发展阶段下，节水标准也会各不相同。所以，节水不是绝对概念，而是一种相对概念。充分了解地区的综合特性，对于合理确定当地的节水标准、采取正确的节水灌溉措施是十分重要的。

（3）节水灌溉要充分利用土壤水和降水。灌溉是将灌溉水转化为土壤水，以满足作物的生长需求。所以，土壤水的保持和有效性是节水灌溉的内涵要求。由于降水的时空分布不均，采取工程措施最大限度提高降水的利用率，以减少灌溉用水量，是节水灌溉的又一个重要的内涵要求。

（4）节水灌溉要突出水的高效利用。节水灌溉不是为节水而节水，或简单地理解为节约灌溉用水，其内涵强调的是水的高效利用。提高农业水分生产率和灌溉水有效利用率，实现农业节水、高效、优质和高产是节水灌溉的根本目的。通过采取合理措施，使农业灌溉过程中的无效耗水尽可能降低是节水灌溉的实质。在等量灌溉水量条件下实现农作物产出最大化，或者在农作物等量产出条件下实现水资源消耗最小化是节水灌溉的目标。

（5）节水灌溉是水运行转化中无效耗水的全过程控制。从水的运行转化轨迹来看，水从水源经灌溉工程先后转化为灌溉水、土壤水，在植物根系作用下，土壤水转化为生物水，又在太阳辐射等环境条件作用下，生物水转化为大气水。在水运行转化的全过程中的各个环节均存在着无效耗水，因此，需要针对各个环节的无效耗水，采取相应的措施，进行全过程的控制，实现节水增产的目标。

（6）节水灌溉的实施要坚持全面统筹、综合获益的原则。要从流域或区域的视角，考虑到流域或区域内不同地段水资源相互影响相互依赖的关系，考虑到水的循环与相互转化的特点，从作物整个生育期或作物灌溉水文全过程而非单次灌水出发，并从社会、经济、农业生产环境等角度去认识节水灌溉。使流域或区域内的作物的有效需水得到最大限度满足，最终从经济、社会和生态环境三方面使农业生产效益最大化，这是节水灌溉的最终目标。

节水灌溉是农业节水中的重要内容。节水灌溉实施的各种节水措施（包括工程措施和非工程措施）统称为节水灌溉技术。正确理解和认识节水灌溉的内涵实质，对研究和推广节水灌溉技术具有十分重要的作用。节水灌溉技术是科学技术进步的产物，具有节水与高产、高效的双重要求。从适应现代化农业对灌溉的要求和实现农田灌溉现代化的角度看，节水灌溉技术就是以现代科技发展推动的、以水资源高效利用为特征的可持续发展的灌溉技术，是以灌溉工程学、水文水资源学、农学及农业水管理、材料工程及信息工程与自动化等多学科为基础交叉衍生出的一系列节水技术措施所组成的综合技术体系。

1.2 发展节水灌溉的重要意义

当今世界发展面临着人口、资源和环境三大问题。随着人口的不断增长，人类生存所需求的粮食及各种资源也在不断增长，且人均资源拥有量在不断降低；同时，由于资源的过度开发和不合理利用，又引发了一系列环境问题，导致了人类生存环境的恶化。因此，面对人口的日益增长，协同解决人口、资源和环境三大问题，保障粮食供给，促进人类社会与经济的可持续发展，已显得尤为迫切。

水是生命之源，生态之基，生产之要。水资源是人类生存所需的各种资源中不可替代的一种重要资源。所以，水资源问题既与人口与环境问题密切相关，又与经济社会的可持续发展相关。据相关资料，地球的水资源总量为 14.5 亿 m^3，但可供人类利用的淡水资源仅占 2.7%，其余为海水。在淡水资源中，地球的南极和北极以冰的形式存在的淡水资源占到 77.2%，所以人类可利用的淡水资源是非常有限的。随着人口的不断增加和经济社会的不断发展，水资源紧缺的趋势愈加明显。早在 1977 年召开的联合国水事会议，就向全世界发出了严重警告：水不久将成为一个深刻的社会危机，石油危机之后的下一个危机便是水。由此，保护水资源、节约用水，以改善人类生存环境和促进经济社会的可持续发展，成为国际社会的共识。

在水资源的利用结构中，农业是用水大户，据有关文献报道，农业用水量在全世界水资源总利用量中的占比达到 70% 以上。而农业用水主要是灌溉用水，加之在经济欠发达国家大部分仍沿用传统的地面灌溉技术，灌溉水的有效利用率较低。因此，不断研究节水灌溉新技术、发展节水灌溉成为化解水危机、促进人类社会与经济可持续发展的重要途径。

我国的水资源总量约 2.8 万亿 m^3，位于世界各国前列。但我国人口众多，人均水资源量仅为 $1986m^3$。根据国际公认标准，人均水资源量低于 $3000m^3$ 属于轻度缺水，人均水资源量低于 $2000m^3$ 属于中度缺水，人均水资源量低于 $1000m^3$ 属于严重缺水，人均水资源低于500m³属于极度缺水。由此可知，随着人口的继续增长，我国将逐渐趋于中度缺水国家。我国水资源的分布态势为南多北少，差异较大，北方的部分城市和省份已属于严重缺水或极度缺水地区。水资源短缺已成为制约我国经济社会可持续发展的严重问题，节约用水势在必行。我国高度重视节水工作，尤其是在党的十八大以来，习近平总书记提出了"节水优先，空间均衡，系统治理，两手发力"治水思路，从国家高质量发展的战略层面把节约用水放在了优先的位置，明确了节约用水是国家水安全的重要基础，是涉及国家长治久安的大事。

我国是拥有14亿人口的大国，粮食安全是国计民生的重要基础。据报道，截止到2023年年底，我国耕地灌溉面积已达10.75亿亩，占全国耕地面积的55.7%。在这些有灌溉条件的耕地上，生产了全国77%的粮食和超过90%的经济作物。由此可见，发展灌溉农业是解决我国粮食安全问题的重要途径之一。但是，制约灌溉农业发展的关键问题是水资源量及其分布问题。我国水资源量并不丰富，其分布南北差异较大，且与耕地的分布极不适配，秦岭及淮河以北的北方地区，其耕地面积占全国耕地总面积的64%，但其水资源量仅占全国水资源总量的19%；而南方地区，耕地面积仅占全国耕地总面积的36%，但其水资源量却占全国水资源总量的81%。这种耕地资源与水资源的分布特征，决定了我国灌溉农业的发展必须走节水灌溉的道路，才能够有效解决粮食安全的问题。

1.3 节水灌溉技术体系与主要内容

从灌溉用水的足迹来看，从水源到作物产量的形成需经历四大主要环节，包括灌溉用水向土壤水转化，土壤水向生物水转化，生物水向产量转化的重要过程。在这些转化过程中均伴随着大量的水量损失，通过从不同的学科领域对各个环节的节水潜力进行充分挖掘，采取相应的合理节水措施，并对这些措施进行科学合理的整合，形成了完整的节水灌溉技术体系，包括灌溉水资源开发与优化调配技术、节水灌溉工程技术、农艺及生物节水技术和节水管理技术。其中节水灌溉工程技术是该技术体系的核心。

1.3.1 灌溉水资源开发与优化调配技术

灌溉水资源开发与优化调配技术的主要内容包括7个方面：水资源优化分配技术、多水源联合运用技术、雨水集流技术、劣质水利用技术、灌溉回归水利用技术、井渠结合——地表水、地下水互补技术和储水灌溉技术。下面分别进行简要介绍。

1. 水资源优化分配技术

对区域内的水资源进行综合评价，考虑水资源所在区域内的共享用水户的用水需求，提出能够充分利用水资源并发挥最大效益的优化分配方案，进行水资源的综合开发利用。

2. 多水源联合运用技术

对于具有地面水源与地下水源、本地水源与引调水源以及其他水源等多水源区域，利用系统工程理论和现代数字技术，建立多水源联合运用的优化调度模型，通过水源工程的自动化与信息化，实现智慧控制与调度，科学合理地利用各种水源，提高水资源的利用率，在农业节水增产的同时，实现区域经济效益与生态效益的最大化。

3. 雨水集流技术

在我国干旱、半干旱的北方地区，通常会采取水窖、蓄水池和塘坝等设施对降雨进行及时存储，并用于农业灌溉和农村饮用水：①对于水窖而言，关键在于选择合适的集雨面（雨水汇集区），应特别注意其具有一定的产流能力。集雨面确定后，通过一定的方式将雨水引入位置较低、合适容量的水窖中备用。②蓄水池既可以结合当地地形特点，选择天然的径流汇集区和洼地，也可以选择人工开挖形成。为了有效减缓渗漏损失，应对蓄水池四周及底部采取合理的防渗措施。蓄水池既能单独使用，又能以"长藤结瓜"的形式，利用渠道将其串联，形成一个大的集水系统。③塘坝主要是指蓄水能力小于 10 万 m^3 的微型水库。通常主要是结合地形特点，选取汇水面较大的洼地或者溪谷进行筑坝拦蓄水。拦水坝及相关水工建筑物（取水建筑物、泄水建筑物等）的设计和施工应参照小型水库的技术要求。

4. 劣质水利用技术

在水资源较为紧缺的地区，可以适当采用部分劣质水（微咸水、污水等）进行灌溉。在采用微咸水灌溉前，需要对水质条件、土壤积盐状况和作物耐盐情况进行准确了解和分析，然后确定是微咸水直接灌溉还是需要混入淡水进行稀释后再进行灌溉。在选择微咸水灌溉时，应合理确定灌溉制度，并配合科学的耕作栽培技术措施，以避免出现土壤次生盐碱化问题。在选择污水灌溉时，必须要先对污水按照相关技术标准进行妥善处理后，才能用于非直接食用类农作物的灌溉。

5. 灌溉回归水利用技术

为了减少水资源的浪费，可采取一些可行的技术措施对渠系和田间的跑水、退水和渗漏水进行收集，将符合灌溉水质标准的收集水供给下游地区进行农业灌溉。

6. 井渠结合——地表水、地下水互补技术

在部分自流灌区会存在轮灌周期长、季节性来水少的问题，此时就需要采用井渠结合的办法缓解供水不足。通过布设机电井对地下水进行抽提，这样一方面可以弥补地表水不足，另一方面可以为灌溉水入渗和雨季降水所形成的地下水预先"腾空"部分地下库容。地表水和地下水相互补充、紧密关联，这种水资源互补技术的应用对于水资源的高效利用是十分有益的。

7. 储水灌溉技术

河流来水情况会存在一定的季节性差异，在我国北方，对于作物生长而言，冬季时会存在闲水，而在春季时会出现来水不足的问题。为此，可以利用这部分冬季闲水进行储水灌溉，将水储存于田间土壤中，以供灌溉水资源供需紧张的春耕使用。

1.3.2 节水灌溉工程技术

节水灌溉工程技术主要应用于输水环节和田间灌水环节。输水环节的节水技术主要有渠道防渗技术和管道输水技术；田间灌水环节的节水技术主要有喷灌技术、微灌

技术、改进地面灌溉技术、水稻节水灌溉技术等。这些节水灌溉工程技术，不仅能够降低输配水过程中的跑水损失等，还能够减少灌水过程中的渗漏损失，有利于提高灌溉效率。

1.3.2.1 输水节水技术

1. 渠道防渗技术

低成本的传统地面灌溉仍然是我国目前最主要的灌水方式。在传统的地面灌溉中，有超过 3/4 的灌溉面积采用的是明渠输水方式。据报道，从水源到田间的输水过程中所发生的灌溉水损失（废泄、渗漏和蒸发）占到了整个灌溉水损失总量的 75% 左右，其中发生在渠系中的渗漏损失，是水量损失的主要环节。为了减少这一环节的输水损失量，可以采取渠道衬砌防渗等相应节水措施，从而提高灌溉效率，保证供水质量等。对于一般渠灌区而言，采用黏土夯实、混凝土衬砌和塑料薄膜衬砌后的渠道分别可以减少 45%、70%~75% 和 80% 的渗漏损失。因此，在今后节水灌溉技术的发展过程中，渠道防渗应是着重发展的技术措施之一。

2. 管道输水技术

相比明渠输水，管道输水具有诸多优点：减少灌溉水损失，提高灌溉水利用率；输水快，耗时少，占地少，方便管理；轮灌周期短，水量控制准，有利于增产。管道替代明渠形成管网有压供水系统，可根据其压力的大小为不同的田间灌溉系统供水，如，压力较大的管网系统适配于喷灌系统，压力较小的管网系统适配于微灌系统，在田间埋于地下的低压管道可形成低压管灌系统。

1.3.2.2 田间灌水节水技术

1. 喷灌技术

喷灌是一种被世界各国广泛采用的高效节水灌溉技术。它主要是将有压水流，由配水管路输送至田间，再经喷头形成细小水滴，达到田面均匀灌溉的目的。与传统地面灌溉相比，喷灌不仅能够有效节水 30%~50%，还能不同程度地提高作物产量和品质。同时，喷灌还具有一系列优点，例如省工省时、地形及土壤条件适应性强、便于实现机械化和自动化等。当然，喷灌也存在一些缺点，例如投资大、运行维护成本高、蒸发及飘移损失大等。这些缺点阻碍了喷灌技术在国内的大面积推广。

2. 微灌技术

微灌是指按照作物生长所需的水分和养分，通过低压管道系统与安装在末级管道上的孔口或特制灌水器，将水和作物生长所需的养分变成细小的水流或水滴，准确直接地送到作物根区附近，均匀、适量地施于作物根层附近的土壤表面或土层中的灌水方法。微灌是一种局部灌溉方法，滴灌、微喷灌、涌泉灌和渗灌等均属于微灌的范畴。微灌是一种现代化、用水效率最高的精细灌溉技术。微灌技术具有很多优点：灌水均匀性好，可实现水、肥、药等一体化，有利于作物生长；省水增产；适应性强、操作方便。微灌技术也会存在一些缺点，例如，一次性投资大和灌水器易堵塞等。

3. 低压管灌技术

低压管灌技术是在田间利用地埋管道取代原来的田间渠沟进行灌溉水的输配任务，形成管道输水灌溉（"管灌"）技术。它是一种低压输水方式，通过分水设施和分水口将管道中的灌溉水分配到田间沟畦，是一种先进的新型地面灌溉技术。目前，低压管灌技术在北方井灌区得到了广泛应用。

4. 改进地面灌溉技术

目前，世界上使用最为广泛的灌水方法仍旧是地面灌溉。传统的地面灌溉多为大水漫灌，水利用率低下。经过多年的生产实践积累，新的改进地面灌溉技术不断被提出，例如沟畦结合灌、小畦灌、膜上灌和长畦分段灌溉等。随着科学技术的不断发展，一些新技术不断用于改进传统的地面灌溉，使得灌水效率不断提升。例如，国外采用激光平地技术使地面高差控制在±1cm内，缩短灌水沟沟长以及波涌间歇灌水，这些改进的地面灌溉技术能够大幅提高灌溉水利用效率。目前，这些先进技术在我国正处于试验性研究和逐步推广阶段。

5. 膜上灌水技术

膜上灌水技术是指在覆膜栽培的基础上，将传统膜旁灌水改进为膜上过水，水分通过膜上渗水孔、放苗孔和地膜旁侧渗入土壤，供作物生长。与常规地面灌溉相比，通过该灌溉技术能获得较好的灌水均匀度。膜上灌水技术不仅具有投资少、便于控水和操作简便的优点，而且还能够减少深层渗漏和土壤蒸发损失。目前，该技术主要在干旱半干旱地区应用较为普遍。

6. 水稻节水灌溉技术

我国是一个拥有7000多年水稻种植历史的国家，同时也是稻作的主要起源地之一。水稻促控栽培已成为我国稻作过程中最重要的一种方式。现阶段，经过多年的试验研究，结合当地气象自然条件等，已发展了多种水稻节水灌溉技术。例如水稻控制灌溉、水稻"薄、浅、湿、晒"灌溉、水稻旱育稀植技术、水稻优化灌溉、水稻薄露灌溉、水稻非充分灌溉等。

1.3.3 农艺及生物节水技术

农艺及生物节水技术包括耕作保墒技术、覆盖保墒技术、优选抗旱品种、土壤保水剂及作物蒸腾调控技术。现阶段，农艺节水技术得到了较为广泛的普及，但生物节水技术还处于研发和逐步推广中。现有的生物节水技术包括保水剂施用和黄腐酸喷施等。保水剂能够大量吸收灌溉或降水后的土壤水分并存储起来，当土壤水分亏缺时再缓慢释放，供作物吸收。该保水材料能够反复吸收和释放水，可长期重复使用。黄腐酸的作用机理主要是对叶片气孔开张度进行调节，抑制蒸腾作用，减少水分耗散。

1.3.4 节水灌溉管理技术

节水灌溉管理技术包括灌溉用水管理自动信息系统、输配水自动量测及监控技术、土壤墒情自动监测技术、节水灌溉制度等。其中，输配水自动量测及监控技术主要是采用测定精度较高的量测设备对灌区水情（水位、流量、含沙量及水泵运行参数等）信息及时进行采集和传输，通过进一步的数据处理和技术分析，从而实现科学配水。土壤墒情自动检测技术主要是通过采用先进的仪器设备对土壤墒情进行及时准确的监测，从而为更加科学合理的灌溉计划制定和精细灌溉的实现提供重要的数据支持和理论支撑。科学地进行用水管理也是重要的节水途径之一。耕作栽培节水技术、工程节水技术和管理技术的相互协作和紧密配合，才能取得事半功倍的节水效果。节水灌溉管理技术的核心内容包括五个方面：①对现有灌溉制度进行不断的改进和完善，从而使其更好地指导农业灌溉。②在充分考虑当地自然和社会经济条件下，制定适宜当地的农业节水技术政策，指导当地领导干部及群众学会在何种条件下应优先采用何种技术。③制定和完善有利于节水的政策、法规。④建立健全节水管理组织和节水技术推广服务体系，完善节水管理规章制度，把节水管理责任落实到每项工程、每个干部职工、每个农民。⑤以精准化、自动化、数据化为核心的智慧灌溉体系建设，涵盖智能控制、水肥一体、高效输配、智慧决策等系统。

完整的节水灌溉技术体系涉及的学科和领域范围较广，不仅涉及水利工程学科，而且涉及农学、农艺栽培、化学以及数字技术等学科；不仅涉及工程技术与设备，而且涉及政策、法律与社会管理。因此，本书所述的节水灌溉技术将根据农业水利工程专业的教学内容要求，以节水灌溉工程技术为主要内容进行介绍。

1.4　国内外节水灌溉工程技术发展

随着经济的发展，人们对灌溉用水效率追求的不断提高，节水灌溉工程技术一直处于不断地发展过程中。尤其是第二次世界大战以来，经济的迅速发展和人口的快速增长，水资源危机的问题凸显，世界各国普遍重视了高效用水，促进了节水灌溉技术的发展。同时，由于材料、能源、水利、农业等相关学科的科学技术的不断进步，也促进了节水灌溉技术的快速发展。节水灌溉技术的发展及应用与社会的经济水平联系的较为紧密，总体来说，发达国家节水灌溉技术的发展较快，推广应用的面积也较大一些。本节就节水灌溉工程的一些主要技术的发展作简单介绍。

1.4.1　国外节水灌溉工程技术的发展

1. 渠道防渗工程技术

渠道渗漏是渠道输水损失的主要组成部分，是造成水资源浪费的重要原因。因此，世界各国政府及科研工作者对渠道防渗技术高度重视，从最初的简单尝试到如今的高科技集成应用，国外渠道防渗灌溉技术经历了漫长而丰富的发展历程。早在19世纪末至20世纪初，随着工业革命的深入和农业生产的机械化发展，渠道输水成为灌溉系统的重要组成部分，渠道的防渗性能直接影响到水资源的利用效率。从这一时期开始，欧美等发达国家便开始尝试使用各种材料对渠道进行防渗处理，以减少水分渗漏和蒸发损失。最初，人们主要采用天然材料如黏土、卵石等进行渠道衬砌，但这些材料防渗效果有限，且易受到侵蚀和冲刷。随着材料科学的进步，混凝土等新型建筑材料逐渐被引入渠道防渗领域。混凝土因其强度高、耐久性好、防渗效果显著等优点，迅速成为渠道防渗的主要材料。然而，由于施工技术和设备水平的限制，混凝土防渗渠道的建设成本较高，其在当时的推广应用受到了一定限制。进入20世纪中期以后，各国纷纷加大科研投入力度，致力于开发新型防渗材料和技术手段，以提高渠道防渗性能和降低建设成本，使得渠道防渗技术迎来了重大突破。其中包括：①防渗材料的多样化：除了传统的混凝土材料外，人们还开发了多种新型防渗材料，如沥青、塑料薄膜、复合材料等。这些材料在防渗性能、施工便捷性、成本效益等方面各具优势，为渠道防渗工程提供了更多选择；②施工技术的创新：随着机械化施工技术的发展和普及，渠道防渗工程的施工效率和质量得到了显著提升。大型机械设备如挖掘机、压路机、混凝土搅拌车等被广泛应用于防渗渠道的建设中，极大地降低了劳动强度和提高了施工速度；③标准化管理的推广：为了确保渠道防渗工程的质量和安全，各国纷纷制定了一系列技术标准和施工规范。这些标准和规范涵盖了防渗材料的选择、施工工艺的确定、质量检测的方法等各个方面，为渠道防渗工程的规范化发展提供了有力保障。在这一时期，美国、日本等国家针对渠道防渗和建筑物的冻害问题从材料、结构和施工方法等方面进行大量研究，提出了相应的防治措施，这使得渠道防渗技术得到了广泛应用和推广。进入20世纪80年代以后，渠道防渗技术呈现出高科技集成和智能化发展的特点，新型防渗材料如纳米材料、高分子材料等不断涌现并应用于渠道防渗工程中，使得渠道防渗技术迎来了新的发展机遇。这些材料具有良好的防渗性能、耐久性和环保性等特点，为渠道防渗工程提供了更高水平的技术支持。在此基础上，智能化监测与控制系统被广泛应用于渠道防渗灌溉领域。这些系统通过实时监测渠道水位、流量、渗漏量等参数信息，实现对渠道输水灌溉过程的精准控制和优化调度。此外，国外发达国家还非常注重从政策层面推动渠道防渗灌溉技术的发展。政府通过制定相关法律法规、提供财政补贴和技术支持等措施，鼓励农民和企业采用先进的防渗灌溉技术。

从整体来看，目前在全世界范围内已形成了较为完整和较为体系的渠道防渗技术和施工工艺。从渠道防渗工程施工技术水平来看，国外发达国家具有明显的机械化程度高的特点。此外，随着近年来科技发展和生态环境演变，渠道防渗工程技术的发展将呈现高科技化和环保化。

2. 管道输水技术

由于管道输水技术能够避免占地问题，减少输配水损失，因此，管道输水技术在发达国家得到迅速发展，并在部分国家逐渐得到了推广普及。早在20世纪20年代，美国便开始采用了混凝土管道输水技术，认为这是一项投资最省和最有效的节水措施。在数十年之后，在美国大型灌区中，管道输水技术的使用率已经达到50%左右。美国管道输水灌溉系统主要由地上和地下两部分组成，它们的区别在于管路材质和直径的不同。地上部分主要采用铝管或者聚乙烯管，而地下部分主要采用素混凝土管。地上部分所采用的铝管直径通常为127~254mm，而地下部分所采用的现浇混凝土管直径最大可达到450mm。在20世纪50年代，以色列开始修建了举世闻名、覆盖全国的超级管道输水工程。这个管网实现了全国主要水系的互联，日最大供水量为450万 m^3，年供水量为12亿 m^3，为全国3500多个城镇、工矿企业和农业灌溉用水提供了有力保障。以色列每年还进行北水南调,借助大直径压力管道,将太巴列湖水以 $70\mathrm{m}^3/\mathrm{s}$ 的流量输送到南部地区,实现了水资源的综合调节使用。除个别偏远山区以外,以色列全国基本实现管道化灌溉,其输水管道与供水系统连接,形成一个覆盖全国范围的网络系统,便于水资源的统一调配与管理,提高了灌溉自动化水平。在 20 世纪 60 年代,管道输水技术开始在日本盛行。对于旧灌区,日本主要采取明渠与管道联合输水方式。对于新建灌溉系统要求管道输水技术全覆盖。经过 10 余年的发展,管道输水技术得到了广泛的普及,日本开始采用大型管道输水技术,并逐步代替传统的明渠输水。在 1985 年时,在日本新建的灌溉系统中,管道化输水灌溉的占比已经超过了 50%。随后,日本的农业灌溉从部分管道输水逐步向多级组合的完整管道灌溉系统发展,同时其灌溉管网自动化程度较高。管道所采用材料主要有塑料管、石棉水泥管、涂塑钢管和钢筋混凝土管。在毛渠上所采用的输水管道以尼龙布涂橡胶的软管和铝合金管为主。由于日本的工业化生产水平较高,能够生产各类配套的管材管件,为管道输水技术的普及提供了有力的保障。日本管道输水灌溉系统的特点是规模大、管径大,自动化程度高,材料设备的工业化生产水平高。此外,日本重视管道输水规范化建设,在管道灌溉系统设计、管材设备、技术标准等方面均有非常规范和完整的技术体系。在 20 世纪末期,美国利用管道输水灌溉面积占地面灌溉的 34.67%,以色列有 97% 以上的灌溉面积实现了管道输水。进入 21 世纪以来,经过多年的发展,世界各国低压管道输水技术得到了全面提高和广泛推广普及。

整体上,国外发达国家的管道输水技术发展主要有如下特点:管道种类多样,且质量较好;管网具有多级性,它们由直径大小不同的管道组成;灌水利用系数较高,减少了原有输配水系统的渗漏和蒸发损失;管道输水技术在灌溉系统中的推广应用面积大;管灌区配套规划管理水平高,多数灌区管道输水系统实现了自动化控制等。经过多年的发展,世界各国低压管道输水技术得到了全面提高和广泛推广普及,大大提高了灌溉水资源的高效利用。

3. 喷灌技术

在世界性的水危机背景下,由于喷灌技术具有出色的节水效果,因此,在全世界范围内得到了广泛的推广。最早的喷灌设备出现于 19 世纪末期,在美国等国家利用喷灌技术主要对草地和果园等进行灌溉。在该时期,喷灌设备主要为铸铁管的固定式喷灌系统,价格昂贵且不能灵活灌溉。为了解决这一问题,在 20 世纪 20 年代,苏联便开始着手研制自动旋转喷头和远射程喷灌设备,并将固定或半固定式喷灌系统应用于农田灌溉,随后在 30 年代和 40 年代分别研制出了双悬臂式喷灌机和固定喷灌系统。在同一时期,美国研制出了滚移式和牵引式喷灌机。整体上,早期的喷灌系统发展缓慢,在第二次世界大战后,经济和技术的快速发展使得喷头和喷灌系统配件的成本大大降低,因此,喷灌开始在更大区域和大田作物上推广应用。20 世纪 50 年代初美国开始推广使用滚移式喷灌机进行农田灌溉,但由于这一喷灌系统不能自主移动,且对地形和水源要求较高,在一定程度上使得其应用受到限制。此外,经过多年的经验积累和技术研发,美国在这一阶段还成功研制出了圆形喷灌机(也称中心轴式喷灌机),该设备主要采用液压和水力驱动方式。随后在60年代对该设备的驱动方式进行改革,采用电力驱动,减轻了灌溉作业的负担,此后该类型喷灌设备在全世界开始逐步得到推广。然而,圆形喷灌机等大型喷灌机成本高,所需供水量大,且圆形喷灌机的灌溉面积为圆形,这与地块形状和传统农艺耕作方式不一致,导致近20%的方形地块面积得不到有效灌溉,这一技术缺点使得圆形喷灌机在欧洲的推广受到限制。于是在20世纪60年代和70年代,欧洲先后发明了绞盘式和平移式喷灌机,平移式喷灌机有效避免了中心轴式喷灌机的缺点,实现了矩形地块的有效灌溉。在20世纪70年代,美国在此基础上对平移式喷灌机进行了改进,实现了电力驱动化和全自动化。在20世纪80年代至90年代后期,在绞盘式喷灌机基础上,还出现了动力设备、输水管路和喷头均可移动的新型喷灌形式。从这一阶段开始,喷灌设备因其省工、省水、灌溉水量均匀、增产显著等特点,在各个国家得到广泛的应用。其中,20世纪90年代,美国的喷灌面积超过灌溉总面积的40%,且以大型喷灌机为主。而欧洲国家则主要考虑简便耐用、投资少和效益高等因素,使用最多的是薄壁金属移动管道喷灌和卷管式喷灌机。此后,随着喷灌技术的发展,喷头喷洒性能有了极大的提高,但喷头的工作压力需要不低于300kPa。喷头工作压力高会导致成本高、能耗和维护费用高。为了降低能耗和灌溉成本,低压灌溉系统成为人们研究的重点。世界各国大力发展和推广低压喷灌机和低能耗的喷灌系统。20世纪90年代,随着大型移动式喷灌设备的普及,大型喷灌机所适用的低压喷头相继问世,其工作压力一般在100~300kPa之间。随着电子信息技术的高速发展,在低能耗的工作条件下,灌溉设备达到智能化的需求日益提高,3S技术[北斗卫星导航系统(BDS)、地理信息系统(GIS)和遥感技术(RS)技术]的出现,使得以RS与GPS为基础,结合GIS形成灌区信息系统管理逐渐形成,可以根据实际情况让灌区达到实时、精确地灌溉。因此,在需求导向的引导下,喷灌系统逐渐智能化和精准化。

经过近一个世纪的发展,进入21世纪以来,喷灌技术从研发、制造、实际应用等各个方面已基本走向成熟。在全球范围内,美国和欧洲等国家在喷灌技术方面处于世界领先地位。此外,全世界各国家根据自己的国情选择不同的喷灌设备,在部分发达国家,喷灌面积占该地区灌溉面积比例可以达到30%~90%。据有关报道,截至2023年,全球的喷灌面积约为4000万hm^2。

4. 微灌技术

微灌是以少量的水湿润作物根区附近的部分土壤,因此又叫局部灌溉。滴灌和微喷灌虽然出流方式不同,但均属于微灌技术范畴。微灌系统主要由水源、首部枢纽、输配水管网、尾部设备等构成,通过管道末端的灌水器和连接的微灌系统将水和作物生长所需的养分均匀、精确地输送到作物根部附近的土壤。早在1913年美国研究人员对地下滴灌技术进行了开发性研究,但由于当时技术水平较低,未能使根区的土壤含水量得到提高。此后,美国、以色列和德国等国家将塑料工业引入到滴灌的研究中,对滴灌设备的制造和滴头性能进行了大量研究。20世纪80年代,随着设备和材料费用的大大降低,滴灌设备的支管和滴头等关键部件不断升级,滴灌系统得以完善,滴灌技术进入应用阶段。从20世纪90年代开始,全世界围绕着滴灌堵塞、灌水均匀度、设备研发和田间布置等问题开展了大量研究工作，滴灌技术逐步走向成熟并被广泛应用于棉花和果蔬类作物。微喷灌是微灌的另一种灌水方法，最早的微喷灌技术开始于西方国家的草坪和花卉灌溉。微喷灌技术不仅能够节省劳动力，而且还具有灌水均匀等诸多优点，因此，在20世纪30—40年代，该技术在世界很多国家（罗马尼亚、法国、意大利和美国等）得到了普遍的应用。1981—1991年是微灌技术发展较快的十年，在这一时期，全世界微灌面积从41.6万hm^2发展到176.9万hm^2。2000年10月，在第6次国际滴灌会议上，地下滴灌技术被列为今后滴灌发展的重点技术之一。2003—2018年，美国地下滴灌面积从占地表滴灌面积的29%增长到37%，在这一时期，美国地下滴灌面积增长了140%，而地表滴灌面积仅增长了89%。在此之后，美国开始在棉花等其他作物上也陆续开始应用地下滴灌技术，明显节约了灌溉水量。

进入21世纪后，世界各国的微灌面积不断增加。其中，环境的限制使得以色列成为世界上微灌技术发展最为普及的地区，几乎将微灌技术应用到了所有能够应用的地方，包括：花园、阳台、园林，甚至是室内的装饰植物，有超过65%以上的灌溉面积使用微灌技术。美国的微灌面积较大，25%的玉米、60%的马铃薯、33%的果树均采用微灌水肥一体化技术。整体上，近年来，世界微灌面积的年平均增长率保持在30%以上，微灌技术得到了空前的推广与应用。在这些国家，经过多年的发展，不仅有效地节约了农业灌溉用水，还逐步改变了人们的传统灌溉理念，即不仅仅是将灌溉水简单输送到田间，而是水肥一体化进入根系集中层，综合协调土壤中的水、肥、气、热条件，从而实现作物高产。随着科学技术的发展，滴灌设备材料寿命增加，成本进一步降低，这使滴灌技术在世界范围内受到了更为广泛的推广普及。近20年来，微灌技术还得到了进一步的创新，包括智能化控制系统的引入、传感器技术的应用以及与物联网的集成。这些技术进步使得微灌系统能够实时监测土壤湿度、气象条件和植物需求，从而实现精准灌溉。

1.4.2 我国节水灌溉工程技术的发展

我国农业灌溉历史悠久，在干旱缺水的地区，很早就开始了节水灌溉技术的实践。新中国成立以来，国家十分重视节约用水工作，经过多年的科学研究和实践，目前已初步形成了一套科学有效的节水灌溉技术，现就渠道防渗灌溉技术、低压管道输水技术、喷灌技术和微灌技术等主要节水灌溉工程技术做简单介绍。

1. 渠道防渗工程技术

目前，渠道防渗技术已被世界各国广泛采用，我国对渠道防渗技术的应用可追溯至古代。我国古代的许多渠道工程都进行过防渗处理，早在《新疆图志》上就介绍了光绪六年（1880年）哈密县将毛毡防渗应用于石城子渠的实例。但总体而言，我国古代渠道防渗技术发展缓慢，渠道防渗技术主要以土料、三合土等简单材料进行防渗处理，防渗效果有限，渠道防渗工程建设规模及应用范围均较小。新中国成立后，从20世纪50年代起，我国陆续开展了一系列渠道防渗试验研究与推广工作，并在实践中不断改进和完善防渗技术。其中，甘肃、新疆等地在卵石防渗的基础上研究了沥青混凝土防渗渠道的适用性。20世纪60年代，陕西、河北等省先后进行了混凝土防渗技术研究与推广，不仅扩大了我国渠道防渗工程规模，而且加深了人们对渠道防渗意义的认识。20世纪70年代中后期，我国成立了"全国渠道防渗科技协调组"和"全国渠道防渗科技情报网"，使得渠道防渗工作更加组织化、系统化、专业化。全国26个省（自治区、直辖市）的水利科技工作者合力开展渠道防渗科技攻关，我国渠道防渗技术得到了前所未有的发展，渠道防渗工程规模得到了快速地增大，并初步形成了较为完善的渠道防渗技术体系，防渗材料和技术手段也日益丰富多样。进入20世纪80年代以后，新型防渗材料如塑料薄膜、PVC复合土工布、纳米改性复合土工膜等不断涌现并应用于渠道防渗工程中。这些新型材料不仅具有优良的防渗性能，而且施工简便、造价低廉，极大地推动了渠道防渗技术的发展。20世纪90年代后期，我国在原有防渗衬砌的基础上研制出一种新型衬砌——膜料防渗结合刚性护面复合衬砌，这种衬砌形式被广泛应用于我国北方地区，大大增强了我国北方渠道的防渗性能与结构强度，提高了渠道防渗体的抗冻胀能力。

近年来，随着我国农业节水灌溉面积的扩大，人们对渠道防渗技术的研究也更为深入，研究主要集中在防渗材料、防渗结构、防冻胀措施及施工技术等方面。在防渗材料与结构方面，随着高分子复合材料的出现，我国渠道衬砌与防渗技术逐步由单一材料向复合材料、单一结构向复合结构转变。在防冻胀方面，人们在定性认识某些因子（如土质、水分、气温、渠道走向及断面形状、地下水位等）的冻害机理的基础上，逐步开展了一系列定量研究工作，并取得丰硕的研究成果，这些研究成果极大地推动了渠道防渗工程技术的应用。截至2020年年底，全国渠道防渗灌溉面积为1460.5万 hm^2，占总节水灌溉工程面积的38.64%。

总体来讲，经过近几十年的研究与发展，我国渠道防渗技术已经大大提高，在防渗材料、防渗抗冻衬砌结构形式、防渗施工新技术等方面均不断取得突破。但由于渠道防渗影响因素多且复杂，仍有一些问题亟待研究解决。例如，需加快适用于大型渠道的施工机械的研制工作，以解决施工周期长、质量难保证的问题；需进一步完善新型防渗材料的性能；需合理优化防渗结构的断面形式；需重视并加大对渠道生态防渗衬砌技术的研究等。为此，必须加大对渠道防渗的科研投入，加强跨学科、跨领域和跨行业的研究与合作，加大渠道防渗抗冻新材料与新技术的研究与推广力度，全面提高防渗渠道的设计、建设、管理水平，满足新形势下我国的渠道防渗要求。

2. 低压管道输水灌溉技术

我国的低压管道输水灌溉技术起步于20世纪50年代。60年代，这项节水技术在我国上海、苏南等地陆续试点应用，取得良好效果，但受限于配套设施、价格等因素，未能大面积推广应用。70年代，由国外引进的软管输水灌溉技术在我国东部一些省份开始试点应用。进入80年代后，随着社会经济的发展，我国北方水资源供需矛盾日益突出，农业节水灌溉工作迫在眉睫，低压管道输水灌溉技术受到极大重视。在"七五"期间，科技工作者经过大量实践研究，在管道管材、施工工艺及配套装置的研制上取得了显著的成果，如双壁螺纹PVC管、PVC缠绕管、薄壁PVC管、石灰混凝土管及水泥沙管等，极大地满足了我国低压管道输水灌溉技术需求。在此期间，低压管道输水技术率先在北方平原井灌区和渠灌区等灌区进行大面积的推广，且我国低压管道输水灌溉面积扩大了10多倍，由12.67万hm^2迅速扩大为166.67万hm^2。此后几十年，低压管道输水灌溉技术在我国得到稳步发展。据报道，截至2024年，全国低压管道输水灌溉面积占高效节水灌溉总面积的50%，在井灌区（如内蒙古、河北）占比超75%，有效缓解了我国农业用水矛盾。

据有关研究报道，低压管道输水灌溉与土渠输水灌溉相比而言，低压管道输水灌溉不仅可以减少30%的毛灌溉定额，还可以节能25%左右。近年来，我国管道输水灌溉工程技术的研究主要围绕低压管道灌溉系统技术参数、管网优化设计、自动化控制等方面展开，使得我国低压管道输水技术得到完善。总体来讲，目前我国井灌区低压管道输水技术正逐步走向成熟，应用范围日益广泛。我国自流灌区和扬水灌区的低压管道输水技术已处于研究应用阶段。同时，低压管道输水技术在高标准农田的建设与推广中应用越发普遍。基于我国目前发展农业节水灌溉的紧迫性与持久性，对节水灌溉技术的需求还会持续增加，而低压管道输水技术集节水效果显著、成本低、易于管理等优点于一身，将有良好的发展前景。

3. 喷灌技术

20世纪50年代初，在农业用水日渐紧缺的形势下，我国从国外引进了喷灌技术，并最早将其应用于大城市郊区的经济作物及蔬菜。50年代末期，我国开启了自行研制喷灌设备之路。先是陕西、甘肃等地创造了山地"自压喷灌"，随后四川、广东等地也陆续出现了类型各异的喷灌设备。60年代中期，湖北等省接连研制出了一批自动化程度较低，适用于蔬菜、甘蔗、苗圃和大田作物的喷灌机，在设备运行过程中，喷头基本上还需要靠人工旋转。70年代初，我国北方一些省份成功研制出一批性能较好、生产效率较高的摇臂式喷头和喷灌机，在一定程度上促进了我国喷灌技术的推广，但受限于成本、设备、配套技术等因素，这一时期的喷灌技术并未被大面积应用到田间。70年代后期，中国的喷灌事业进入了一个蓬勃发展的新阶段。1976年，喷灌被中国科学院和水电部列为重点研究项目。随后，通过中科院和多家部门科技人员的共同努力，一批适合我国农业的喷灌机械诞生了。此外，科研人员对喷灌技术展开了大量的研究，并在喷灌系统规划设计、田间试验、试点及技术经济指标分析等方面取得了诸多成果。1977—1978年，喷灌被国家计委列为重点推广项目，同时，作为全国60个重点推广项目之一，喷灌正式被水电部列入各级水利建设计划。随着国家对喷灌的日益重视，各地对喷灌设备的需求也日益增大，一些喷灌机械生产厂在国家部门的资金支持下，陆续进行了新建和扩建工作。1977—1980年，国家在喷灌方面投入了4亿多元的补助费用和420余万元的科研费用，极大地促进了我国喷灌技术的发展。到80年代初，多类配套齐全的喷灌机组在我国初步形成，喷灌技术被推广应用到全国28个省（自治区、直辖市）。此外，喷灌技术的应用范围也由最初的农业种植（苗圃、大田作物、蔬菜等）扩展到园林绿化（足球场、庭院、高尔夫球场、草坪绿地、公园等）。80年代中期到90年代中期，我国自主研发了更多种类的喷灌设备，包括各种喷灌机（小型手推车喷灌机、手抬式轻型喷灌机、中心支轴式喷灌机和大型电动平移式喷灌机）、喷头（PY1和PY2金属摇臂式、折射式、互控和自控式射流喷头)、PVC硬塑料管及管件等。大量喷灌设备的出现进一步推动了我国喷灌事业的发展，喷灌技术已被大规模运用到农田灌溉中，全国喷灌面积迅速增长。

20世纪90年代中期到21世纪初，喷灌技术在我国进入了高效发展阶段。在这一时期，我国喷灌面积已达到约250万hm^2，一定程度上减轻了我国农业生产中因缺水导致的减产问题。此后，高新技术蓬勃发展，喷灌设备开始更新换代，中心支轴式喷灌机和大型平移式喷灌机逐步被推广使用，同时我国自主研制的轨道式喷灌机等陆续投入试验与生产。近年来，国家继续大力支持农业节水灌溉的发展，推广喷灌滴灌等技术。在我国，现代喷灌技术以需求为导向，以创新为驱动，正朝着高效、节能、多用途和智能化的方向发展。2014年，中国水利水电科学研究院建成了国内第一套具有自主知识产权的圆形喷灌机变量灌溉控制系统。在"十二五"和"十三五"期间，我国喷灌面积分别新增23.8%和23.1%，喷灌面积与节水灌溉面积新增占比分别为19.2%和12.9%。截至2020年，我国喷灌面积达461.356亿m^2，比10年前增加了1.52倍。

目前，我国已形成了以卷盘式喷灌机、大型喷灌机和轻小型喷灌机为主流喷灌装备的格局，基本适应了中国不同区域不同作物对喷灌装备的需求。在实践中，喷灌技术往往与农业机械和农艺等措施相结合，形成了一大批具有可复制性的喷灌一体化模式。此外，我国喷灌技术还在向低压喷灌、水肥一体化和精准灌溉方向发展。总体来讲，喷灌作为一种现代化的节水高效灌溉技术，也作为现阶段一种较为成熟的技术，对我国农业的发展起到了巨大的推进作用。

4. 微灌技术

我国的微灌技术起步于20世纪70年代，具体可归纳为地表滴灌、地下滴灌、微喷灌和涌泉灌技术等。

(1) 地表滴灌技术。我国地表滴灌的发展历程大致可分为四个阶段：试点阶段、设备研发与示范推广阶段、高速推广阶段和稳定普及阶段。①1974—1985年为滴灌试点阶段。1974年，我国从墨西哥引进滴灌技术，分别在山西、河北省等地进行了试验研究。试验结果表明滴灌技术具有较好的节水增产效果，由此，滴灌试点工作也在其他省份地区陆续展开。②1986—1996年为滴灌设备研发与示范推广阶段。1986年，作为国家星火计划项目，滴灌配套设备系列开发工作全面展开，并在1988年顺利通过鉴定。这标志着我国滴灌技术在设备制造、规划设计和运行管理等方面已初步取得一定的成果与经验，同时引进国外先进滴灌制造设备，开创了我国与世界在滴灌领域的相互学习交流的新局面。在该阶段，全国滴灌面积迅速扩大。③1996—2007年为滴灌高速推广阶段。1996年的中央农村工作会议作出重要决定：建设300个节水重点县，中央与地方联合配套资金，全力推动全国节水灌溉技术普及和相关工程建设。尤其是膜下滴灌系统开始在大田推广应用，成为滴灌应用发展的重要里程碑。经过多年的不断发展，于2007年时，我国滴灌面积达到70万hm^2。其中，新疆建设兵团位居第一，总面积占比为69%。④2007年至今为滴灌稳定普及阶段，并朝着水肥一体化和智能化控制方向发展。自2007年以来，滴灌技术被广泛关注，在各地区的应用日益普及,"十一五"和"十二五"期间,滴灌技术在我国多个地区多种作物上得到了应用,总覆盖面积达到 4600 万亩。

(2) 地下滴灌技术。地下渗灌(滴灌)是指水通过地埋管上的滴头或滴孔出流,并在毛细管作用或重力作用下扩散到根层供作物吸收利用的灌水技术。渗灌具有节水省肥、改善土壤、促进增产等优点,但也存在易渗漏、施工复杂、成本投入高等缺点。早在晋朝,山西临汾就出现了以家庭饮用水为水源的地下渗灌工程。在 20 世纪 70 年代,我国引进了滴灌技术,并在山西、河北等地进行试验研究。最初的试验面积较小,仅限于实验性质的研究。80 年代,我国开始进行地下滴灌系统的开发与示范,提升技术成熟度。1988 年地下滴灌系统设备及其技术得到了初步验证,并在一些示范项目中取得了良好效果。90 年代,我国将地下滴灌技术列为重点攻关项目,以中外合作的方式建立现代化示范农场,对地下滴灌技术进行联合研究。这一时期,在政府的支持和推动下,全国地下滴灌面积有所增加,设备引进和技术推广取得了一定进展。2007 年,我国地下滴灌面积大幅度增加,其中新疆地区的地下滴灌应用最为广泛。在此之后,地下滴灌技术在全国范围内得到广泛应用。各地区的地下滴灌系统根据不同作物需求进行调整和优化。然而,经过长期大量的试验和探究中发现地下滴灌存在堵塞问题和灌水均匀度的控制以及运营管理等问题,这使得地下滴灌的推广和应用受到了限制。因此,地下滴灌技术作为节水效果显著的微灌方式之一,但其设备和系统还需要进一步研究和完善。

(3) 微喷灌技术。微喷灌又称雾滴喷灌,是利用旋转、折射或辐射式微型喷头,以喷洒状的形式喷洒在作物根区土壤表面的一种灌水方法。微喷灌是在喷灌与滴灌基础上发展起来的,相比喷灌节水性更好,适用性更广。我国最早对微喷灌技术的研究开始于 20 世纪 50 年代。通过 70 年代相继召开的几次微喷灌会议,大大加强了技术经验交流和舆论宣传,微喷灌技术也开始得到更快速的发展,在 80 年代时,我国微喷灌技术进一步发展,微喷灌设备制造水平进一步提高,全国微喷灌面积迅速增加到 1300 万亩左右。进入 21 世纪以来,微喷灌技术开始在多种作物上得到了广泛的应用普及。"十三五"期间,我国高效节水灌溉工程建设任务中的微喷灌面积占全国高效节水灌溉面积 20.74%,其中,在中国东北地区占 49.7%,华北地区占 22.5%。

经过多年的研究和实践积累,一套适合我国农业的微灌设备标准体系也已基本建立。总体来讲,微灌技术的快速发展,有力促进了我国节水灌溉事业的蓬勃发展,有力推动了我国农业的现代化进程。

1.4.3 节水灌溉技术的发展趋势

节水灌溉技术的发展是随着时代科学技术的进步及社会经济水平的发展而发展。21 世纪是科学技术飞速发展的时代,科学理论与方法将会实现不断地创新,新材料、新工艺将会不断涌现,形成新质生产力。在此时代背景下,节水灌溉技术也将在本学科和相关学科的新理论、新材料、新工艺的支撑和驱动下,催生出新成果,以支撑我国现代农业的发展,促进中国式现代化及社会主义强国建设。

1. 将节约用水与高效用水有机地融于一体，追求更高的目标

鉴于我国水资源禀赋条件，在现代农业的发展中，节约用水是基础，高效用水是关键。不能仅片面地强调节约用水，而是要在节水的同时，突出提高农业产出这个重点，讲求高效用水。因此节水灌溉技术的发展，就是要将节约用水与高效用水有机地融于一体，追求更高的目标。

2. 现有节水灌溉技术的持续优化

对于现有的节水灌溉技术，如喷灌技术、滴灌技术和渠道防渗技术，需要结合新理论、新材料、新工艺进行持续创新和优化。喷灌技术与设备改进的主要方向为节能降耗、降低设备成本。滴灌技术与设备改进的主要方向为防堵塞问题和可降解滴灌带的环境友好型材料利用。另外需加强灌水技术设备与光伏能源集成应用研究。渠道防渗技术需进一步探讨防渗新结构、廉价新材料应用、防渗体寿命及抗冻胀等问题的解决。现有节水技术的不断创新改进，持续优化，是达到节水目标、践行国家节水行动的基本措施。

3. 地面灌溉技术的创新及现代化

鉴于灌溉水源的特点，我国大部分灌溉面积仍采用地面灌溉技术，因此地面灌溉技术的创新及其现代化将是未来节水灌溉技术发展的重要内容之一。地面灌溉技术的现代化发展，主要聚焦于提高灌水效率和田间水利用率，通过多学科融合，从地面灌水技术、田间工程技术、田间灌溉设备等各方面实现综合创新。现代地面灌溉技术在实现节水增产的同时，还应关注农机作业效率和耕地利用效率的提高。

4. 灌溉输水渠系管道化

灌溉输水渠系管道化是节水灌溉技术发展的重要方向，其核心在于减少输水过程中的渗漏和蒸发损失，提高水利用效率。对于有压供水系统而言，减少输水损失本身就是节能。此外，管道化输水还能减少输水渠道占地面积，节约土地资源。管道输水具有输水迅速、节水、节能、省地等优点，目前，输水渠系管道化已成为国际上农业灌溉输水方式的发展趋势。

5. 节水灌溉技术应用的精准化与多目标化

节水灌溉方法与技术正朝着精准化与多目标化方向发展，以提高水资源利用效率和保证生产的可持续性。节水灌溉方法与技术的研究，一是瞄准精准化，聚焦于作物高水效表型诊断与靶向调控、作物多尺度需水智能预报与高效用水、区域水-土-气-粮-生系统解析与适水农业发展路径优化；二是瞄准多目标化，聚焦于生态友好型灌水方法与设备、非充分灌溉、农艺节水增效、水土资源保育利用、水肥一体化及精准管理等方面，构建智能节水灌溉系统，实施精准化智能节水灌溉。这些技术的研究和应用将会进一步提高灌溉保证率和粮食产量，还具有水土资源高效利用等多重效益。

6. 节水灌溉设备的系列化、标准化与节能化

节水灌溉技术的发展趋势正逐步聚焦于设备的系列化、标准化与节能化。节水灌溉设备的开发，既要考虑适用于平原灌区的大型设备，也要关注适应山丘区灌溉土地的小型设备。通过节水灌溉设备系列化的开发，满足各类土地的节水灌溉要求。同时，节水灌溉设备的标准化也是节水灌溉事业发展的必要工作，对于提高产品服务质量、实现全国市场的兼容服务、降低生产成本和提高设备利用率都具有重要意义。节水灌溉设备的节能化是节水灌溉系统高效运行的重要基础，更是设备开发追求的长期目标。整体而言，节水灌溉设备正朝着系列化、标准化和节能化的方向发展。

7. 节水灌溉系统的自动化、信息化与智能化

节水灌溉技术的发展正朝着系统运行的自动化、信息化与智能化方向迅速发展。自动化是农业现代化的基础，信息化和智能化则是农业现代化的牵引动力。目前，我国在信息快速感知、多源信息融合、生境监测设备及智能灌排控制产品等方面取得了长足的进步。这些技术的应用不仅能提升水利技术的信息化和自动化水平，还可实现对灌区农田节水灌溉工程的远程运行控制和工程运行状态的监测，优化水资源的配置利用。总体而言，节水灌溉技术的自动化、信息化与智能化发展，正在推动农业生产实现更高效、更精准的水资源管理。

8. 非常规水源利用技术的研究与应用

非常规水源利用技术的研究与应用正成为全球水资源管理的关键领域。利用再生水和微咸水灌溉，不仅可以增加水资源供给量和作物产量，还可以带来对环境有利的效果。为促进非常规水资源的安全高效利用，需要在农业非常规水灌溉区划技术、适宜作物分类、污染识别技术、高效灌水技术、监测评价技术、集成应用模式六方面不断完善技术成果，实现必要的技术保障。总体而言，非常规水源利用技术的研究与应用正逐步推进，以适应水资源短缺和农业可持续发展的需求。

9. 数字高新技术在农业节水综合管理中的应用

数字高新技术在农业节水综合管理中的应用正日益广泛，推动着节水灌溉技术的现代化发展。目前，大数据、云计算、人工智能、机器人、区块链、虚拟现实、生物信息学等前沿技术的应用，催生了大语言模型、智能灌溉、智慧节水、数字孪生灌区建设等新业态、新模式。这些技术的应用不仅提高了节水效率，还促进了节水产业的创新，推动了新质生产力的发展。总体而言，数字高新技术的融入，正在全面提升农业节水综合管理的现代化水平，为农业节水技术的未来发展提供了强有力的技术支撑。

综上所述，节水灌溉技术的发展呈现出多维度、多学科、深层次与高技术的趋势，从方法研究到技术集成，从设备标准化到精准化灌溉，再到系统运行的自动化、信息化和智能化，以及非常规水源利用和数字高新技术的应用。这些技术的发展和应用，不仅能够提高灌溉水的利用效率，减少水资源的浪费，还能提升农作物的产量和质量，为我国的粮食安全战略和农业可持续发展提供坚实的技术保障。

参 考 文 献

[1] Aguirre, T., Misar, I., Moeglen, J., Daly, N.. Bituminous geomembranes (BGM) to reduce water losses in irrigation canals [C]. 12th International Conference on Geosynthetics (12icg), Rome, ITALY, 2023: 1635-1642.

[2] Al-adili, A., Al-ameer, O. A., Al-sharbati, A. Experimental investigation of joint filling materials performance on preventing seepage in lined open concrete canal (laboratory and field model) [C]. Ksce Journal of Civil Engineering, 2016, 20: 1936-1947.

[3] Camp, C. Subsurface drip irrigation: A review [J]. Transactions of the ASAE, 1998, 41: 1353-1367.

[4] El Nahry, A. H., Ali, R. R., El Baroudy, A. A. An approach for precision farming under pivot irrigation system using remote sensing and GIS techniques [J]. Agricultural Water Management, 2011, 98: 517-531.

[5] Eltarabily, M. G., Elshaarawy, M. K., Elkiki, M., Selim, T. Computational fluid dynamics and artificial neural networks for modelling lined irrigation canals with low-density polyethylene and cement concrete liners [J]. Irrigation and Drainage, 2024, 73: 910-927.

[6] Lamm, F. R., Colaizzi, P. D., Sorensen, R. B., Bordovsky, J. P., Dougherty, M., Balkcom, K., Zaccaria, D., Bali, K. M., Rudnick, D. R., Peters, R. T. A 2020 vision of subsurface drip irrigation in the US [J]. Transactions of the ASABE, 2021, 64: 1319-1343.

[7] Strecker, T., Cantoni, M., Aamo, O. M., Ieee, Control system design for concrete irrigation channels [C], 11th Asian Control Conference (ASCC), Gold Coast, AUSTRALIA, 2017: 2772-2777.

[8] 迟道才. 节水灌溉理论与技术 [M]. 北京: 中国水利水电出版社, 2009.

[9] 褚琳琳. 国内外喷灌技术研究现状与发展趋势 [J]. 节水灌溉, 2014 (6): 71-74.

[10] 国家统计局. 2024年中国统计年鉴 [M]. 北京: 中国统计出版社, 2024.

[11] 何武全, 刘群昌. 我国渠道衬砌与防渗技术发展现状与趋势 [J]. 中国农村水利水电, 2009 (6): 3-6.

[12] 胡文俊, 孙岩. 世界主要国家的节水措施及其启发与思考 [J]. 水利经济, 2024, 42 (2): 1-6.

[13] 康绍忠. 中国农业节水十年: 成就、挑战及对策 [J]. 中国水利, 2024, 10: 1-9.

[14] 李仰斌. 技术进步与推广促进了灌排事业60年大发展 [J]. 中国水利, 2009 (19): 5-6, 15.

[15] 李云开, 周博, 杨培岭. 滴灌系统灌水器堵塞机理与控制方法研究进展 [J]. 水利学报, 2018, 49: 103-114.

[16] 刘嘉斌, 田军仓, 赵广兴, 等. 基于国内外节水灌溉科技文献可视化分析 [J]. 节水灌溉, 2023 (6): 124-131.

[17] 乔冬梅, 王景雷, 白芳芳, 等. 全球智慧灌溉技术发展态势研究 [J]. 灌溉排水学报, 2024, 43 (8): 13-20, 38.

[18] 山仑, 康绍忠, 吴普特. 中国节水农业 [M]. 北京: 中国农业出版社, 2004.

[19] 史少培, 谢崇宝, 高虹, 等. 喷灌技术发展历程及设备存在问题的探讨 [J]. 节水灌溉, 2013 (11): 78-81.

[20] 汤玲迪, 袁寿其, 刘俊萍, 等. 中国喷灌机现状与发展思考 [J]. 排灌机械工程学报, 2022, 40: 1072-1080.

[21] 王参民. 以色列水资源问题研究 [D]. 开封: 河南大学, 2016.

[22] 王忠静, 陈江, 刘晋龙, 等. 精准灌溉的节水内涵及其节水率计算方法 [J]. 灌溉排水学报, 2025, 44 (6): 1-10.

[23] 吴文勇, 龚时宏, 李久生, 等. 现代灌溉水肥调控原理与技术研究进展 [J]. 中国水利水电科学研究院学报, 2021, 19 (1): 81-89.

[24] 仵峰，宰松梅，丛佩娟. 国内外地下滴灌研究及应用现状 [J]. 节水灌溉，2004（1）：25-28.

[25] 许迪，吴普特，梅旭荣，等. 我国节水农业科技创新成效与进展 [J]. 农业工程学报，2003（3）：5-9.

[26] 姚振宪，王三建. 我国滴灌发展历程及建议 [J]. 农业工程，2011，1（2）：54-58.

[27] 尹飞虎，张富仓. 新疆农业节水与水资源高效利用的对策与建议 [J]. 水资源与水工程学报，2025，36（2）：1-8.

[28] 张兴旺. 节水灌溉技术 [M]. 兰州：甘肃文化出版社，2015.

[29] 张文慧. 节水灌溉技术的现状及发展趋势 [J]. 农村牧区机械化，2005（4）：27-28.

[30] 赵建平. 浅议农业节水技术的发展与创新 [J]. 甘肃水利水电技术，2004，40（4）：299-300，314.

第 2 章
节水灌溉的理论基础

2.1 土壤、水分与作物的关系

土壤是地球陆地表面上能够生长植物的疏松表层。土壤具有土壤肥力的属性，能够不断地供应和协调作物生长发育所必需的水、肥、气、热等生活条件。作物生长所需的五大基本要素除光和热来自太阳，水、肥、气主要来自土壤，因此，土壤是作物生长的介质和基本生活资料，土壤肥力为作物生长发育提供了必要条件。在土壤肥力的四要素（水、肥、气、热）中，各要素间相互联系、相互作用，其中以土壤水分最为活跃。在生产实践中，常常要"因土制宜"、科学灌溉，以达到以水调肥、以水调气、以水调温等目的，为作物生长和产量的形成创造有利条件，为此，要合理灌溉需要掌握土壤的基本性状、土壤水分物理以及作物水分生理等基本知识。

2.1.1 土壤的性状

任一土壤均具有一定的土壤质地、土壤结构、土壤孔隙等基本物理性状，还具有性质各异的酸碱性、吸收养分以及缓冲性能等化学性状。

2.1.1.1 土壤质地

土壤质地是根据土壤的颗粒组成划分的土壤类型。在农业生产中我国常采用苏联的卡庆斯基制的质地分类标准，将土壤质地分为砂土、黏土和壤土三类。不同的土壤质地，其肥力特性不同。

（1）砂土类：物理性砂粒占80％以上，土壤孔隙具有毛管孔隙少、通气孔隙多的特点，因此砂土保水性差，渗透性强，通气性好，有机质分解快积累少，不保肥，昼夜温差大，土壤温度易变化，易耕作，土壤肥力一般较低。对种植作物要多施有机肥，少量多次地进行灌溉和勤追化肥。

（2）黏土类：物理性黏粒占60％以上，土壤孔隙中毛管孔隙多，保水保肥，但通气透水性差，易旱易涝，黏性塑性强，昼夜温差小，土性偏冷，耕性不良，适耕期短。因此，水田要注意及时排水，提高土温，多施腐熟的有机肥。

（3）壤土类：砂粒与黏粒比例适中，兼有二者的优点。通气透水，保水保肥，耕性良好，适耕期长，是水、肥、气、热状况协调的优质土壤。

2.1.1.2 土壤结构

土壤结构是土粒连接所产生的形状、大小及孔隙状况都不相同的团聚体（土团、土块、土片等）。土壤形成团聚体的性能，称为土壤的结构性。不同的土壤结构，常常表现出不同的特性，直接影响土体的构造和水、肥、气、热等肥力因素的变化。各种结构的产生是和土壤的化学成分、机械组成和生物活动有关，而施肥、灌溉和其他耕作措施对结构的产生具有较大的影响。

土壤的常见结构性状有微团粒结构、团粒结构、核状结构、块状结构、柱状结构等。各类结构对土壤肥力都有一定的作用，而以团粒结构最好。其形成的条件有两个：一是胶结物质，土壤中的胶结物质主要是黏粒、腐殖质和微生物的菌丝及分泌物，这些物质与钙胶结在一起，就形成水稳性团粒结构；二是外力挤压作用，作物根系穿插、干湿交替、冻融交替和耕作都对黏聚的土粒产生一定的外力挤压，使之形成一定大小的团粒。

团粒结构的特点为团粒之间排列疏松，接触面积较小，因而形成的孔隙较大，多为空气占据。团粒内部则是较小的毛管孔隙。这种结构具有疏松通气、蓄水保水、持续供应养分的性能，能够调节水分、空气、土温和养料转化的能力，使土壤中的水、肥、气、热得到最大限度的协调，满足作物丰产的要求。

在农业生产中，由于土壤表层经常受到不合理的耕作和灌溉的影响，土壤结构易被破坏，从而导致土壤物理性质恶化。为了保护和改善土壤结构状况，保持和提高土壤肥力，可以采取的措施包括：合理耕作，改多耕为少耕或免耕；采用正确的灌水方法，合理灌溉；合理轮作、施肥，在轮作制中安排一定比例的绿肥或牧草，以及增施钙质肥料和有机肥料；施用结构改良剂等。

2.1.1.3 土壤的吸收性能

土壤有吸收固体、液体和气体的营养物质的能力。按照吸收原理不同，可分为五种吸收形式。

（1）机械吸收作用。机械吸收作用是指土壤对固体物体的机械阻留，如施用有机肥时，其中大于土壤孔隙的微细颗粒，会被保留在土壤中。这种吸收作用取决于土壤的孔隙状况，土壤孔隙越细，机械吸收作用就越强。

（2）物理吸收作用。物理吸收作用是指土壤胶体依靠其表面能将分子态养分吸附在表面上，而胶体与被吸附物不起任何化学反应的一种作用。当某些养分聚集在胶体表面，其浓度比在溶液中大时，为正吸附。反之，为负吸附。产生这种作用的原因是由于固体颗粒界面上的表面自由能的作用，由于其对分子态养分有保持能力，因此，土壤中的分子态氮如氨气、尿素、氨基酸等就会减少挥发损失。因此农业生产上常在施用易挥发的铵态氮肥时注意要覆好土。

（3）化学吸附作用。化学吸附作用是指土壤中可溶性盐由于纯化学作用转变为难溶性盐而沉淀保存在土壤内的作用。这种作用，由于被固定下来的养分难以再被作物吸收利用，因而降低了养分的利用率。磷元素在土壤中易发生化学吸附作用，因此，为了提高磷肥的利用率，减少土壤对磷酸的固定，常常采用集中施磷肥或与有机肥混施、制成颗粒球肥和根外喷施等方法。

（4）代换吸收作用。代换吸收作用又叫物理化学吸收作用。其实质是一种离子代换过程，是土壤胶体所吸收的离子和土壤溶液中的离子在相互代换。所以，土壤胶体具有吸收养分的能力，把能够被作物吸收的铵、钾、钙等离子吸附在它们的表面，不致被水淋失。当作物需要的时候，又可以随时供给。所以土壤胶体物质越多，保肥能力越大。因而，这种作用在调节土壤中可溶性养分的保蓄和供应上具有重要意义。

(5) 生物吸收作用。生物吸收作用是指生活在土壤中的微生物及作物根系和动物等，吸收养分构成有机体而保留在土壤中的一种性能。由于生物是从土壤溶液中选择吸收各种可溶性养分，形成有机体。当它们死亡后，有机残体又逐渐分解，把营养物质释放出来，供其他作物吸收利用。所以生物吸收作用，具有保持养分、积累养分和提高土壤肥力的特点。

上述五种吸收作用不是孤立的，而是相互联系、相互影响的，在农业生产上都具有重要的意义。

2.1.1.4 酸碱性

土壤酸碱性是土壤溶液的重要性质，它影响到作物生长、微生物活动，以及土壤养分有效性等。土壤溶液的酸碱性分酸性、中性和碱性，决定于土壤溶液中氢离子（H^+）和氢氧根离子（OH^-）浓度的比例。土壤溶液的酸碱性以酸碱度 pH 值表示。

土壤的酸性既可由 H^+，也可由 Al^{3+} 引起，同时，H^+ 与 Al^{3+} 既可存在于土壤溶液中，又可为土壤胶体所吸收，两者在一定条件下可互相转化。一般依其存在的方式将土壤酸度分为两种类型：①活性酸度，它是由土壤溶液中的氢离子所引起的；②潜性酸度，是由土壤胶体上吸收的 H^+ 和 Al^{3+} 所造成的。

活性酸度与潜性酸度的总和，称为土壤总酸度。两种酸度之间没有明显的界限，它们不是孤立存在，而是互相联系，互相影响，是处于一个平衡系统中的两种酸度。

土壤中的潜性酸度，根据测定时所使用的盐类不同，可分为交换性酸度和水解性酸度，土壤的水解性酸度一般高于交换性酸度。两者均比活性酸度大得多。

土壤碱度主要决定于土壤中碳酸钠、碳酸氢钠、碳酸钙以及土壤胶体上交换性钠的含量。通常以碳酸根及重碳酸根的含量作为衡量土壤碱度的液相指标。土壤胶体上的钠离子饱和度（即交换性钠离子占土壤离子交换量的百分数）作为衡量碱度的固相指标。当土壤胶体上的钠离子饱和度在 15% 以上时，土壤就呈强碱反应，土壤的理化性质发生"碱化作用"，表现为其土粒高度分散，湿时泥泞，不透水，不通气；干时固结、耕性极差。

土壤过酸或过碱，都不利于作物的生长发育，需要改良。除施有机肥料外，酸性土改良常用的办法是施用石灰和草木灰；碱性土改良可施用石膏、硫磺或明矾等。

2.1.1.5 土壤的缓冲性能

土壤具有抵抗和缓和酸碱度变化的能力叫土壤缓冲性。土壤缓冲性能主要通过土壤胶体的离子交换、强碱弱酸盐的解离等过程来实现。

土壤具有的缓冲性可使土壤避免因施肥、微生物和根的呼吸、有机质的分解等引起土壤酸碱度的剧烈变化，使作物根系保持在相对稳定的土壤环境。

2.1.2 土壤水分

土壤水分是土壤的重要组成部分，是土壤肥力四要素之一，是作物生长发育所需水分的主要供给源。因此，在灌溉工程的理论和实践中，诸如作物需水量，灌水方法和技术，土壤盐分动态和田间水量平衡，水分预报等内容都与土壤水分有着十分密切的关系。因此，了解和掌握土壤的水分特性是十分必要和重要的。

2.1.2.1 土壤水分的形态

土壤水分主要来源于大气降水、农业灌溉，此外地下水的上升以及大气中水汽的凝结也能补给一定的土壤水分。

1. 土壤水分形态及土壤水分常数

土壤水分的主要形态是液态水。这种形态的水在土壤中由于受到各种不同吸力（土粒分子吸力、粒间毛管吸力和重力）的作用，会呈现出不同的形态，即吸湿水和膜状水、毛管水、重力水。其中毛管水根据与地下水位有无联系又分为毛管悬着水和毛管上升水。

在一定条件下每种土壤各种类型水分的最大含量常常是一相对稳定的数值，这些数值被称为土壤水分常数。吸湿水和膜状水、毛管水、重力水所对应的土壤水分常数有吸湿系数、最大分子持水量、田间持水量（旱地土壤）、毛管持水量（水田）和全持水量（饱和含水量）。另外，凋萎系数和毛管断裂含水量也是两个非常重要的土壤水分常数。凋萎系数是指作物产生永久凋萎时的土壤含水量。毛管断裂含水量是指当土壤中的悬着毛管水因作物吸收和土表蒸发而发生断裂时的土壤含水量，它是土壤水分对作物是否显著有效的一个转折点。一般为田间持水量的65%左右。

2. 土壤水分的有效性

土壤水分的有效性是指土壤水分是否能被作物利用及其被利用的难易程度。土壤水分有效性的高低，主要取决于它存在的形态、性质和数量，以及作物吸水力与土壤持水力之差。

当土壤水分处于凋萎系数时，土壤的持水力与作物的吸水力基本相等（均约为1.5MPa），作物吸收不到水分，因此，凋萎系数是土壤有效水分的下限。在旱地土壤中，土壤所能保持水分的最大量是田间持水量。当土壤水分超过田间持水量时，就会出现重力水下渗流失的现象。因此，田间持水量是旱地土壤有效水分的上限。因此，某一土壤最大有效水的多少取决于其田间持水量与凋萎系数。

根据土壤水分被作物利用的难易程度，土壤有效水又分为难有效水和易有效水。自凋萎系数到毛管断裂含水量之间的水分，虽能缓慢移动，维持作物蒸腾的消耗，但不能满足作物生长发育的需要，所以为难有效水。从毛管断裂含水量到毛管持水量之间的水分，因受土壤的吸力很小，可沿着土壤毛管孔隙自由移动，能够不断地满足作物的需要，一般称为易有效水。因此，在农田确定是否进行灌水时，其下限应参照毛管断裂含水量来确定。

土壤质地、结构、松紧状况和有机质含量均会影响土壤有效水的多少。在低有机质含量的土壤中，土壤质地起着重要作用。一般以壤质土的有效水含量最多，沙质土含量最少。质地黏重，结构不良的黏质土，其田间持水量虽高，但其凋萎系数亦高，故有效水的含量并不很高（图2.1）。

2.1 土壤水分常数与土壤有效水的关系

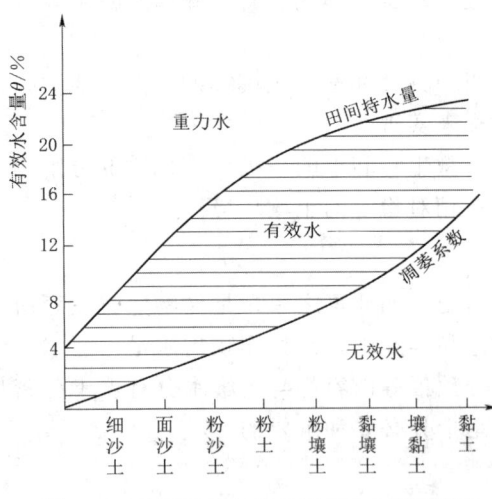

图2.1 不同质地土壤有效水含量的范围

3. 土壤含水量

土壤含水量又叫土壤湿度,是指一定量的土壤中所含水分数量的多少。

测定土壤含水量的方法有多种,但目前仍以烘干法作为标准方法。土壤含水量的表示方法最常用的有两种:一种是以重量百分数表示土壤含水量 θ_m;另一种是以容积百分数表示土壤含水量 θ_v,其两者间关系为

$$土壤含水量(容积\%) = 水分容积/土壤容积 \times 100\%$$
$$= 水分重量/烘干土重 \times 土壤容重 \times 100\%$$
$$= 土壤含水量(重量\%) \times 土壤容重$$

在计算确定灌排水量时,为了和降雨量、蒸发量相对应,常将一定深度土层中的含水量换算成水层深度的毫米数。换算公式如下:

$$水层厚度 h_w(\text{mm}) = 土层深度 h_s(\text{mm}) \times 土壤含水量(容积\%)\theta_v$$

在农田灌溉中灌水量常用 m^3/hm^2 表示。为便于比较和计算,也常用水的体积 (m^3/hm^2) 来表示土壤的储水量。

$$土壤储水量 V_w(\text{m}^3/\text{hm}^2) = 水层厚度 h_w(\text{mm}) \times 1/1000 \times 10000$$

此外,在农田水量计算中还常用相对含水量[实际含水量/田间持水量(或全持水量)的百分数]、土壤水分饱和度(土壤水分体积/土壤孔隙体积的百分数)表示土壤水分的相对含量。

例题:某一旱地土壤容重为 1.35g/cm^3,田间持水量 θ_m 为 30%。为保证作物正常生长,需使 0~30cm 土层相对含水量达 85%。取湿土 25.30g,105℃下充分烘干后称重 22.00g,灌水前适逢降雨 10mm。问还需灌溉多少(m^3/hm^2)方能达到作物正常生长需求。

2.1.2.2 土壤水分运动

1. 土壤水分入渗

水通过地表进入土壤进而变为土壤水的过程,称作入渗。田间入渗过程决定着降雨(和灌溉水)进入土壤的速度和数量,也决定着地表径流的大小和土壤侵蚀程度的强弱。尤其在水资源紧缺情况下,关于入渗的理论和实践仍是发展节水型农业的重要依据之一。

(1) 入渗的基本概念。

1) 入渗率:单位时间内通过单位土壤表面渗吸到土壤剖面的水量 $[\text{cm}^3/(\text{cm}^2 \cdot \text{s})]$ 或 (cm/s),它是一个具有速度的通量,常用 i 来表示。

2) 累积入渗量:在某一时段内,通过单位土壤表面所渗入的总水量(cm 或 mm),常用 I 表示。显然,累积入渗量 I 与入渗率 i 之间有如下关系:

$$I = \int_0^t i(t)\text{d}t \tag{2.1}$$

3) 入渗性能:在一个大气压下,土壤表面供水充足,这时水渗入土壤的通量(cm/s),称为入渗性能。

入渗性能和入渗速率虽然都是有通量的量纲(cm/s),有时甚至有相同的数值,但二者有着明显的概念上的区别。虽然它们都会随土壤含水量增大和时间的推延而降

低,但是入渗率还由于供水强度大小,地表水层厚度(静水压力的大小)以及其他一些原因而发生更为复杂的变化。

(2) 入渗规律。当降雨或灌溉时,土壤入渗率随时间变化规律如下:

1) 开始供水时,水将以很快的速率被表土所渗吸,初始入渗率 i 值很大。如果这时的供水速率小于土壤的入渗性能,则入渗率 i 由供水速率所决定,且地表不出现积水;反之,出现积水。

2) 随着时间推移,入渗率逐渐降低,最后趋于一个较稳定的数值,不再继续下降。

在农业灌溉中,土壤入渗规律一般以考斯加柯夫公式表示:

$$i = i_1/t^\alpha \tag{2.2}$$

式中: i 为土壤入渗率; i_1 为第一单位时间末的土壤入渗率; t 为入渗时间; α 为土壤入渗参数,与土质及土壤初始含水量有关,重质土壤 α 值较大,轻质土壤 α 值较小。

(3) 影响土壤入渗规律的因素。

1) 土壤初始含水量。对于同一种土壤而言,随着土壤初始含水量的增加,土壤入渗率降低。

2) 土壤质地。不同质地的土壤,其入渗过程有很大差异。对于沙土,水的入渗性最强,不仅入渗率较大,而且达到稳渗时间也较短,稳渗率较高。对于黏重土壤,如果初始含水量较低,由于势梯度较大,最初入渗率也较高,随着入渗过程的进行,入渗率下降得很快,且达到稳定入渗率的时间较长,同时稳渗率较低。

3) 供水强度。如果供水强度小于土壤入渗能力,实际土壤入渗率就等于供水强度。如果供水强度大于或等于土壤入渗能力,土壤入渗过程是按照土壤入渗能力大小而进行。

4) 供水方式。实验证明间歇供水使土壤入渗率大大下降,且下降程度与间歇时间和间歇次数有关。

此外,土壤温度、土壤层次结构等对土壤入渗规律也有影响。

2. 土面蒸发

(1) 基本概念。土壤水以水汽状态经土面扩散到大气中而消失的过程称为土面蒸发。它是自然界水循环的重要一环,也是造成土壤水分损失、导致干旱的一个主要因素。在一定条件下,蒸发还可能引起土壤沙化或盐渍化。

衡量蒸发强度的大小和水分损失的多少有两个参数,即蒸发率和累积蒸发量。蒸发率 E,即单位时间内由地表散失到大气的水量,mm/d 或 mm/h;累积蒸发量 W,指某一时段内从土面蒸发掉的总水量(mm),其计算公式为

$$W = \int E \, dt \tag{2.3}$$

(2) 土面蒸发的几个阶段。随着土壤含水量由高到低,土面蒸发一般经历以下三个阶段(图 2.2):

1) 稳定蒸发阶段。这是蒸发率不变的阶段。开始蒸发初期,土壤几乎被水饱和,

导水率高,在大气蒸发力作用下,表层源源不断地从土体内部得到水的补给,最大限度地供给表土蒸发。这时土面蒸发率保持不变,主要受大气蒸发力所控制。灌溉或降雨之后表土湿润,这个阶段可持续数日,大量的土壤水因蒸发而损失掉,在质地黏重的土壤上尤其明显,因此灌后(或雨后)及时中耕或覆盖,是减少水分损失的重要措施。

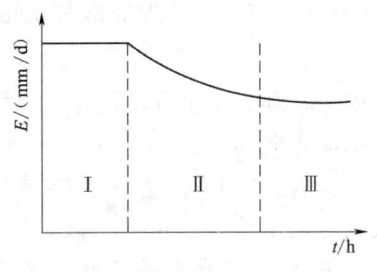

图 2.2 蒸发三阶段的示意图

2)蒸发率降低阶段。在第Ⅰ阶段之后,土壤水明显减少,特别是表层更是如此。随着土壤含水量的降低,导水率 K 则以指数函数关系降低得更快,因而向地表运动的土壤水通量 q 将小于大气蒸发力。这时,由下层向地表传导多少水,就蒸发掉多少,所以这个阶段也称为土壤导水率控制阶段,蒸发率 E 随着导水率降低将逐渐减小。

3)蒸发率最低阶段,又称扩散控制阶段。当蒸发率越来越小时,土面的水汽压逐渐降到与大气的水汽压平衡,表土就接近于气干,出现一干土层。其导水率很低,接近于0,且导热率也很小,到达地表的辐射热难以向下传导,下层的水也不能迅速向土面运行。这时的水已不是从地表汽化扩散到大气中去,而是在干土层以下的稍湿土层中,逐渐吸热汽化,以气体形式通过干土层的孔隙慢慢扩散至表层,然后散失到大气中。

表层出现干土层是土壤自我保护、避免过快失水的一种本能。许多观测结果表明:只要土面有 1~2mm 的干土层就能显著降低蒸发率。因此在我国北方连续干旱的年份和季节,土面蒸发并非像想象的那么严重,旱地的干土层也只有几个厘米,很少超过耕层深度。

3. 非饱和土壤水分运移

(1)非饱和土壤运移的特点。相对于饱和土壤运移,虽然非饱和土壤水分与饱和土壤水分在运移方向和运移速度上都服从于热力学第二定律,以及土壤的性质对两者都有一定影响等方面具有共同之处,但是非饱和流与饱和流仍存在一些明显的区别,主要表现如下:

1)水分运移的驱动力不同。由于饱和土壤的孔隙都被水充满,故其基质势为零,如果不考虑基质势的影响,那么饱和土壤水具有两种势的作用即压力势和重力势;非饱和土壤水受到负基质势、重力势的作用,往往基质势起着主要作用。

2)土壤导水率不同。饱和土壤与非饱和土壤水分运移最重要差别之一就是土壤导水率。当土壤处于饱和状态时,土壤孔隙全部被水充满,土壤水分连续性最好,土壤导水通道最好,因此导水率最大。对于非饱和土壤而言,土壤孔隙一部分被水填充,另一部分被空气占有,从而使土壤导水截面减小。同时,根据土壤基质势与孔隙半径关系可知,随着土壤吸力的增大,土壤水占有的孔隙半径愈小,而大孔隙相对排空而不导水,使土壤导水能力相应减小。因此,非饱和土壤导水率是土壤含水量或吸力的函数,而饱和导水率在土壤结构和质地不变情况下是一个定值。

(2)非饱和水流的达西定律。非饱和土壤的土水势梯度是土壤水运移的驱动力。

Richard (1931) 认为非饱和土壤水分的运移遵循达西定律，可表示为

$$q = -K(\psi_m)\nabla\psi \tag{2.4}$$

式中：q 为水流通量；$K(\psi_m)$ 为非饱和导水率；$\nabla\psi$ 为总土水势梯度，负号"$-$"表示水流方向与总土水势梯度方向相反。

从式（2.4）可看出土壤导水率是土水势或吸力的函数。由于非饱和土壤土水势或吸力是土壤含水量的函数，同时导水率与含水量的关系受滞后效应影响较小，人们常把 K 作为含水量的函数。这样达西定律又表示为

$$q = -K(\theta)\nabla\psi \tag{2.5}$$

方程中土水势 ψ 包括了基质势和重力势。重力势与选定的坐标位置和方向有关。如果规定垂直坐标向上为正，则 $\psi_g = -z$。这样土水势可表示为

$$\psi = \psi_m \pm z$$

如果吸力代替基质势，则达西定律又可表示为

$$q = -K(\theta)(-\nabla s \pm \nabla z) \tag{2.6}$$

田间土壤水分运移视情况不同，可分为一维、二维、三维水分运移方式，可用 x、y、z 代表三个方向，三个方向的通量可表示为

$$\begin{aligned} q_x &= -K_x(\theta)\frac{\partial\psi_m}{\partial x} \\ q_y &= -K_y(\theta)\frac{\partial\psi_m}{\partial y} \\ q_z &= -K_z(\theta)\left(\frac{\partial\psi_m}{\partial z}\pm 1\right) \end{aligned} \tag{2.7}$$

式（2.7）中导水率 K_x、K_y、K_z 是考虑了土壤各向异性，也就是说土壤水在 x、y、z 三方向的导水率是不同的。在实际应用中通常认为是各向同性的，这样可用 K 代替式中的 K_x、K_y、K_z。

2.1.3 作物与水

水是作物生活的基本条件之一，又是土壤肥力的一个重要因素，作物与水的关系十分密切。农田水分状况不仅直接影响作物的生理活动，而且会通过对土壤肥力的其他因素及农田小气候和农业技术措施等的影响而影响作物。要使作物生长良好并获得高产，必须了解农田系统中的水分循环平衡，根据作物对水分的生理生态需求及其影响因素采用合理的措施，为作物生长创造良好的环境条件，充分发挥水对作物的有利作用，避免水分不足和过多的不良影响。

2.1.3.1 农田系统中的水分循环

在农田系统中，由于存在作物对水分的吸收、传导和蒸腾，水分的流动便形成了土壤-作物-大气连续体系（soil-plant-atmosphere continuum，SPAC）。土壤水分在农田系统中仍遵守质量守恒定律。即在一定的时段内，对于一定面积和厚度的土体，其土壤含水量的变化应等于来水项与去水项之差。图 2.3 为农田系统中水分循环示意图，其土壤水分平衡的数学表达式为

$$(P+I)-(R_0+D+E_S+\Delta W_S+E_P+\Delta W_P)=0 \tag{2.8}$$

式中：P 为降水，包括降雨、降雪、降霜等；I 为灌溉水量；R_0 为径流量；D 为渗漏量；E_S 为土壤蒸发量；ΔW_S 为土层保留量，如土壤胶体、毛管吸持；E_P 为植物蒸腾量；ΔW_P 为植物保留量。

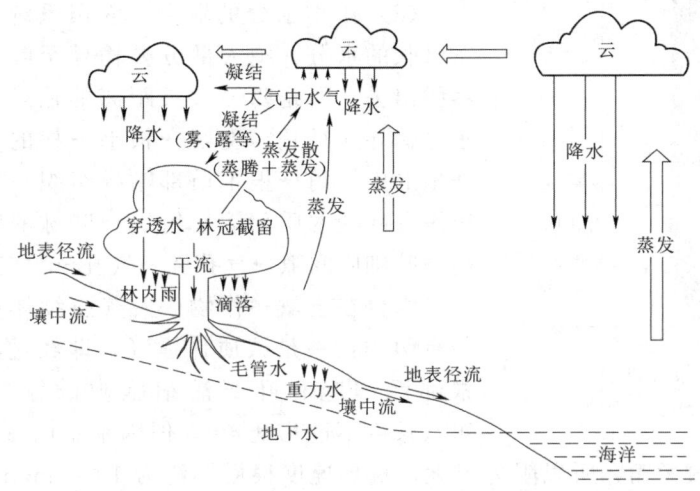

图 2.3 农田系统中水分循环示意图

2.1.3.2 农田系统中水对作物的生理效应

1. 作物体内水分存在状态

作物体内的水分含量很高，其组织含水量为 70%~90%，这些水分子以不同的状态存在于作物体内。

(1) 自由水：存在于细胞壁、细胞间隙、液泡、导管和管胞内，以及其他组织间隙和细胞中未被紧密吸附的水分。其变化较大，移动性较强，参与植物的生命活动。

(2) 束缚水：细胞中受原生质颗粒、细胞壁亲水性物质和一些有机、无机离子吸附的水。移动性差，含量少，不参与植物的生命活动，受外界环境影响小，但与胶体稳定性和作物抗逆性有密切关系。

(3) 化合态水：以基团形式参与有机物形成，成为该分子结构的一部分，约占作物耗水量的 0.2%，对作物的生理作用不大。

2. 作物对水分的吸收与输导

(1) 根系吸水。根系是作物吸收土壤水分和养分的重要器官，一般认为根尖是吸水的主要区域。在根尖，位于伸长区后的根毛区表皮细胞凸起，形成大量根毛，增加了根系吸收表面积，从而增加了根系吸水的能力；其次根毛细胞壁的外部由果胶质组成，黏性强，亲水性也强，有利于与土壤颗粒黏着而吸水；再者，根毛区的输导组织发达，对水分移动的阻力小，因而，根毛区的吸水能力最大，根冠、分生区和伸长区的较小（图 2.4）。由于根系吸水主要在根尖部位进行，所以农田灌水应考虑作物大部分根尖的深度。

作物根系吸水主要依靠两种方式，主动吸水和被动吸水。主动吸水的动力是由于根压的存在，主要发生在弱蒸腾条件下。被动吸水完全是由于蒸腾失水而产生的蒸腾拉力引起的，主要发生在强蒸腾条件下，是作物根系吸水的主要方式。

（2）作物水分的输导。农田系统中，作物由根系吸收的水分，绝大部分要输导至叶部并通过气孔蒸腾出去，因此要经过长距离的输导。作物体内的水分输导途径是：土壤→根毛→根的皮层和内皮层→根的中柱鞘→根木质部输导组织→茎木质部输导组织→叶柄木质部输导组织→叶脉的管胞→叶肉细胞→叶细胞间隙→气孔腔→气孔→大气。

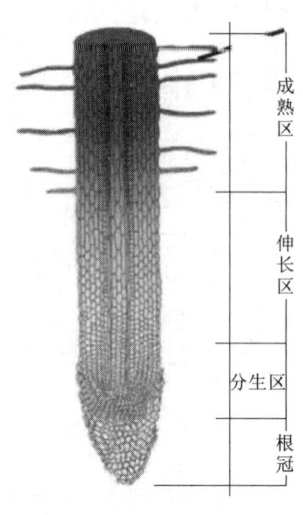

图 2.4　根尖纵切图

水分在土壤—作物—大气连续体中，其输导途径有两类：一是共质体途径，即经过活细胞，包括根部活细胞和叶部活细胞内的输导，其距离很短（长度不过几毫米），但因细胞内有原生质体，加上又以渗透方式运输，所以阻力很大，输导速度很慢，约为 10^{-3} cm/h，不适于长距离运输。二是质外体途径，即经过死细胞，导管和管胞都是中空无原生质体的长方形死细胞，细胞和细胞之间都有孔，特别是导管的横壁几乎消失殆尽，对水分运输阻力很小，输导速度很快，资料表明木质部导管的运输速度为 3~45m/h，因此适于长距离运输。

在土壤—作物—大气连续体中，各部位水势的大小顺序是：$\psi_{土} > \psi_{根} > \psi_{茎} > \psi_{叶} > \psi_{大气}$。土水势一般为 0~-0.1MPa，低至-1.5MPa 时，根系吸水困难。根水势一般为-0.2~-0.4MPa，一般正常生长情况下农作物的茎水势为-0.4~-1.5MPa，叶水势在-0.4~-2.0MPa。大气的水势特别低，当空气相对湿度为 50% 左右时，其水势约为-100MPa。正是由于这样大的水势梯度，促使作物体内水分通过叶气孔不断地向大气蒸散。叶片失水后，叶水势降低，吸水力增大，作物体内的液态水流因受到蒸腾拉力的作用，使茎中水分向上输导。同时，茎水势降低，便从根部吸水，将这种拉力传至根部，促使根系进一步从土壤中吸水。这种由上下水势差所产生的蒸腾拉力，可使水分沿树木上升到 100m 以上的高大乔木的顶端，是水分向上输导的主要动力。

此外，水分子的巨大内聚力（一般为 20~30MPa 以上），可使上升水柱不被拉断和脱离管壁，从而保持水柱的连续性，这对保证蒸腾拉力使水分上升有很重要的作用。

3. 作物水分的蒸腾与散失

蒸腾是指作物体内的水分通过作物体表面（主要是叶片）以气体状态散失到体外的过程。

（1）作物个体水分散失的部位和方式。作物体内的水分绝大部分从叶片上散失，其散失部位由气孔和角质层组成，并以气孔为主。但在某些情况下，如植株幼嫩时，角质层蒸腾可达叶片总蒸腾的50%。低温、干旱可加大角质层蒸腾。暴露于空气中的枝条也会散失部分水分，这与表皮木栓化程度、皮孔的多少及有无裂缝有关。根系吸收的水分向地上部运移过程中，有少量水分可从干土层中的根表面散失到土壤中，其数量随根系老化程度加重而减少。植物还可通过"吐水"从叶缘散失液态水。

（2）作物群体的水分蒸腾。群体条件下，所有个体均可散失水分。扩散的水汽在群体中交汇，使群体株丛中的空气比外界更为潮湿，只有群丛内上层空气中的水汽可以比较容易扩散到大气中。下部的水汽扩散阻力大，从而形成群丛内自上而下水蒸气压逐渐增高，下部常会达到饱和状态。光在群体中分布也越往下越少，下部叶的气孔开度减小，蒸腾速率降低。作物群体的蒸腾作用主要发生在上层，不管群体多么复杂，可把群体暴露在空气中的外表面看作其蒸腾表面，整个群体的蒸腾失水远少于单个孤立个体的蒸腾量之和。群体表面粗糙度较大时，群体蒸腾量增加。

在土壤水分补给能力不足的条件下，通过降低蒸腾作用，可以提高水分的利用率和经济效益。降低蒸腾作用有以下途径：

1）降低蒸腾速率。采用在农田周围设置防护林减小风速，遮阴，喷水增加空气湿度等办法降低蒸腾速率。

2）使用抗蒸腾剂。某些能降低作物蒸腾速率而对光合作用和生长影响不大的物质称为抗蒸腾剂（antitranspirant）。在特别干旱时，可使用一些抗蒸腾剂喷洒在作物叶片，使气孔开度变小，减少蒸腾。

4. 作物体内水分平衡与分配原则

作物对水分的吸收、输导和散失是作物水分的主要代谢过程。当作物根系吸水和蒸腾散失保持平衡，作物才能生长发育良好。但作物自身仅具有一定的调节水分吸收和消耗而维持水分适当平衡的能力，在各种外界因素的影响下，作物往往在短时间或长时间处于水分不平衡的状态。例如土壤水分亏缺或过多，均使根系吸水受阻，作物体内水分平衡被破坏，作物生长困难，甚至遭干旱、渍、涝灾害致死。

作物正常生长情况下，在水势差的支配下，作物体内水分由高水势部位向低水势部位分配；当蒸腾大于吸水时，水分优先向分生组织、幼嫩器官（幼叶、幼果）及蒸腾旺盛的功能叶分配；当严重缺水时，体内水分可发生再分配，即分生组织、生长点、成熟中的果实可从老叶及花和未成熟果实夺取水分，导致叶片、花和幼果的脱落。

维持作物水分平衡的办法主要有两种，一是增加吸水；二是减少蒸腾。通常以增加吸水为主。因此，健全农田水利设施，合理灌溉排水，以及与适当的农艺措施相结合是维持作物体内水分平衡，争取稳产高产的保证。

2.1.3.3 农田系统中水对作物的生态效应

1. 作物的干旱伤害

旱害指的是由于缺水干旱对作物所造成的伤害。其影响因素有：①土壤干旱，即土壤中缺乏有效水分；②大气干旱，即空气过度干燥（相对湿度低于20%）或是大气干旱伴随高温，引起植物强烈蒸腾失水。结果导致植物体内水分收支不平衡，缺水受害。旱害的形成主要取决于气候。通常将年降水量少于250mm的地区称为干旱地区，年降水量为250~500mm的地区称为半干旱地区。干旱、半干旱地区降雨较少，而且往往分布不均，因而极易造成季节性干旱，或者常年干旱甚至连续干旱。

（1）作物干旱胁迫程度分级。作物的干旱胁迫可按细胞水势和相对含水量的下降程度分为轻度胁迫、中度胁迫和严重胁迫。具体数值见表2.1。

表2.1　　　　　　　　　　　作物的干旱胁迫分级

分　级	与供水良好时相比	
	细胞水势下降	相对含水量下降
轻度胁迫	几个bar	8%~12%
中度胁迫	数bar~15bar	10%~20%
严重胁迫	>15bar	>20%

注　中度胁迫条件下，作物的反应既是伤害的表现，也是适应性的表现。

（2）作物对缺水的反应及敏感性。

1）缺水条件下作物生理生化反应。当作物处于缺水条件下时，植物体内的内源激素平衡遭到破坏；渗透调节物质含量也发生变化，比较显著的是细胞质中一些小分子有机物质大量积累，如游离脯氨酸、甜菜碱；物质的分解能力大于合成能力；呼吸代谢途径发生变化，PPP途径（磷酸戊糖途径）加强，形成的C_5糖可用于C同化；会促使特异蛋白质的合成，如LEA蛋白（与植物的抗逆性密切相关）、渗调蛋白［该蛋白是一种逆境适应蛋白，其基因的表达受到干旱、盐渍、病原侵染、乙烯、脱落酸（ABA）等因子的诱导，与植物的抗旱、耐盐和抗病性等有关］、热激蛋白（在高于正常生长温度刺激下，诱导合成的新蛋白）、代谢酶类等。

2）作物类型对缺水的敏感性差异。一般C_3作物的敏感性大于C_4作物。常见的作物对缺水的敏感性顺序为：马铃薯、油菜>水稻>棉花>小麦、大豆>甘薯>玉米>高粱、粟。同一作物的不同品种对干旱缺水的敏感性也可能不同。同一作物不同生育期对缺水的敏感性不同，一般来讲，孕穗至抽穗期（或开花坐果期）>苗期。作物各器官对缺水的敏感性差异为：地上部>地下部、叶>芽和生长点、老叶>幼叶、花和幼果>成长中果实。作物生理过程对缺水的敏感性差异为：生长>气孔运动>蒸腾>光合>物质运输。

3）作物的生理反应阶段。在干旱胁迫过程中，作物的生理反应存在适应和恶化两个阶段。适应阶段的水势大小反映作物抗旱性强弱。地上部分生长受抑，根生长受促进，根吸水能力上升；代谢发生结构性改组，强化能量代谢，加强氧化磷酸化反应，加强ABA、渗透物质和逆境蛋白合成；提高细胞持水能力；由于适应阶段的存在，也为作物的抗旱调节提供了条件。

恶化阶段是指当干旱程度超过了适应阶段，作物的旱害便进入恶化阶段，表现为不可逆伤害。主要反映在：生理过程中能量代谢遭破坏，氧化磷酸化解耦联；原生质环流中止，生化代谢、物质运输受阻；生物合成下降，物质代谢趋向分解和氧化；细胞持水能力下降；呼吸作用的能量有效性下降。

(3) 缓解作物旱害的途径。

1) 选育抗旱能力强的优良品种。通过遗传改良方法培育抗旱作物品种是解决作物抗旱性的根本途径，但目前通过常规方法培育高抗、高产、优质品种成效并不显著，仍需加强探索研究。

2) 改善土壤保水供水性能。采取适宜的农艺栽培措施，改善土壤结构，如增加土壤有机质，科学耕作，提倡免耕、少耕、沿等高线耕作等措施，可有效改善土壤保水供水性能。

3) 覆盖栽培降低土面水分蒸发。覆盖栽培包括作物秸秆覆盖、地膜覆盖等，可有效提高土壤保水能力。

4) 苗期抗旱锻炼和非充分灌溉。通过抗旱锻炼（如水稻晒田、作物间歇灌溉等），可促进作物发生一系列适应干旱的生理生化变化，特别是可通过刺激作物体内 ABA 水平升高来促进气孔关闭、诱导特异蛋白的产生，提高抗旱性。在灌溉水量不足的情况下，对作物进行非充分灌溉，提高经济效益。

5) 合理施肥。土壤中氮素水平过高，作物的抗旱性会降低；氮素水平过低，则不利于作物地上部和根系生长，不利于吸水；钾素营养可提高作物的渗透调节能力；磷素营养可提高作物能量和物质代谢能力；钙主要起稳定原生质膜结构的作用。因此应根据土壤中养分水平及作物的需肥特性，合理施肥。

6) 保水剂的应用和作物抗旱性化学调控。保水剂是由淀粉和聚丙烯为材料经聚合而成的高分子化学材料，具有极强的吸水能力，能吸收达到自身重量几十甚至几百倍的水分，它所吸持的水分可缓慢释放，并能被作物根系所利用。保水剂现已广泛应用于植树造林、果树栽培等，但成本略高。

化学调控剂包括两大类：一类是抗蒸腾剂，有黄腐酸（FA）、藻酸、多聚丙烯酸、腐殖酸等，可有效降低气孔开度，减少蒸腾失水，在禾谷类作物的灌浆结实期应用效果良好；另一类是植物生长延缓剂，又称为抗赤霉素，能有效抑制地上部生长，增加叶片厚度（作物光合速率与叶片厚度成正比），缩小细胞体积，减少蒸腾面积。常见的有矮壮素、多效唑、缩节安等。

2. 作物的渍、涝伤害

渍害（water logging）是指土壤含水量超过田间持水量时，对旱作物所造成的伤害。涝害（flood injury）是指地面积水，淹没了作物一部分或全部，对作物所造成的伤害。洪灾、涝灾、渍害的形成与降水量、地理位置、土壤结构、植被、作物生育期、防洪设施等密切相关。

作物受涝时，水本身对作物的危害不大，主要是由于缺氧造成的直接和间接伤害。此外，降水偏多是洪涝发生的主要原因。作物光照不足是涝灾发生的重要原因。同时，连续降雨后，气温偏高，空气湿度大，作物根系缺氧，抗病菌能力较弱，田间极易发生病菌性病害，且传播速度非常快，对作物生长不利。

(1) 作物对湿、涝的形态和生理反应。

1) 形态反应。作物种子在淹水条件下所导致的作物发芽率大幅度下降或丧失发芽能力。这与无氧呼吸、离子渗透等有关。绝大多数作物种子在淹水条件下不能萌发，即使耐淹水能力强的水稻种子在水中也仅限于胚芽鞘的伸长。

植株形态也发生系列反应。具体表现为缺氧导致生长缓慢、停止，根系发黑，叶柄偏上性生长，露出水面的叶片逐渐萎蔫、失绿黄化进而枯萎死亡或脱落，花、幼果死亡脱落或腐烂。在淹水条件下，某些作物还可能发生一些适应性反应，如淹水中的节间、叶柄或叶鞘伸长，茎节处发生不定根及部分薄壁细胞解体形成通气腔和皮孔等。渍涝使根冠比下降。

2）生理反应。渍、涝害使作物进行无氧呼吸、ATP 合成减少，无氧呼吸大量消耗呼吸基质导致饥饿和能量供应减少和能量匮乏，并积累有毒物质，引起细胞中毒死亡。

渍涝缺氧还使线粒体数量减少，肿胀，嵴数减少；如果缺氧时间过长则导致线粒体失活（线粒体是一种存在于大多数细胞中的由两层膜包被的细胞器，是细胞中制造能量的结构，是细胞进行有氧呼吸的主要场所，直径在 $0.5\sim1.0\mu m$ 左右）；内源激素平衡关系改变，即生长促进型激素合成减少，生长抑制性激素合成增加，促进衰老、脱落；气孔关闭、光合作用受阻，使正常的生物合成受阻、水解加强；使根系吸收能力和正常合成能力下降。由于对水分的吸收能力降低，作物常表现出受旱形态特征；由于 ATP 合成少，根系主动吸收能力下降，导致植株营养失调，并会产生某些逆境蛋白，如玉米幼苗在淹水时可快速合成厌氧多肽，这些特异蛋白中有一些是糖酵解或糖代谢有关的酶，有利于调节碳代谢、维持生存所需的能量供应和减少有毒物质的形成与积累。

3）渍涝造成的次生伤害。渍涝条件下往往使土壤受淹剖面中盐分浓度上升，如 Na^+、Cl^- 浓度增加，会阻止作物体内 Na^+、Cl^- 离子排出，造成细胞盐害、中毒；土壤处于还原状态下，pH 值下降，易产生一系列有毒物质，如 Mn^{2+}、NO_2^-、Fe^{2+}、H_2S、CH_4、脂肪酸、不饱和酚、醛类、酮类等，对植株造成毒害。渍涝情况下更加剧了营养失调，如硝态氮发生反硝化反应，以气态氮释放；S、Zn、Cu 等有效性下降；P、Si、Mg、Mn、Fe 等有效性提高，易流失。

(2) 作物的抗渍涝能力。

1）与作物通气组织的发达程度和无氧呼吸系统的完善程度有关。有些作物，如水稻的根、茎、叶中存在气腔组织，根系还存在乙醇酸氧化酶，通过乙醇酸氧化途径释放新生态氧，氧化根际还原性物质，所以水稻比小麦、棉花的耐淹性强。棉花既不耐水淹，也不耐水渍，当地下水位过高时易造成生长发育不良，导致显著减产。

同一作物品种不同其耐淹能力不同，如籼稻的耐淹性大于粳稻；玉米中能快速诱导厌氧蛋白合成的品种比缺乏此能力的品种耐淹性强。

2）与生育期有关。一般种子发芽期和孕穗期、开花结果期对淹水最敏感。棉花在花铃期淹水数小时，可使蕾、花、幼铃全部脱落，并加速叶片的衰老、黄化；水稻孕穗期淹水 6 天以上，大部分幼穗腐烂，不能抽穗；抽穗开花期淹水 6 天以上，花粉、花药破坏，不能授粉；乳熟期淹水 7 天，千粒重降低，米质变劣，减产 40% 左右；玉米幼苗不耐淹水，但发育后期只要不淹没果穗，对产量影响较小。

3）与淹没深度、水温、水浑浊度及流动性有关。作物在淹水时露出水面的部分越多，受无氧伤害的部位就越少，且水面以上部位仍可进行一定的光合作用，维持一定的碳水化合物供应；水温不同，水中氧的溶解度不同，影响水中含氧量；水浑浊度影响光合作用水的光解放氧能力，浑浊度高、叶片布满污泥，则加速叶片死亡；水的流动性影响有毒物质的积累浓度和水中含氧量，从而影响器官和组织的受害程度。

（3）减小渍、涝灾害的措施。为防止和减小作物遭受渍涝灾害，要及时采取措施，加强田间管理，将涝灾损失降到最低限度。具体措施如下：

1）完善排灌系统，降低地下水位，高畦栽培。如在农田实行网格化，深沟排渍措施。

2）及时排除田间积水。根据积水情况和地势，采用排水机械和挖排水沟等办法，尽快将田间积水和耕层滞水排出，减少田间积水时间。

3）及时整理田间植株。植株经过水淹和风吹，根系受到损伤，容易倒伏，排水后必须及时扶正、培直，并洗去表面的淤泥，以利进行光合作用，促进植株生长。

4）及时中耕松土。排水后土壤板结，通气不良，水、气、热状况严重失调，必须及早中耕，以破除板结，散墒通气，防止沤根，同时进行培土，防止倒伏。

5）及时增施速效肥。作物经过水淹，土壤养分大量流失，加上根系吸收能力衰弱，及时追肥对植株恢复生长和增加产量十分有利。在植株恢复生长前，以叶面喷肥为主。植株恢复生长后，再进行根部施肥，以减轻涝灾损失。

6）及时防治病虫害。涝灾过后，田间温度高，湿度大，再加上作物生长衰弱，抗逆性降低，易使多种病虫害发生，要及时进行调查和防治，控制蔓延。

7）及时改种其他作物。因涝灾绝产的农田，要抓住季节，及时抢种速生蔬菜或绿豆等生长期短的小杂粮，最大限度地弥补灾害损失。如中、晚稻受害，可补种早熟早稻。对改种有困难的地方，可在水排出后，抓紧耕耙、蓄水保墒，为秋冬种植打好基础。

8）选用耐渍性强的作物和品种。

2.2 作物需水量

作物需水量是指作物在生长发育过程中所需要消耗的水量。作为农业用水的重要组成部分和整个国民经济中消耗水分的主要部分，作物需水量是确定作物灌溉制度以及地区灌溉用水量的基础，同时也是农田水利工程规划、设计的基本参数，是流域规划、地区水利规划、灌排工程规划、设计和管理的重要依据。目前全世界的用水量不断增长，水资源不足日益突出，因此，对作物需水量的估算与分析具有非常重要的意义。

2.2.1 作物需水量的概念

农田水分消耗的途径主要有植株蒸腾、株间蒸发和深层渗漏（或田间渗漏）。

植株蒸腾是指作物根系从土壤中吸入体内的水分，通过叶片的气孔扩散到大气中去的现象。株间蒸发是指植株间土壤或田面的水分蒸发。深层渗漏是指旱田中由于降雨量或灌溉水量太多，使土壤水分超过了田间持水量，向根系活动层以下的土层产生渗漏的现象。深层渗漏一般是无益的，且会造成水分和养分的流失。由于水稻田经常保持一定的水层，所以水稻田经常产生渗漏，且数量较大。研究认为稻田应有适当的渗漏量，可以促进土壤通气，改善还原条件，消除有毒物质，有利于作物生长。但是渗漏量过大，会造成水量和肥料的流失，与开展节水灌溉有一定矛盾。

对于旱作物来讲，作物需水量包括植株蒸腾和株间蒸发。其大小主要决定于气象条件、作物特性、土壤性质和农业技术措施等。水稻田的作物需水量除包括植株蒸腾和株间蒸发外，还有稻田渗漏量。为了便于和旱作物的作物需水量区分，又称为"田间耗水量"。

2.2.2 作物需水量观测场地选择与布设

2.2.2.1 试验场选择

在选择试验场时，应注意以下几项原则：

（1）试验场适宜布设在开阔、平坦的大田之间。

（2）在试验场周围应设置一定范围的缓冲区，保护试验场，以减少外界环境的影响。

（3）观测场的地面与缓冲区地面应保持一样的高度。

2.2.2.2 观测场布设

观测场主要包括筒测区、坑测区、田测区等，还要具备符合要求的供水系统和气象观测场。试验田附近应有气象观测站（场），并布设田间小气候观测点。

2.2.2.3 观测场的主要设备

1. 需水量测定设备

不同作物需水量的测定方法也不尽相同。针对旱作物，主要采用筒测、坑测、田测等方法，而对于水稻，则采用筒测与坑田相结合的方法。

筒测、坑测统称为器测，也称为蒸渗器。蒸渗器按其称重测定原理可分为称重式蒸渗仪（图 2.5）和非称重式蒸渗仪（图 2.6）两类。其中，非称重式蒸渗仪通过控制地下水位，测定补偿水量，国外也称排水型蒸渗仪，其安装操作简单，造价低，在我国得到广泛应用。称重式蒸渗仪可分为液压式、机械式、电子称重式等，能测定短时段的腾发量，精度高，但是造价较高。

图 2.5 称重式蒸渗仪

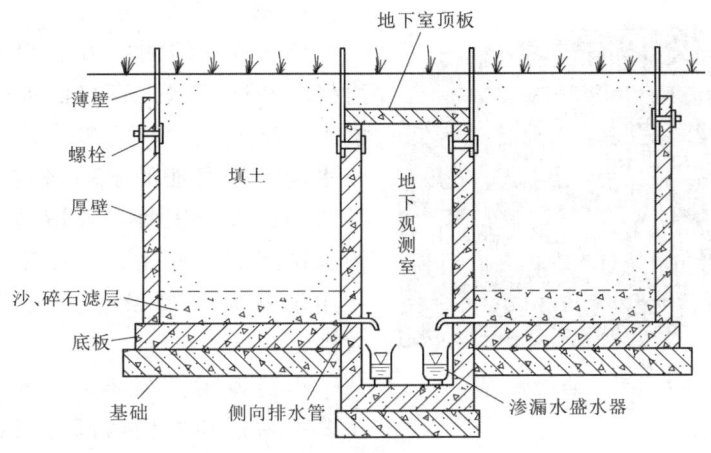

图 2.6 非称重式蒸渗仪

设置蒸渗器应符合以下技术标准：

(1) 不漏水、导热性低。耐冻、结构牢固。

(2) 形状规整。测筒应为圆形、正方形或矩形，测坑应为矩形或正方形。

(3) 器内土壤表面积，对于圆形测筒不宜小于 $0.36m^2$，测坑不宜小于 $4m^2$。

(4) 测坑的坑壁在地面上部分应为薄壁，壁顶总面积不应超过坑内土壤表面积的 5%。

(5) 测坑或测筒内装土深度宜在 0.8～2.0m 范围内，应超过作物根层深度 0.1～0.2m。

2. 土壤水分测定方法

土壤水分的测定方法有很多，常用的为烘干测定法，其主要利用的设备有土钻、铝盒、电子天平等。除此之外，还有张力计法、电阻法、中子仪法、TDR 等测定方法，在"土壤学与农作学"课程中有介绍，在此不再赘述。

3. 防雨设备

观测场要设置一定的防雨设备，以保证试验场地的内部环境不受外界条件的变化而干扰土壤含水率的测定。其主要的防雨设备即防雨棚，可分为简易防雨棚（图 2.7）、启闭式防雨棚（图 2.8）和移动式防雨棚（图 2.9）。

图 2.7 简易防雨棚

图 2.8 启闭式防雨棚

第2章 节水灌溉的理论基础

图2.9 移动式防雨棚

4. 测定棵间土壤蒸发的方法

棵间蒸发的测定方法很多,主要分为直接法和间接法。直接法即采用仪器直接测出土壤蒸发量,简单实用;间接法是基于水量平衡原理的土壤水量平衡法,和直接法相比计算困难,且精确度不高,因此尚未得到广泛使用。直接测定棵间蒸发的常用设备有小型换土蒸发器、大型蒸渗仪等。

小型换土蒸发器,又称微型蒸发器,主要由内桶和外桶两部分组成,外桶主要起保护作用,保证每次操作时不破坏周围土体结构,如图2.10所示。取土时,将内桶垂直压入土中,尽量不破坏土体结构,取出原状土,并用刮刀刮平底部后用塑料薄膜或纱网包扎封底,然后用电子天平称重,最后放回预先固定于作物间的外桶中,使土样顶面与田面平齐。每隔几天称重一次(一天一次最为精确),雨后需加测。为保证微型蒸发器内的土壤水分与作物棵间的一致,每隔几天应更换一次微型蒸渗仪中的原状土,雨后4~6天内要坚持每天换土,并在原状土周围取与内桶土柱相同高度的表层土壤烘干称重,测定其含水量。

图2.10 小型换土蒸发器

大型蒸渗仪是一种设在田间或温室内装满土壤的大型仪器,仪器中的土壤表面或者裸露,或者种植各种作物,用于测量裸土蒸发量或者作物的腾发量、潜在腾发量以及深层渗漏量,如图2.11所示。采用大型称重式蒸渗仪可以比较准确地测定蒸腾和蒸发量,但由于设备价格昂贵,在单独测定土壤蒸发时使用较少,一般是用于测定总腾发量或者和微型蒸发器联用测定作物叶面蒸腾量。

图 2.11　大型蒸渗仪

2.2.3　旱作物需水量测定
2.2.3.1　坑测法

坑测法，是指在田间修建测坑来测定作物需水量或进行灌溉试验的方法。测坑面积一般应大于 $4m^2$，测坑尺寸一般为上口 $3.33m\times2.0m$，深 $2.0m$，并设置 $0.20m$ 厚反滤层，$1.5m$ 厚的土层，土层表面距坑口 $0.10m$。测坑的墙多用砖、水泥砂浆砌成，并贴有防水材料。墙的厚度一般在 $0.2m$ 以内，墙壁的上截面积不能大于测坑试验面积的 5%，以免边际的热效应影响测试结果的准确性，如图 2.12 所示。

在测坑施工过程中，挖出的土要分层放置，回填时也要按原来的层次顺序回填，并使坑内的土壤容重、土壤结构等与周围大田保持一致。测坑周围要有保护区，保护区与测坑的作物要一致，以减少边界条件的影响，使测试结果更接近大田实际情况。

图 2.12　坑测法

测坑有带底、不带底的两种。在地下水埋深较深（大于 5m）的地方，由于作物对地下水的利用量很小，可用无底测坑。在地下水位较高时，为了杜绝地下水的干扰，要用水泥等铺底，并加防水层，使坑底与四周边墙连成一整体。在底板与回填土之间要有 20cm 厚的滤层、并要安装排水设施。在测坑上面要设置防雨棚，以隔绝雨水，这样可省略地下水利用量和有效降雨量的测定，也简化了计算程序。

坑测法采用的水量平衡方程为

$$ET_{1\sim2}=10\sum_{i=1}^{n}\gamma_iH_i(W_{i1}-W_{i2})+M \tag{2.9}$$

式中：$ET_{1\sim2}$ 为时段需水量，mm；i 为土壤层次号数；n 为土壤层次总数目；γ_i 为第 i 层土壤容重，g/cm^3；H_i 为第 i 层土壤的厚度，cm；W_{i1} 为第 i 层土壤在时段开始的含水率（干土重），%；W_{i2} 为第 i 层土壤在时段末的含水率（干土重），%；M 为时段内灌水量，mm。

2.2.3.2 田测法

田测法是在大田内直接测定作物需水量的方法。试验田要选择在对灌区、流域的气象、水文、地形、地貌、水文地质、土壤等方面具有代表性，水源有保证，灌溉排水系统完善以及交通便利的地方。试验田附近应有气象观测站（场），并布设田间小气候观测点，如图 2.13 所示。试验田内划分试验小区，小区面积一般为 0.2～0.5 亩。

图 2.13 田测法及其气象观测站

试验内容主要包括灌水方法（如地面灌溉、地下灌溉、喷灌、滴灌等）试验、灌溉制度试验、田间需水量以及特定课题项目等试验。试验方法常用对比试验法，有单因素对比法，即各处理之间除了灌水方法或灌溉制度一种因素有差异之外，其他因素均相同；多因素对比法则在不同处理之间变化若干种因素进行对比，通过试验解决一些综合的问题。

田测法的优点在于测定时更接近大田实际，同时有较强的代表性。田测法要满足以下要求：地下水埋深大于 5m；同时要测定有效降雨量与地下水利用量。

田测法采用的水量平衡方程为

$$ET_{1\sim 2}=10\sum_{i=1}^{n}\gamma_i H_i(W_{i1}-W_{i2})+M+P+K \tag{2.10}$$

式中：M 为时段内的灌水量，mm；P 为时段内的有效降雨量，mm；K 为时段内的地下水补给量，mm；其余符号意义同前。

2.2.3.3 观测项目

旱作物需水量的测定受到多种因素的影响，因此其观测项目也较多，主要包括土壤水分、灌水量、有效降雨量、地下水利用量、棵间蒸发量、植株生物学的测定、气象要素的测定等在内的许多要素。

2.2.4 水稻需水量测定

水稻需水量主要采用坑田结合法来测定，其中，用测坑测定水稻腾发量，用测坑侧面的大田直接测定腾发量与渗漏量之和，上述两者之差为水稻田渗漏量。其要点是：利用与需水量试验处理相同的灌溉制度试验小区（称之为田）代替无底测坑，测定需水量。用有底测坑测定腾发量，还可在有底测坑中埋设无底测筒测定棵间蒸发量，并视需要将组成腾发量的两部分分开。

其基本计算方法为

$$试验小区消耗水量＝需水量$$
$$有底测坑消耗水量＝腾发量＝植株蒸腾＋棵间蒸发$$
$$地下渗漏量＝需水量－腾发量$$
$$测筒中消耗水量＝棵间蒸发量$$
$$叶面蒸腾量＝腾发量－棵间蒸发量$$

以上算式中的消耗水量不包括排水。

2.2.4.1 水田淹水阶段需水量与渗漏量的测定与计算

对于水田，将坑设于稻田中，两侧为田测小区，小区面积 $0.1\sim 0.2$ 亩，稻田水层每天 8 时用测针观测水位一次（田测与坑测均用测针观测），用容积法测定坑底排水量。用以下公式计算需水量与渗漏量：

$$\begin{aligned}ET_d &= h_1 - h_2 + m + P - f - C \\ W_d &= h'_1 - h'_2 + m' + P' - C' \\ F_d &= W_d - ET_d\end{aligned} \quad (2.11)$$

式中：ET_d 为日蒸发蒸腾量；W_d 为日蒸发蒸腾量与田间渗漏量之和；F_d 为日渗漏量；h_1 为测坑中第一日初的土面水位；h_2 为测坑中第二日初的土面水位；m 为测坑中第一日内的灌水量；P 为测坑中第一日内的降雨量；f 为测坑中第一日内土底排水量（渗漏量）；C 为测坑中第一日内土面排水量；h'_1 为试验小区中第一日初田面水位；h'_2 为试验小区中第二日初田面水位；m' 为试验小区中第一日内灌水量；P' 为试验小区中第一日内降雨量；C' 为试验小区中第一日内排水量，以上各因素的单位均为 mm。

2.2.4.2 水稻落干阶段需水量与渗漏量的测定与计算

1. 补水法

补水法的测定项目包含坑和小区内落干前水位、落干结束后的灌水量、灌后形成稳定水层的水位、落干阶段的降雨量和排水量等。

用水量平衡法计算需水量的过程如下：

蒸发蒸腾量 $\qquad ET_g = h_{bg} - h_{ag} - C_g + P_g + m \qquad (2.12)$

蒸发蒸腾量与渗漏量之和 $\qquad W_g = h'_{bg} - h'_{ag} - C'_g + P'_g + m' \qquad (2.13)$

落干期间的田间渗漏量 $\qquad F_g = W_g - ET_g$ (2.14)

2. 土壤含水率法

土壤含水率法即利用土壤的含水量来计算水稻落干阶段的需水量，其基本理论与旱作物的相同。

2.2.4.3 观测项目与方法

与旱作物相比，水稻的观测项目主要包括稻田水深、灌水量、排水量、降雨量、植株生物学的测定、气象要素的观测。

稻田水深观测的方法为，犁耙田后随即安装测针插座或木桩水尺，测针插座旁平放一砖块，砖面与田面齐平，作为田面高程标志。若用木桩水尺，其零点应与田面齐平。用测针测得的水位值为水面高程，要减去田面（砖块）高程才是水层深度，田面（砖块）高程要定期进行校正。若用木桩水尺测读水位，每次的水位观测值即为水层深度。水位测针观测精度为 0.1mm，木桩水尺观测的精度则为 1.0mm（目估可达到 0.1mm）。

2.2.5 有效降雨量与作物地下水利用量测定

2.2.5.1 有效降雨量测定

有效降雨量指旱作物种植条件下，用于满足作物蒸发蒸腾需要的降雨量，它不包括地表径流和渗漏至作物根区以下的部分，同时也不包括淋洗盐分所需要的降水深层渗漏部分，因为这部分水量没有用于作物的蒸散，应视为无效水。影响有效降雨量的因素多而复杂，不同作物种类、生长阶段、耗水特性、降水特性、土壤特性、地下水埋深以及农业耕作管理措施等因素都直接或间接的影响它的大小。有效降雨量是制定作物灌溉制度、灌溉排水规划、灌溉用水管理等的重要依据。

1. 经验公式计算

在生产实践中，经常使用降水的有效利用系数来计算有效降水量，称有效利用系数法。其计算公式为

$$P_\theta = \alpha P \qquad (2.15)$$

式中：P_θ 为有效降雨量，mm；P 为次降雨量，mm；α 为降雨有效利用系数，它和次降雨量有关。

生产上常采用以下经验系数：次降雨小于 50mm 时，$\alpha=1.0$；次降雨为 50～150mm 时，$\alpha=0.80\sim0.75$；次降雨大于 150mm 时，$\alpha=0.70$。系数 α 需根据各地条件，并进行试验研究后确定。根据次降雨有效利用量，可求得年度、季度或作物生长期的有效降雨量。提高降雨有效利用系数的措施有：平整土地，修田坎，减小地面径流；深耕、耙磨、防止土壤板结，增加入渗；加强灌溉管理等。

事实上，在同一地区系数 α 往往还与上一次的降水特性及这一时段的作物蒸发蒸腾强度存在直接关系，这样即使相邻二次降水量及降水强度完全相同，而 α 取值可能有着较大的差异。

2. 水量平衡计算

（1）实时估算法。美国国家灌溉工程手册中基于土壤水量平衡方程，提出实时估算法，其公式为

$$P_e = W_t - W_0 - D + ET_t \tag{2.16}$$

式中：W_t 为降雨停止后第 2 天的田间土壤蓄水量；W_0 为降雨开始前的田间土壤蓄水量；D 为降水产生的深层渗漏量；ET_t 为整个降雨时段内的农田蒸发蒸腾量（可采用 Penman - Moteith 公式估算）。

由此可以看出，如果要对一次降雨的有效降雨量进行实时估算，必须准确估算该次降雨所形成的田间土层蓄水量变化和深层渗漏量。田间土层蓄水变化量可通过降雨前、降雨后测定土层内的土壤含水量计算得到。深层渗漏量则采用水文学上的入渗产流分析法，同时结合蓄满渗透理论计算得到，即认为超过田间持水量的那部分水量是无效的，它以深层渗漏或径流的方式流失掉。利用这一方法计算有效降雨量时，精确地获得最大土壤持水量是非常必要的。该方法考虑了土壤和作物特性，能保证一定的精度。

(2) 土壤日水量平衡分析法。土壤日水量平衡分析法以天为模拟计算步长，降雨量和灌溉水量可以直接测定，深层渗漏量同样结合蓄满渗透理论计算得到，但作物的蒸腾蒸发量需要从估算公式计算得到。在灌溉农业地区，土壤水分含量一般不允许降到危及粮食产量的程度。因此，每天的土壤水量平衡计算就能以潜在蒸发蒸腾量 ET_p（可采用 Penman - Moteith 公式估算）为基础计算。而在雨养或是实施非充分灌溉地区，土壤水分消耗至作物根系易于利用的土壤水分下限时，水量平衡计算要以实际蒸发蒸腾量 ET_a 为基础计算。ET_a 的计算较复杂，且精度与 ET_p 相比较低，可以简单地借助一些方法计算得到。由此依据每天的土壤水量平衡状况就可以准确地估算出旱作物生育期内降雨的有效利用量。

2.2.5.2 作物地下水利用量测定

作物地下水利用量指的是地下水借土壤毛细管作用上升至作物根系活动层内以供作物吸收和田间蒸发的水量。地下水利用量与地下水埋深、土壤性质、作物种类、作物需水强度以及土壤计划湿润层的含水量等因素有关。其测定可利用观测井和马立奥特筒来观测。

1. 观测井

地下水观测井，是用以观测地下水位或兼测地下水开采量、水质、水温等的水井。通过使用地下水观测井，及时观察并记录作物对地下水的利用情况，以保证试验的顺利开展。如图 2.14、图 2.15 所示。

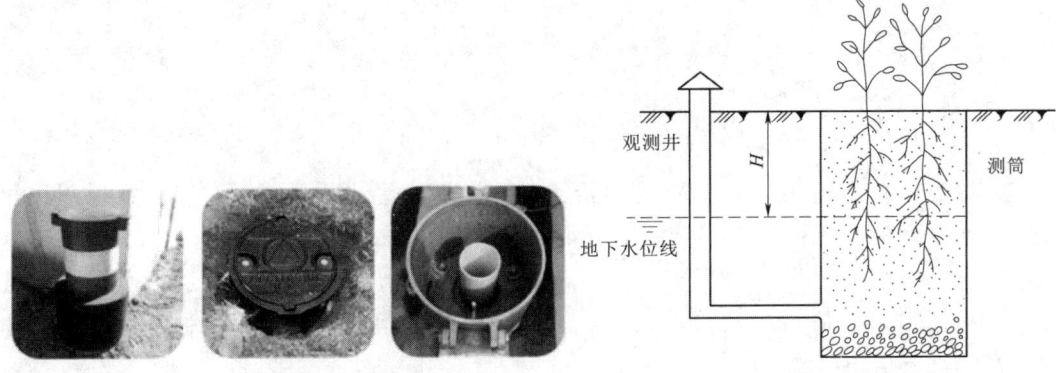

图 2.14　常见地下水观测井　　　　图 2.15　利用观测井观测潜水蒸发量

2. 马立奥特筒

马立奥特筒作为一种既能控制水位又能自动连续补水的量测装置，其控制水位准确，灵敏度高，而且补水均匀连续，便于量测水量，因此广泛应用于水均衡场的地中入渗蒸发仪和实验室的供水量测系统中。在应用中可根据测量水量的大小来选择马立奥特筒的直径，以提高测量精度。例如，需要测的水量很小，可选择小直径的马立奥特筒。同时，马立奥特筒装置控制的水位按需要可提供稳定的正压水头或负压水头。对于马立奥特筒本身也可根据情况用有机玻璃管或普通玻璃管制成。

利用马立奥特筒测定作物地下水利用量的装置如图 2.16 所示，作物的地下水利用量可采用马立奥特筒测得的注入水量与排水量筒测得的排出水量的差值计算，即

$$\text{作物地下水利用量} = \text{注入量} - \text{排出量} \tag{2.17}$$

2.2 马立奥特筒工作原理

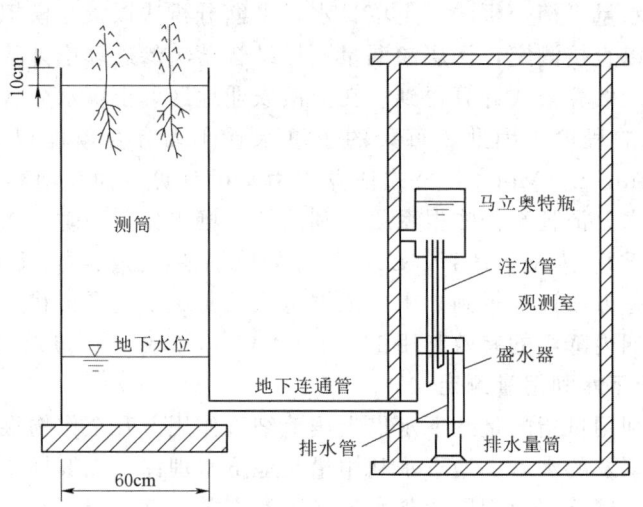

图 2.16 利用马立奥特筒观测潜水蒸发量

第 3 章　地面灌溉新技术

地面灌溉是灌溉水通过田间渠沟或管道输入，水流呈连续薄水层或细小水流沿田面流动，主要借重力作用兼有毛细管作用下渗湿润土壤的灌水方法，又称重力灌水法。地面灌溉方法是最古老的也是目前应用最广泛、最主要的一种灌水方法。据统计，目前全世界各国采用地面灌溉面积占灌溉总面积的 90% 左右，我国占 95% 以上。即使灌溉技术比较发达的美国，地面灌溉在整个农业灌溉中也是占主导地位，约占总灌溉面积的 60%。该方法具有投资少、能耗低、运行费用小、田间工程简单、操作方便、运行管理方便等优点。因此，在今后相当长的一段时间内，地面灌溉仍是我国最主要的灌水方法，对传统地面灌溉进行技术改进，积极发展和推广节水型地面灌溉，对我国的节水灌溉发展有重要理论和现实意义。

本章首先介绍地面灌溉的基础理论，然后介绍节水型畦灌、节水型沟灌、波涌灌溉、水稻节水灌溉等各类新型地面节水灌溉技术。

3.1　地面灌溉基础理论

3.1.1　地面灌溉的分类

根据灌溉水向田间输送的形式和湿润土壤的方式不同，传统地面灌溉方法可分为畦灌、沟灌、淹灌和漫灌四类。

1. 畦灌

畦灌是用田埂将灌溉土地分隔成一系列矩形条状地块，即灌水畦，灌水时，将水引入畦田后，在畦田上形成很薄的水层，沿畦长坡度方向流动，在流动过程中主要借助于重力作用逐渐湿润土壤的灌水方法。

畦灌主要适用于灌溉窄行密播作物或撒播作物。如小麦、谷子等粮食作物，花生、芝麻、油菜等油料作物，以及牧草和速生密植蔬菜等。

3.1 畦灌

2. 沟灌

沟灌是在作物种植行间开挖灌水沟，灌溉水由输水沟或毛渠进入灌水沟后，在流动的过程中主要借土壤毛细管作用从沟底和沟壁向周围渗透而湿润土壤的，与此同时，在沟底也有重力作用浸润土壤。因此，沟灌与畦灌相比较，灌水后不会破坏作物根部附近的土壤结构，可以保持根部土壤疏松，通气良好；不会形成严重的田面土壤板结，能减少深层渗漏；在多雨季节，还可以利用灌水沟汇集地面雨水，并起排水沟的作用；沟灌能减少作物植株之间的土壤蒸发损失，有利于土壤保墒；开灌水沟时还可对作物兼起培土作用，对防止作物倒伏效果显著。但是，沟灌需要开挖灌水沟，

3.2 沟灌

劳动强度较大。

沟灌适用于灌溉宽行距的中耕作物，如棉花、玉米和薯类和蔬菜等作物。

3. 淹灌

3.3 淹灌

淹灌又称格田灌，是在田间用较高的土埂筑成方格格田，一般引入较大的流量迅速在格田内建立起一定厚度的水层，水主要借助于重力作用入渗到土壤内的地面灌水方法。

淹灌方法主要适用于水稻、水生植物及盐碱地冲洗灌溉。旱作物严禁使用淹灌方法，以免产生深层渗漏，损失浪费大量灌溉水。

4. 漫灌

漫灌是在田间不修畦、沟、埂，灌水时任其在地面漫流，借重力作用浸润土壤的粗放灌溉方法。这种灌溉方法灌水均匀性差，水量浪费大，易破坏土壤结构，易提高地下水位，导致渍害和土壤次生盐碱化等危害，目前农田灌溉一般已不再采用。但在改良盐渍化土壤时，可采用大水漫灌，使土壤中的盐分能随水渗入地下水中，达到减少土壤含盐量的目的。

3.1.2 地面灌溉灌水过程

1. 地面灌溉的灌水过程

地面灌溉的灌水由田间渠沟或管道连续进入田块后，迅速沿田面的纵向推进，并形成一个明显的湿润前锋，水流边向前推进，边向土壤中下渗，即灌溉水流在继续向前推进的同时就伴随有向土壤中的下渗，如图3.1（a）所示。湿润前锋与时间的关系称为推进曲线。当湿润前锋到达田块尾端或到达田块某一距离，并已达到所要求的灌水量时即停止向田块放水。此时，田面水流继续向田块尾端流水，田面水流深度不断下降，向土壤下渗的水量逐渐增加，而且田块首端水层首先下降至零，地表面形成一落干锋面，该锋面与时间的关系称为消退曲线，水流消退位置随田面水流和土壤入渗向下游移动，直至田块尾端或在田块某一距离处与湿润锋相遇，如图3.1（b）所示。当田面完全无水时，田间水流全部渗入土壤转化为土壤水，灌水过程结束。地面灌溉灌水过程如图3.1所示。

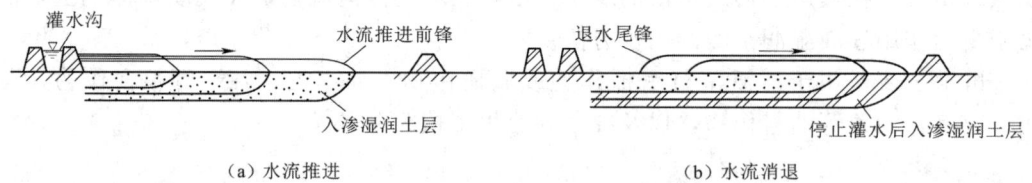

（a）水流推进　　　　　　　　　　　（b）水流消退

图3.1　地面灌溉灌水过程示意图

3.4 水流推进

下面以末端封堵畦灌为例，说明灌水过程的几个阶段。

（1）推进阶段。从放水入畦时刻开始，到水流前锋到达畦尾前，水流前锋一直向前推进，这一过程称为推进阶段。

（2）成池阶段。水流前锋到达畦尾，停止前进，田面开始积水成池，直到畦口切断水流为止，这一阶段称为成池阶段。

(3) 消耗阶段。从畦口切断水流时刻开始，随着水分不断向土壤入渗，田面积水水深逐渐减小，直到畦口地表水深为零露出地面为止，这一阶段称为消耗阶段。

(4) 消退阶段。从畦口露出地面开始，到地面水层全部渗入土壤为止，称为消退阶段。这一阶段中，退水前锋逐渐由畦口向畦尾移动，直至消失。

在实际中四个阶段并不一定全部出现，当田块末端为开端，允许水流排出田块时，不产生成池阶段。对于淹灌、水平畦灌和水平沟灌只有推进、成池和消耗阶段。图3.2是典型地面灌溉的灌水过程示意图。

由图3.2可知灌水过程有如下特点：

(1) 水流推进速度变化较大。水流推进曲线为水流前锋与时间的关系曲线，推进曲线斜率的倒数为水流前锋的推进速度。由图3.2可知，水流推进曲线的斜率随着推进长度的增大而增大，即水流前锋的推进速度随着推进长度的增大而减

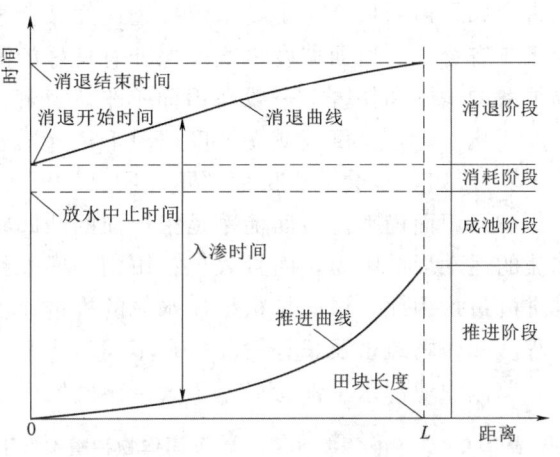

图 3.2 灌水过程示意图

小。一般灌水单宽流量越大，水流推进速度越快；地面坡度越大，水流推进速度越快；田面糙率越小，水流推进速度越快。

(2) 消退过程曲线变化较平缓。推进过程是在田间供水口连续供水情况下，水流在粗糙而又干燥的田面上运动，期间，田面土壤表层几乎饱和，而且土壤颗粒受水后强烈消散和分散，因而田面变得较为光滑。消退过程是在田间供水口断水以后，水流基本上是在田面表层饱和且光滑的田面上运动。其间，水流尾锋的运动主要依赖于水流前锋的继续推进和田面的积水入渗。由于田间供水口断水后，水流前锋的推进速度变得更为缓慢，且积水入渗发生在水流前锋与尾锋之间的地段上，使得田面上的水量减小速度较为均匀，因而退水速度较为均匀，消退过程的变化较为平缓。

(3) 田间各段面的积水入渗时间存在差异。图3.2中田面任一断面上退水时刻与推进时刻之差即为该断面的积水入渗时间。由图可知，各断面上的积水入渗时间存在一定差异，结合入渗公式可知，各断面的累积入渗量亦存在差异，这种差异越大，灌水均匀度越低，灌水效果越差。

2. 地面灌溉灌水过程的影响因素

(1) 土壤入渗率。土壤入渗率是指单位时间、单位面积土壤表面入渗的水量。不同质地的土壤，土壤空隙的大小、数量和比例有很大差异，因此造成土壤的入渗率也有很大差异。砂土的入渗性强，一般初始入渗率大，达到稳定入渗率的时间短，稳定入渗率大；黏重的土壤，在初始含水率较低的情况下，初始入渗率较大，但随着入渗过程的进行，入渗率下降得较慢，达到稳渗所需的时间长，且稳渗率较小。地面灌灌水时，土壤入渗率越小，同一时段内渗入土壤中的水量越小，地面的流量越大，水流

推进越快,相对而言,灌水效果就越好。因此,实际中可采用降低土壤入渗率的方法来提高地面灌溉灌水效果,例如波涌灌溉就是通过间歇供水,使土壤表面形成致密层,降低土壤入渗率,加快水流推进速度,提高灌水质量。

(2) 田面坡度。地面灌溉是重力灌溉,因此,田面坡度越大,田面水流的推进速度越大,但当田面水流推进速度过大时,田面土壤容易引起冲刷,并对作物根系造成伤害。如果田面坡度过小,水流推进速度又会很小,不能保证灌水质量。因此,地面灌溉应有合适的地面坡度,既能保证有良好的灌水效果,又要不会引起田面土壤和作物根系的冲刷和伤害。一般在田面不平,其相对高差大于 0.2m,或在沿灌水方向的坡度变化不定,有倒坡或无坡度情况下都不适于地面灌溉。另外,当灌溉的地面坡度大于 0.02 时,也会造成田面严重冲刷。

(3) 田面糙率。田面糙率是指田面的凸凹状况。它对水流的影响,不仅表现在对水流的运动形成阻力,而且表现在田面的凹处将会有蓄水作用,从而减小水流前锋的推进流量。因此,田面越粗糙,水流的推进速度就越小。田面糙率大小取决于田面粗糙程度和作物疏密及长势情况,在不同灌水季节和田间耕作情况下,田面糙率差别较大。美国农业部水土保持局基于大量田间实验,将田面糙率分为 5 种情况,见表 3.1。

表 3.1　　　　　　　　不同作物种植情况下田面糙率

田面覆盖状况	裸地	小的粮食作物	苜蓿类播撒作物	长畦密植作物	纵横交错的密植作物
田面糙率 n	0.04	0.1	0.15	0.2	0.25

(4) 田块长度。地面灌溉的田块长度越短,灌水时水流推进所需时间越短,田块各断面的积水入渗时间越均匀,灌水均匀度越好。地面灌溉的田块长度越长,灌水时水流推进所需时间越长,各断面的积水入渗时间差异越大,灌水均匀度越差。因此,在实际灌水过程中,如条件允许,可采用小畦(沟)灌或长畦分段灌溉等方法提高灌水效果。

(5) 田间灌水流量。田间灌水流量是指畦灌的单宽流量或沟灌的单沟入沟流量。当田间灌水流量小时,由于入渗的作用,水流前锋的推进流量更小,因而推进速度更慢,灌水效果不好。当田间灌水流量较大时,水流推进速度快,灌水效果能够得到改善,但当田间灌水流量过大时,又会引起田面冲刷。因此,在地面灌溉中,田间灌水流量尽可能大一些,但以不引起田面冲刷为限。

(6) 田间灌水时间。田间灌水时间是指田间开始灌水至田间供水口断水之间的时长。在一定的田间条件及田间灌水流量下,田间供水时间不仅影响灌水过程,而且还影响灌水效果,即决定所要求的整个灌水地段是否能完全、均匀地得到灌溉,且达到所要求的灌水定额。

3. 地面灌溉灌水过程确定方法

(1) 田间试验确定。进行地面灌溉灌水过程田间试验,需要测定地表水流推进与消退过程和土壤下渗过程,测定的项目包括灌水流量、湿润锋推进与消退过程、灌前和灌后的土壤含水率分布等。

1) 灌水流量测定。量测设备的选择关系到流量量测的精度。因田间灌水流量一一般较小，如量测精度低时将引起较大的相对误差。因此，田间灌水流量应采用薄壁三角堰和薄壁梯形堰量测为宜。

2）灌前和灌后土壤含水率测定。在灌前和灌后应及时测量田间土壤含水率分布，一般应在沿畦长（沟长）方向布置若干个含水率测点，土壤含水率测点数对计算土壤储水量增量的精度有较大影响，一般来说，测点数越多，精度越高，但测点数越多，其田间测定工作量就越大。因此，田间土壤含水率的测点数根据试验精度要求予以合理确定。在每个测点上，从地面起至计划湿润深度，每隔 10～20cm 分层测定土壤含水率。

3）土壤入渗特性测定。在灌水田块内，选择典型位置，在灌水前进行土壤入渗特性的田间试验，确定入渗特性曲线。

4）灌水水流推进与消退曲线的测定。以畦田进水时刻为起始时刻，用秒表计时，记录水流前锋到达某一位置时的时间，便可以绘制田间水流的推进曲线。当畦首封口停止供水时，测记田间水流的退水过程，记录水流尾锋到达某一位置的时刻，便可绘制消退曲线。消退曲线的时间记录与推进曲线时间连续记录，这样推进曲线与消退曲线可绘于一张图上，可清晰地了解田间各点的积水入渗时间。

（2）理论分析确定。地面灌溉水流运动的影响因素很多，而且各因素之间关系复杂。因此，要进行全面田间灌水试验，试验工作量非常大，这就有必要采取理论分析方法计算得出地面灌溉田面水流推进和消退曲线及田面土壤的入渗量曲线，从而对灌水质量做出评价。目前，主要有完全水动力学模型、零惯量模型、运动波模型和水量平衡模型。

1）完全水动力学模型。从水力学角度出发可将地面灌溉田面水流运动看成是透水界面上的非恒定流，一般可用一维非恒定流运动方程，并考虑土壤入渗因素建立数学模型来描述。

连续性方程：
$$\frac{\partial A}{\partial t}+\frac{\partial Q}{\partial x}+\frac{\partial I}{\partial t}=0 \tag{3.1}$$

运动方程：
$$\frac{v}{g}\frac{\partial v}{\partial x}+\frac{1}{g}\frac{\partial v}{\partial t}+\frac{\partial y}{\partial x}=S_0-S_f+\frac{v}{A}\frac{I}{g} \tag{3.2}$$

式中：Q 为入畦（沟）水流在任一时刻的横断流量，m^3/s；I 为在单位长度上的入渗水量，m^3/m；v 为流速，m/s；S_0 为畦田纵坡；S_f 为阻力坡降；y 为任意 t 时刻的田面入流水深，m。

该模型具有坚实的理论基础，适用性广，但求解法繁锁复杂，目前应用较少。

2）零惯量模型。由于地面灌溉水深和流速较小，为了简化计算，将完全水动力学模型中运动方程的惯性项和加速度项忽略，即可得到零惯量模型。

连续性方程：
$$\frac{\partial A}{\partial t}+\frac{\partial Q}{\partial x}+\frac{\partial I}{\partial t}=0 \tag{3.3}$$

运动方程：
$$\frac{\partial y}{\partial x}=S_0-S_f \tag{3.4}$$

与完全水动力学模型相比，零惯量模型计算大为简化，计算精度高，目前应用最为广泛。

3) 运动波模型。运动波模型是零惯量模型的进一步简化，它的理论依据是在地面灌溉时，地表水深较小，压力坡降可以略去，用一维非恒定流的连续方程和均匀流的运动方程描述地面水流运动。

连续性方程：
$$\frac{\partial A}{\partial t}+\frac{\partial Q}{\partial x}+\frac{\partial I}{\partial t}=0 \tag{3.5}$$

运动方程：
$$S_0=S_f \tag{3.6}$$

该模型计算简单，但该方法不适用于田块尾端为挡水边界和田面纵坡为零情况，只适用于田块尾端自由排水边界和有一定纵坡的情况。

4) 水量平衡模型。水量平衡模型是在假定田面积水深度不变且不计蒸发损失的情况下，根据质量守恒原理，认为进入畦（沟）的水量等于土壤中的入渗量与地表积水量之和。

$$Qt=\int_0^X A(x,t)\mathrm{d}x+\int_0^X Z(x,t)\mathrm{d}x \tag{3.7}$$

式中：Q 为进入畦（沟）的流量，m^3/s；t 为灌水时间，s；X 为水流前锋到进水端的距离，m；$A(x,t)$ 为地表水流横断面积的时刻分布，m^2；$Z(x,t)$ 为入渗水层横断面积的时刻分布，m^2。

该模型原理简单，计算方便，但由于模型本身在研究时需对某些条件做简化处理和假定，故其精度较低，它适用于模拟精度要求不太高时的情况。

3.1.3 地面灌溉灌水质量评价指标

一般来说，灌入田间的水量沿畦（沟）长的分布是不均匀的，有的地方入渗水量过多，渗到计划湿润层深度以下，发生深层渗漏，造成了浪费，有的地方入渗水量偏小，出现欠灌。因此，这就需要根据灌溉水在农田的入渗量分布情况对地面灌溉灌水质量进行评价。目前，国外主要采用灌水效率、储水效率、灌水均匀度、深层渗漏率和尾水渗漏率 5 项指标评价。由于国内，田块尾部一般为封堵情况，因而常采用前 3 项评价地面灌溉质量。

1. 灌水效率

灌水效率为灌水后储存于计划湿润层作物根系土壤区内的水量与实际灌入田间的总水量的比值。即

$$E_a=\frac{V_s}{V} \tag{3.8}$$

式中：E_a 为田间水灌水效率；V_s 为灌溉后储存于计划湿润作物根系土壤区内的水量，m^3 或 mm；V 为输入田间实际灌水的总水量，m^3 或 mm。

灌水效率表征应用灌水方法或灌水技术对农田灌溉水有效利用的程度，是标志农田灌水质量优劣的一个重要评估指标。

2. 储水效率

储水效率为灌水后储存于计划湿润层作物根系土壤区内的水量与灌溉前计划湿润层作物根系土壤区所需要的总水量的比值。

$$E_s = \frac{V_s}{V_n} \tag{3.9}$$

式中：E_s 为储水效率，%；V_n 为灌前计划湿润层作物根系土壤区内所需要的总水量，m^3 或 mm；其余符号意义同前。

储水效率表征某种地面灌水方法、某项灌水技术实施后，能满足计划湿润层作物根系土壤区所需要水量的程度。

3. 灌水均匀度

灌水均匀度为灌水后田间灌溉水湿润作物根系土壤区的均匀程度，或者田间灌溉水下渗湿润作物计划湿润层的均匀程度，或者表征为田间灌溉水在田面上各点分布的均匀程度。

$$E_d = 1 - \frac{\overline{\Delta I}}{\overline{I}} \tag{3.10}$$

式中：E_d 为灌水均匀度；$\overline{\Delta I}$ 为灌水后各测点的实际入渗水量与平均入渗水量离差绝对值的平均值，m^3 或 mm；$\overline{I}$ 为灌水后土壤内的平均入渗水量，m^3 或 mm。

一般对地面灌水技术要求，$E_d \geq 0.8$ 以上。

3.1.4 灌水质量评价指标的计算方法

灌水质量评价指标的计算方法可分为两大类，即理论计算确定和田间灌水试验确定。理论计算是采用理论分析方法（水量平衡模型、全水动力学模型、零惯量模型或运动波模型）计算得出地面灌溉田面水流推进和消退曲线，然后结合田面土壤的入渗量曲线，得出田面入渗量沿畦长的分布，从而计算出灌水质量评价指标。田间灌水试验计算评价指标主要是通过灌水试验确定畦田各断面的入渗水深，各断面入渗水深可以通过测定灌前和灌后各断面土壤含水率确定，也可以通过观测灌溉水流推进与消退过程，结合土壤入渗模型来计算得到。由图3.2可知，在沿畦长方向任一断面，退水时间与推进时间之差便是该断面的入渗历时，然后将入渗历时代入累积入渗量计算模型便可计算出该点的入渗水深。将沿畦长方向的入渗水量曲线离散成 N 段，如图3.3所示。

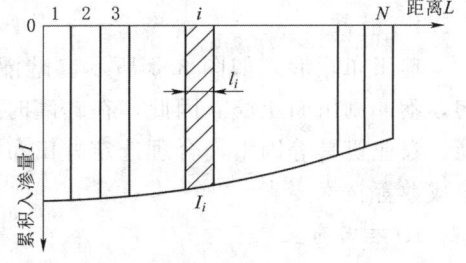

图 3.3 入渗水量计算示意图

根据灌水指标的定义可得灌水效率 E_a 为

$$E_a = \frac{\sum_{i=1}^{N} I_i^E l_i}{60 q t_{co}} \tag{3.11}$$

$$I_i^E = \begin{cases} I_{req} & I_i \geq I_{req} \\ I_i & I_i < I_{req} \end{cases} \tag{3.12}$$

式中：I_i 为第 i 个断面上的入渗水深，沟灌入渗水深为单位沟长上的入渗水量除以沟距，mm；I_i^E 为第 i 个断面上蓄存在计划湿润层内的入渗水深，mm；I_{req} 为灌前计划湿润层作物根系土壤区内所需要的水深，mm；q 为入畦（沟）单宽流量，沟灌单宽流量为单沟流量除以沟距求得，L/(s·m)；t_{co} 为灌水持续时间，min；l_i 为第 i 个入渗断面控制计算区域长度，m；N 为沿畦（沟）长方向入渗断面总个数。

储水效率 E_s 为

$$E_s = \frac{\sum_{i=1}^{N} I_i^E l_i}{I_{req} L} \tag{3.13}$$

式中：L 为畦（沟）长，m。

灌水均匀度 E_d 为

$$E_d = 1 - \frac{\frac{1}{N}\sum_{i=1}^{N} |I_i - \bar{I}|}{\bar{I}} \tag{3.14}$$

$$\bar{I} = \frac{1}{N}\sum_{i=1}^{N} I_i \tag{3.15}$$

式中：$\bar{I}$ 为沿畦（沟）长方向各断面的平均入渗水深，mm。

3.2 畦灌与节水型畦灌

3.5 [例 3.1]

畦灌是应用最广泛的地面灌溉方法，在长期生产实践中，针对传统畦灌的灌水质量差的现状和畦田的特点，产生出一系列节水型畦灌技术，主要包括小畦灌、长畦分段灌、水平畦灌等。

3.2.1 畦灌

畦田布置形式如图 3.4 所示。畦灌技术要求是使畦田首尾、左右的土壤湿润均匀，不冲刷田面土壤。因此，在畦灌时要根据地形状况、土地平整程度、土壤透水性能、农业机具等因素，合理选定畦田布置方式、畦田规格、入畦流量、放水时间、改口成数等技术要素。

1. 畦田布置

畦田布置应主要依据地形条件，并结合考虑耕作方向，一般认为以南北方向布置为最好，但应保证畦田沿长边方向有一定的坡度。一般适宜的畦田田面坡度为 0.001~0.003，最大可达 0.02，但畦田田面坡度过大，容易冲刷土壤，从而引发水土流失。

根据地形坡度，畦田布置有两种形式，在南北方向地面坡度较平缓的情况下，通常沿地面坡度布置，也就是畦田的长边方向与地面等高线垂直，见图 3.4（b）。若土地平整较差，南北方向地面坡度较大时，为减缓畦田内地面坡度，畦田也可与地面等高线斜交或基本上与地面等高线方向平行，见图 3.4（c）。

根据输水垄沟或毛渠向畦田的供水方式，畦田可分为单向灌水和双向灌水两种形式。单向灌水法是输水垄沟或毛渠只向一侧畦田供水，它适用于地面坡度较大的情况。双向灌水法是输水垄沟或毛渠可向两侧畦田供水，它适用于地面坡度较小，土地

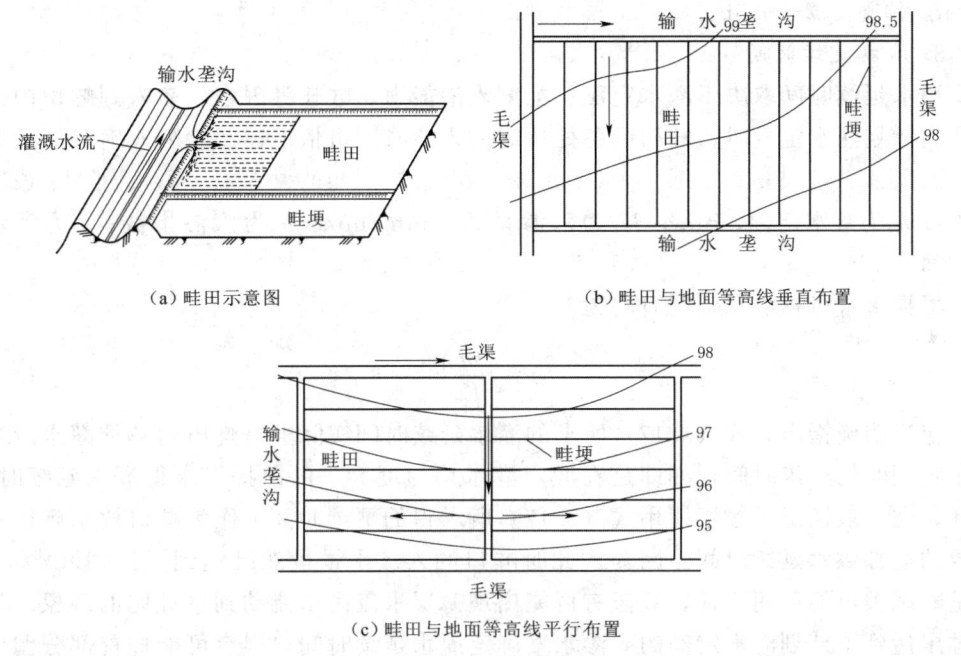

(a) 畦田示意图　　(b) 畦田与地面等高线垂直布置

(c) 畦田与地面等高线平行布置

图 3.4　畦田布置形式

平整较好的情况。

2. 畦田规格

畦田规格主要指畦长、畦宽和畦埂断面。

(1) 畦长。畦长应根据畦田纵坡、土壤质地及土壤透水性能、土地平整情况、水源供水流量和农业技术条件等合理确定。畦田田面坡度大的畦长宜短，纵坡小的畦长可稍长；砂质土壤的透水性能强，畦田长度宜短，黏质土壤的透水性能弱，畦长可以稍长；入畦单宽流量小的畦宜短，单宽流量大的畦长可稍长。总之，畦田的长短，应要求畦田田面灌水均匀，并尽量使湿润土壤均匀，筑畦省工，畦埂少占地，便于农业机具工作和田间管理。若畦田过长，往往会使畦首、畦尾灌水很难一致，土壤湿润更不易均匀。我国自流灌区一般传统畦灌法的畦长以 50～100m 为宜。在提水灌区和井灌区，畦长应短一些。一般提水灌区畦长 30～80m，井灌区的畦长 10～50m。

(2) 畦宽。畦宽主要取决于畦田的土壤性质和农业技术要求，以及农业机具的宽度。一般，畦宽按农业机具宽度的整倍数确定，为 2～4m，传统畦灌法的畦宽一般都要求最宽不宜大于 4m，每公顷 75～150 个畦田。在水源流量小时或井灌区，为了迅速在整个畦田面上形成流动的薄水层，一般畦田的宽度较小，多为 0.8～1.2m。为了灌水均匀，一般要求畦田田面无横向坡度，以免水流集中，冲刷畦田田面土壤。

(3) 畦埂断面。畦埂断面一般为三角形，畦埂高 0.2～0.25m，底宽 0.3～0.4m。引浑水灌溉的地区应适当加大些。畦埂是临时性的，应与整地、播种相结合，最好采用筑埂器修筑。对于密植作物，畦埂也可以进行播种。为防止畦埂跑水，在畦田地边和路边最好修筑固定的地边畦埂和路边畦埂，其埂高不应小于 0.3m，底宽 0.5～

0.6m，顶宽 0.2~0.3m。

3. 灌水延续时间

灌水延续时间取决于灌水定额、土壤入渗能力、畦长等因素。渗入到畦田内的水量达到计划灌水定额时，畦田内各处所需的入渗时间可依下述经验公式确定：

$$m = Kt^{\alpha} \tag{3.16}$$

式中：m 为灌水定额，mm；K 为入渗系数，mm/min；α 为入渗指数；t 为灌水持续时间，min。

根据上式可得灌水延续时间为

$$t = \left(\frac{m}{K}\right)^{\frac{1}{\alpha}} \tag{3.17}$$

应当明确指出，式（3.17）所求的灌水延续时间实际上是畦田内某处灌水量达到灌水定额时的入渗时间，亦即是在假定灌水均匀度为 1 的前提下求得灌水延续时间。因此，在一般情况下，不能用式（3.17）所求得的下渗时间 t 作为畦口放水到停止所需要的全部供水延续时间。因为，此时畦口的入渗水量虽然已达到了计划灌水定额，但是畦尾很可能湿润不足，甚至有可能出现薄层水流尚未流动到达畦尾的现象。但若以畦尾达到了计划灌水定额的入渗水量确定灌水延续时间，很有可能畦首部分湿润土壤的水量超过了计划灌水定额，而发生深层渗漏。由于影响下渗时间 t 的因素复杂，实际确定较困难。目前，国内一般以畦首灌水量达到设计灌水定额为标准确定灌水时间，显然这种做法可能会出现畦尾灌水不足，从而影响作物正常生长。目前，国外多以畦尾灌水量到达设计灌水定额为依据确定畦田灌水时间，这样能确保畦田内作物均能满足需水蓄水要求。

4. 单宽流量

进入畦田的灌水量应与畦长上达到灌水定额所需的水量相等，即

$$60qt = mL \tag{3.18}$$

式中：q 为入畦单宽流量，L/(s·m)；t 为灌水延续时间，min；m 为灌水定额，mm；L 为畦长，m。

根据上式可得单宽流量为

$$q = \frac{mL}{60t} \tag{3.19}$$

单宽流量还应保证不冲刷土壤，而且又能分散覆盖整个田面，因此最大、最小单宽流量分别为

$$q_{max} = \frac{0.1765}{S_0^{0.75}} \tag{3.20}$$

$$q_{min} = \frac{0.00595L\sqrt{S_0}}{n} \tag{3.21}$$

式中：q_{max} 为最大单宽流量，L/(s·m)；q_{min} 为最小单宽流量，L/(s·m)；S_0 为地面坡度，无量纲；L 为畦长，m；n 为田面糙率系数。

同时，畦首的水深不应超过畦埂的高度。畦首水深的计算公式为

$$y=\left(\frac{qn}{1000S_0^{0.5}}\right)^{0.6} \tag{3.22}$$

式中：y 为畦首水深，m；其余符号意义同前。

如果式（3.19）计算出的单宽流量不满足最大、最小单宽流量的限制，或畦首水深超过了畦埂高度，则应调整灌水定额、畦田规格等，以满足要求。

5. 改水成数

为了使畦田上各点土壤湿润均匀，就应使水层在畦田各点停留的时间相同。为此，实践中采用以畦田薄层水流长度与畦长的比值作为畦首供水时间的依据，也就是当薄层水流到达畦长的一定距离时就封堵该畦田入水口，并改水灌溉另一块畦田。例如，薄层水流流至畦长的 80% 时，封口改水，即为八成改水。封口后的畦田，畦口虽已停止供水，但畦田田面上的剩余薄层水流仍将继续向畦尾流动，流至畦尾后再经过一段时间，畦尾存水刚好全部渗入土壤，以使整个畦田湿润土壤达到既定的灌水定额。

改水成数应根据灌水定额、土壤性质、地面坡度、畦长和单宽流量等条件确定，一般可采用七成、八成、九成或满流封口改水措施。当土壤透水性较小，畦田田面坡度较大，灌水定额不大时，可采用薄水层水流达畦长的七成或八成时畦口停止供水，封口改灌其他畦田。若畦田田面坡度小，土壤透水性强，灌水定额又较大时，应采用九成封口改畦措施。封口过早，会使畦尾灌水不足，甚至无水；封口过晚，畦尾又会产生跑水、积水现象，浪费灌溉水量。据各地灌水经验，在一般土壤条件下，畦长 50m 时宜采用八成改水，畦长 30~40m 时宜采用九成改水，畦长小于 30m 应采用十成改水。

表 3.2 为《灌溉与排水工程设计标准》（SL 50288—2018）推荐的不同土壤透水性能情况下，畦长及相应的畦田坡度和单宽流量，可供设计参考。

表 3.2　畦灌技术要素组合

土壤渗透系数/(m/h)	畦田坡度/‰	畦长/m	单宽流量/[L/(s·m)]
>0.15	<2	40~60	5~8
	2~5	50~70	5~6
	>5	60~100	3~6
0.10~0.15	<2	50~70	5~7
	2~5	70~100	3~6
	>5	80~120	3~6
<0.10	<2	70~90	4~5
	2~5	80~100	3~4
	>5	100~150	3~4

3.2.2 小畦灌

小畦灌技术主要是指畦田"三改"灌水技术，也就是"长畦改短畦，宽畦改窄，大畦改小畦"的"三改"畦灌技术。

3.6 [例 3.2]

3.7 小畦灌

小畦灌的主要技术要素为：地面坡度 1/1000～1/400，单宽流量为 2.0～4.5L/s，灌水定额为 20～45m³/亩。畦宽，自流灌区为 2～3m，机井提水灌区以 1～2m 为宜。畦长，自流灌区以 30～50m 为宜，最长不超过 70m；机井和高扬程提水灌区以 30m 左右为宜。畦埂高度一般为 0.2～0.3m，底宽 0.4m 左右，地头埂和路边埂可适当加宽培厚。

小畦灌具有以下优点：

(1) 节水、易于实现小定额灌水。大量试验资料表明，灌水定额是随畦长的增加而增大，也就是说，畦长越长，畦田水流的入渗时间越长，因而灌水量也就越大，所以减小畦长，灌水定额可减少，就能达到节约水量的目的。

(2) 灌水均匀，灌溉质量高。由于畦块小，水流比较集中并易于控制，入渗比较均匀，可以克服高处浇不上、低处水汪汪等不良现象。据测试，当畦长 30～50m 时，灌水均匀度在 80% 以上，符合科学用水的要求；而畦长大于 100m 时灌水均匀度则达不到 80% 的要求。

(3) 减少深层渗漏，提高灌水效率。小畦灌深层渗漏量小，从而可有效防止灌区地下水位上升，预防土壤沼泽化和土壤盐碱化发生。据灌水前后对 200cm 土层深度的土壤含水量测定结果表明：当畦长为 30～50m 时，未发现深层渗漏（即入渗未超过 1.0m 土层深度）；当畦长为 100m 时，深层渗漏量较小；当畦长为 200～300m，深层渗漏水量平均要占灌水量的 30% 左右，几乎相当于小畦灌灌水定额的 50%。

(4) 减轻土壤冲刷，减少土壤养分淋失，减轻土壤板结。由于畦田越大越长，灌水量就越大，就容易冲刷土壤，使土壤养分随深层渗漏而损失。小畦灌灌水量小，有利于保持土壤结构，保持和提高土壤肥力，促进作物生长，增加产量。

但小畦灌需要修建大量的田间临时灌水沟、畦埂，一方面这些临时的灌水沟和畦埂占地、费工；另一方面，由于小畦灌畦田面积较小，影响大型农机作业，不便于机械化生产，这给小畦灌的推广应用造成一定困难。

3.2.3 长畦分段灌溉

1. 长畦分段灌溉的概念

长畦分段灌溉是将一条长畦分成若干个没有横向畦埂的短畦，采用地面纵向输水沟或塑料薄壁软管，将灌溉水输送入畦田，然后自下而上或自上而下依次逐段向短畦内灌水，直至全部短畦灌完为止的灌水技术，如图 3.5 所示。

长畦分段灌溉，若用输水沟输水和灌水，同一条输水沟第一次灌水时，应由长畦尾端短畦开始自下而上分段向各个短畦内灌水。第二次灌水时，应由长畦首端开始自上而下向各分段短畦内灌水，输水沟内一般仍可种植作物。长畦分段灌溉具有省水、省地、省工、灌水均匀度高、灌水有效利用率高的优点。

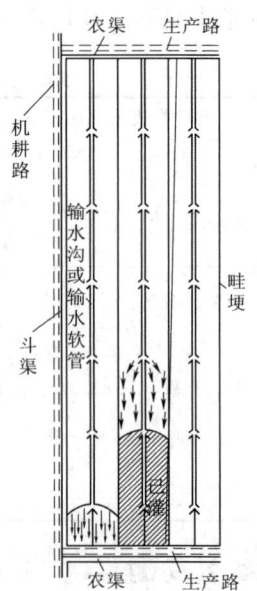

图 3.5 长畦分段灌溉示意图

2. 长畦分段灌溉的技术要素

长畦分段灌溉技术的畦宽可以宽至 5～10m，畦长可达 200m 以上，一般在 100～400m，但其单宽流量并不增大。这种灌水技术的要求是，正确确定入畦灌水流量，侧向分段开口的间距（即短畦长度与间距）和分段改水时间或改水成数。

3.8 长畦分段灌溉

灌水技术主要是正确确定侧向分段开口间距。根据水量平衡原理和畦灌水流运动基本规律，在满足定额灌水和十成改水的条件下，计算分段进水口间距的基本计算公式如下：

有坡畦灌：
$$L = \frac{40q}{1+\beta_0}\left(\frac{1.5m}{K}\right)^{\frac{1}{\alpha}} \qquad (3.23)$$

水平畦灌：
$$L = \frac{40q}{m}\left(\frac{1.5m}{K}\right)^{\frac{1}{\alpha}} \qquad (3.24)$$

式中：L 为分段进水口间距，m；q 为入畦单宽流量，L/(s·m)；m 为灌水定额，m³/亩；K 为入渗系数，mm/min；α 为入渗指数；β_0 为地面水流消退历时与水流推进历时的比值，一般取 0.8～1.2。

表 3.3 为长畦分段灌溉的灌水技术要素表，可供参考。

表 3.3　　　　　　　　长畦分段灌溉的灌水技术要素表

输水沟或灌水软管流量 /(L/s)	灌水定额 /(m³/hm²)	畦长 /m	畦宽 /m	单宽流量 /[L/(s·m)]	单畦灌水时间 /min	分段数 /段
15	600	200	3	5.00	40.0	4
			4	3.75	53.3	5
			5	3.00	66.7	6
17	600	200	3	5.67	35.0	3
			4	4.25	47.0	4
			5	3.40	58.8	5
20	600	200	3	6.67	30.0	3
			4	5.00	40.0	4
			5	4.00	50.0	5
23	600	200	3	7.67	26.1	3
			4	5.75	34.8	3
			5	4.60	43.5	4

3.2.4　水平畦灌

1. 水平畦灌的特点

水平畦灌是田块纵向和横向两个方向的田面坡度均为零时的畦田灌溉方法，是一种先进的节水灌溉技术。水平畦灌实施灌水时，通常要求引入畦田的流量很大，以使进入畦田的薄层水流能在很短时间内迅速覆盖整个畦田田面，然后以静态方式在重力作用下逐渐渗入作物根系层土壤中。

3.9 水平畦灌

水平畦灌的畦田田面各个方向的坡度都很小，整个畦田田面可以看作水平田面。所以，水平畦田上的薄层水流在田面上的推进过程将不受畦田田面坡度的影响，而只借助于薄层水流沿畦田上水深不同所产生的水流压力向前推进，推进阶段结束后，蓄在水平畦田的水层主要借助于重力作用，以静态方式逐渐渗入作物根系土壤区内，因此它的水流消退曲线是一条水平直线。

如图3.6所示，某水平畦田的长度和宽度均为183.0m，种植紫花苜蓿。引入水平畦田的总流量为0.43m³/s。从水平畦田的一角放水，流到对角仅用了125min，然后经过18.5h，畦田上的薄层水流就全部渗入土壤内。图内曲线为薄层水流推进前锋曲线，曲线上的数字表示到达该前锋线处的时间。

水平畦灌法具有灌水技术要求低、深层渗漏小、水土流失少、方便田间管理和适宜于机械化耕作，以及可直接应用于冲洗改良盐碱地等优点。与传统畦灌相比，水平畦灌可节水20%以上。在土壤入渗速度较低的条件下，田间灌水效率可达95%以上，灌水均匀度可达90%以上，因而在美国等一些国家得到广泛应用。

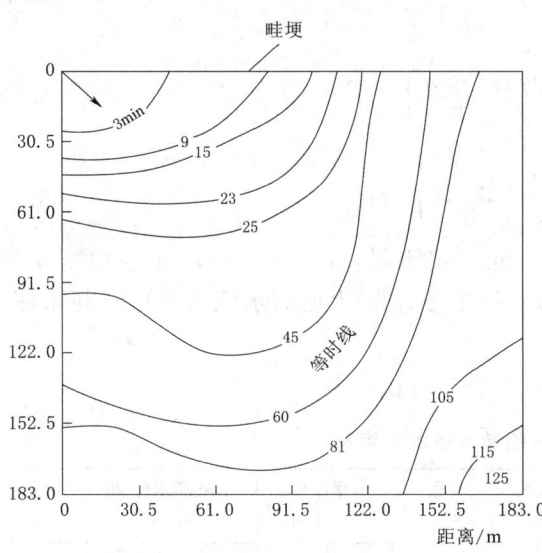

图3.6 水平畦田水流推进曲线图

2. 水平畦灌的技术要求

（1）水平畦田田面的平整程度要求很高，一般要求田面高程标准偏差小于2cm，因此必须进行严格平整。采用传统的土地平整测量方法和平整工具很难达到精确的平整要求，宜采用带有激光控制装置的铲运机进行平整。

（2）水平畦灌对畦田的形状没有要求，可以为任意形状，只需田块四周封闭即可，但田埂高度必须满足畦田蓄水要求，以免发生灌溉水漫溢流失。

（3）进入水平畦田的流量要求大一些，以便入畦水流能在短时间内迅速布满整个畦田地块，从而保证各处灌溉均匀。在畦田面积较大情况下，可在水平畦田内沿两侧在畦埂内侧或在畦块内适当位置布置畦沟，以便灌溉水流快速推进。这些畦沟在遇暴雨时，还可以起到加快排除田间涝雨的作用。

（4）由于水平畦田宽度较大，为了保证畦田在整个宽度上都能按确定的单宽流量均匀灌水，应采用与之相适应的田间配水方式、田间配水装置及田间配水技术。可以开设两个或两个以上放水口，或利用多个移动式虹吸管放水。田块更大时，灌溉水流可以从畦田四周多点进入。由于水平畦灌供水流量较大，因此在水平畦田进水口处需要有较完善的防冲措施。

（5）水平畦田灌溉的供水时间可按下式计算。

$$t = \frac{mL - 800h_aL}{60q} + t_L \qquad (3.25)$$

式中：t 为供水时间，min；m 为灌水定额，mm；L 为畦田长度，m；h_a 为畦田首部地表水深，m；q 为畦田单宽流量，L/(s·m)；t_L 为水流覆盖整个田面所需的时间，min。

实践研究表明，水流覆盖整个田面所需的时间 t_L 与设计灌水定额所对应的入渗时间 t_N 的比值与灌水效率 E_a 具有显著的相关关系（表3.4），因此可以根据设定的灌水效率 E_a 确定 t_L 和 t_N 的比值。设计灌水定额所对应的入渗时间 t_N 可以根据考斯加科夫公式进行计算，因此可根据拟定的灌水效率求得水流覆盖整个田面所需的时间 t_L。

表 3.4　　　　　　　　t_L/t_N 与灌水效率 E_a 的关系

$E_a/\%$	t_L/t_N	$E_a/\%$	t_L/t_N
95	0.16	80	0.58
90	0.28	75	0.8
85	0.4	70	1.08

水平畦灌法适用于所有种类的作物和各种土壤条件，包括密植作物、宽行距作物以及树木等。水平畦灌法尤其适用于土壤入渗速度比较低的黏土或壤土，但实践证明，水平畦灌对于砂性土壤也是一种良好的节水灌溉方法，只是畦田面积要小一些，以保证达到满意的灌水均匀度。

3. 水平畦灌的土地平整

水平畦灌对土地平整的要求很高，水平畦田地块必须进行严格平整。以往采用传统的土地平整测量方法和平整工具，既费工，也很难达到精确的平整要求。为此，我国在"十五"期间自行研制了带有激光控制装置的铲运机进行土地平整。激光控制平地系统构成如图3.7所示。它的基本工作原理是，在水平畦田的地块中间或者末端设置激光发生器，发射一束激光。激光信号接收装置安装在平地铲运机上，激光发生器可以按照设计者平整土地的意图发射出一束水平的或者与水平面呈所需要角度的激光光束。平地铲运机就依据激光光束产生的虚拟光面和指导位置，上下移动铲运机铲板，自动调节铲刀位置于适当高度，并在平地铲运机行进过程中，或将地面高处铲平，或将低处地面填土整平。激光接收器上安装有硅酮光电管，以用于指示激光的位置。当激光接收器收到激光信号后，即可向安装在拖拉机驾驶室内与控制系统相连接的阀门发出信号，操作人员可在驾驶室内监视全套系统装置的运行情况，激光发生器在工作过程中可以以一定的角速度旋转，由于激光本身在空气中具有很强的穿透力（在20km处都能接收到），所以平地铲运机在水平畦田地块的任何位置都能接收到激光信号。

根据水平畦田地块原有的平整程度，可以选用粗平机械和精平机械。若原畦田田面起伏较大，就需要粗平机具先将地块田面大致整平，然后再进行精平。对于以前曾平整过的水平畦田，下次结合耕作一般只需精平即可。

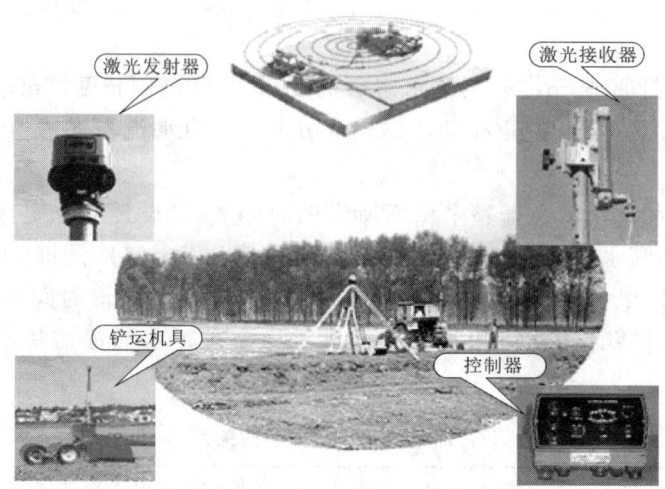

图 3.7 激光控制平地系统构成

3.10 平地技术

激光平地机械的效率和平整精度都相当高,例如美国的 CAM3C0 激光平地机,功率为 132.3kW,每台班 8h 可以精平 $5\sim15hm^2$ 的土地,能完成 $2500\sim5000m^3$ 的平地土方量,其平整精度可达到最大误差在 $\pm3cm$ 以内。

对于水平畦田的土地平整程度,《灌溉与排水工程技术管理规程》(SL/T 246—2019)要求田面相对高程标准偏差宜小于 2cm。美国土地保持局要求的标准是,80%的水平畦田地块田面平均高差应在 $\pm1.5cm$ 以内。实际上,利用激光控制的平地铲运机平整土地,其平整后的地面高差平均误差均在 $\pm1.5cm$ 以内,最大误差为 $\pm3.0cm$ 左右的畦田面积比例达到 86%。

3.3 沟灌与节水型沟灌

沟灌是在耕地作物行间开挖灌水沟,灌溉水由输水沟或输水暗管进入灌水沟后,在流动的过程中主要借助重力和土壤毛细管作用从沟底和沟壁向周围渗透而湿润土壤的灌水方法。

3.11 节水型沟灌

3.3.1 沟灌

1. 灌水沟的种类及布置形式

(1) 依地形坡度大小划分,灌水沟有顺坡沟和横坡沟两种。在大多数情况下,灌水沟都沿地面坡度方向,即基本上垂直于地面等高线,故称顺坡沟。但是,若地面坡度较大时,也可使灌水沟与地面坡度方向成锐角,使灌水沟能获得适宜的比降,以有利于在田间自流灌水,故称横坡沟,又称等高线沟。

(2) 依灌水沟断面尺寸及沟深划分,灌水沟有深灌水沟和浅灌水沟两种。深灌水沟常用于灌溉多年生深根行播作物;浅灌水沟一般适用于土壤下渗速度较缓慢的土质及窄行距作物。一般认为,灌水沟深度大于 0.25m,底宽大于 0.3m 的灌水沟,称为深灌水沟;沟深小于 0.25m,底宽小于 0.3m 的灌水沟,称为浅灌水沟。

（3）依灌水沟沟尾是否封闭划分，有封闭沟和流通沟两种。灌水沟沟尾用土埂封堵死的，称封闭沟。当灌溉水流入封闭灌水沟后，其在流动的过程中一部分水量下渗入土壤内；而在放水停止后，沟中仍将存蓄一部分水量，再经过一段时间，才逐渐完全渗入土壤内。所以，封闭沟适用的地面坡度应较小，一般地面坡度以小于1/200的地区为宜。灌水沟的尾部不封闭，则称为流通沟。在流通沟情况下，灌溉水流入灌水沟后，在流动的过程中全部渗入土壤内，灌水停止后，沟中不需要存蓄部分水量。因此，流通沟适用于地面坡度较大或地面坡度虽小但土壤透水性亦小的地区。

我国沟灌技术主要采用封闭沟灌水，基本布置形式见图3.8。我国细流沟灌的灌水沟可以归属于封闭沟类型，主要是因为实施中其灌水沟尾经常用低土埂适当封堵，以防万一灌水控制不当，发生沟尾泄水流失现象，但其灌水沟中一般放水停止后将不存蓄灌溉水。

2. 灌水沟的规格

灌水沟的规格主要指灌水沟的间距、灌水沟的长度和灌水沟的断面结构等。

（1）灌水沟的间距。灌水沟的间距，也就是沟距，应和沟灌的湿润范围相适应，并应满足农业耕作和栽培方面的要求。

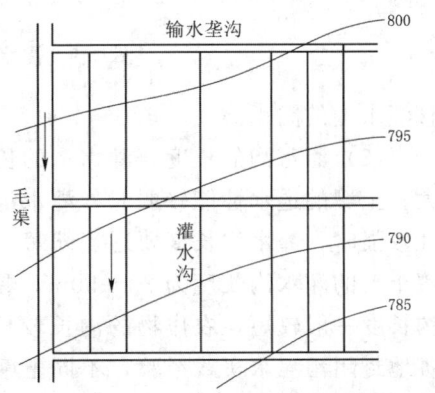

图3.8 封闭灌水沟布置图

沟灌灌水时，灌水沟中的水流同时受重力和毛管力的作用向土壤入渗。重力作用主要使沿灌水沟流动的灌溉水垂直下渗，而毛细管力的作用除使灌溉水向下浸润外，亦向四周扩散，甚至向上浸润。因此，沿灌水沟断面不仅有纵向下渗湿润土壤，同时也有横向入渗浸润。灌水沟中纵、横两个方向的浸润范围主要取决于土壤的透水性能与灌水沟中的水深，或在灌水沟中水流的时间长短。对于轻质土壤土，土壤透水性强，灌水沟中的水流垂直下渗速度较快，而向灌水沟四周沟壁的侧渗速度相对较弱，所以其土壤湿润范围呈长椭圆形；在重质土壤上，毛细管力的作用较强烈，灌水沟中水流通过沟底的垂直下渗与通过沟壁的侧渗接近平衡，故其土壤湿润范围呈扁椭圆形，如图3.9所示。

为了使土壤湿润均匀，灌水沟的间距应使土壤的浸润范围相互连接。因此，在透水性较强的轻质土壤上，其灌水沟沟距应较窄；而透水性较弱的重质土壤上，其沟距应适当加宽。不同土质条件下的灌水沟间距见表3.5。

表3.5　　　　　　　　　不同土质条件下的灌水沟间距

土　质	轻质土壤	中质土壤	重质土壤
间距/cm	50～60	60～70	70～80

在实际中，一般要求灌水沟间距应尽可能与作物的行距相一致。作物的种类和品种不同，其所要求的种植行距也不相同。在实际操作中，若根据土壤质地确定的灌水沟间距与作物的行距不相适应时，应结合当地具体情况，考虑作物行距要求，适当调

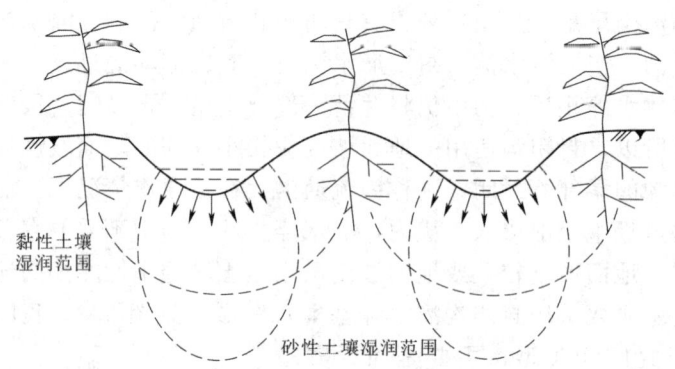

图 3.9 灌水沟水流湿润土壤范围示意图

整灌水沟的间距。

(2) 灌水沟的长度。灌水沟的长度与土壤的透水性和地面坡度有关。地面坡度较大，土壤的透水性能较弱时，灌水沟长度可以适当长一些；地面坡度较小，土壤透水性较强时，灌水沟长度要适当缩短一些。根据灌溉试验结果和生产实践经验，一般砂壤土上的灌水沟长度为30～50m，黏性土壤上的沟长为50～100m。蔬菜作物的灌水沟长度一般较短，农作物的沟长较长，但灌水沟长度不宜超过100m。根据目前我国各地封闭沟灌水实践经验，不同土壤质地、灌水定额和坡度条件下各灌水沟长度见表3.6。《灌溉与排水工程设计标准》（GB 50288—2018）也给出了不同土壤透水性能情况下，沟长及相应的沟底比降和入沟流量表，见表3.7，可供设计参考。

表3.6　不同土壤质地、灌水定额和坡度条件下各灌水沟长度 (m)

土壤质地	灌水定额 375m³/hm²			灌水定额 450m³/hm²			灌水定额 525m³/hm²		
	$i<0.001$	$i=0.001\sim0.003$	$i=0.003\sim0.004$	$i<0.001$	$i=0.001\sim0.003$	$i=0.003\sim0.004$	$i<0.001$	$i=0.001\sim0.003$	$i=0.003\sim0.004$
轻质土壤	20	30	45	25	45	50	30	50	60
中质土壤	20	30	45	25	40	60	35	55	70
重质土壤	30	35	50	35	40	65	45	60	80

表3.7　沟灌技术要素组合

土壤渗透系数/(m/h)	沟底比降/‰	沟长/m	入沟流量/(L/s)
>0.15	<2	30～40	1.0～1.5
	2～5	40～60	0.7～1.0
	>5	50～100	0.7～1.0
0.10～0.15	<2	40～80	0.6～1.0
	2～5	60～90	0.6～0.8
	>5	70～100	0.4～0.6
<0.10	<2	60～80	0.4～0.6
	2～5	80～100	0.3～0.5
	>5	90～150	0.2～0.4

(3) 灌水沟的断面结构。灌水沟的断面形状一般为梯形和三角形。其深度与宽度应依据土壤类型、地面坡度，以及作物的种类等确定。对于棉花，因行距较窄（平均行距一般 0.55m 左右），要求小水浅灌，故多采用三角形断面，上口宽为 0.4～0.5m，沟深 0.16～0.2m，见图 3.10（a）。对于玉米，因行距较宽（一般行距 0.7～0.8m），灌水量较大，多采用梯形断面，上口宽为 0.6～0.7m，沟深 0.2～0.25m，底宽 0.2～0.3m，见图 3.10（b）。灌水沟中水深一般为沟深的 1/3～2/3。梯形断面灌水沟实施灌水后，往往会改变成为近似抛物线形断面，见图 3.10（c）。

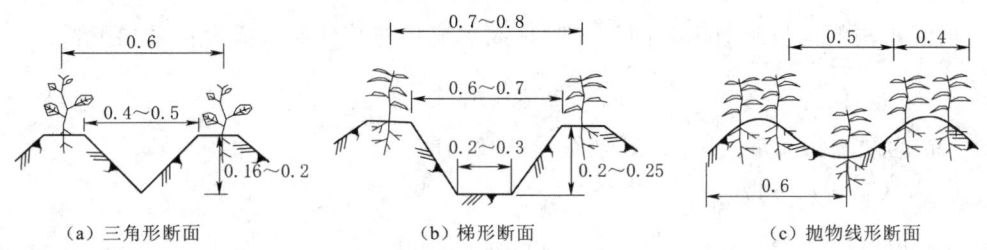

(a) 三角形断面　　(b) 梯形断面　　(c) 抛物线形断面

图 3.10　灌水沟断面（单位：m）

3. 灌水延续时间

灌水延续时间取决于灌水定额、土壤入渗能力等因素。目前，我国沟灌技术主要采用封闭沟灌水，其灌水过程分两种情况：①停水改口，沟内有存水，即沟中水流除在灌水期间渗入到土壤的一部分水流外，停水后还在沟中蓄一部分水量；②细流沟灌，即沟中水流在灌水期间全部渗入到土壤中，放水停止后沟中不存水。

（1）停水改口，沟内有存水的情况下，计划灌水定额应等于在 t 时间内渗入土壤的水量和灌水停止后在沟中存蓄的水量之和。

$$maL = (b_0 h + aKt^\alpha)L \tag{3.26}$$

式中：h 为灌水沟中的平均蓄水深度，mm；a 为灌水沟间距，m；m 为灌水定额，mm；L 为沟长，m；b_0 为灌水沟中的平均水面宽度，m；t 为灌水时间（不考虑滞渗），min；α 为沟灌入渗概化模型的入渗指数，或称为沟灌的折引入渗指数，无因次；K 为沟灌入渗概化模型的入渗系数，或称为沟的折引入渗系数，mm/min。

由式（3.26）变形得

$$t = \left(\frac{ma - b_0 h}{aK}\right)^{\frac{1}{\alpha}} \tag{3.27}$$

式中各符号意义同前。

（2）细流沟灌情况下，在灌水时间 t 内入渗水量等于计划的灌水定额，即

$$maL = aKt^\alpha L \tag{3.28}$$

式中各符号意义同前。

所以

$$t = \left(\frac{m}{K}\right)^{\frac{1}{\alpha}} \tag{3.29}$$

式中各符号意义同前。

在此需要明确指出，同畦灌一样，式（3.27）和式（3.29）所计算的灌水延续时间仅仅是一个理论值，在实际中不能直接采用，一般灌水时间控制可通过改口成数控制。

4. 灌水流量

沟灌灌水流量一般采用单沟流量来表示。单沟流量的取值大小与土壤渗透能力、沟长、地面坡度以及土壤的不冲和不淤流速等因素有关。土壤透水性能越好，灌水流量越大；灌水沟越长，灌水流量越大；地面坡度越小，灌水流量越大。一般取0.5～3.0L/s。

当灌水沟的沟长和灌水时间已知时，灌水流量与其他灌水要素关系如下：

$$60qt = maL \tag{3.30}$$

式中：q 为灌水沟流量，L/s；其余符号意义同前。

由式（3.30）可得

$$q = \frac{maL}{60t} \tag{3.31}$$

式中各符号意义同前。

计算出的单沟流量还需用土壤的不冲不淤流量进行校核，如不满足则需调整灌水定额、沟长等因素，使其满足不冲不淤流量的限制。

5. 改水成数

为保证沿灌水沟长度各点湿润土壤均匀，就应严格控制沟灌的灌水时间，使各点处的土壤入渗时间大致相等。在沟灌生产实践中，灌水时间的控制方法通常采用改水成数的方法来控制。根据沟灌灌水定额、土壤透水性以及灌水沟的纵坡、沟长和入沟流量等条件，改水成数可采用七成、八成或九成封沟改水，或满沟封沟改水。一般地面坡度大、入沟流量大或土壤透水能力小的地区，改水成数应取低值；地面坡度小、入沟流量小或土壤透水性强的地区，应选取较大的改水成数。

6. 田间灌水设施

地面灌溉田间灌水装置是保证地面灌溉实施的主要组成部分。一般常规沟灌、畦灌等地面灌溉常用的田间灌水装置主要有挡水板、放水板、虹吸管、放水管和田间闸管系统等。

（1）挡水板。当毛渠下游不需要灌水时，为了截断其下游水流及壅高其上游水位，以控制进入输水沟或灌水沟（畦）流量，在毛渠上常使用挡水板。有时在大的输水沟上，也采用挡水板。挡水板可用木板或木板外缘钉上铁板条做成，也可用薄铁板制作。其形状可以做成梯形或半圆形，如图3.11所示。

（2）放水板。在采用沟、畦灌方式灌水时，最简单的办法是在灌水沟、畦田头开口引水；停止灌水时，则用田内土堵塞。为了更好地控制进入灌水沟、畦中的流量，通常可使用放水板。

放水板可用木板或薄铁板制成，见图3.12。板的尺寸可按灌水沟断面或畦田放水口的尺寸确定。放水板中间开圆形或方形小孔，孔径的尺寸：对于沟灌，可视灌水

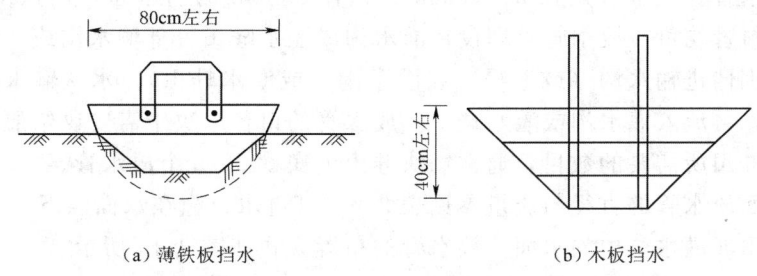

图 3.11 挡水板

沟流量确定；对于畦灌，孔径尺寸不仅取决于进入畦田的流量，还与畦田放水口的多少有关系。

放水板可有效地掌握灌水流量，其特点是搬运灵活，使用效率高。使用放水板时，可沿输水沟（或毛渠）堤岸在每一灌水沟或灌水畦田放水口处安设一个，并应注意以下两点：

1）采用畦灌方式灌水时，放水板应安装在畦田放水口处，孔口下缘与畦田地面齐平，以免由孔口流出的水流冲刷田面。

2）采用沟灌方式灌水时，放水板应安装在灌水沟口上，孔口下缘与灌水沟底齐平，以免冲刷沟底。

（3）虹吸管。虹吸管可选用塑料软管，灌水时，将管内充满水，用两手紧握两头，放在灌水沟或畦首的输水沟或毛渠的土堤上，使一头插入输水沟或毛渠的水面下，另一头置于灌水沟或畦田中。这样，输水沟或毛渠内的水就会通过虹吸管流入灌水沟或畦田。停止灌水时，将虹吸管拿起，水即断流。

虹吸管使用灵活，进水量稳定，可以不在输水沟或毛渠土堤上扒口进行灌溉。虹吸管的布置形式如图 3.13 所示。若采用塑料虹吸管放水，一个灌水员可同时管理 600 根虹吸管，使灌水生产率大大提高。不同水头压力、不同管径的虹吸管所通过的流量见表 3.8。

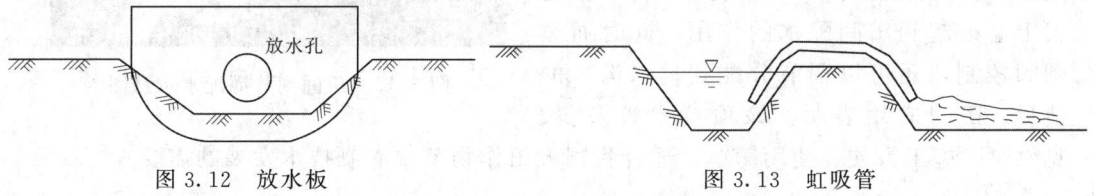

图 3.12 放水板　　　　　　　图 3.13 虹吸管

表 3.8　　　　不同水头压力、不同管径的虹吸管所通过的流量　　　　单位：L/s

压力水头/cm \ 直径/cm	2.0	3.0	4.0	5.0	6.0	压力水头/cm \ 直径/cm	2.0	3.0	4.0	5.0	6.0
2.0	0.12	0.26	0.51	0.83	1.23	8.0	0.24	0.53	1.03	1.65	2.45
4.0	0.17	0.38	0.73	1.18	1.75	10.0	0.26	0.58	1.14	1.83	2.72
6.0	0.20	0.45	0.88	1.42	2.10						

(4) 放水管。放水管是长 30~35cm、直径 3.5cm 的引水管，用铁皮管、竹管、木管、硬塑料管均可。放水管可埋设在灌水沟或灌水畦田首部输水沟或毛渠的小土堤内，两头分别伸进输水沟（或毛渠）和灌水沟（或灌水畦田），水从输水沟或毛渠一端流入管内，再流入灌水沟或灌水畦中。放水管的口径取决于需要供给灌水沟的流量大小及每个畦田所需要的数目，通常每块畦田可安设 3~5 个放水管。

圆形断面放水管的直径与流量参见表 3.9。其进水口应在水面以下 5cm 处，出水口则高于畦田或灌水沟中的水面。放水管的布置方式如图 3.14 所示。

表 3.9 圆形断面放水管的直径与流量

直径/cm	1.5	2.0	2.5	3.0	4.0	5.0	5.5
流量/(L/s)	0.10	0.15	0.25	0.50	1.00	1.50	2.00

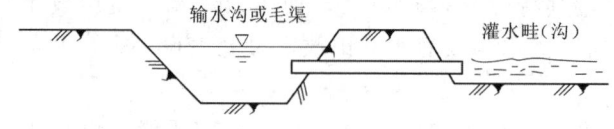

图 3.14 放水管的布置方式

(5) 田间闸管系统。田间闸管系统是可以移动的管道，管道上配置多个小闸门，通过调节闸门开度来控制进入畦（沟）的流量。管道上闸门配置间距可根据畦沟间距调整，并且闸门开度可以调节，用以控制进入畦（沟）的流量。田间闸管系统主要用于管道输水系统的配套，完成从管网出水口到畦（沟）入口的配水，同时适用具有一定水头的明渠。目前，在国内外应用的闸管系统有软、硬闸管系统两种。

1) 软闸管系统。软闸管采用塑料、橡胶或帆布等材料制成，具有造价低、易于应用等优点，但使用寿命相对较短，见图 3.15。

2) 硬闸管系统。硬闸管采用 PVC 管或铝管等，配有快速接头，可根据畦沟条件，在田间组装使用。与软闸管系统相比，使用寿命长，但造价相对较高。

图 3.15 田间闸管灌配水示意图

我国目前普遍应用的田间闸管为柔性闸管。在实际应用中，田间闸管既可以替代土毛渠起到田间配水的作用，同时通过闸阀控制，还可以调节分配到畦（沟）的流量。田间应用表明，该项技术投资少、见效快、施工方便、使用简单，适合我国大田作物节水灌溉技术发展的需要。

3.12 [例 3.3]

3.3.2 细流沟灌

细流沟灌就是在水流动过程中将全部水量渗入土壤，放水停止后在沟中不形成积水。由于在停止放水后沟中不存蓄水量，所以在灌水时间内的入渗水量就应该等于计划灌水定额，在一些地面坡度较大，土壤透水性小的地区，实践中多采用细流沟灌，因此，细流沟灌在灌水过程中，水流在灌水沟内边流动边下渗，直到全部灌溉水量均渗入土壤计划湿润层内为止，一般放水停止后在沟内不会形成积水，故属于在灌水沟内不存蓄水的封闭沟类型。

3.3 沟灌与节水型沟灌

细流沟灌技术的特点：沟内流量较小，沟内水浅，水流流动缓慢，主要借毛细管作用浸润土壤，水流受重力作用湿润土壤的范围小，能更好地使灌水分布均匀，节约水量，不破坏土壤的团粒结构，不流失肥料，减少地面蒸发量，比灌水沟内存蓄水的封闭沟灌蒸发损失量减少 2/3～3/4。湿润土层均匀，而且深度大，保墒时间长。

细流沟灌技术灌水要素：细流沟灌的灌水沟规格与一般沟灌相同，只是在每个灌水沟口放一个控制水流的小管，引入小流量。控制水流的小管，可用竹管、瓦管或塑料管等，管孔直径约为 2.5cm。对于黏质土壤，也可开个三角口，代替灌水管。灌水沟内的水深为 1/5～2/5 沟深，入沟流量控制在 0.2～0.4L/s 为宜，大于 0.5L/s 时沟内将产生冲刷，湿润均匀度变差。中、轻壤土，地面坡度在 1/100～1/50 时，沟长一般控制在 60～120m。灌水沟断面宜小，底宽为 12～13cm，深度为 8～10cm，间距 60cm。细流沟灌主要借毛细管力下渗，对于中壤土和轻壤土，一般采用十成改水，土壤透水性差的土壤，可以允许在沟尾稍有泄水。

3.3.3 沟垄灌

沟垄灌灌水技术是在播种前根据作物行距，先在田块上按两行作物形成一个沟垄，在垄上种植两行作物，垄间就形成灌水沟，留作灌水使用（图 3.16）。因此，其湿润作物根系区土壤的方式主要是靠灌水沟内的旁侧土壤毛细管作用渗透湿润。

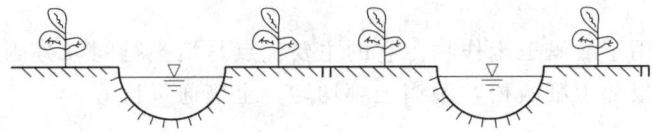

图 3.16 沟垄灌示意图

沟垄灌一般多适用于棉花、马铃薯等作物或宽窄行相间种植作物，是一种既可以抗旱又能防渍涝的节水沟灌方法。其优点是：灌水沟垄部位的土壤疏松，土壤通气状况好，土壤保持水分的时间持久，有利于抗御干旱，作物根系区土壤温度较高，灌水沟垄部位土壤水分过多时，尚可以通过沟侧土壤向外排水，从而不致使土壤和作物发生渍涝危害。但也存在修筑沟垄比较费工，沟垄部位蒸发面大，容易跑墒等缺点。

3.3.4 播种沟灌溉

播种沟灌溉主要适用于沟播作物播种缺墒时灌水。在作物播种期遭遇干旱时，为了抢时播种促使种子发芽，保证苗齐、苗壮，可采用播种沟灌溉。

具体方法是：依据作物计划的行距要求，犁第一犁开沟时随即播种下籽，犁第二沟时作为灌水沟，并将第二犁翻起来的土正好覆盖住第一犁沟内播下的种子，同时立即向该沟内灌水，之后依此类推，直至全部地块播种结束为止。这种方法，种子所需要的水分是靠灌水沟内的水通过旁侧渗透浸润。因此，种子沟土壤不会产生板结，土壤通气性良好，土壤疏松，非常有利于作物种子发芽和出苗。种子沟可以采取先播种再灌水，或随播种随灌水等方式，以不延误播种期，并为争取适时早播提供方便条件。

目前，播种沟的灌水方法分为逐沟灌、隔沟灌、串沟灌、轮沟灌几种。逐沟灌能使土壤湿润充分；隔沟灌可以提高浇地效率，扩大灌溉面积；串沟灌是借用其他垄沟输水，以便绕过有微地形变化的地方；轮沟灌是在旱象严重时为满足作物迫切需水要求而采用的方法。

3.3.5 沟畦灌

沟畦灌是以三行作物为一个单元，把每三行作物中的中行作物行间部位处的土壤向两侧的两行作物根部培土，形成土垄，而中行作物只对单株作物根部周围培土，行间就形成浅沟，似沟似畦，留做灌水时使用，见图3.17。

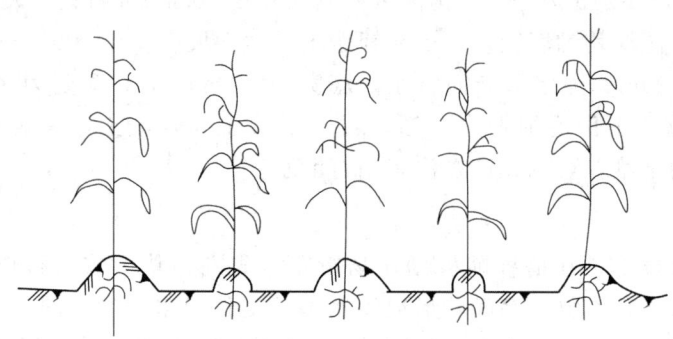

图 3.17 沟畦灌示意图

沟畦灌大多用于灌溉玉米作物。它的主要优点是培土行间以旁侧入渗方式湿润作物根系区土壤，根部土壤疏松，湿润土壤均匀，土壤通气性好。

3.3.6 沟浸灌田字形沟灌技术

沟浸灌田字形沟灌，是水稻田地区在水稻收割后种植旱作物的一种灌溉方法，见图3.18。由于采用有水层长期淹灌的稻田，其耕作层下通常都形成有透水性较弱的密实土壤层（犁底层），这对旱作物生长期间排除因降雨或灌溉所产生的田面积水或过多的土壤水分是不利的。据经验总结和试验资料，采用这种沟灌技术可以同时起到旱灌涝排的双重作用，小麦沟浸灌比畦灌可以节水31.2%，增产5.0%左右。

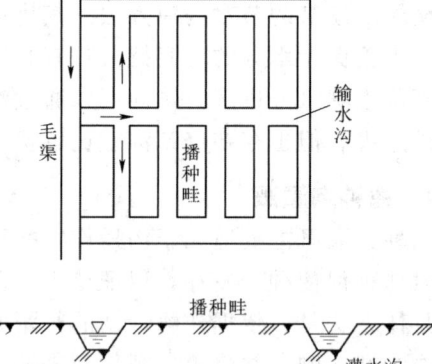

图 3.18 沟浸灌田字形沟灌示意图

3.3.7 隔沟灌溉

隔沟灌溉是指灌水时，不是向所有灌水沟都放水，而是对灌水沟实施间隔放水，一般多采用间隔一条灌水沟，灌一条灌水沟的方法。这种方法主要适用于作物需水少的生长阶段，或地下水位较高的地区，以及宽窄行作物。通常宽行间的灌水沟实施灌水，而窄行间的沟则不进行灌水。

近年来，为减少作物植株间的土壤蒸发和控制作物根系的生长，对宽行作物采取控制隔沟灌灌水，即隔沟交替灌。这种隔沟灌水方法是在作物某个时期只对某些灌水沟实施灌水，而在另一个时期，则对其相邻的灌水沟灌水。这样，由于作物根系的向水性，可以用这种控制隔沟灌水方法来控制作物根系的生长，同时也达到了节水的目的。

隔沟灌溉有以下几方面好处：

（1）根系一半区域保持干燥，而另一半区域保持灌水湿润，在干旱区促进了根系向深层发展，根系产生的缺水信号，使作物叶片气孔开度减小，有利于减小无效蒸腾，提高了作物的水分利用效率。

（2）作物不同区域根系干湿交替，可提高根系的水分吸收能力，增加根系对水、肥的利用效率。

（3）对于部分果树，由于隔沟灌可以干湿交替，使光合产物在不同器官之间得以优化分配，提高了果树品质。

（4）可以减少田间土壤湿润面积，降低了灌溉水的深层渗漏和株间蒸发损失，实现了节水。另外，隔沟灌的地块有一半左右的地表面积处于相对较为干燥的状态，土壤的入渗性能较高，较多的雨水被存储在作物根系层中，从而减少了田间径流量。

隔沟交替灌，每沟的灌水量比正常多30%左右，但总灌水量比漫灌节省30%以上，比常规沟灌节省15%左右。

3.4 波 涌 灌 溉

3.4.1 波涌灌溉的概念

波涌灌溉又称间歇灌溉，是按一定的周期，间歇性向沟（畦）供水，使水流分阶段推进到沟（畦）末端的一种节水型地面灌溉新技术。通过几次放水和停水过程，水流在向下游推进过程中借助于重力和毛管力等作用渗入土壤，土壤表面经过干湿交替作用，形成表土致密层，一方面使湿润段的土壤入渗能力下降，另一方面湿润段的地表变光滑，田面糙率减小，使后续周期的水流推进速度加快。两方面综合作用使波涌灌溉具有节水、节能、保肥、水流推进速度快和灌水质量高等优点，并能解决长沟、长畦灌水难的问题。一般波涌灌溉比同条件下的连续灌溉节水10%~25%，水流推进速度为连续灌溉的1.2~1.6倍，灌水效率、储水效率和灌水均匀分别提高10%~25%、15%~25%、10%~20%。

波涌灌溉的适宜条件是土壤为结构良好的中壤土、轻壤土、砂壤土，且土壤表层不应有土壤板结现象。对于透水性不良的黏土和透水性过强的砂土，波涌灌溉的灌水质量差。当田间发生严重板结时，在进行波涌灌溉前应进行中耕松土，以便提高灌水效果。一般要求实施波涌灌的沟、畦纵向不存在倒坡。

3.4.2 波涌灌溉田间灌水方式

（1）定时段—变流程方式，也称时间灌水方式。这种灌水方式是在灌水的全过程中，每个灌水周期（一个供水时间和一个停水时间构成一个灌水周期）的放水流量和

3.13 波涌灌溉

放水时间一定,而每个灌水周期的水流推进长度则不相同。这种方式对灌水沟(畦)长度小于400m的情况很有效,需要的自动控制装置比较简单、操作方便,而且在灌水过程中也很容易控制。因此,目前在实际灌溉中,波涌灌溉多采用此种方式。

(2)定流程—变时段方式,也称距离灌水方式。这种田间灌水方式在每个灌水周期的水流新推进长度和放水流量相同,而每个灌水周期的放水时间不相等。一般这种灌水方式比定时段—变流程方式的灌水效果要好,尤其是对灌水沟(畦)长度大于400m的情况,灌水效果更佳。但是,这种灌水方式不容易控制,劳动强度大,灌水设备也相对比较复杂。

(3)定流程-变流量方式,也称增量灌水方式。这种灌水方式是以调整控制灌水流量来达到较高灌水质量的一种灌水方式。这种方式是在第一个灌水周期内增大流量,使水流快速推进到灌水沟(畦)总长度的3/4的位置处停止供水。在随后的几个灌水周期中再按定时段-变流程方式或定流程-变时段方式,以较小的流量来满足计划灌水定额的要求,主要适用于土壤透水性能较强的土壤。

3.4.3 波涌灌溉设备

波涌灌溉系统一般由水源、波涌阀、自控器和田间输配水管道等组成,其中,间歇阀、自控器是整个系统的核心,称为波涌灌溉设备。

1. 波涌阀

目前国内外生产的波涌阀结构主要有两种类型:一种是气囊阀,以水力或气体驱动为动力;另一种是蝶形机械阀,以水力或电力驱动为动力。

水动力气囊阀(图3.19)靠供水管道中的水压运行,控制器改变阀门内每只气囊的水压。当一只气囊受到水压时,便充气膨胀,关闭所在一侧的水流,而对面的另一只气囊打开并连通大气,排气变小而使水流通过它所在一侧流出。

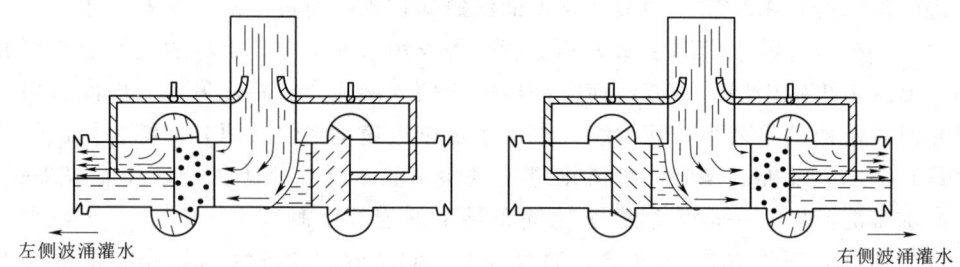

图3.19 水动力气囊阀

蝶形机械阀(图3.20)的构造各式各样,有向右或向左转动分水的单叶阀,也有交替开关向右或向左转动分水的双叶阀。这些阀门以蓄电池、空气泵或内带可充电电池的太阳能作为动力。由于双叶结构阀在具备水流换向功能的同时,在双阀关闭时又具有切断水流运动的控制功能,所以采用双叶结构阀不仅使设备可作为间歇灌溉的硬件设备使用,还可以结合自控器的功能,实现灌区田间输配水系统的自动化管理。

2. 自控器

自控器是波涌阀的控制中心,它接收外界参数,通过运算,对波涌阀发出操作指

3.4 波涌灌溉

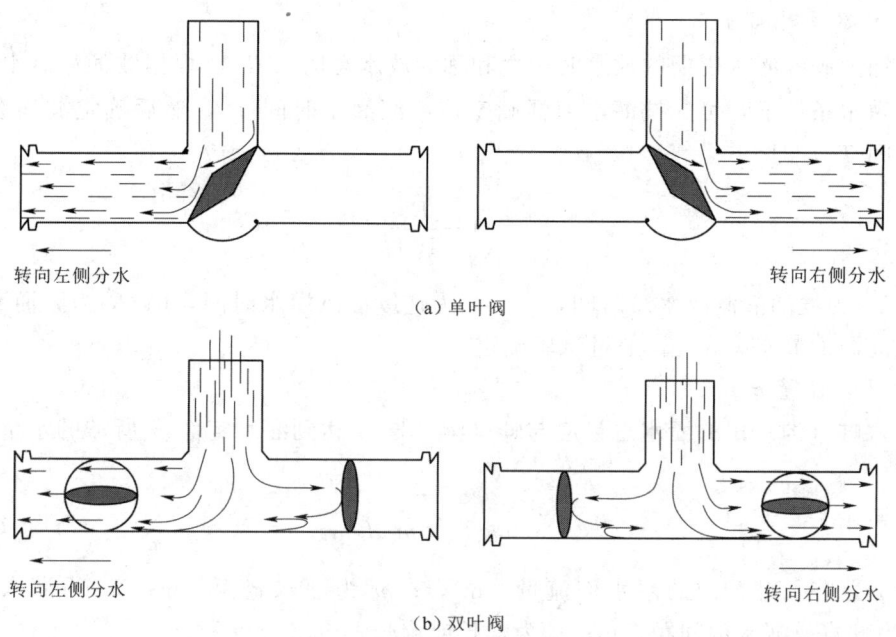

图 3.20 蝶形机械阀

令。其中控制电路板及软件是控制器的核心部分。自控器主要有电源、微控制器、电机控制等部分组成。

3.4.4 波涌灌溉技术要素

波涌灌溉的技术要素包括放水时间、周期数、循环率、放水流量和放水总时间等。

1. 周期数 n

波涌灌溉的一个供水和停水过程称为一个灌水周期。完成一次波涌灌溉全过程所需的放水和停水过程的次数称为周期数。一般在其他条件相同情况下，周期数越多，波涌灌溉效果越好，但当周期数增大到一定时，波涌灌溉效果就不会明显提高。在实际中，周期数越大，畦沟口的开闭越频繁，灌水人员的劳动强度越大，所以在实际中周期数不宜太多。一般畦长在 200m 以上时，以 3～4 个周期为宜；畦长在 200m 以下时，以 2～3 个周期为宜。

2. 循环率 γ

在一个灌水周期内，放水时间 t_{on} 和停水时间 t_{off} 之和称为周期时间 t_c，而放水时间 t_{on} 和周期时间 t_c 之比称为循环率 γ。循环率确定应以间歇阶段田面水流完全消退，并形成致密层，以降低土壤入渗能力和便于灌水管理为原则。循环率过小，即间歇时间过长，田面可能发生龟裂和表层土壤的势梯度增大，使后续阶段的入渗量增大，但若循环率过小，间歇时间过短，波涌灌与连续灌灌水效果差异不大，灌水质量差。实际波涌灌灌水时，循环率一般取 1/2 或 1/3 为宜。总放水时间较短或土壤渗透性较弱，田面糙率较大时，可采用 1/4。

3. 放水总时间 T_s

波涌灌溉各灌水周期的放水时间之和称为放水总时间 T_s。根据波涌灌灌水经验，在相同灌水条件下，可先按灌水习惯确定连续灌灌水时间 T_c，然后确定波涌灌的总放水时间 T_s，即

$$T_s = \left(1 - \frac{R}{100}\right) T_c \tag{3.32}$$

式中：T_s 为波涌灌溉放水总时间，h；T_c 为连续灌溉灌水时间，h；R 为波涌灌溉相对连续灌溉的节水率，%，通过试验确定。

4. 灌水流量 q

进入畦（沟）田的灌水总量应与畦（沟）长 L 达到灌水定额 m 所需的水量相等，故有：

$$3600 q T_s = m L B \tag{3.33}$$

式中：q 为进入畦、沟的灌水沟流量，m³/s；m 为灌水定额，m；T_s 为灌水时间，h；B 为畦宽或灌水沟间距，m；L 为畦长或沟长，m。

由式（3.33）得

$$q = \frac{m L B}{3600 T_s} \tag{3.34}$$

式中符号意义同前。

5. 周期放水时间 t_{on}、停水时间 t_{off}、周期时间 t_c 和灌水总时间 T_0

在一个灌水周期内，畦沟口放水的时间称为放水时间 t_{on}，一个周期内的停水时间称为周期停水时间 t_{off}，一个灌水周期内放水时间 t_{on} 和停水时间 t_{off} 之和称为周期时间 t_c。如果波涌灌溉采用定时段-变流程法灌水，则周期放水时间为

$$t_{on} = \frac{T_s}{n} \tag{3.35}$$

周期时间为

$$t_c = \frac{t_{on}}{r} \tag{3.36}$$

周期停水时间为

$$t_{off} = t_c - t_{on} \tag{3.37}$$

灌水总时间 T_0 为开始灌水时间到灌水结束时的总时间，即

$$T_0 = n t_{on} + (n-1) t_{off} = n t_{on} + (n-1)(t_c - t_{on}) = \left(1 + \frac{n-1}{r}\right) t_{on} \tag{3.38}$$

表 3.10、表 3.11 列出了陕西省泾惠渠灌区波涌畦灌实施方案，可供设计时参考。

3.5 覆膜地面灌溉技术

表 3.10　　　陕西省泾惠灌区清水波涌灌溉灌水实施方案
（适宜作物头水灌溉）

畦长/m	坡降/‰	单宽流量/[L/(s·m)]	周期数	循环率
160（左右）	2 左右	10~12	2	1/2
	3~4 左右	8~10	2	1/2 或 1/3
	5 左右	4~8	2	1/3
240（左右）	2 左右	12~14	3	1/3
	3~4 左右	10~13	3	1/2 或 1/3
	5 左右	6~10	3	1/2
320（左右）	2 左右	12~14	3 或 4	1/3
	3~4 左右	10~13	3	1/2 或 1/3
	5 左右	8~10	3	1/2

表 3.11　　　陕西省泾惠灌区清水波涌灌溉灌水实施方案
（适宜作物非头水灌溉）

畦长/m	坡降/‰	单宽流量/[L/(s·m)]	周期数	循环率
160（左右）	2 左右	6~8	2	1/3
	3~4 左右	4~6	2	1/2 或 1/3
	5 左右	3~5	2	1/2
240（左右）	2 左右	8~10	3	1/3
	3~4 左右	6~8	3	1/2 或 1/3
	5 左右	4~6	3	1/2
320（左右）	2 左右	10~12	3 或 4	1/3
	3~4 左右	8~10	3	1/2 或 1/3
	5 左右	6~8	3	1/2

3.5 覆膜地面灌溉技术

覆膜地面灌溉是我国在地膜覆盖栽培技术的基础上发展起来的一种新的地面灌溉方法。主要包括膜侧沟灌、膜上灌和膜下沟灌。

3.5.1 膜侧沟灌

膜侧沟灌是指在灌水沟垄背部位铺膜，灌溉水流在膜侧的灌水沟中流动，并通过膜侧入渗到作物根系区的土壤内，如图 3.21 所示。其灌水技术要素与传统的沟灌相同，适合于垄背窄膜覆盖，一般膜宽 70~90cm。膜侧沟灌主要用于条播作物和蔬菜。

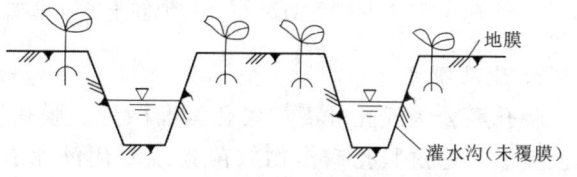

图 3.21　膜侧沟灌

3.14 覆膜地面灌溉

第3章 地面灌溉新技术

该技术能增加垄背部位种植作物根系的土壤温度和湿度，但灌水均匀度和田间水有效利用率与传统沟灌基本相同，没有多大改进，且裸沟土壤水分蒸发量较大。

3.5.2 膜上灌

3.5.2.1 膜上灌的类型

膜上灌形式有开沟扶埂膜上灌、打埂膜上灌、膜孔灌、膜缝灌、格田膜上灌等多种。

1. 开沟扶埂膜上灌

开沟扶埂膜上灌是在铺好地膜的棉田上，在膜床两侧用开沟器开沟，并在膜侧堆出小土埂，以避免水流流到地膜以外去。一般畦长为80～120m，入膜流量0.7～1.0L/s，埂高10～15cm，沟深35～45cm，如图3.22所示。这种膜上灌溉技术，膜床土埂低矮，水流容易穿透土埂或漫过土埂进入灌水沟内，既浪费灌溉水量又影响农机作业。

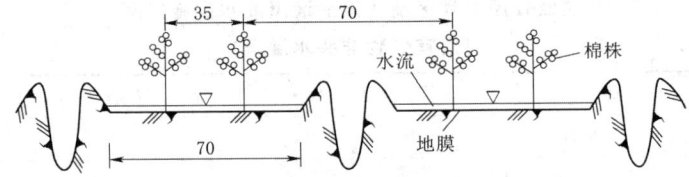

图3.22 开沟扶埂膜上灌（单位：cm）

2. 打埂膜上灌

打埂膜上灌技术是将原来使用的铺膜机前的平土板，改装成打埂器，刮出地表5～8cm厚的土层，在畦田侧向构筑成高20～30cm的畦埂。其畦田宽0.9～3.5m，膜宽0.7～1.8m。根据作物栽培的需要，铺膜形式可分为单膜或双膜。对于双膜，其中间或膜两边各有10cm宽的渗水带，如图3.23和图3.24所示，这种膜上灌技术，畦面低于原田面，灌溉时水不易外溢和穿透畦埂，故入膜流量可加大到5L/s以上。膜缝渗水带可以补充供水不足。目前这种膜上灌形式应用较多，主要用于棉花和小麦田上。双膜或宽膜的膜畦灌溉，要求田面平整程度较高，以增加横向和纵向的灌水均匀度。

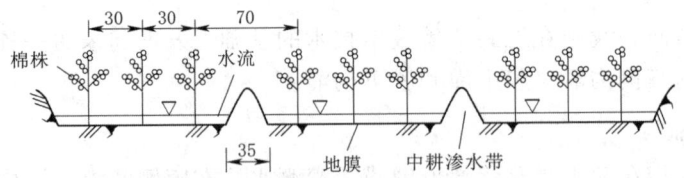

图3.23 打埂膜上灌（单膜）（单位：cm）

3. 膜孔灌

膜孔灌分为膜孔畦灌和膜孔沟灌两种。膜孔灌也称膜孔渗灌，它是指灌溉水流在膜上流动，通过膜孔（作物放苗孔或专用灌水孔）渗入到作物根部土壤中的灌水方法。该灌水技术无膜缝和膜侧旁渗。

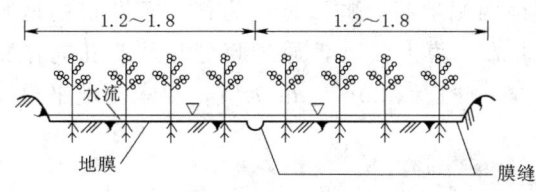

图 3.24　打埂膜上灌（双膜）（单位：cm）

(1) 膜孔畦灌的地膜两侧必须翘起 5cm 高，并嵌入土埂中。膜畦宽度根据地膜和种植作物的要求确定，双行种植一般采用宽 70～90cm 的地膜；三行或四行种植一般采用宽 180cm 的地膜。作物需水完全依靠放苗孔和增加的渗水孔供给，入膜流量为 1～3L/s。

该灌水方法提高了灌水均匀度，节水效果好，如图 3.25 所示。膜孔畦灌一般适合棉花、玉米和高粱等条播作物。

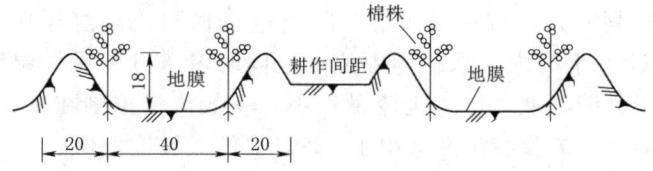

图 3.25　膜孔畦灌（单位：cm）

(2) 膜孔沟灌是将地膜铺在沟底，作物禾苗种植在垄上，水流通过沟中地膜上的专门灌水孔渗入土壤中，再通过毛细管作用浸润作物根系附近的土壤，如图 3.26 所示。这种技术对随水传播的病害有一定的防治作用。膜孔沟灌特别适用于甜瓜、西瓜、辣椒等易受水土传染病害威胁的作物。蔬菜一般沟深 30～40cm，沟距 80～120cm；西瓜和甜瓜的沟深为 40～50cm，上口宽

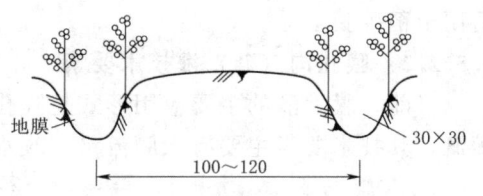

图 3.26　膜孔沟灌（单位：cm）

80～100cm，沟距 350～400cm。专用灌水孔可根据土质不同打单排孔或双排孔，对轻质土地膜打双排孔，重质土地膜打单排孔。对轻壤土、壤土，以孔径为 5mm、孔距为 20cm 的单排孔为宜。对蔬菜作物入沟流量以 1～1.5L/s 为宜。

4. 膜缝灌

常见的膜缝灌有膜缝沟灌、膜缝畦灌和细流膜缝灌三类。

(1) 膜缝沟灌是对膜侧沟灌进行改进，将地膜铺在沟坡上，沟底两膜相会处留有 2～4cm 的窄缝，通过放苗孔和膜缝向作物供水，如图 3.27 所示。膜缝沟灌的沟长为 50m 左右。这种方法减少了垄背杂草和土壤水分的蒸发，多用于蔬菜，其节水增产效果都很好。

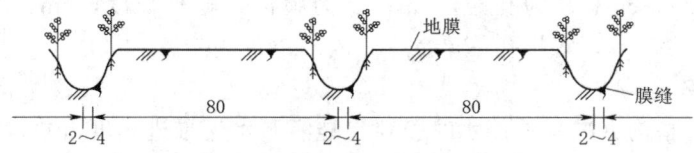

图 3.27　膜缝沟灌（单位：cm）

(2) 膜缝（孔）畦灌是在畦田田面上铺两幅地膜，畦田宽度为稍大于 2 倍的地膜宽度，两幅地膜间留有 2～4cm 的窄缝，水流在膜上流动，通过膜缝和放苗孔向作物供水，如图 3.28 所示。入膜流量为 3.5L/s，畦长以 30～50m 为宜，要求土地平整。

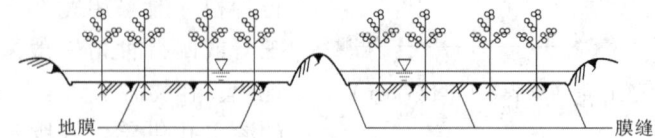

图 3.28　膜缝（孔）畦灌

(3) 细流膜缝灌是在普通地膜种植下，利用第一次灌水前追肥的机会，用机械将作物行间地膜轻轻划破，形成一条膜缝，并通过机械再将膜缝压成一条 U 形小沟。灌水时将水放入 U 形小沟内，水在沟中流动，同时渗入到土中，湿润作物，达到灌溉目的。它类似于膜缝沟灌，但入沟流量很小，一般流量控制在 0.5L/s 为宜，所以它又类似细流沟灌。细流膜缝沟灌适用于 1% 以上的大坡度地形区。

5. 格田膜上灌

格田膜上灌是将土地平整成网格式的畦田，畦田埂呈三角形（埂高 15～20cm）。每块畦田大者 20 亩，小者几亩，每块格田内要平整得特别水平，然后铺膜灌溉。它适用于稻田膜上灌。

3.5.2.2　膜孔沟（畦）灌技术要素

目前，膜上灌的主要应用形式是膜孔沟（畦）灌。膜孔沟（畦）灌属于局部浸润灌溉，其技术要素主要有入膜流量、改水成数、开孔率、膜孔布置形式和灌水历时。

1. 入膜流量

膜孔沟（畦）灌的入膜流量是指单位时间内进入膜沟或膜畦首端的水量。入膜流量的大小主要根据沟（畦）宽度、土壤质地、地面坡度和单位长度膜孔入渗强度的大小等确定。一般应根据田间不同入膜流量水流行进过程的实测资料来确定最佳入沟（畦）流量。无实测资料时，也可采用下式计算入膜流量。

$$q = 0.001 K n v \omega \tag{3.39}$$

$$\omega = \frac{\pi d^2}{4S} L N \tag{3.40}$$

式中：q 为入膜流量，L/(h·m)；K 为旁侧入渗影响系数，它与膜上水深成正比，与膜畦长度成反比，对于无旁渗的打埂膜上灌，一般取值为 1.47～3.86 之间，平均为 2.66；n 为每米膜长上的灌水孔数，包括放苗孔和专用放水孔的孔数；v 为土壤的入渗速度，cm/h；ω 为放苗孔和专用放水孔的平均面积，cm^2；d 为放苗孔和专用灌水孔孔径（直径），cm；S 为孔距，cm；L 为膜沟（畦）长度，cm；N 为每米膜宽孔口排数，单排 $N=1$，双排孔 $N=2$。

2. 改水成数

改水成数是指沟（畦）首停水时膜孔沟畦灌溉水流推进长度占总沟（畦）长度的比例。一般对于坡度平缓的膜孔沟（畦），改水成数为 1，对坡度较大的膜孔沟（畦）灌，改水成数取 0.80～0.95。若有些膜孔灌达不到灌水定额时，则要考虑尾部泄水，以延长灌水历时。

3. 开孔率

开孔率是指单位面积上的孔口面积。开孔率直接影响灌水定额的大小，随着开孔率的增加，灌水定额也在增加，但当开孔率增加到一定程度时，灌水定额增加缓慢，逐渐接近于同等条件下的裸地灌水定额。

沟（畦）宽度主要根据作物的行距和薄膜宽度、耕作机具等要求确定。目前，棉花和小麦的膜孔沟（畦）灌分单膜和双膜，地膜宽度一般为120～180cm。

3.5.3 膜下沟灌

膜下沟灌是将地膜覆盖在灌水沟上，灌溉水流在膜下的灌水水沟中流动，以减少土壤水分蒸发。其入沟流量、灌水技术要素、田间水有效利用率和灌水均匀度与传统的沟灌相同。该技术主要适用于干旱地区的条播作物上。温室灌溉采用该技术可以减少温室的空气湿度，减少和防治病害的发生。

3.6 水稻节水灌溉技术

在农业用水中，水稻栽培耗水最多，占农业用水量的65%以上。水稻每公顷的灌溉用水量高于12000m³，生产1kg稻谷需灌溉1～2t水。但水稻是世界上栽培面积和产量仅次于小麦的主要细粮作物，而在我国水稻的栽培面积和总产量居粮食作物的首位。此外，由于生活和饮食习惯的原因，当前全球有30亿人依靠稻米提供热量，而我国则有一半以上的人口以稻米为主食，因此稻米生产对于我国乃至全球的粮食安全至关重要，不可或缺。面对水资源短缺、稻米生产耗水较多和人们对稻米的需求量大三者之间的矛盾，对水稻进行节水灌溉有其重要的战略意义和现实意义。

各地根据不同的自然条件，对水稻节水灌溉技术进行了较深入地研究，总括起来有如下几种。

3.15 水稻节水灌溉

3.6.1 水稻控制灌溉

水稻控制灌溉是指稻苗（秧苗）本田移栽后，田面保持5～25mm薄水层返青活苗，在返青以后的各个生育阶段，田面不建立灌溉水层，以根层土壤含水量作为控制指标，确定灌水时间和灌水定额。

水稻控制灌溉土壤水分控制上限为饱和含水率，下限则视水稻不同生育阶段，分别取土壤饱和含水率的60%～70%，具体为：分蘖期和拔节孕穗期根层土壤含水量上限为饱和含水量的36.6%（以占土重的百分比计，以下均同），下限为根层含水量为21.6%（相当于田间最大持水量的80%）；抽穗开花期及时补水，保持土壤的饱和状态；灌浆期上限为土壤饱和含水量，下限为根层土壤含水量为26.6%（接近于田间最大持水量）；黄熟期落干。

水稻控制灌溉是根据水稻在不同生育阶段对水分需求的敏感程度和节水灌溉条件下水稻新的需水规律，在发挥水稻自身调节机能和适应能力的基础上，适时适量科学供水的灌水新技术。采用控制灌溉技术后，水稻蒸腾量及其规律均发生变化，生理节水占节水总量的29.3%,减少棵间蒸发量占总节水量的3.8%,减少田间渗漏量占总节水量的66.9%,控制灌溉在改变水稻生理生态需水要求的同时,还充分利用了天然降水。

3.6.2 水稻"浅、湿、晒"交替间断灌水技术

1. 水稻薄露灌溉

水稻薄露灌溉是一种水稻灌溉薄水层、适时落干露田的灌溉技术,其"薄"就是灌溉水层要薄,一般为20mm以下;"露"是指田面表土要经常露出来,表层土面不要长期淹灌着一层水。露田程度要根据水稻不同生育阶段的需水要求而定,如没有试验资料可参考表3.12。遇连续降雨,稻田淹水超过5天时,要排水落干露田。薄露灌溉改变了稻田长期淹水的状态,有效地改善了水稻的生态条件,促使水稻生长发育,形成高产基础上的增产,能改变水稻蒸发,减少田间渗漏,提高降雨的有效利用,显著减少灌溉水量。薄露灌溉技术能广泛适用于水稻种植区,平原地区和较肥沃的黏壤土水稻区最为适宜。

表 3.12　　　　　　　　　　落 干 露 田 阶 段 表

生 育 阶 段		返青分蘖拔节	孕穗抽穗	乳熟黄熟
露田阶段		前期	中期	后期
生长天数（本田期）	早稻	26d左右	22d左右	24d左右
	晚稻	30d左右	26d左右	28d左右
	晚粳	30d左右	32d左右	40d左右

2. 水稻叶龄模式灌溉技术

许多学者通过大量的试验研究发现,繁多的水稻品种可按主茎总叶数与伸长节间数进行分类,同一类型的诸品种可按叶龄确定其生育进程,按叶龄实施栽培作业措施。这就为水稻栽培的模式化、规范化提供了依据,根据水稻生育进程叶龄模式而进行的灌溉称为水稻叶龄模式灌溉技术。根据水稻不同叶龄期与抽穗至成熟的生理需水和生态需水规律,依叶龄进程为主轴,产量形成为目标,调节器官协调生长为依据,实行高产灌溉技术,有利于准确掌握各次灌水、湿润、排水、晒田的起讫时间与强度,在不同生育期将田间水分控制在高产所需的适宜范围。

3. 水稻"薄、浅、湿、晒"灌溉技术

水稻"薄、浅、湿、晒"灌溉,是根据水稻移植到大田后各生育期的需水特性和要求进行灌溉排水,为水稻生长创造良好的生态环境,达到节水、增产的目的。概括地说,就是薄水插秧,浅水返青,分蘖前期湿润,分蘖后期晒田,拔节孕穗期回灌薄水,抽穗开花期保持薄水,乳熟期湿润,黄熟期湿润落干。这种灌溉制度技术简明,农民易于理解掌握,便于大面积推广应用。耗水量试验对比成果表明,"薄、浅、湿、晒"相结合灌溉比全期浅灌方法田间耗水量减少,平均早稻耗水量减少483m^3/hm^2,晚稻减少585m^3/hm^2,早晚两季耗水量减少1068m^3/hm^2。田间耗水量的减少对有效利用水资源和充分发挥水利设施的灌溉效益都有显著的经济价值。

3.6.3 水稻非充分灌溉

传统的充分灌溉是满足作物全生育期内潜在蒸发蒸腾对水的需求，以获取作物最高产量为目标，即"丰水高产"。非充分灌溉是作物实际蒸发蒸腾量小于潜在蒸发蒸腾量的灌溉，不以获取单位产量最高为目标，而以单方水经济效益最高为目标。其理论基础是作物自身具有一系列对水分亏缺的适应机制和有限缺水效应，这种有限缺水效应将引起同化物从营养器官向生殖器官分配的增加。

水稻非充分灌溉的巨大节水潜力已逐步为人们所认识，稻田 0～50cm 土层平均土壤含水率不低于饱和含水率的 80%、0～20cm 土层平均土壤含水率不低于饱和含水率的 70% 时，土壤含水率的高低对耗水强度、耗水量基本无影响。土壤含水率低于此值时，耗水强度、耗水量下降，受旱愈严重（土壤含水率愈低），耗水量下降幅度愈大。单一阶段受轻旱、中旱和重旱时，耗水量可减少 11%～21%、16%～28% 和 19%～33%。两个阶段连续受中旱时，耗水量可减少 20%～33%。三个阶段连续受轻旱时，耗水量可减少 29%～44%。如果受旱程度相同，则大气蒸发力愈强，受旱引起的耗水量下降值愈大。因此，宜在水稻对水分非敏感时期使水稻缺水受轻旱，甚至中旱，避免受重旱。在水量分配上，宁可一个阶段受中旱、不使两个阶段受轻旱。宁可一个阶段受重旱，不使两个阶段受中旱，更要避免三个阶段连续受旱。

3.6.4 水稻旱育稀植栽培技术

水稻旱育稀植栽培是一项旱育秧、本田稀植及对稻田水层管理有一定要求的水稻栽培新技术，其重点是旱育秧及稀植。秧田水分管理是旱育秧区别于其他育秧方法的主要环节，创造接近旱地条件的育秧环境是其主要目标。水稻旱育稀植栽培技术在我国自 20 世纪 90 年代推广应用以来，收到了很大的增产效益和社会效益，同时还具有省秧田、省种子、省水、省肥、省工等优点。许多地区建立了适合本地区的水稻旱育稀植栽培技术的新体系。许多水稻栽培专家认为水稻旱育稀植，采用宽窄行栽培的方式比较适宜，它可以充分利用边际优势，协调群体与个体的关系，有利于通风透光，提高水温和地温，提高群体光合效率，增加分蘖数，提高成穗率、结实率、千粒重和产量。采用该项技术育秧可省水 95%，本田不需要深灌水，比传统技术省水 1/3～1/2，省种 60%～80%，省秧田 85% 左右，每公顷用工省 30 个以上。同时采用这项技术育秧还抗病、早熟 7～15 天，可提高产量和米质，降低投入，增加产出，便于群众掌握。

3.7 果园地面灌溉新技术

由于果树的株行距比大田作物大，因此果园的地面灌溉方法除前述的畦灌和沟灌外，还有一些针对果树种植特点的节水型地面灌水方法，主要有以下几种。

3.7.1 蓄水坑灌

蓄水坑灌是一种综合了环灌、穴灌、渗池灌、地下滴灌等灌溉方法优点的新型灌溉方法，该方法与传统的地面灌水方法比较，可称之为中深层的立体灌溉。蓄水坑灌是在树冠下绕树干挖几个小蓄水坑（深度一般为 60~80cm），灌溉时将水注入坑内，通过坑壁渗入根区土壤。传统的地面灌溉方法是水由地面渗入根区土壤，对于根系分布较深的果林而言有一定的缺陷：①由于地面蒸发引起较大的灌溉水损失；②在灌水量较小的情况下，往往会使地表的土层含水量较大，因而会诱导果树根系集中分布在近地表土层，使树抗旱能力减弱；③土壤水分再分布的缓慢性，中深土层中的根系获取水分的速度较慢，而且水量小。

3.7.1.1 蓄水坑灌法的田间工程

蓄水坑灌法的田间工程包括蓄水坑、蓄水坑固壁设施、环形沟、坑口覆盖及田间输水沟等，如图 3.29 所示。

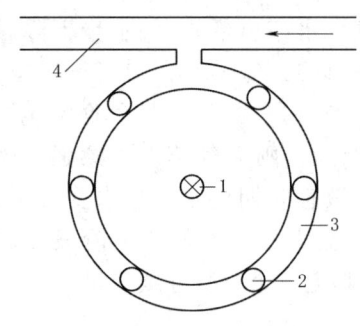

图 3.29 蓄水坑灌法田间工程示意图

1—果树；2—蓄水坑；3—环状沟；4—田间输水沟

1. 蓄水坑

蓄水坑布置在 1/2 树冠半径处，其单坑直径应根据灌水定额所需的坑容积来确定，一般为 20~30cm；深度视果林根系分布深度而定，一般为 40~60cm。单株树的蓄水坑数量应根据土壤的水平方向入渗特性及灌水定额而定，既能保证两坑之间的中层土体完全湿润，又能保证灌水定额所需的坑容积。单株树蓄水坑的数量与灌水定额的关系由式（3.41）表示：

$$N=\frac{4M}{\pi D^2 H} \tag{3.41}$$

式中：N 为单株树蓄水坑数量；M 为单株树的灌水定额，m^3；H 为蓄水坑深度，m；D 为蓄水坑直径，m。

单株树的蓄水坑数量还应通过入渗特性试验和建立土壤水分运动模型计算来校核，以保证两坑之间的土壤能均匀湿润。

蓄水坑的作用主要有三方面：①将灌溉水通过坑壁渗入中深层土壤中，直接调节中深层的土壤水分状况，并诱导根系深扎，提高抗旱能力；②临时蓄滞坡面降雨径流，并将其渗入土壤中，若入渗量小于灌水定额，则可起到调节土壤水分状况的作用，若入渗量大于灌水定额，则会产生深层渗漏，可以起到涵养水源的作用；③改善中深层土壤的通气状况，有利于根系呼吸，促进果树发育，提高产量。

2. 蓄水坑固壁设施

蓄水坑为固定工程，但在灌溉注水或降雨径流汇入时容易造成冲塌破坏，因而需要设置固壁设施予以保护。固壁设施的型式为圆筒形，要求有良好的渗透性。固壁设施的材料可以采用竹条或梢条，编制成圆筒，也可以采用廉价的再生塑料或细骨料混凝土制成滤水筒。固壁设施的规格应同蓄水坑的规格配套。

3. 环状沟

环状沟位于树冠下，它将绕树的各蓄水坑连接起来。灌溉时水由田间输水沟流入环状沟，由环状沟为各蓄水坑注水。环状沟为一浅沟，深度一般为 20cm，宽度一般为 25~30cm。环状沟既可以输水，也可以在降雨量较大时蓄滞径流。

3.7 果园地面灌溉新技术

4. 坑口覆盖

为了防止灌水坑内的土壤水分蒸发及冬季地温过低对坑附近根系的影响,坑口应采用较长秸秆覆盖。

5. 田间输水沟

田间输水沟是连接灌溉骨干系统与树下环状沟的田间固定渠道。田间输水沟一般沿等高线布置,位于树行的坡上侧,既有利于为环状沟自流注水,又有利于拦截降雨径流。输水沟的断面尺寸由灌溉输水流量确定。

3.7.1.2 蓄水坑灌法的优点

与传统的地面灌水方法比较,蓄水坑灌法可称之为中深层的立体灌溉,具有地面灌水方法无可比拟的优点,具体表现如下:

(1) 从水分利用程度上看,蓄水坑灌时,灌溉水(或降雨)经过田间输水沟、位于果林树冠半径 1/2 处的环状沟二级田间工程,流入深为 40~60cm、直径为 25~30cm 的蓄水坑中,通过蓄水坑壁迅速补给果林根系主要集中层所需的水分,及时满足果林树的正常生长需求;从土壤接纳天然降水的角度来看,蓄水坑可以纳蓄降雨径流,与蓄水坑相连的田间输水沟堤是沿等高线将坡面分割成若干条带状区沟堤,可以拦截带状区的降雨径流,增加土壤入渗,提高了对天然降水的利用率,从而减少了田间径流量与降水量之比。这一点在我国北方地区果林灌溉中具有重要意义。尤其在久旱无雨而灌溉水源紧缺、灌水量较小的情况下,被储存在果林根系主要集中层的有限水量可充分发挥其作用,被高效利用。

(2) 从果林根系生长的土壤环境条件来看,蓄水坑灌条件下,由于蓄水坑壁面为临空面,大大改善了中深层土壤的通气性,有利于微生物的活动和养分的分解,从而为果林根系对养分的吸收利用及其正常生长创造了良好的生态环境条件,有利于实现果品的高产、稳产、优质。

(3) 从灌水的后期效应来看,采用蓄水坑灌法进行灌溉,有限的水量储存在根区土壤的中深层,由于根系具有向水性,因而中深层的水分可诱导果树根系深扎,提高果树的抗旱性和深层水分利用的有效性。

(4) 从土壤水分消耗来看,旱地土壤的水分消耗包括棵间土壤蒸发和作物蒸腾两部分。前者纯属物理学过程,与作物产量的形成没有直接关系,对作物生长发育来说是一种无效损耗;而植物蒸腾与作物的生长发育有直接的关系,是作物正常生长发育必不可少的一种水分消耗。减少棵间土壤蒸发的物理损耗,将节省下的水分储存于土壤中供作物根系吸收利用,提高作物生理需水在总腾发量中的比例,是提高土壤水分有效利用率的关键。灌水湿润方式直接影响着棵间土壤蒸发量在总蒸发蒸腾量中所占的比例。因为棵间土壤蒸发主要发生在地表面,并与表层土壤含水率的高低密切相关。当表层土壤含水率较高时,棵间土壤蒸发主要受制于气象条件并以潜在的速率失水;当表层土壤含水率相对较低时,蒸发不仅受气象条件的影响,而且还将受到土壤水分供应的限制,表层土壤含水率愈低,土壤蒸发阻力也就愈大。因此,改进灌水技术,在不影响作物蒸腾的条件下保持土壤表层干燥是减少棵间蒸发的一种主要措施。与常规的地面灌溉相比,蓄水坑灌湿润的是中深层土体,其表层土壤较为干燥,因此棵间土壤蒸发失水减少,进而提高了土壤水分有效利用率。

(5) 从水土流失的成因来看,蓄水坑灌法具有水土保持的作用。

3.7.1.3 蓄水坑灌的水土保持作用

对于山丘区坡面的水土流失而言,其产生的主要原因一方面是由土壤抗蚀性能较差的土壤质地、结构及植被所决定的。另一方面是由于雨滴对土壤的打击、溅蚀及坡面径流形成后的进一步冲蚀和泥沙的运移。降雨和径流是水土流失的动力因素。因此,如果能有效地控制降雨径流的产生,就能有效地控制水土流失。

蓄水坑灌法的水土保持作用主要通过拦蓄降雨径流来实现。一方面,蓄水坑可以承蓄降雨径流。单株树蓄水坑所能承蓄的净雨量为

$$h=\frac{250\pi D^2 HN}{A} \tag{3.42}$$

式中:A 为单株树占地面积,m^2;h 为单株树蓄水坑所能承蓄的净雨量,mm;其他符号意义同前。

一般单株树的蓄水坑容积总量为 $0.4m^3$。单株树的占地面积按 $16m^2$(株距、行距均为 4m)计算,则蓄水坑可以承蓄 25mm 的净雨。另一方面,与蓄水坑相连的田间输水沟堤,沿等高线将坡面分割成若干条带状区,沟堤可以拦截带状区的降雨径流,增加土壤入渗,同时阻断了坡面汇流,如图 3.30 所示。

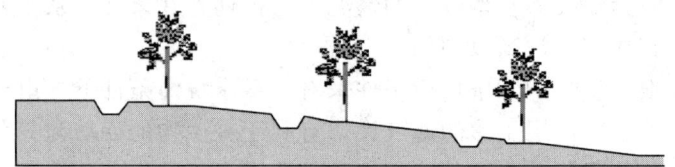

图 3.30 田间输水沟示意图

蓄水坑灌法能够有效地控制水土流失。一般 40mm 的降雨,经蓄水坑拦蓄和土壤入渗,将不会产生大面积的坡面径流,因而可以做到土不下坡。而对于大于 40mm 的降雨,也将会大大削减径流量,使水土流失量减小。蓄水坑灌法在控制水土流失的同时,也提高了当地降雨径流的利用率,对于过量的降雨,可以通过蓄水坑的中深层入渗,补给地下水,变地面径流为地下径流,形成良性水循环。

综上,蓄水坑灌法是一种全新的灌水方法,其特色在于节水、保水、抗旱、充分利用当地降雨径流、有效控制水土流失和涵养水源,其最大特点是将节水灌溉与水土保持有机地结合在一起。这一方法在经济条件较差、水资源紧缺且水土流失十分严重的中国北方地区具有广阔的应用前景。

3.7.2 盘灌

盘灌是在每棵树树干周围的地上,用土埂围成圆形或方形盘状浅坑,由输水沟或输水管道引水入盘中的灌水方法,见图 3.31。盘灌方法简单,但土壤水分仅分布在果树主根附近,根群部分水量较少,从而缩小了果树根系吸水的范围,并会影响机械耕作,土壤易板结,灌水效率不高。

3.7.3 环灌

环灌是修筑直径为树冠直径的 2/3～3/4 并带有土埂的环形沟,由输水沟向环形沟供水灌溉的方法,如图 3.32 所示。环灌湿润土壤的范围较小,主要湿润果树根系群部分的土壤,因此灌水量较小,用水较经济。此外,环灌对土壤结构的破坏也较少,但对机械化耕作仍有一定妨碍。环灌多应用于幼龄果树,是一种较好的果园节水地面灌水方法。

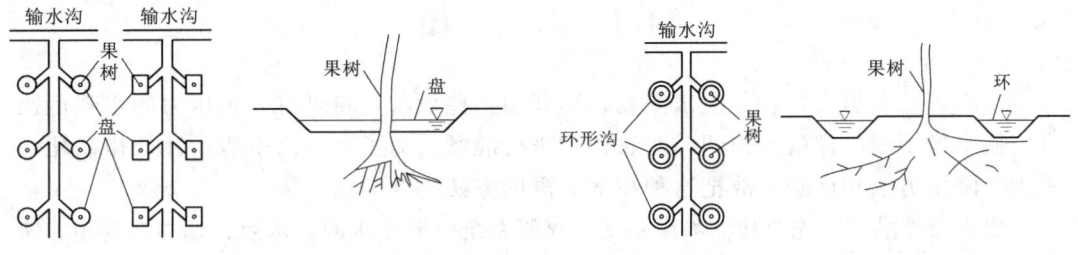

图 3.31　盘灌示意图　　　　　图 3.32　环灌示意图

3.7.4 分区(格田)灌

分区(格田)灌是在果树间筑土埂,埂高一般为 15～20cm,把果园划分成许多长方形或正方形的小区,由输水沟向各小区供水灌溉的方法,称分区灌。一般一棵树为一个独立的小区。这种灌水方法能使灌溉水充分与果树根系相接触,整个根系受水均匀。但其主要缺点是破坏土壤结构,使土壤表面板结,需培筑许多纵横土埂,既费劳力又妨碍机械化耕作。

参 考 文 献

[1] 郭元裕. 农田水利学 [M]. 3 版. 北京:中国水利水电出版社,1997.
[2] 汪志农. 灌溉排水工程学 [M]. 2 版. 北京:中国农业出版社,2010.
[3] 林性粹,赵乐诗,等. 旱作物地面灌溉技术 [M]. 北京:中国水利水电出版社,1999.
[4] 迟道才. 节水灌溉理论与技术 [M]. 北京:中国水利水电出版社,2009.
[5] 施埼林. 节水灌溉新技术 [M]. 北京:中国农业出版社,2007.
[6] 康权. 农田水利学(中国北方地区适用)[M]. 北京:中国水利水电出版社,1993.
[7] 樊惠芳. 农田水利学 [M]. 郑州:黄河水利出版社,2003.
[8] 李宗尧. 节水灌溉技术 [M]. 北京:中国水利水电出版社,2004
[9] 王庆河. 农田水利 [M]. 北京:中国水利水电出版社,2006.
[10] 蔡守华. 旱作物地面灌溉节水技术 [M]. 郑州:黄河水利出版社,2012.
[11] 孙西欢,马娟娟,郭向红. 蓄水坑灌土壤水分运动研究 [M]. 北京:中国水利水电出版社,2011.

第4章

喷灌工程技术

4.1 概　　述

喷灌,顾名思义,就是喷水灌溉,即利用一些设备,将具有一定压力的水喷洒出去,使水像下雨一样落入田间,对农作物进行灌溉。为了要与高空撒干冰、撒碘化银等人工降雨方法相区别,故把这种喷水灌溉的方法称为喷灌。

要进行喷灌,首先要建立喷灌系统。喷灌系统一般由水源、水泵、动力、管道、沟渠及喷头等部分组成。喷灌具有显著增产、省水的优点,是一种比较先进的灌水技术。在农业生产中采用先进的灌水技术,大力发展喷灌,是实现农业现代化的基本条件。

4.1.1 喷灌的优点

1. 提高农作物产量

喷灌时灌溉水以水滴的形式,像降雨一样湿润土壤,不破坏土壤结构,为作物生长创造良好的水分状况,由于灌溉水通过各种喷灌设备输送、分配到田间,都是在有控制的状态下工作的,因此,可以根据供水条件、作物需水规律进行精确供水。喷灌对耕作层土壤不产生机械破坏作用,可保持土壤团粒结构,使土壤疏松,孔隙多,通气条件好,促进养分分解、微生物活跃,提高土壤肥力。此外,喷灌还能够调节田间小气候,在干热风季节用喷灌增加空气湿度,降低气温,可以起到良好效果;在早春可以用喷灌防霜,还可淋洗茎叶上的尘土,促进呼吸和光合作用以及作物生长发育,达到增产的目的。根据各地的资料统计,喷灌与传统灌溉相比有较大增产幅度:大田作物为10%～30%,蔬菜为30%～50%,经济作物变化幅度较大,为15%～60%,甚至100%以上。

2. 节约用水量

由于喷灌系统不存在输水损失,能够很好地控制喷灌强度和灌水量,灌水均匀,灌溉水利用率高。喷灌的灌水均匀度一般可达到80%～85%,灌溉水有效利用率为80%以上,用水量比地面灌节省30%～50%。

3. 具有很强的适应性

适用于各种类型的土壤和作物、受地形条件的限制小是喷灌的突出优点之一。例如:在砂土地或地形坡度达到5%等地面灌溉有困难的地方都可采用喷灌。在地下水位高的地区,地面灌溉使土壤层过湿,易引起土壤盐碱化,用喷灌来调节上层土壤的水分状况,可避免盐碱化的发生。由于喷灌对地形要求低,可以大量节省农田地面平整的工程量。

4. 可节省劳动力

由于喷灌系统的机械化程度高,可以大大降低灌水劳动强度,节省大量的劳动力。例如各种喷灌机组可以提高工效20～30倍。

5. 可提高耕地利用率

采用喷灌可以大大减少田间内部沟渠、田埂的占地，增加了实际播种面积，可提高7％～15％的耕地利用率。

6. 可提高产品质量

经我国许多地区实践证明，喷灌不仅能增产，还能提高农产品质量。浙江省对茶叶地进行喷灌，不仅产量由130kg提高到250kg，而且品质提高一等。果树喷灌不但使产量大幅度提高，而且一、二级果比例大大增加。

7. 保持生态平衡

喷灌基本上不用平整土地，对于丘陵和缓坡山地尤为有利。由于不破坏原始地面状态，因此能够保持生态平衡。对于平原地区，由于喷灌可以根据土壤的质地和透水性的强弱确定雨滴的大小和灌水强度，避免了破坏土壤的团粒结构、形成板结、产生地面径流以及土壤冲刷等不利影响。喷灌还可以控制水分，浅浇勤灌，不抬高地下水位，防止次生盐碱化，甚至可以用含一定盐分的微咸水进行喷灌，我国一些地区做了这方面的尝试，取得了良好的效果。

4.1.2 喷灌系统的组成和分类

4.1.2.1 喷灌系统的组成

喷灌系统一般由水源工程（包括水泵和动力装置）、输水管网（包括控制件与连接件）、灌水器（喷头）三部分组成（图4.1）。

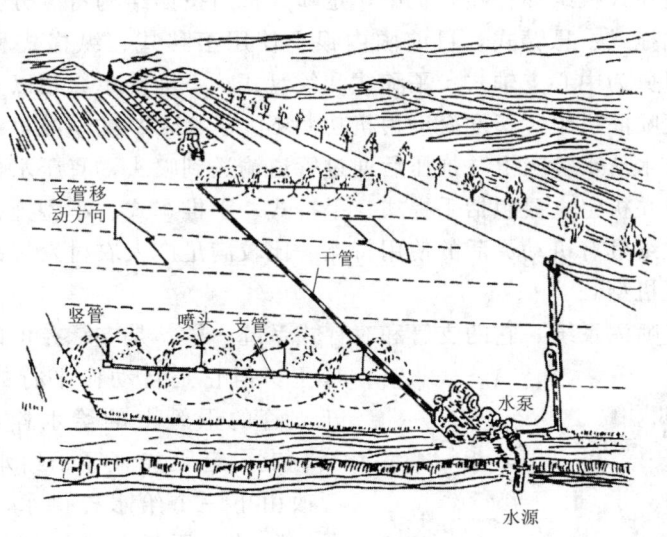

图4.1 喷灌系统示意图

河流、水库、山塘、湖泊、渠道、井泉等，只要能满足灌溉用水要求，都可作为喷灌水源。水泵和动力机是喷灌系统的加压设备，为喷头提供工作压力。管道的作用是将压力水流输送到喷头，而喷头的作用则是将有压集中水流喷出并粉碎成细小水滴，均匀落入田间。

4.1.2.2 喷灌系统分类

喷灌系统按其获得压力的方式不同，分为机压喷灌系统和自压喷灌系统。靠水泵和动力机械将水加压的喷灌系统，称机压喷灌系统；利用自然地形落差为喷头提供工作压力的喷灌系统，称自压喷灌系统。喷灌系统按其设备组成又可分为管道式喷灌系统和机组式喷灌系统两大类。

1. 管道式喷灌系统

按管道的移动程度可分为固定式、移动式和半固定式三种。

(1) 固定式管道喷灌系统。除喷头外，喷灌系统的所有组成部分均固定不动，各级管道埋入地下，支管上设有竖管，根据轮灌计划，喷头轮流安设在竖管上进行喷洒。固定式喷灌系统操作方便，易于维修管理，多用于灌水频繁、经济价值高的蔬菜、果园和经济作物。缺点是管材用量多，投资大。

(2) 移动式管道喷灌系统。除水源工程外，水泵和动力机、各级管道、喷头都可拆卸移动。喷灌时，在一个田块上作业完毕，依次转到下一个田块作业，轮流喷洒。其优点是设备利用率高，管材用量少，投资小。缺点是设备拆装和搬运工作量大，搬移时易损坏作物。

(3) 半固定式管道喷灌系统。喷头和支管是可移动的，其他各组成部分都是固定的，干管一般埋入地下。喷灌时，将带有喷头的支管与安装在干管上的给水栓相连接进行灌溉，并按设计顺序移动支管位置，轮流喷洒。其优点是设备利用率高，管材用量少，是国内外广泛使用的一种较好的喷灌系统，特别适用于大面积喷灌。

2. 机组式喷灌系统

一般分为定喷式机组和行喷式机组，定喷式机组按照结构特点分为轻小型喷灌机组和滚移式、端拖式、悬臂式，目前国内很少使用滚移式、纵拖式和悬臂式喷灌系统；行喷式机组分为中心支轴式、平移式和绞盘式。下面简单介绍以下其中三种。

(1) 轻小型喷灌机组。指配套动力机功率不大于22kW的喷灌机组，泵在不同动力机的驱动下将水从水源吸上并加压后通过管道输送到喷头，有压水再经喷头喷洒到田间。轻小型喷灌机组主要包括手提式、手抬式、手推车式、小型拖拉机悬挂式、小型绞盘式等，机组具有机动灵活的使用特点，比较满足广大农村发展的需要，是中国喷灌行业的主要机型。

(2) 平移式喷灌系统。它的支管和时针式系统一样，是支承在可以自动行走的小车上，但它是自动作平行的移动，由垂直于支管的干管上的给水栓通过软管供水。当行走一定距离（等于给水栓间距）后就要改由下一个给水栓供水，这样喷灌面积是矩形的，便于和耕作相配合，但自动化程度略差于时针式系统。

(3) 绞盘式喷灌机。常用的有软管牵引绞盘式喷灌机和钢索牵引绞盘式喷灌机两种。前一种喷灌机一般包括绞盘车和喷头车两部分（图4.2）。绞盘车停在干管旁

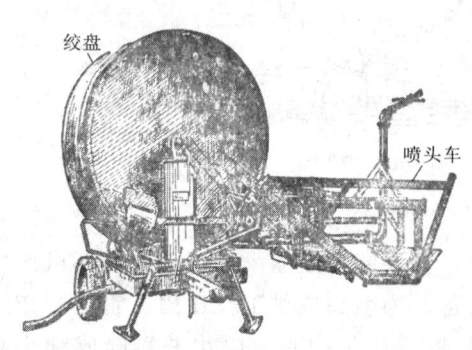

图4.2 软管牵引绞盘式喷灌机

边并通过高压半软管与干管相连。

4.2 喷灌设备和选型

4.2.1 喷头的分类、性能及选型

喷头又称为喷洒器,是喷灌系统中的重要设备。它可以安装在固定的或移动的管路上、行喷机组的输水管上、绞盘式喷灌机的牵引架上,并与配套的动力机、水泵、管道等组成一个完整的喷灌系统。

4.2.1.1 喷头的类型

1. 按工作压力与射程分类

喷头的种类很多,按工作压力与射程分类见表4.1。

表4.1　　　　　　　　喷头按工作压力与射程分类表

类别	工作压力 /kPa	射程 /m	流量 /(m³/h)	特点及应用范围
低压喷头 (近射程喷头)	<200	<15.5	<2.5	射程近,水滴打击强度小,主要用于苗圃、菜地、温室、草坪、园林、自压喷灌的低压区或行喷机组式喷灌机
中压喷头 (中射程喷头)	200～500	15.5～42	2.5～32	喷灌强度适中,适用范围广、果园、草地、菜地、大田及各类经济作物均可使用
高压喷头 (远射程喷头)	>500	>42	>32	喷洒范围大,但水滴打击强度大,多用于喷洒质量要求不高的大田作物和草原牧草等

2. 按喷头的结构形式与水流形状分类

按喷头的结构形式与水流形状可以分为旋转式、固定式和孔管式等。

(1) 旋转式喷头。旋转式喷头是目前使用最多的一种喷头形式,一般由喷嘴、喷管、粉碎机构、转动机构、扇形机构、弯头、空心轴、轴套等部分组成。压力水流通过喷管及喷嘴形成一股集中水舌射出,水舌内存在涡流,在空气阻力及粉碎机构(粉碎螺钉、粉碎针或叶轮)的作用下,水舌被粉碎成细小的水滴,并且转动机构使喷管和喷嘴围绕竖轴缓慢旋转,这样水滴就会均匀地喷洒在喷头的四周,形成一个半径等于喷头射程的圆形或扇形湿润面积。

旋转式喷头是中射程和远射程喷头的基本形式。常用的形式有摇臂式、叶轮式、反作用式三种。又可以根据是否装有扇形机构(亦即是否能作扇形喷灌)而分成全圆转动的喷头和扇形喷灌的喷头两大类。

摇臂式喷头一般有单嘴和双嘴。双嘴只能作全圆喷洒,单嘴可作扇形喷洒,靠弹簧使水舌作用于摇臂导水板,撞击喷头,使之转到。单喷嘴摇臂式喷头结构形式见图4.3和图4.4。

(2) 固定式喷头。固定式喷头也称为漫射式喷头或散水式喷头,它的特点是在喷灌过程中所有部件相对于竖管是固定不动的,而水流是在全圆周或部分圆周(扇形)同时向四周散开。其结构简单可靠,工作压力较低,常用于公园、菜地和自动行走的

大型喷灌机上。按其结构形式可以分为折射式、缝隙式和离心式三种。

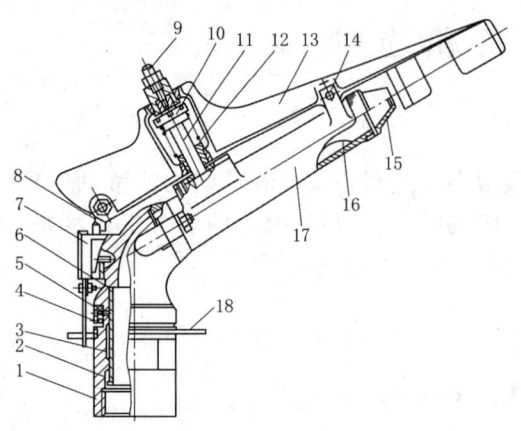
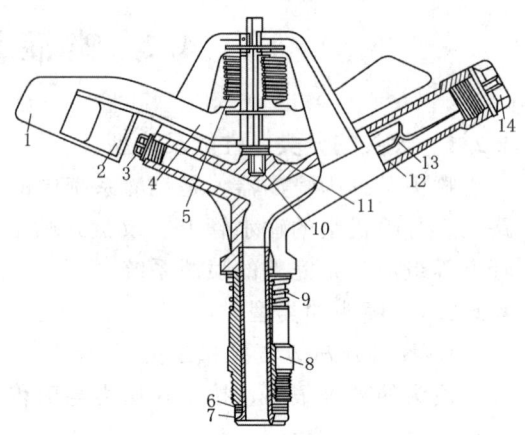

图 4.3 单喷嘴摇臂式喷头结构图
1—空心轴套；2—减磨密封圈；3—空心轴；4—防沙弹簧；5—弹簧罩；6—喷体；7—换向器；8—反转钩；9—摇臂调位螺钉；10—弹簧座；11—摇臂轴；12—摇臂弹簧；13—摇臂；14—打击块；15—喷嘴；16—稳流器；17—喷管；18—限位环

图 4.4 双喷嘴摇臂式结构图
1—导水板；2—挡水板；3—小喷嘴；4—摇臂；5—摇臂弹簧；6—三层垫圈；7—空心轴；8—轴套；9—防沙弹簧；10—摇臂轴；11—摇圈；12—大喷管；13—整流器；14—大喷嘴

（3）孔管式喷头。该喷头由一根或几根较小直径的管子组成，在管子的顶部分布有一些小喷水孔，喷水孔直径仅为 1~2mm。有的孔管是一排小孔，水流朝一个方向喷出（图 4.5），并装有自动摆动器，使管子往复摆动，喷洒管子两侧的土地；也有的孔管有几排小孔，以保证管子两侧都能灌到，这样就无需自动摆动器，结构比较简单，要求的工作压力低（100~200kPa）。

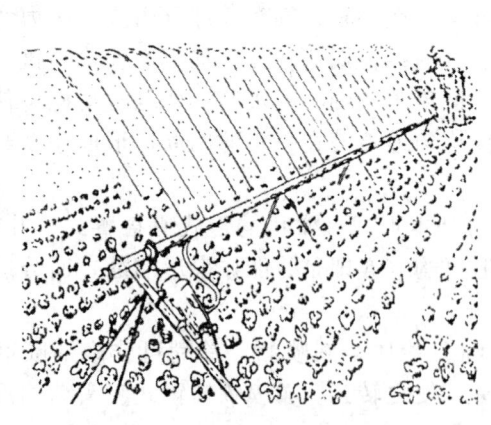
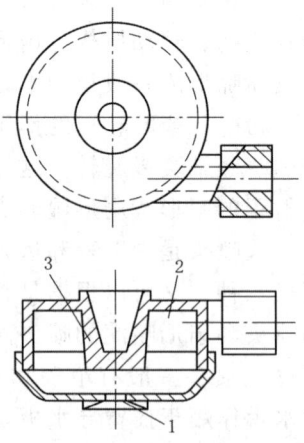

图 4.5 移动式单列孔管示意图

图 4.6 离心式喷头
1—喷嘴；2—蜗壳；3—锥形轴

4.2.1.2 喷头的选型

喷头的选择包括喷头型号、喷嘴直径和工作压力的选择。在选定喷头之后,喷头的流量、射程等性能参数也就确定了。

1. 选型原则

按照国家标准《喷灌工程技术规范》(GB/T 50085)的规定,喷头选择原则如下:

(1) 组合后的喷灌强度不超过土壤的允许喷灌强度值。
(2) 组合后的喷灌均匀系数不低于规范规定的数值。
(3) 雾化指标值应符合作物需求的数值。
(4) 有利于减少喷灌工程的年费用。

2. 选型分析

小喷头要求的工作压力较低,能量消耗少,这意味着运行成本较低,但由于其射程小,要求管道布置得较密,管道用量增大。大喷头射程远,管道间距大,要求的工作压力大,能量消耗较大,运行成本较高。所以在初选喷头时应根据具体条件经过技术经济分析多方面加以考虑。

对于旋转式喷头,目前我国应用最多的是国产的 ZY 系列、PY 系列、PYS 系列摇臂式喷头,PYC 系列垂直摇臂式喷头、PSH 系列、PSZ 系列全射流喷头。同时美国的雨鸟喷头、以色列的雷欧喷头也有一定的市场。

4.2.2 喷灌用水泵的选型

1. 喷灌用水泵的选型原则

(1) 喷灌工程所选定的泵,其流量和扬程应与喷灌系统设计流量和设计扬程基本一致,且当工作点变动时,泵始终在高效区范围内工作,既不能产生汽蚀,也不能使动力室过载。

(2) 泵数量和泵大小相互制约,在相同流量和扬程的条件下,一台大泵比若干小泵运行的效率高。泵选得大,安装台数少,设备、土建和管理费用均可相应减少。但是,泵的台数又不能太少,否则难以进行流量调节,且水泵发生故障时,对全系统影响很大。一般以安装 2~4 台水泵为宜,当系统设计流量较小时,可只设置 1 台泵,但应配备足够数量的易损零件。

(3) 如果有几种泵型都满足喷灌系统设计流量和设计扬程的要求时,应选择其中效率高,配套功率小,便于操作、维修,并使喷灌系统总投资较小的泵型。

(4) 同一喷灌系统安装的泵,尽可能型号一致,以方便管理和维修。

(5) 推荐采用国优与部优产品以及获国家生产许可证的产品和节能产品,避免采用淘汰产品。

(6) 尽可能选择气蚀性能好的泵,即允许吸上真空高度值较大的水泵,这对简化泵房结构、减少泵站投资、保证机组安全运行有很大好处,以选择离心泵为例,如果所选泵的允许吸上真空高度值大,而水源水位变化不大时,可采用简易的、由砖木结构组成的分基型泵房;反之,就必须改用较为复杂的、由钢筋混凝土与砖石混合结构组成的干室型泵房。

2. 喷灌用水泵的选择

选择喷灌用水泵，应当从确保喷灌质量、节能、安全、经济等方面，统筹考虑，选取经常出现且有代表性的工况（即常现工况）为设计工况，以最不利的工况为校核工况。

喷灌用水泵需校核以下两个工况：

(1) 对灌区位置最高、距离最远的喷点，校核可能出现的最低喷头工作压力，看其是否达到喷头设计工作压力范围的下限值。

(2) 对位置最低、距离最近的喷点，校核可能出现的最高喷头工作压力，看其是否超出喷头设计允许工作压力范围的上限。

4.2.3 喷灌工程管材及其选择

管道是喷灌系统的关键设备之一，据统计，管道投资占总投资的40%～87%。如管材选择不当，将影响系统正常运行，甚至会导致整个喷灌工程失败。

目前我国地埋管道采用较多的有自应力、预应力钢筋混凝土管、钢丝网水泥管、铸铁管、钢管以及塑料管等。一般配水管采用塑料管，其他类型的管道视压力大小，主要作为输水管。地面移动管道有铝合金管、薄壁钢管、塑料管、涂塑软管等。

4.2.3.1 对管道的技术要求

(1) 能承受设计工作压力。

(2) 能通过设计的流量，而不至造成过大的水头损失，以节约能量。

(3) 价格低廉，使用寿命长。

(4) 便于运输，易于安装与施工。

(5) 对于移动管道，则要求轻便、耐撞磨，并能经受风吹日晒。

4.2.3.2 管道的种类及其适用范围

1. 钢筋混凝土管

有预应力钢筋混凝土管和自应力钢筋混凝土管两种，都是在混凝土浇制过程中使钢筋受到一定的拉力，从而使管子在工作压力范围内不会产生裂缝。可承受内压400～1600kPa，常用直径为70～1200mm。优点是钢材用量仅为铸铁管的10%～15%，且不会因锈蚀使输水性能降低，一般可使用70年以上或更长时间。但其质脆，较重，运输有一定困难。钢筋混凝土管一般为承插口，刚性接头用石棉水泥或膨胀性填料止水，柔性接头则用圆形橡胶圈止水。

2. 铸铁管

一般可承压1.0MPa，优点是工作可靠，使用寿命长，一般可使用60～70年。缺点是材料较脆，不能承受较大的动荷载。接头多，施工量大。按照加工方法、接头形式不同铸铁管可分为：承插直管、砂型离心泵、法兰直管。按照承受压力大小可分为低压管（工作压力$H \leqslant 450$kPa）、普压管（450kPa$< H < 750$kPa）和高压管（750kPa$< H \leqslant 1000$kPa）。承插式铸铁管常用的接口有：石棉水泥接头、铅接头和膨胀性填料接头等。

3. 钢管

钢管可承压 1.5～6.0MPa，与铸铁管相比，它的优点是能经受较大的压力、韧性强、能承受动荷载、管壁较薄、用料省，并且管段长而接口少，铺设简便。缺点是易腐蚀，寿命仅为铸铁管的一半。常用的钢管有热轧无缝钢管、冷轧（冷拔）无缝钢管、水煤气输送钢管和电焊钢管等，一般用焊接、螺纹接头或法兰接头。

4. 塑料管

塑料管是由不同种类的树脂渗入稳定剂、添加剂和润滑剂等配合后，挤压成形的。采用不同的树脂就产生出不同的塑料管。常用的有聚氯乙烯管（PVC）、聚乙烯管（PE）、聚丙烯管（PP）等。可承受内压力 400～1000kPa。其优点是容易施工，能适应一定的不均匀沉陷，内壁光滑，水头损失小。缺点是必须埋在地下。

塑料管的规格一般以外径计，管径为 5～500mm，壁厚 0.5～8.0mm。塑料管的连接形式有刚性接头、丝扣连接、法兰连接、承插式、黏结和焊接等连接方式。柔性接头多为铸铁套管配橡皮圈止水的承插式接头。

5. 移动管道的种类及其适用范围

移动管道分为三种：①软管，用完后可以卷起来移动或收藏，体积小运输方便。每节比较长，一般 10～15m，节间用快速接头连接；②半软管，这种管子在水放空后横断面还基本能保持圆形，也可以卷成盘状；③硬管，为了便于移动，每节不能太长，一般 6～9m。现在常用的软管有麻布水龙带、锦纶塑料、维塑软管等；半软管有胶管、高压聚乙烯管；硬管有硬塑料管、铝合金管和镀锌薄壁钢管等。

各种管材的性能及规格可参阅有关产品样本。

4.2.4 控制件及安全件和程序控制器

1. 控制件及安全件

在喷、微灌系统中的主要控制件和安全件有：阀门（闸阀）、安全阀、逆止阀、进排气阀、流量调节阀、压力调节阀、自动阀（包括电动和水动）等，这些控制件及安全件主要起到控制流量和压力、保护管网和水泵安全运行等作用。其材料大多为金属，而微灌系统田间控制多用塑料制品。

2. 程序控制器

程序控制器用于自动化喷、微灌系统中，可根据灌溉系统土壤湿度、作物水分、管网压力、流量等参数，按设计要求或运行调度方案自动控制田间灌水时间、灌水过程实施乃至水泵机组的启动与停机等过程。

控制台一般是将控制机构和显示机构装在一起的一个整体，其外形为一控制箱（见图 4.7）或控制台，控制面板应便于操作，此外应有手动开关、电路总开关、灌水量（或时间）、压力等调节旋钮，

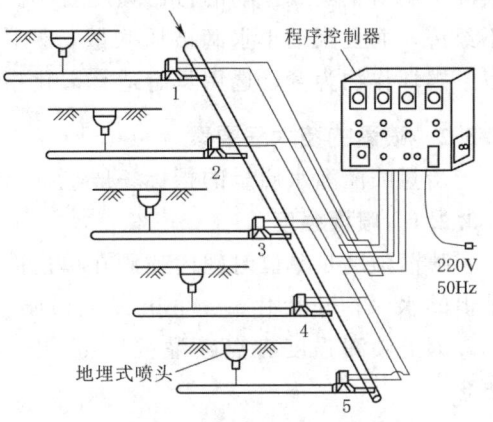

图 4.7 程序控制器控制的喷灌系统图
1～5—电动阀

工作指示灯、示警装置,并有电话联络设施或与操作台连接的电缆或通道。

4.3 管道式喷灌系统规划与设计

4.3.1 喷灌的技术要求

喷灌是一种具有多功能和综合效益的先进灌水技术。为了充分体现兴建的喷灌工程的优越性,在进行喷灌工程技术设计前必须清楚地了解喷灌的技术要求,即喷灌工程质量优劣的技术标准。

1. 适时适量地给作物提供水分

要做到这一点,必须制定合理的灌溉制度,保证在干旱年或半干旱年作物正常生长对水分的要求。也就是说,喷灌工程的设计标准必须满足灌溉保证率不低于85%,必须按这个标准为喷灌工程配套容量合理、工程结构可靠、运行安全方便的各部分规格尺寸才能保证喷灌灌溉制度实施的水源工程。

2. 有较高的喷灌均匀度

这里的喷灌均匀度指的是组合均匀度,它与单个喷头的水量分布情况、喷头的工作压力、喷头的布置形式与间距、喷头转速的均匀性、竖管安装的倾斜度、地面坡度、风向等因素有关。要求在设计风速下,定喷式喷灌系统的组合均匀系数不低于75%,行喷式喷灌机的组合均匀系数不低于85%。

3. 有适宜的喷灌强度

这里的喷灌强度是指组合喷灌强度,影响其数值大小的主要因素与影响组合均匀度的因素相同。要求喷头的组合喷灌强度不得大于当地土壤的允许喷灌强度。对于行喷式喷灌系统的喷灌轻度可以略大于土壤的允许喷灌强度,就是说在喷洒过程中允许地面出现当时渗不进去而过后能很快入渗的小水洼,但不得出现地面径流。

4. 有适宜的雾化程度

喷灌水是以模拟天然降雨的形式落在田间的,为避免土壤板结或损坏作物,要求喷洒水滴对土壤或作物的打击强度要小。但是,水滴雾化要消耗能量,雾化过程不仅不经济,而且因细小水滴被风吹散,飘移、蒸发损失加大。因此,应根据作物种类,以不损坏作物为度,选用具有适宜雾化指标的喷头。

4.3.2 喷灌的技术三要素

衡量喷灌灌水质量的指标一般包括喷灌强度、喷灌均匀度和喷灌雾化指标。

4.3.2.1 喷灌强度

喷灌强度是单位时间内喷洒在单位面积上的水量,亦即单位时间内喷洒在灌溉土地上的水深。一般用 mm/min 或 mm/h 表示。由于喷洒时,水量分布常常是不均匀的,因此喷灌强度有点喷灌强度 ρ_i 和平均喷灌强度(面积和时间都平均)$\bar{\rho}$ 两种概念。

1. 点喷灌强度 ρ_i

点喷灌强度是指一定时间 Δt 内喷洒到某一点土壤表面的水深 Δh 与 Δt 的比

值，即：

$$\rho_i = \frac{\Delta h}{\Delta t} \tag{4.1}$$

2. 平均喷灌强度 $\bar{\rho}$

平均喷灌强度是指一定喷灌面积上各点在单位时间内喷灌水深的平均值，以平均喷灌水深 h 与相应时间 t 的比值表示：

$$\bar{\rho} = \frac{h}{t} \tag{4.2}$$

单喷头全圆喷洒时的平均喷灌强度 $\bar{\rho}_{全}$ 可用下式计算：

$$\bar{\rho}_{全} = \frac{1000q\eta}{A} \quad (\text{mm/h}) \tag{4.3}$$

式中：q 为喷头的喷水量，m^3/h；A 为在全圆转动时一个喷头的湿润面积，m^2；η 为喷洒水的有效利用系数，即扣去喷灌水滴在空中的蒸发和漂移损失，一般为 0.80～0.95。

在喷灌系统中，各喷头的湿润面积有一定的重叠，实际的喷灌强度要比上式计算的高一些，为准确起见，可以用有效面积 $A_{有效}$ 代替上式中的 A 值：

$$A_{有效} = S_l S_m \tag{4.4}$$

式中：S_l 为在支管上喷头的间距；S_m 为支管的间距。

在一般情况下，平均喷灌强度应与土壤透水性相适应，应使喷灌强度不超过土壤的入渗率（即渗吸速度），这样喷洒到土壤表面的水才能及时渗入土中，而不会在地表中形成积水和径流。

各类土壤的允许喷灌强度值引自《喷灌工程技术规范》（GB/T 50085），见表4.2，可在喷灌系统设计时参考使用。在斜坡地上，随着地面坡度的增大，土壤的吸水能力将降低，产生地面冲蚀的危险性增加，因此在坡地上喷灌需降低喷灌强度，降低值可参考表4.3。

表 4.2 各类土壤的允许喷灌强度值

土壤质地	允许喷灌强度/(mm/h)	土壤质地	允许喷灌强度/(mm/h)
砂土	20	壤黏土	10
砂壤土	15	黏土	8
壤土	12		

表 4.3 坡地允许喷灌强度降低值

地面坡度/%	允许喷灌强度降低值/%	地面坡度/%	允许喷灌强度降低值/%
<5	10	13～20	60
5～8	20	>20	75
9～12	40		

测定喷灌强度一般是与喷灌均匀度试验结合进行。具体方法是在喷头的湿润面积内均匀布置一定数量的雨量筒，喷洒一定时间后，测量雨筒中的水深。量雨筒所在点

喷灌强度用下式计算：

$$\rho_i = \frac{10W}{t\omega} \quad (\text{mm/min}) \tag{4.5}$$

式中：W 为量雨筒承接的水量，cm^3；t 为试验持续时间，min；ω 为量雨筒上部开敞口面积，cm^2。

而喷灌面积上的平均强度为

$$\bar{\rho} = \frac{\sum \rho_i}{n} \tag{4.6}$$

式中：n 为量雨筒的数目。

4.3.2.2 喷灌均匀度

喷灌均匀度是指在喷灌面积上水量分布的均匀程度，它是衡量喷灌质量好坏的主要指标之一。影响均匀度的因素有喷头结构、工作压力、喷头布置形式、喷头间距、喷头转速的均匀性、竖管的倾斜度、地面坡度和风速、风向等。

表征喷灌均匀度的方法很多，但都各有利弊，因此只介绍两种常用的表示方法。

1. 喷洒均匀系数 C_u

$$C_u = 1 - \frac{\Delta h}{h} \tag{4.7}$$

式中：h 为喷洒水深的平均值，mm；Δh 为喷洒水深的平均离差，mm。

如果在喷灌面积上的水量分布得越均匀，那么 Δh 值越小，亦即 C_u 值越大。C_u 值一般不应低于 70%～80%。

喷洒均匀系数一般均指一个喷灌系统的喷洒均匀系数，单个喷头的喷洒均匀系数是没有意义的，这是因为单个喷头的控制面积是有限的，要进行大面积灌溉必然要由若干个喷头组合起来形成一个喷灌系统。单个喷头在正常压力下工作时，一般都是靠近喷头部分湿润较多，边缘部分不足，这样当几个喷头组合在一起时，湿润面积有一定重叠，就可以使土壤湿润得比较均匀。为了便于测定，常取四个或几个喷头布置成矩形、方形或三角形，测定它们之间所包围面积的喷洒均匀系数，这一数值基本上可以代表在平坦地区无风情况下喷灌系统的喷洒均匀系数。在工程设计中一般要求定喷式喷灌系统的喷灌均匀系数不应低于 0.75，行喷式喷灌系统不应低于 0.85。

2. 水量分布图

用喷洒范围内等水量图来衡量喷灌均匀度比较准确、直观，它和地形图一样表示出喷洒水量在整个喷洒面积内的分布情况，但是没有指标，不便于比较。一般常用此法表示单个喷头的水量分布情况，如图 4.8 所示。

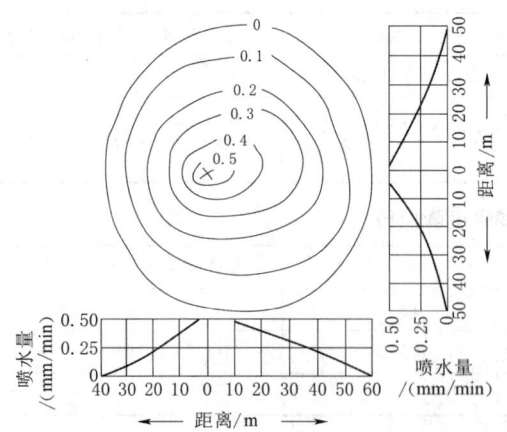

图 4.8 喷头水量分布图与径向水量分布曲线
×—喷头位置

3. 喷灌雾化指标

喷灌的雾化指标可按下式计算：

$$W_h = h_p / d \tag{4.8}$$

式中：W_h 为喷灌雾化指标；h_p 为喷头工作压力水头，m；d 为喷头主喷嘴直径，m，其中蔬菜及花卉的 $W_h = 4000 \sim 5000$，粮食作物、经济作物及果树的 $W_h = 3000 \sim 4000$，饲草料作物、草坪的 $W_h = 2000 \sim 3000$。

4.3.2.3 水滴打击强度

水滴打击强度就是单位喷洒面积内水滴对作物和土壤的打击动能，它与水滴大小、降落速度及密集程度有关。目前一般采用水滴直径来衡量。

水滴直径指落在地面或作物叶面上的水滴球体的直径。水滴太大，容易破坏土壤表层的团粒结构并造成板结，甚至会打伤作物的幼苗，或把土溅到作物叶面上；水滴太小，在空中蒸发损失大，受风力的影响大。因此要根据灌溉作物、土壤性质选择适当的水滴直径。

测定水滴直径的方法，我国较多采用滤纸法，就是将涂有色粉（曙光红和滑石粉混合而得）的滤纸固定在水滴接收盒中，活门快速启闭，瞬时接收若干水滴。待滤纸干后，量取滤纸上水痕色斑直径，再根据事先率定的色斑直径与水滴直径关系曲线或经验公式求出水滴直径。水痕色斑直径 D 与水滴直径 δ 关系式一般如下：

$$\delta = aD^b \tag{4.9}$$

式中：a 为常数，因不同的滤纸而异，一般为 $0.33 \sim 0.44$；b 为指数，对于同一种滤纸是一个常数，一般为 $0.725 \sim 0.667$。

由于滤纸法量取色斑直径的工作量大，因此对于大量测量则要用面粉法，就是用一个直径为 20cm，深 2cm 的装满新鲜干面粉的盘子代替滤纸来接收水滴，然后在 40℃温度下烘 24h，再进行筛分。由于形成水滴的面粉与水滴的直径有一定的关系，只要知道了面粉团直径的分布就可以知道水滴直径的分布情况。

由于从一个喷头喷出来的水滴大小不一，一般近处小水滴多些，远处大水滴多些，因此应在离喷头不同的距离 $3 \sim 5m$ 处测量水滴直径，并求出平均值。一般要求平均直径不超过 $1 \sim 3mm$。

4.3.3 喷灌系统的规划设计

喷灌系统规划设计的内容一般包括勘测调查、喷灌系统选型和田间规划以及水力计算和结构设计等。

4.3.3.1 喷灌灌区的调查

调查的内容包括地形、气象、土壤、水文、作物种植情况、群众高产灌水经验及动力和机械设备资料。

4.3.3.2 喷灌系统规划

1. 喷灌系统形式

根据当地地形情况、作物种类、经济及设备条件，考虑各种形式喷灌系统的特点，选定灌溉系统形式。

2. 喷头布置形式

喷头的布置形式亦称组合形式，一般用4个相邻喷头在平面位置上的组合图形表示。其基本布置形式有6种，如图4.9所示。在矩形布置时，应尽可能使支管间距 h 大于喷头间距 a，并使支管垂直风向布置。当风向多变时，应采用正方形布置，此时 $a=h$。正三角形布置时 $a>h$，这对节省支管不利。

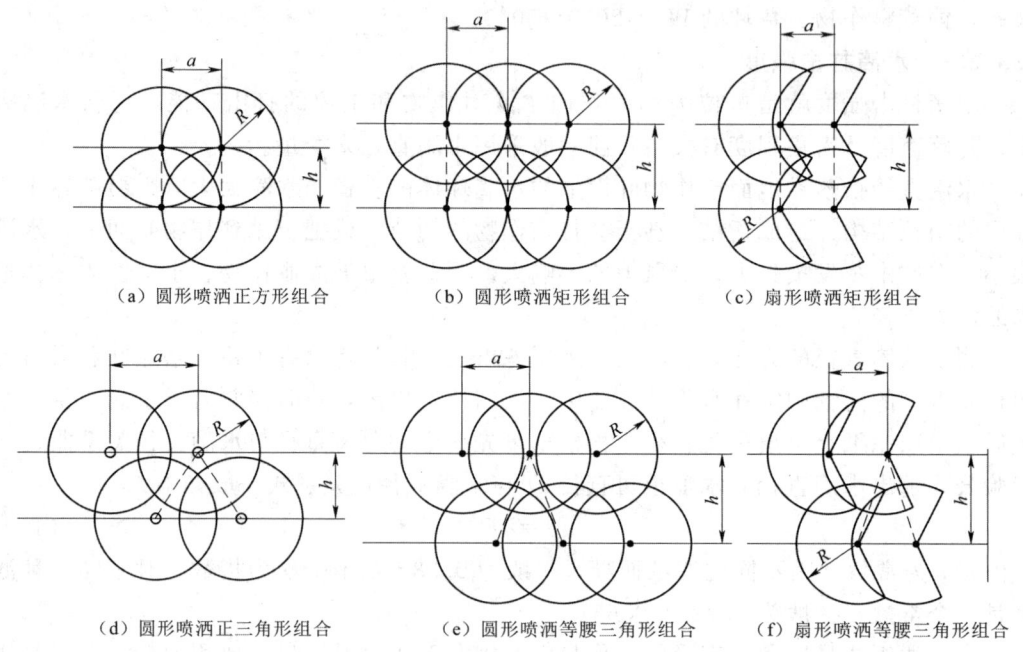

图 4.9 喷头组合方式示意图

不论采用哪种布置形式，其组合间距都必须满足规定的喷灌强度及喷灌均匀度的要求，并做到经济合理，我国规定满足喷灌均匀度要求的组合间距见表4.4。

表 4.4　　　　　　　　　喷 头 组 合 间 距

设计风速 /(m/s)	组 合 间 距	
	垂直风向	平行风向
0.3~1.6	R	$1.3R$
1.6~3.4	$(1\sim0.8)R$	$(1.3\sim1.1)R$
3.4~5.4	$(0.8\sim0.6)R$	$(1.1\sim1)R$

注 1. R 为喷头射程 (m)。
　　2. 在每一档风速中可按内插法取值。
　　3. 在风向多变，采用等间距组合时，应选用垂直风向栏内的数值。
　　4. 表中风速是指地面以上10m高度处的风速。

喷头的喷洒方式有全圆喷洒和扇形喷洒两种（图4.9）。一般固定式喷灌系统采用全圆喷洒形式。半固定式与移动式喷灌系统中，一般采用单喷头或多喷头扇形喷洒方式。

3. 管道系统的布置

固定式、半固定式喷灌系统，视灌溉面积大小对管道进行分级。面积大时管道可布置成总干管、干管、分干管和支管四级；或布置成干管、分干管、支管三级；面积较小时一般布置成干管和支管两级。支管是田间末级管道，支管上安装喷头。对管道的布置应考虑以下原则：

(1) 干管应沿主坡方向布置，一般支管应垂直于干管。

(2) 支管上各喷头的工作压力要接近一致，或在允许的误差范围内。一般要求喷头间的出流量差值不大于10%，即要求支管上各喷头间工作的压力差不大于20%。

(3) 管道布置应考虑各用水单位的要求，方便管理，有利于组织轮灌和迅速分散水量。

(4) 在经常有风的地区，支管布置应与主风向垂直，喷灌时可加密喷头间距，以补偿由于风而造成喷头横向射程的缩短。

(5) 管道布置应充分考虑地块形状，力求使支管长度一致，规格统一。管线纵剖面应平顺，减少折点。避免产生负压。管道总长度应尽量减少，以使造价最低。各级管道应有利于水锤的防护。

4. 管材的选择

根据喷灌区的具体情况，如地质、地形、气候、运输、供应以及使用环境和工作压力等条件，结合各种管材的特性及适用条件进行选择。对于地埋固定管道，可选用钢筋混凝土管、钢丝网水泥管、石棉水泥管、铸铁管和硬塑料管。对于地面移动管道，则应优先采用带有快速接头的薄壁铝合金管。塑料管经常暴露在阳光下使用，易老化，缩短使用寿命，因此，地面移动管最好不采用塑料管。

5. 管径的选择

当轮灌编组和轮灌顺序确定之后，各级管道在每一轮灌组进行喷洒时所通过的流量即可知道。通常选用同一级管道在各轮灌组中可能通过的最大流量，作为本级管道的设计流量，依据这个设计流量来确定管道的管径。若某一级管道最大流量的通过时间占管道总过水时间的比例甚小，也可选取一个出现次数较多的次大流量作为管道的设计流量来确定管径。同一级管道的不同管段通过的最大流量不同时，可分段确定设计流量。

6. 管道系统附件的选配与安装

(1) 竖管的高度应以作物植株不阻碍喷头的正常喷洒为最低限。

(2) 管道的适当位置应留有安装压力表的测压孔，以监测管网压力是否达到设计要求。

(3) 地埋管道的阀门处建阀门井，阀门井的尺寸以便于操作检修为度。

(4) 对温度和不均匀沉陷比较敏感的固定管道应设柔性接头。

(5) 对于管径较大或管坡较陡的固定管道，为了稳定管道位置，不使管道发生任何方向上的位移，在管道的变坡、转弯的分界处应设镇墩。

(6) 地埋管道的连接应采用承插或黏结的形式，转向处用弯头，分水处用三通或四通，管径改变处采用异径接头，管道末端用堵头。

(7) 为了按计划进行输水、配水，管道系统上应装置必要的控制阀。各级管道的首端应设进水阀或分水阀。

4.3.3.3 喷灌工作制度确定

1. 拟定设计参数

(1) 设计灌水定额。当田间土壤含水量达到适宜于作物生长的下限时就应进行喷灌；每次灌水量又不能超过土壤的保水能力，以免发生深层渗漏。最大灌水定额宜按下式确定：

$$m_s = 0.1h(\beta_1 - \beta_2) \tag{4.10}$$

$$m_s = 0.1\gamma h(\beta_1' - \beta_2') \tag{4.11}$$

式中：m_s 为最大灌水定额，mm；h 为计划湿润层深度，cm；β_1 为适宜土壤含水率上限（体积百分比）；β_2 为适宜土壤含水率下限（体积百分比）；γ 为土壤容重，g/cm³；β_1' 为适宜土壤含水率上限（重量百分比）；β_2' 为适宜土壤含水率下限（重量百分比）。

设计灌水定额应根据作物的实际需水要求和试验资料按照下式选择：

$$m \leqslant m_s \tag{4.12}$$

式中：m 为设计灌水定额，mm。

(2) 设计灌水周期 T。在喷灌系统规划设计中，主要是要确定作物耗水最旺时期的允许最大间隔时间，用下式计算：

$$T = \frac{m}{ET_d} \tag{4.13}$$

式中：T 为设计灌水周期，计算值取整，d；ET_d 为作物日蒸发蒸腾量，取设计代表年耗水高峰期的日平均耗水量，mm/d，可根据试验确定。

2. 拟定工作参数

设计日灌水时间宜按表4.5取值。

表 4.5　　　　　设 计 日 灌 水 时 间

喷灌系统类型	固定管道式			半固定管道式	移动管道式	定喷机组式	行喷机组式
	农作物	园林	运动场				
设计日灌水时间/h	12～20	6～12	1～4	12～18	12～16	12～18	14～21

一个工作位置的灌水时间应按下式计算：

$$t = \frac{mab}{1000 q_p \eta_p} \tag{4.14}$$

式中：t 为一个工作位置的灌水时间，h；m 为实际灌水定额，mm；a 为喷头布置间距，m；b 为支管布置间距，m；q_p 为喷头设计流量，m³/h。

一天工作位置数应按下式计算：

$$n_d = \frac{t_d}{t} \tag{4.15}$$

式中：n_d 为一天工作位置数；t 为设计日灌水时间，h。

同时工作喷头数应按下式计算：

$$n_p = \frac{N_p}{n_d T} \tag{4.16}$$

式中：n_p 为同时工作喷头数；N_p 为灌区喷头总数。

3. 确定支管轮灌方式

支管轮灌方式，对于半固定系统也就是支管的移动方式。支管轮灌方式不同，干管中通过的流量也不同，适当选择轮灌方式，可以减小一部分干管的管径，降低投资。例如：有两根支管同时工作时，可以有以下三种方案：

（1）两根支管从地块的一头齐头并进，如图 4.10（a）所示，干管从头到尾的最大流量都等于整个系统的全部流量（两根支管流量之和）；

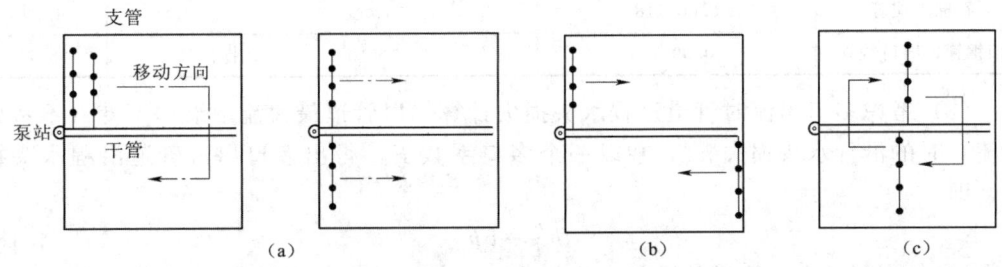

图 4.10 两根支管同时工作的支管移动方案

（2）两根支管由地块两端向中间交叉前进，如图 4.10（b）所示；

（3）两根支管由地块中间向两端交叉前进，如图 4.10（c）所示。

后两种方案，只有前半根干管通过的最大流量等于整个系统的全部流量，而后半根干管通过的最大流量只等于整个系统的一半（等于一根支管的流量），显然应当采用后两种方案。当三根支管同时工作时，每根支管分别负责 1/3 面积的方案较为有利，如图 4.11 所示，这样只有 1/3 的干管的最大流量等于全部流量，1/3 的干管（1～2 段）的最大流量等于两根支管的流量，最末的 1/3 干管（2～3 段）的最大流量只等于一根支管的流量。

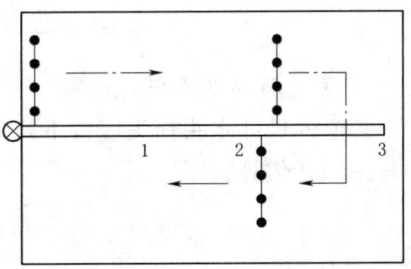

图 4.11 三根支管同时工作的支管移动方式

4.3.3.4 管道系统的水力计算

喷灌管道系统的水力计算主要是计算管道的沿程水头损失以及弯头、三通、闸阀等的局部水头损失，其目的是合理选定各级管道的管径和确定系统设计扬程。管道总水头损失 h_w 为各段沿程水头损失 h_f 和各个局部水头损失 h_j 的代数和，即

$$h_w = \sum h_f + \sum h_j$$

1. 沿程水头损失计算

（1）不考虑多孔出流情况下的沿程水头损失计算。可采用下式计算：

$$h_f = f \frac{LQ^m}{d^b} \tag{4.17}$$

式中：h_f 为沿程水头损失，m；f 为摩阻系数，与管材有关；Q 为管中流量（指计算管道的最大流量），m³/h；d 为管内径，mm；L 为管长，m；m 为与管材有关的流量指数；b 为与管材有关的管径指数。

各种管材的沿程水头损失计算参数见表4.6。

表4.6　　　　　　　沿程水头损失公式中的 f、m、b 值

管道种类	f (Q 以 m³/s, d 以 m 计)	f (Q 以 m³/h, d 以 mm 计)	m	b
硬质塑料管	0.000915	0.948×10^5	1.77	4.77
铝管或铝合金管	0.000800	0.861×10^5	1.74	4.74
石棉水泥管	0.000118	1.455×10^5	1.85	4.89
旧钢管、旧铸铁管	0.00179	6.25×10^5	1.9	5.1

（2）考虑多口出流时管道沿程水头损失计算。以管道最大流量沿程不变（不考虑分流）时的沿程水头损失 h_f，乘以一个多口系数 F，得出多口出流管道沿程水头损失，即

$$h'_f = F h_f \tag{4.18}$$

式中：h'_f 为多口出流管道的沿程水头损失，m；F 为多口系数；h_f 为管道最大流量沿程不变时的沿程水头损失，m。

多口系数 F 的一般公式为

$$F = \frac{N\left(\dfrac{1}{m+1} + \dfrac{1}{2N} + \dfrac{\sqrt{m-1}}{6N^2}\right) + X - 1}{N + X - 1} \tag{4.19}$$

2. 管道局部水头损失计算

管道的局部水头损失应按下式计算，初步规划时，也可近似地按沿程水头损失的10%～15%估算：

$$h_j = \xi \frac{v^2}{2g}$$

式中：ξ 为局部阻力系数；v 为管道流速，m/s；g 为重力加速度，9.81m/s²。

3. 支管管径的确定

支管是指直接安装竖管和喷头的管道。支管管径的选择主要依据喷洒均匀的原则。管径选得越大，支管运行时的水头损失就越小，同一支管上各喷头的实际工作压力和喷水量就越接近，喷洒均匀度就越符合设计状况。但这样也增大了支管的投资，对移动支管来说还增加了拆装、搬移的劳动强度。管径选得小，支管投资减少，移动作业的劳动强度降低，但由于运行时支管内水头损失增大，同一支管上各喷头的实际工作压力和喷水量差别增大，结果造成田面上各处受水量不一致。为了保证同一支管上各喷头实际喷水量的相对偏差不大于20%，GBJ 85—85规定：同一支管上任意两个喷头之间的工作压力差应在喷头设计工作压力的20%以内。显然，支管若在平坦

的地面上铺设,其首末两端喷头间的工作压力差应最大。若支管铺设在地形起伏的地面上,则其最大的工作压力差并不见得发生在首末喷头之间。考虑地形高差 ΔZ 的影响时上述规定可表示为

$$h_w + \Delta Z \leqslant 0.2 h_p \tag{4.20}$$

式中:h_w 为同一支管上任意两喷头间支管段水头损失,m;ΔZ 为该两喷头进水口的高程差,m,顺坡铺设支管时 ΔZ 的值为负,逆坡铺设支管时 ΔZ 的值为正;h_p 为喷头设计工作压力水头,m。

因此,同一支管上工作压力差最大的两喷头间允许的水头损失即为

$$h_w \leqslant 0.2 h_p - \Delta Z \tag{4.21}$$

从式(4.21)可以看出:逆坡铺设支管时,允许的 h_w 的值小,即选用的支管管径应大些;顺坡铺设支管时,因 ΔZ 的值本身为负值,其允许的 h_w 的值可以比 $0.2h_p$ 大些,也就是说支管顺坡铺设时,因地形坡降弥补了支管内的部分水力坡降,选用的支管管径可适当小些。

喷头选定后,喷头的设计工作压力可从喷头性能表中查得。两喷头进水口高程差(实际上就是两喷头所在地的地面高差)可以由系统平面布置图中查取。则 h_f' 即可求出。

利用公式 $h_f' = FfLQ^m/d^b$,在其他参数已知的情况下反求管径 d,d 就是该支管可选用的最小管径的计算值。因管材的管径已标准化、系列化,因此,还需按管材的标准管径将计算出的管径规范取整。对半固定、移动管道式喷灌系统的支管,考虑到运行与管理的方便,最大的管径一般不超过 $\phi 100$mm,并且应尽量使各支管取相同的管径,至少也需在一个作业区中统一。对于固定管道式喷灌系统,地埋支管的管径可以不同,但规格不宜太多,同一条支管一般最多变径两次。

4. 支管以上各级管径的确定

一般情况下,这些管道的管径是在满足下一级管道流量和压力的前提下按费用最小的原则选择的。管道的费用常用年费用来表示。随着管径的增大,管道的折旧费将随之增高,而管道的年运行费随之降低。因此,客观上必定有一种管径,会使上述两种费用之和为最低,这种管径就是要选择的管径,称之为经济管径,对应的流速称之为经济流速。图 4.12 就是用最小年费用法计算经济管径的示意图。

5. 计算喷灌系统的流量和扬程

为了选择水泵和动力,首先就要确定喷灌系统的水泵设计流量和扬程。水泵的设计流量 Q 应为全部同时工作的喷头流量之和,即

$$Q = N_{\text{喷头}} q \tag{4.22}$$

而水泵的扬程 H 为

$$H = H_{\text{喷头}} + \sum h_f + \sum h_j + \Delta \tag{4.23}$$

式中:$H_{\text{喷头}}$ 为喷头设计工作压力,m;Δ 为典型喷头高程与抽水水面的高差,m,典型喷头一般是离泵站最远位置最高的喷头;$\sum h_f$ 为水泵到

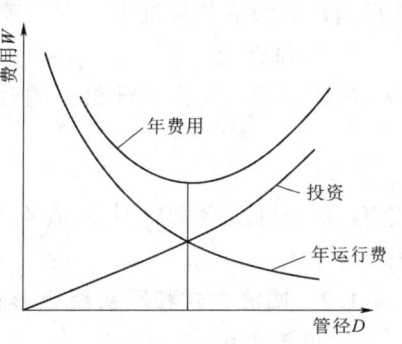

图 4.12 最小年费用法

典型喷头之间管路沿程水头损失之和，m；$\sum h_j$ 为水泵到典型喷头之间管路局部水头损失之和，m。

满足计算所得设计流量和设计扬程的水泵选型方案可以有许多种，因目前我国喷灌工程规模不是很大，一般多采用集中设站方式。所谓水泵选型，就是选取满足设计参数的水泵型号和台数。由于水泵的装机容量和效率是反映工程投资和运行效率的重要参数，所以，对面积较小或流量不太大的喷灌工程，多采用单泵运行，对规模较大的喷灌工程，多采用多泵系并联运行方案（宜为2～4台），这样做有利于提高灌水的可靠性。单泵运行时，多采用自吸离心泵、带自吸装置的普通离心泵或潜水电泵。多泵运行时应建泵房，多采用普通离心泵。

4.4 机组式喷灌系统设计

自1917年美国研制出第一代喷灌机到现在的100多年时间里，喷灌机的种类和推广使用面积都有了很大的发展。我国于1976年开始研制适合我国的喷灌机，并先后从国外引进了一些大、中型喷灌机，如中心支轴式、平移式、双旋臂式、绞盘式等。目前，在我国使用最多的是轻、小型喷灌机，中型喷灌机的喷灌用量也有所增加，大型喷灌机多用于大型农场或草原喷灌。

4.4.1 轻小型喷灌机组系统设计

对于轻小型喷灌机组，在地块较小、水源比较分散或坡度较大的地方，可采用手提式或手抬式喷灌机组；在面积较大、种植作物单一、水源充足以及地面较平坦的地方，可采用手推式小型喷灌机或拖拉机配套的小型喷灌机组。

4.4.1.1 机组台数的确定

1. 单台机组的控制面积

单台机组的控制面积可按下式计算：

$$A_0 = \frac{TtQ}{0.667m} \tag{4.24}$$

式中：A_0 为单台喷灌机组的控制面积，亩；T 为灌水周期，d；t 为喷灌机组每天净喷灌时间，一般可按8～10h计算；Q 为喷灌机组流量，m³/h，根据喷头的喷水量计算得到，如为单喷头机组，即为喷头的喷水量；m 为灌水定额，mm。

2. 机组台数

喷灌面积上所需喷灌机组的台数按下式计算：

$$n = \frac{A}{A_0} \tag{4.25}$$

式中：n 为机组台数，计算值不是整数时，取大于该值的整数；A 为设计喷灌面积，m²。

4.4.1.2 喷洒方式和喷头组合形式

1. 喷洒方式

多喷头作业的定喷机组式喷灌系统的喷洒方式多采用全圆喷洒，喷头的布置与管道式喷灌系统相同，一般在风向多变的情况下采用正方形布置，在有稳定主风向的情况下采用矩形或等腰三角形布置。

单喷头作业的定喷机组式喷灌系统的喷洒方式有时采用扇形喷洒。作业时，喷灌机如为单向控制，喷头最好顺风向喷洒。喷灌机如为双向控制，则喷头应垂直风向喷洒。喷洒扇形中心角一般可采用270°，以便给机组的移动留一条干燥的退路，对于多喷头作业的定喷机组式喷灌系统，在灌溉季节风向稳定且有条件顺风喷洒的情况下，亦可采用扇形喷洒。在地块边缘有道路、房屋等不应喷洒的情况时，则需在田边布置喷头作180°或90°的扇形喷洒。

2. 喷头组合形式

一般在管道式喷灌系统中，除了位于地块边缘的喷头作扇形喷洒外，其余均采用全圆喷洒。在移动机组式系统中，为了避免喷湿机行道，给机组移动带来困难，一般都采用扇形喷洒方式。

扇形喷洒矩形组合和扇形喷洒等腰三角形组合常用于定喷机组式系统，扇形中心角常取 $\alpha=240°\sim270°$，扇形喷洒与喷头组合形式见图 4.13。

4.4.1.3 田间布置

对于不同的机组形式，可考虑不同的布置形式。如直联式单喷头机组，它的喷头是与水泵直连的，机组整个进入田间操作，因此就需要按喷点间距布置集水井，并用渠道或暗管输水，将各工作池串通，同时布置机行道，以备机组出入；如果是管引式（喷头与水泵间以管道连接）机组，则需按喷头间距、支管间距布置支管位置及干管（或渠道）位置，并在干管或渠道上按支管间距布置给水栓或机组工作池，在一般情况下应尽可能使支管顺耕作方向布置，在坡地、梯田上的支管应顺等高线布置。

1. 直联式单喷头机组

一般骑渠或沿田间渠道工作渠移动，田间渠道顺耕作方向布置，如图 4.14 所示。喷灌机在一点位置喷洒后至另一点进行喷洒，直至第一条渠道喷完后再移至下一条渠

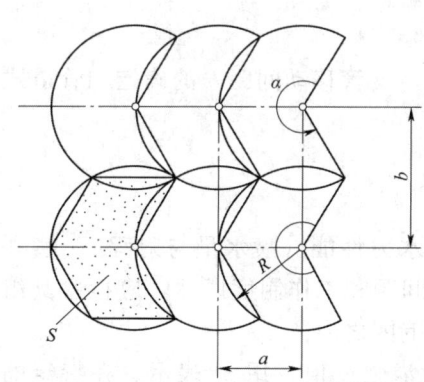

图 4.13 扇形喷洒与喷头组合形式示意图
R—喷头射程；a—喷头间距；b—支管间距；
S—喷头有效控制面积；α—扇形中心角

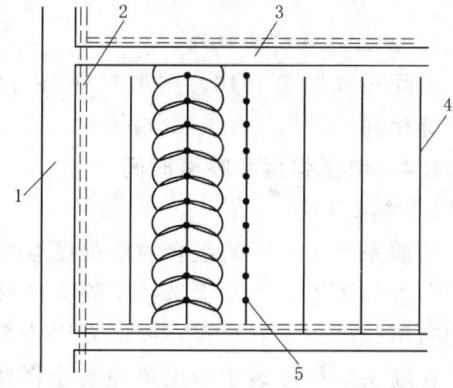

图 4.14 直联式单喷头机组田间布置示意图
1—工作渠道；2—干管；3—田间道；
4—支管；5—喷头

道。田间渠道的长度为100～300m，其长度最好是喷头间距的倍数，渠道上每隔一个喷头间距设置一个可供喷灌机取水的工作池，喷头间距和工作池应根据工作条件按喷头喷洒组合后能确保一定均匀度的原则来确定。

多喷头作业的定喷机组式喷灌系统的喷洒方式多采用全圆喷洒，喷头的布置与管道式喷灌系统相同，一般在风向多变的情况下采用正方形布置，在有稳定主风向的情况下采用矩形或等腰三角形布置。

2. 管引式单喷头机组

可沿田间渠道两边作业，如图4.15所示。如机组移至位置A_1，喷头由管道引出至B_1点进行扇形喷洒，当B_1喷完后，退至B_2点喷洒，待此条管道位置各喷点依次喷完后，再将喷头连同管道移至C各喷点进行喷洒。当取水点A_1两边都喷洒完毕后，机组移至A_2点，再重复上述方式进行喷洒。

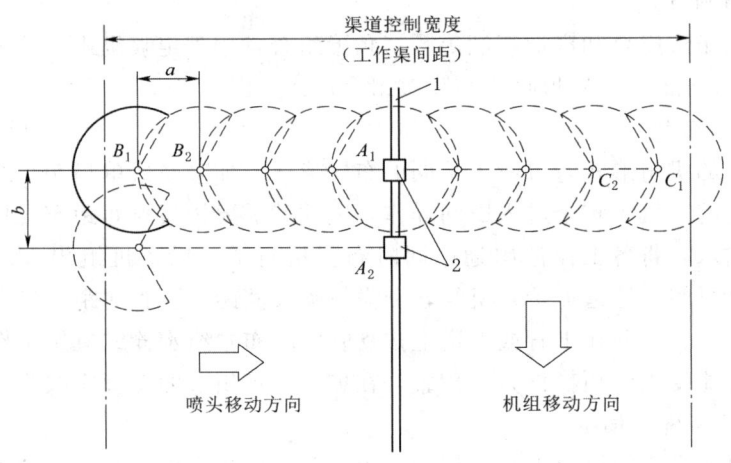

图4.15　管引式单喷头喷灌机组田间布置示意图
1—工作渠；2—机组

3. 管引式多喷头机组

田间布置如图4.16、图4.17和图4.18所示，支管移动间距b的确定和管道式喷灌系统相同。

4.4.1.4　喷灌强度和喷灌时间

1. 喷灌强度

喷灌系统工作时的组合喷灌强度取决于喷头水力性能（喷水量与射程）、喷洒方式和布置间距等，因此当选择了喷头型号、布置间距和工作制度以后，应检验其组合后的喷洒强度，看看是否在灌区允许喷灌强度的范围之内。

在喷头的性能表中给出单喷头全圆喷洒的喷灌强度值，用ρ_s表示。在特定的喷灌系统中，由于采用的喷洒方式与喷头组合形式不同，单喷头实际控制面积往往不是以射程为半径的圆面积，因此需计算组合喷灌强度，计算公式如下：

$$\rho = C_\rho K_w \rho_s \tag{4.26}$$

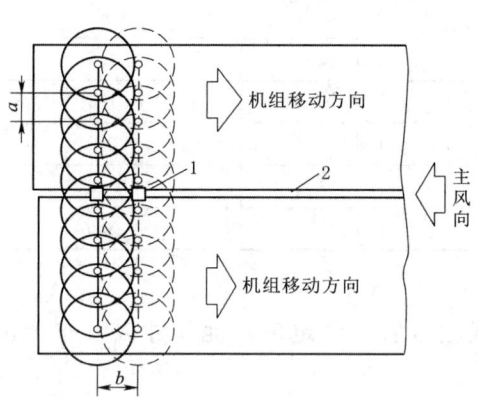 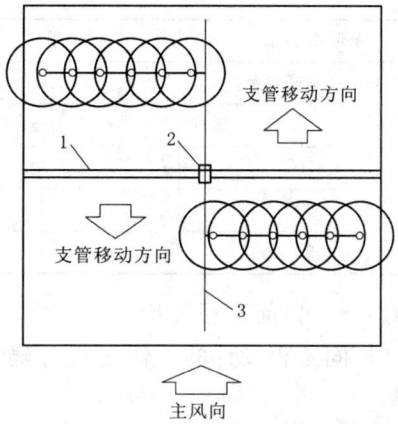

图 4.16 管引式多喷头机组田间布置形式（一）　图 4.17 管引式多喷头机组田间布置形式（二）
1—机组；2—工作渠　　　　　　　　　　　　1—工作渠；2—机组；3—干管

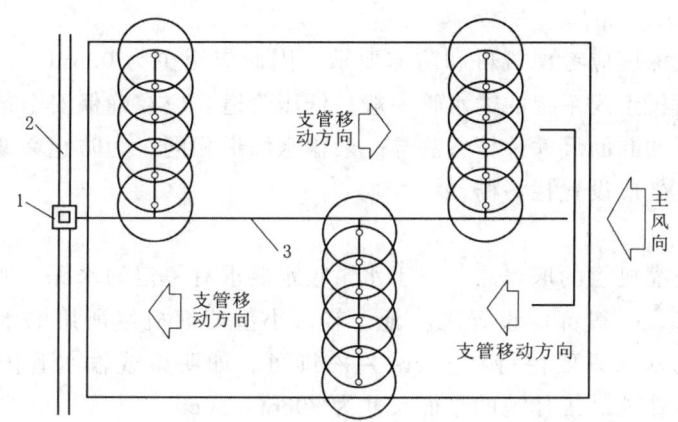

图 4.18 管引式多喷头机组田间布置形式（三）
1—机组；2—工作渠；3—干管

由于轻小型机组喷灌系统多采用扇形喷洒，喷灌强度会增大，增大系数为 K_s，为了简化设计，将 K_s 与风系数 K_w 合并成一个系数 K，称为换算系数，$K=K_s K_w$。按二级风 3m/s 考虑，取 K_w 为 1.5。在表 4.7 中给出了单喷头喷洒的 K 值。

于是喷灌强度的计算演变为下式：

$$\rho = C_\rho K \rho_s \tag{4.27}$$

2. 喷灌时间

喷灌机在一个位置上的喷灌时间可按下式计算：

$$t = \frac{mS}{1000Q_p} \tag{4.28}$$

式中：t 为喷灌时间，h；m 为设计灌水定额，mm；S 为喷头有效控制面积，m²。

表 4.7　　　　　　　　　　　　单喷头喷洒时的 K 值

扇形中心角 α	K_s	K_w	K
360°（全圆喷洒）	1.0	1.5	1.5
300°	1.2	1.5	1.8
270°	1.34	1.5	2.0
240°	1.5	1.5	2.25
180°	2.0	1.5	3.0

4.4.1.5　田间工程设计

田间工程设计的工作是设计输水明渠或输水管，确定工作池尺寸以及布置机行道等。

1. 明渠

输水明渠的设计流量应根据自其中取水的喷灌机的喷水量而定，并考虑输水损失确定，如果渠道还兼作田间排水用，则还应考虑排水流量的要求。

2. 输水管

输水管埋设深度应考虑机耕和防冻要求，因此应至少为 0.6m，并埋设于冻土层深度以下。定喷机组式系统的输水管一般是低压管道，应在确保安全运行的前提下降低造价，输水管的断面尺寸计算方法与一般输水灌道相同。为防止堵塞，输水管从明渠引水时，进口处应设置拦污栅。

3. 工作池

工作池是喷灌机组的取水点。由于水泵吸水要求有一定的水深，所以机组从明渠或输水管吸水时，一般都应设置工作池。轻、小型喷灌机组所用的水泵流量都不太大，工作池中的水深只要保持在 50cm 左右即可。如明渠或输水管内的水深超过此值，亦可不设工作池。工作池的平面尺寸为 80cm×80cm。

输水管上的工作池常因地形关系而使池顶部高出地面，此时最好适当调整纵坡，使池顶高程降低，以免妨碍作业。输水管上的工作池最好能加盖。

4. 机行道

沿着农渠或输水管一侧应设机行道，如果为直联式单喷头机组，还应沿着工作渠或取水管布置机行道。

4.4.2　绞盘式喷灌机组系统设计

1. 机组选型

机组选型应综合分析下列因素：

（1）设计灌溉面积大小、地形、田块形状。

（2）作物种类及需水量。

（3）土壤性质及其持水能力。

（4）水源来水情况和供水管网提供的压力。

（5）风速风向。

4.4 机组式喷灌系统设计

2. 估算系统总流量 Q

系统总流量可用下式表示：

$$Q = \frac{0.667 ET_a A}{t\eta} \quad (4.29)$$

式中：Q 为系统总流量，m^3/h；A 为系统控制的总灌溉面积，亩；ET_a 为灌水临界期日需水量，mm/d；t 为机组一日内净工作小时数，h；η 为喷洒水利用系数。

3. 喷灌机选型及台数确定

（1）一个喷头的流量大于等于系统总流量时只需一台机组，否则就需要多台机组。

（2）校核喷灌强度，扇形喷洒时，应注意绞盘式喷灌机扇形喷洒喷灌强度会增大，其喷洒扇形角一般为270°。

绞盘式喷灌机在运行过程中，喷头车一方面在自走动力驱动下匀速向后移动，另一方面喷头以 240°~300° 的扇形角向前边喷洒边旋转，这样，喷头喷洒的湿润外周的轨迹就是两种运动合成所形成的有缺口圆螺旋形的重叠区域，如图 4.19 所示。

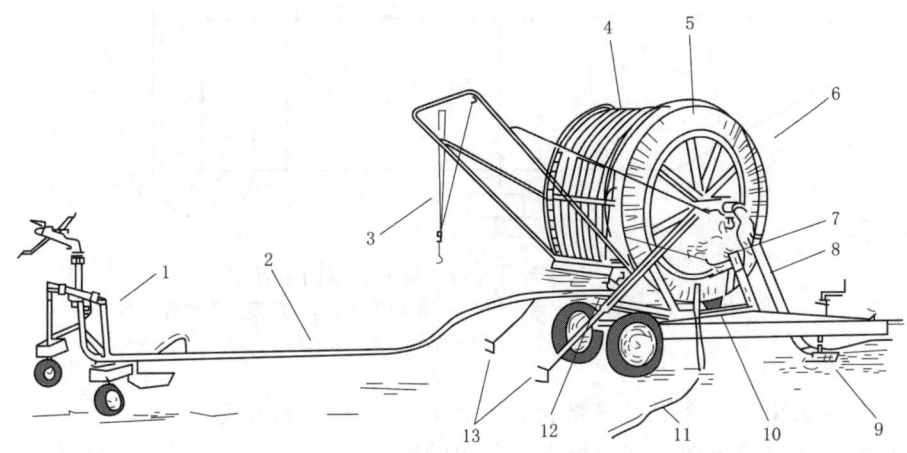

图 4.19 软管卷盘式自动喷灌机

1—喷头车；2—软管；3—喷头车手取吊架；4—PE软管；5—卷盘；6—卷盘车；
7—收缩支囊式水动力机；8—进水管；9—可调支腿；10—旋转底盘；
11—泄水孔管；12—自动排管器；13—支腿

绞盘式喷灌机的平均喷灌强度可由下式计算：

$$\rho'_p = \frac{1000q}{\pi R^2} \frac{360}{\beta} \quad (4.30)$$

$$\rho_p = K\rho'_p$$

式中：ρ'_p 为喷灌机静止时的平均喷灌强度，mm/d；ρ_p 为喷灌机运动时的平均喷灌强度，mm/d；q 为喷头喷水量，m^3/h；R 为喷头射程，m；β 为扇形喷洒角，240°~300°；K 为折减系数，$K=0.67$~0.91，按运行速度的快慢选取。

（3）风速较大时，应选用低仰角喷头。

（4）对于高压喷头，还应选择喷嘴的形式——环形或锥形，前者雾化好，喷头近处水量分布好，后者射程远，对有风条件下的喷洒有利。

4. 田间布置

喷灌机的牵引方式有钢索牵引和软管牵引式两种。钢索牵引绞盘式喷灌机系统的田间布置如下：

（1）将田块分成长条形地块，其最大长度为喷灌机软管管长 L 的 2 倍，给水栓布置在中央，或布置在距地块另一端管长 L 处，对于不规则的地块，亦可分成不等的条田来灌溉（图 4.20）。

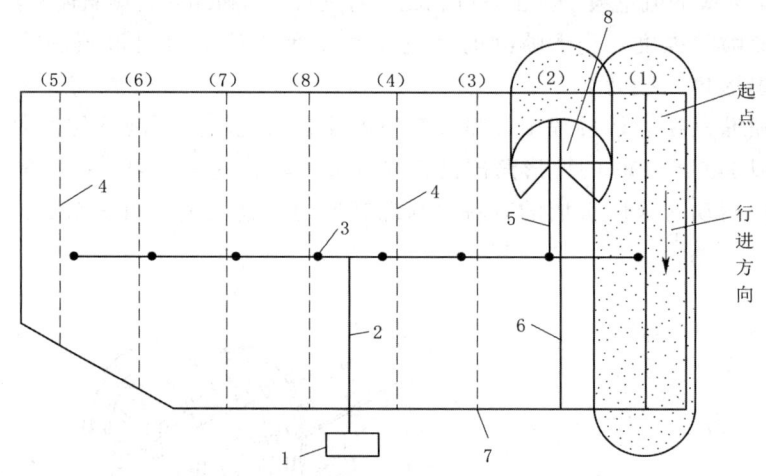

图 4.20 钢索牵引绞盘式喷灌机田间布置图
1—水源；2—干管；3—给水栓；4—田块边界；5—软管工作位置；
6—钢索；7—软管最远端；8—喷灌机

（2）在喷头小车及软管拖移路线上留 2.4～3.6m 宽的通道。

（3）要综合考虑风向和地面坡度，条田的轴线最好垂直于主风向，并尽量避免在拖移路线上有明显的坡度。

（4）为了灌水均匀，条田间的湿润范围要搭接一部分，一次喷洒控制的条田轴线之间的距离与喷头的射程和风速有关，可用下式计算：

$$B = K_w R \tag{4.31}$$

式中：B 为条田轴线之间的距离；K_w 为风系数（取值见表 4.8）；R 为半径。

表 4.8 风 系 数

风速/(m/s)	>4.5	2～4.5	<2	无风
风系数	0.5～0.55	0.6～0.65	0.7～0.75	0.8

软管牵引卷盘式喷灌机系统的田间布置与钢索牵引绞盘式喷灌机略有不同，即条田长度等于管长。卷盘车在给水栓附近，喷头车拉至田块另一端，然后开始工作，如图 4.21 所示。由于喷头车轮距可调节，故对于矮秆物可不必预留通道，就能使轮子在垄沟内进行。

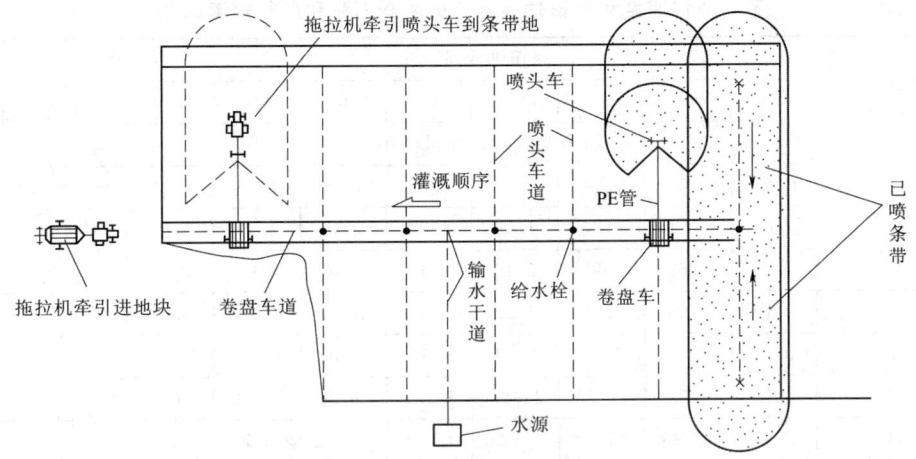

图 4.21 软管牵引卷盘式喷灌机田间布置图

5. 轮灌设计

(1) 确定机组牵引速度。机组牵引速度表达式为

$$v = \frac{1000q}{Bm} \tag{4.32}$$

式中：v 为机组牵引速度，m/h；q 为喷头喷水量，m³/h；B 为一次喷洒控制的宽度（即条田轴线间距），m；m 为灌水定额，mm。

(2) 单块条田所需的灌水时间。单块条田所需的灌水时间公式为

$$t_1 = \frac{L}{v} \tag{4.33}$$

式中：t_1 为单块条田所需灌水时间，h；L 为条田长度，m。

(3) 轮灌周期。轮灌周期公式为

$$T = \frac{m}{ET_a}\eta \tag{4.34}$$

式中：T 为轮灌周期，d。

(4) 单台机组所担负的条田数目。一台机组所担负的条田数目公式为

$$n = \frac{tT}{t_1} \tag{4.35}$$

求出单台机组所担负的条田数 n 后，即可算出其担负的灌溉面积。

不同拖移速度、不同条田轴线间距的灌溉面积和所需喷灌时间见表 4.9，不同喷头流量、不同条田轴线间距和牵引速度时的灌水量见表 4.9。

(5) 所需机组台数。设计灌溉面积需要机组的台数，要以系统规划布置划分条田总数 N 除以单台机组担负的条田数 n 而得出，如条田长度不一时，则在轮灌排序后确定所需机组台数。

表 4.9　　不同拖移速度和条田轴线间距的灌溉面积和所需喷灌时间

拖移速度 /(m/h)	条田轴线间距/m								条田长 402m 需要灌溉时间/h
	50	60	70	80	90	100	110	120	
	单位时间灌溉面积/(亩/h)								
7	0.53	0.63	0.74	0.84	0.95	1.05	1.16	1.26	57.43
9	0.68	0.81	0.95	1.08	1.22	1.35	1.49	1.62	44.67
18	1.35	1.62	1.89	2.16	2.43	2.70	2.97	3.24	22.33
36	2.70	3.24	3.78	4.32	4.86	5.40	5.94	6.48	—
72	5.40	6.48	7.56	8.64	9.72	10.80	11.88	12.96	5.58
108	8.10	9.72	11.34	12.96	14.58	16.20	17.82	19.44	3.72
144	10.80	12.96	15.12	17.28	19.44	21.60	23.76	25.92	2.79
180	13.50	16.20	18.90	21.60	24.30	27.00	29.70	32.40	2.23
条田长 402m 时的灌溉面积	30.15	36.18	42.21	48.24	54.27	60.30	66.33	72.36	

4.4.3　中心支轴式喷灌机组

4.4.3.1　田间工程布置

中心支轴式喷灌机田间工程的特点是供水集中，就是在中心支轴出供 400~1000 亩的喷灌用水，供水的方式一般有以下三种。

1. 直接抽取地下水

在中心支轴附近打井，每台喷灌机自备水泵机组，抽取地下水喷灌。要求在灌区内有丰富的浅层地下水资源和较大的单井出水量，每台中心支轴是喷灌机要求供水量为 $100 \sim 200 \text{m}^3/\text{h}$。

2. 高压管网供水

在田间布置地下高压管网将有压水送到喷灌机的中心支轴处，不再需要自备加压的水泵机组，供水点压力应达到 0.45~0.60MPa。

3. 低压管网供水

将水通过管网输送到喷灌机的中心支轴处，再由喷灌机自备的水泵机组加压。这种方式对管网的抗压强度要求较低，但增加了喷灌机上的水泵机组。

中心支轴式喷灌机在田间工程的布置方式如图 4.22 和图 4.23 所示，即两台喷灌机湿润圆不能重叠。多台中心支轴式喷灌机布置配置方式有方形和三角形两种。方形布置时灌不到的面积占 21.46%，三角布置时灌不到的面积占 9.33%。如果要利用这一部分面积，则要另外安装移动式或固定式喷灌系统来灌溉，当然也可以考虑采用带有角臂的中心支轴式喷灌机来覆盖这一部分地角的面积。

4.4.3.2　有关参数的确定

（1）湿润圆半径 R(m) 和面积 A(亩)。根据地块作湿润圆的图，确定不同大小的湿润圆半径，然后按生产厂家提供的机组不同跨度长和末端悬臂长度确定总桁架长和桁架数。我国生产的机组桁架跨度一般为 40m。

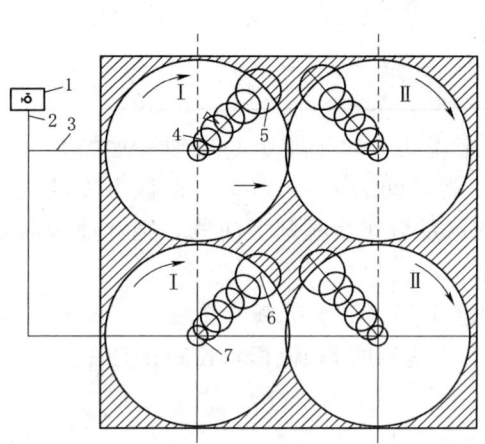

图 4.22 中心支轴式喷灌机方形配置时的田间工程布置
1—泵站；2—干管；3—分干管；4—中射程喷头；
5—末端远射程喷头；6—自走塔架；7—中心支轴

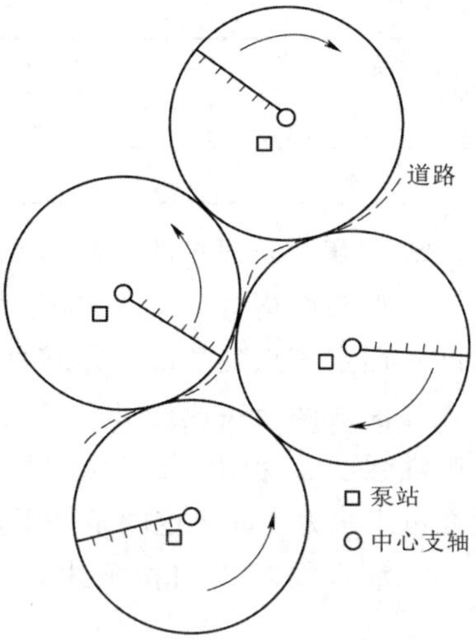

图 4.23 中心支轴式喷灌机
三角形配置时的田间工程布置

(2) 灌水临界期作物需水量 ET_a(mm/d)、喷洒水利用系数 η 和灌水周期 T(d)。

(3) 总流量 Q_0(m³/h)：

$$Q_0 = \frac{0.0278 ET_a A}{\eta} \tag{4.36}$$

式 (4.33) 是按 24h 连续工作时计算的流量。

(4) 运行一周的时间 t：

$$t = \frac{2\pi R_L}{60 v} \tag{4.37}$$

式中：R_L 为末端塔架之中心支轴的距离，m；v 为末端塔架前进速度。

按 $v_{\max}$ 转一圈的最小净灌水深 h_j 为

$$h_j = \frac{ET_a t}{24} \quad (\text{mm}) \tag{4.38}$$

此时百分率时间继电器的读数是 100%，当其读数为 0~100% 之间的任一数 x 时，相应地末端塔架前进速度 v_x 为

$$v_x = v_{\max} x \quad (\text{m/min}) \tag{4.39}$$

(5) 喷灌强度的限制。这种机型的特点是离中心支轴愈远的喷头所负担的灌溉面积、要求出流量以及喷灌强度愈大。为了充分发挥机组效率，亦希望喷灌强度大些，旋转快些。因此，在设计中常以离中心支轴最远的末端喷头的喷灌强度为控制数值，允许土壤表面局部积水成洼，但以不产生径流为限。土壤表面允许积水深 β_a 值可参见表 4.10。

表 4.10　　　　　　　　　　土壤表面允许积水深 β_a 值

地面坡度/%	β_a/mm	地面坡度/%	β_a/mm
0～1	12	3～5	5
1～3	8		

形成土壤表面积水的过程可由图 4.23 来说明。对于距中心支轴最远的某一点来说，该点喷头射程为 r_1，喷灌机通过该点所需时间为 $t=r_1/v$，v 是该点喷灌机的行进速度。假定该点处喷灌机轨迹的切线方向水量分布为椭圆形曲线，则此曲线与该点土壤入渗曲线间所夹阴影部分即为地面积水。

喷灌强度 ρ_L 愈大，t 愈大，则转一圈的灌水量（灌水定额）亦愈大，积水亦愈多，因此在机组水力性能已定的条件下，必定有一个适当的 t，使积水控制在允许值内。

(6) 灌水周期 T 可按下式计算：

$$T=\frac{m_j}{ET_a} \tag{4.40}$$

式中：m_j 为灌水定额，mm；ET_a 为灌水临界期作物需水量，mm/d。

4.4.3.3 系统的水力计算

从系统设计的角度看，必须求出中心支轴出的压力和流量，以便选泵和动力，另外还必须合理布置喷头和分布流量。

1. 支管流量分布

中心支轴式喷灌机支管出流和管道式系统及平移式喷灌机支管出流是不同的，后者沿支管方向单位管长的出流量是均匀的，而中心支轴式沿支管方向单位管长是线性递增出流。支管上的流量分布见图 4.25。据此可推出下式：

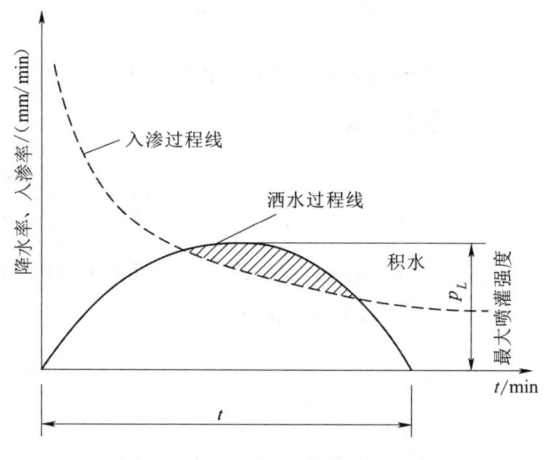

图 4.24　土壤表面积水过程线

$$Q=Q_0\left(1-\frac{r^2}{R^2}\right) \tag{4.41}$$

式中：r 为支管上某一点离中心支轴的距离，m；R 为湿润圆半径，m；Q_0 为进入支管的总流量，m^3/h；Q 为 r 点处的流量，m^3/h。

2. 中心支轴处需要的压力水头 h_0(m)

压力水头 h_0 可按下式计算：

$$h_0=h_R+Fh_f=0.9h_p+Fh_f \tag{4.42}$$

式中：h_R 为支管末端需要的压力水头，m；h_f 为支管上无喷头出流，通过全部流量是的水头损失值，m；F 为递增出流的多口系数，支管多采用钢管，其上喷头数较多，可取 $F=0.538$ 近似计算。

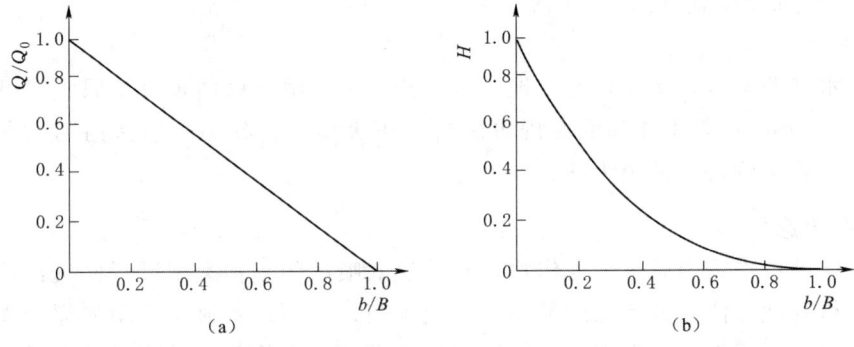

图 4.25 平移喷灌机支管上流量和压力分布图

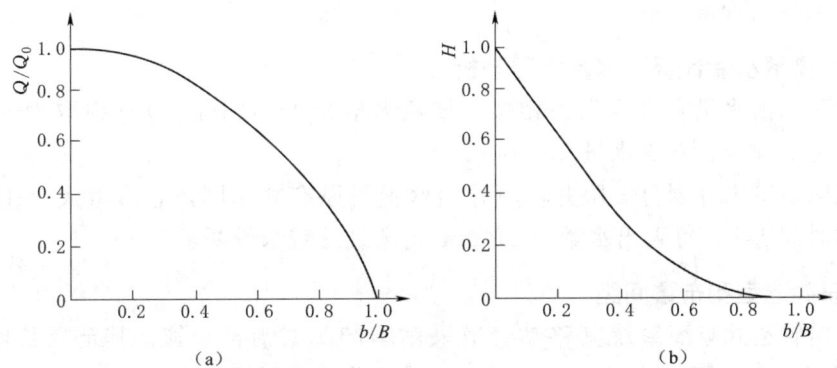

图 4.26 中心支轴式喷灌机支管上流量和压力分布图

4.5 工程设计示例

4.5.1 基本资料

1. 地理位置和地形

东杜尔镇位于内蒙古自治区东部兴安盟突泉县东经123°、北纬45°。喷灌工程位于东杜尔镇五四村，总面积为630亩，区域形状大致呈梯形。东北西三面临路，南侧为蛟流河防洪堤。喷灌范围属蛟流河冲积平原区，有1/2000地图。

2. 土壤

土壤是壤土，土质肥沃，土层厚度在3m以上，保水性良好。

3. 气候

温带大陆性气候，四季温差较大，全年日照2880h，年平均气温13℃，最大冻土层深度1.3m，无霜期135天，多年平均降雨量400mm，多集中于6—8月，4—6月常出现连旱，灌溉季节多风，风力平均为2~3级，风向多为西北风。

4. 作物

全部种植新品种的角质玉米，每年一茬，生长期为4月下旬至10月上旬，160~

170天，全生长期共需灌水6～7次。

5. 水源

地下水资源丰富，水质较好。地下水补给充分，喷灌区内现有7眼大口井，单井出水量50～70m³/h，拟在喷灌区内重新打三眼大口井，作为喷灌区内的水源，井位的选择以布置干管长度最短为准。

4.5.2 系统选型

该地区种植作物为大田粮食作物，对管道式喷灌的三种类型进行比选：固定管道式喷灌运行管理方便，劳务强度最轻，但成本高；半固定式喷灌劳动强度稍大于固定管道式，设备利用率大大提高，运行管理也较方便；全移动管道亩投资最低，但运行管理不便。根据分析，确定采用半固定管道式喷灌系统，即干管为地埋式固定管道，喷洒支管为移动管道。

4.5.3 作物蓄水量计算和水源水量分析

角质玉米需水量和常规品种相似，日耗水量为4～6mm，设计中取为5mm。全区总面积为630亩，日需水量为2100m³。

喷灌区范围内计划打3眼井，单井出水量与原有井相同，总流量大于150m³/h，按日工作时间14h，每天出水量为2100m³，满足总需水量要求。

4.5.4 喷头选型和布置间距

半固定管道式喷灌系统其移动管道采用国产薄壁铝合金管，其定尺长度一般为6mm，考虑与此相适应选用ZY-2喷头，其工作参数见表4.11。

表4.11　　　　　　　ZY-2喷头性能参数表

喷头型号	喷灌直径 d /mm	工作压力 H_p /kPa	射程 R /mm	流量 q_p /(m³/h)
ZY-2	6.5×3.1	250	17.8	3.1
	6.5×3.1	20	18.1	3.5

1. 雾化指标

根据计算可得

$$W_p = H_p/d = 250 \times 100/7 = 3571 > 3000$$

满足《喷灌工程技术规范》(GB/T 50085)要求。

2. 喷灌强度

壤土允许喷灌强度为 $\rho_允 = 12$mm/h。实际喷灌强度按单行多喷头同时工作计算，风系数按二级风取 $K_w = 1.5$，则

$$\rho = 1.5 q_p/A = 8.4 \quad (\text{mm/h})$$

$\rho < \rho_允$，满足要求。

3. 均匀度

按设计风速，根据GB/T 50085的规定选取布置间距，其组合的均匀度 $C_u > 0.75$，满足规范要求。

4.5.5 系统布置与管道选型

系统分三个分区,东侧为Ⅰ区、Ⅱ区,西侧为Ⅲ区,Ⅰ区控制面积为255亩,Ⅱ区为200亩,Ⅲ区为205亩,各区相对位置见系统平面布置图4.27。

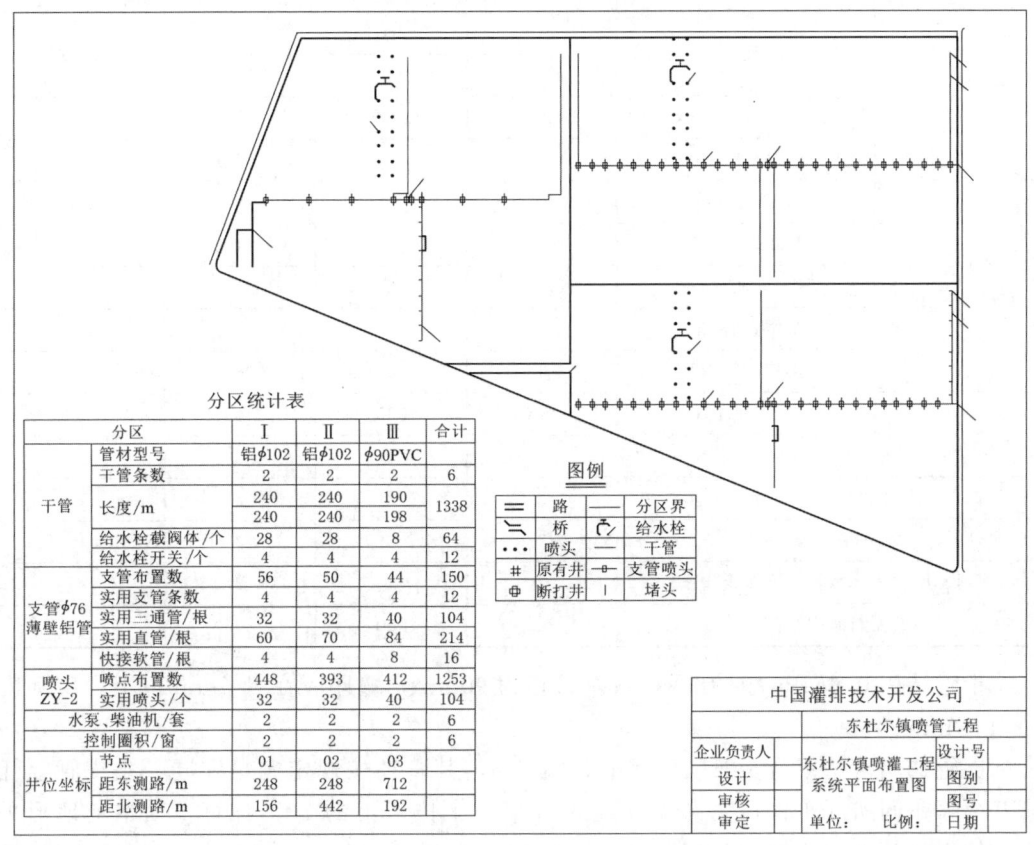

图4.27 东杜尔镇喷灌工程平面布置图

作物种植方向为南北向,支管顺垄沟布置,间距18m,干管为东西向,井位选取在各区中间位置,布置在图上为01、02、03三个节点。

每个井各布置1台离心泵,干管为PVC塑料管,由于干管布置在田间,为避免耕作等受影响,宜尽量减少给水栓的数量,设计中采用给水栓间距为54m,一个给水栓控制双侧6条支管位置,Ⅰ区和Ⅱ区设给水栓10个,Ⅲ区设给水栓8个,详见平面布置图4.27。

给水栓与支管可以直接连接,也可以通过两根3m连接软管加三根铅直管连接。每条支管上所带喷头数Ⅰ区、Ⅱ区一般为8个,Ⅲ区一般为10个,因地块非标准矩形,西侧和南侧边界为斜线,有少量支管所带喷头数稍有变化,而且有极少数支管运行时垂直于垄沟放置。

全系统总共布置喷点数1253个,支管150条,干管6条,给水栓28个人,各分区详细统计数及管道长度见表4.12。

表 4.12　　　　　　　　　　　　　　分 区 统 计 表

分　区		I	II	III	合计
干管	干管管材及条数	铝 φ102 2	铝 φ102 2	φ90 PVC 2	6
	长度/m	240 240	240 240	190 198	1338
	给水栓法兰截阀体/个	28	28	8	64
	给水栓开关/个	4	4	4	12
支管 φ76 薄壁铝管	支管布置数	56	50	44	150
	实用支管条数	4	4	4	12
	实用三通管/根	32	32	40	104
	实用直管/根	60	70	88	218
	连接软管/根	4	4	8	16
喷头 ZY-2	喷点布置数	448	393	412	1253
	实际喷头/个	32	32	40	104
水泵 65BPZ-55/台		2	2	2	6
柴油机 S195/台		2	2	2	6
闸阀、压力表、水表、连接钢管/套		2	2	2	6
控制面积/亩		225	200	205	630

干管选用 0.6MPa 级的 PVC 管，管径为 90mm，壁厚应在 3.0mm 以上，实际内径为 84mm。

支管选用薄壁铝合金管，定尺长度为 6m，其管径按规定满足在同一条支管上任意两个喷头间实际工作压力差不小于设计喷头工作压力的 20% 计算。因本地地形平坦，故以计算的水头损失为实际损失。

I 区、II 区按 8 个喷头计，总流量 28m³/h，选用 76mm 铝管。首末端压力差为 2.4mm，III 区按 10 个喷头计，总流量 30m³/h，选用 76mm 铝管，首末端压力差为 3.4mm，均可满足要求。

4.5.6　轮灌编组和工作制度

1. I 区、II 区

以 I 区为准，共 56 条支管位置，取轮灌周期为 7 天，每天工作 8 条支管位置。

(1) 灌水定额。日耗水 5mm，喷洒水利用系数 η 取 0.9，灌水定额为
$$m=(5\times 7)/0.9=39(\text{mm})\quad (m_0=26\text{m}^3/\text{h})$$

(2) 喷头在 1 个位置的工作时间为
$$t=(39\times 18^2)/(3.5\times 1000)=3.6(\text{h})$$

即 1 条支管在 1 个位置喷洒 3.5h。

(3) 日工作时间和每天移动的次数。每天移动 4 次，日工作时间为
$$T_日=3.5\times 4=14(\text{h})$$

(4) 同时工作支管数为 2 条，喷头数为 16 个。

2. Ⅲ区

共 44 条支管位置，取轮灌周期 7 天，平均每天工作 6 条支管位置。

(1) 灌水定额：
$$m = 39\text{mm} \quad (m_0 = 26\text{m}^3/\text{h})$$

(2) 喷头在一个位置工作的时间，由于喷嘴减小，工作时间将延长，于是有
$$t = (39 \times 18^2)/(3.1 \times 1000) = 4(\text{h})$$

(3) 日工作时间为 12h，每天移动 3 次。

(4) 同时工作支管数为 2 条，喷头数为 20 个。

3. 实际运行编组的原则

(1) 流量分散原则，即同时工作的喷头数和支管不要集中于一处，以免造成管道中流量过大。因本系统 1 台水泵 1 条干管同时工作支管 1 条，故不会出现流量集中。

(2) 流量均衡原则，即各次工作的喷头数大致相同，允许出现一两个变化，但不宜变化过大，以免出现由于喷头数过多使压力过低或喷头数过少而导致压力过高的现象。

(3) 便于运行管理的原则和不漏空原则，包括移动管道时总距离最短，不能移动到刚喷过水的位置等。

根据以上原则，可以自行编排轮灌编组，同时应注意满足前面计算的灌水时间、灌水定额等。

4.5.7 水利计算和水泵选型

支管因已校核，故不必再算。喷头设计工作压力 250kPa，即 25m。支管水头损失Ⅰ区、Ⅱ区 2.4m，Ⅲ区 3.4m，Ⅰ区、Ⅱ区处进口水头取 27m，Ⅲ区取 28m。

1. 干管水头损失

(1) Ⅰ区、Ⅱ区，以 B_1 点计算 O_1B_1 段：

$L = 243\text{m}$，$Q = 3.5 \times 8 = 28(\text{m}^3/\text{h})$，管径 $D = 84\text{mm}$，$H_f = 5.6\text{m}$，$h_w = 1.1H_f = 6.1\text{m}$

(2) Ⅲ区：

O_3A_3 段

$L = 135\text{mm}$，$Q = 3.1 \times 10 = 31(\text{m}^3/\text{h})$，管径 $D = 84\text{mm}$，$H_f = 3.7\text{m}$，$h_w = 4.1\text{m}$

O_3B_3 段

$L = 243\text{mm}$，$Q = 3.1 \times 8 = 31(\text{m}^3/\text{h})$，管径 $D = 84\text{mm}$，$H_f = 4.5\text{m}$，$h_w = 4.9\text{m}$

2. 水泵的扬程

施肥灌水水头损失 3m，动水面离喷头地面高差 5m，竖管高 1.5m，水泵底阀等水头损失 2m，则总设计扬程分别如下。

(1) Ⅰ区、Ⅱ区：
$$H = 27 + 6.1 + 3 + 5 + 1.5 + 2 = 44.6(\text{m})$$

(2) Ⅲ区：

$$H=28+4.9+3+5+1.5+2=44.4(\text{m})$$

3. 水泵设计流量

(1) Ⅰ区、Ⅱ区：
$$Q=3.5\times8=28(\text{m}^3/\text{h})$$

(2) Ⅲ区：
$$Q=3.5\times10=35(\text{m}^3/\text{h})$$

4. 水泵选型

根据以上计算，选择65BPZ-55水泵，每区2台，各供1条干管，水泵性能参数见表4.13。

表4.13　水泵性能参数

水泵型号	流量Q /(m³/h)	扬程H /m	转速 /(r/min)	自吸能力 /(s/5m)	允许吸上真空高度/m	配套功率 /kW	配套柴油机型号
65BPZ-55	30	55	2900	120	6	8.23	S195

第 5 章 微灌工程技术

5.1 概　述

微灌是当今世界上农业节水灌溉中最有效的措施之一，它是利用一套专门设备，将经过滤的灌溉水加低压或利用地形落差自压，通过管道系统输送至末级管道上的灌水器，使水和溶于水中的肥料以较小的流量均匀、缓慢地湿润作物根系区附近的表面土壤或地表下土壤的一种灌水技术。微灌主要借毛细管作用，也有部分重力作用湿润根系区附近局部范围的土体，所以又称局部灌溉。根据灌水器水出流的方式不同，微灌可分为滴灌、微喷灌、小管出流等类型。

微灌虽然以低压小流量出流为主要特征，但对单个灌水器（滴头、微喷头）的流量并无统一标准。国际上，滴头的流量一般不超过 8L/h，但国内曾研制过超过 20L/h 的滴头。微喷头的流量比较常见的在 150L/h 以下，但有的产品也可达到 240L/h，甚至更多。从实用的角度看，上述范围足以充分反映出两种技术的各自特点，可以作为参考的划分标准。

5.1 微灌概述

5.1.1 微灌系统的组成

微灌系统通常由水源、首部枢纽、输配水管网和灌水器 4 部分组成，如图 5.1 所示。

5.2 微灌分类、特点及组成

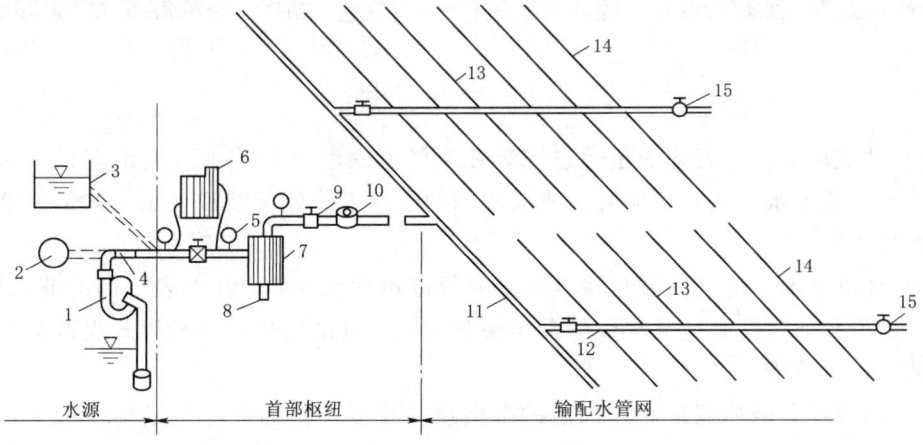

图 5.1　微灌系统示意图

1—水泵；2—供水管；3—蓄水池；4—逆止阀；5—压力表；6—施肥罐；7—过滤器；8—排污管；
9—阀门；10—水表；11—干管；12—支管；13—毛管；14—灌水器；15—冲洗阀门

(1) 水源。微灌水源通常包括灌溉水源和水源工程两部分：灌溉水源指可用于灌溉的河、湖、渠、塘、井等，水源工程是为了充分利用各种水源进行灌溉，所修建的引水、蓄水和提水工程，以及相应的输配电工程。

(2) 首部枢纽。通常由水泵及动力机、控制阀门、过滤器、施肥装置、测量和保护设备等组成，是全系统的控制调度中心。

(3) 输配水管网。输配水管网沿水流方向依次为干管、支管、毛管及所需的连接管件和控制、调节设备。干管是首部枢纽与各支管连接起来的管道，起输水作用。支管是向毛管供水的管道，毛管是微灌系统中最末一级管道，直接为灌水器提供水量。

(4) 灌水器。有滴头、微喷头、稳流器和滴灌带等多种形式，可置于地表也可埋入地下。其相应的灌水方法称滴灌法、微喷灌法和涌泉灌法。灌水器可直接安装在毛管上或通过细小直径的微管与毛管相连接。灌溉水流则经灌水器进入土壤湿润作物。

5.1.2 微灌的类型

(1) 微灌按灌水器的出流方式不同可划分为以下5种类型（图5.2）。

(a) 地表滴灌　　(b) 地下滴灌　　(c) 微喷灌　　(d) 微喷带

(e) 膜下滴灌　　(f) 涌泉灌溉　　(g) 涌泉灌

图 5.2　微灌类型图

1) 地表滴灌。地表滴灌是通过安装在毛管上的灌水器使水流成水滴状滴入作物根区土壤内的灌水形式。滴灌时，滴头周围的土壤水分处于饱和状态，并借毛细管作用向四周扩散。

2) 地下滴灌。地下滴灌是将全部滴灌管道和灌水器都埋在地表下面的灌水形式。与地下渗灌和通过控制地下水位的浸润灌溉相比，其区别是以水滴形式仅湿润部分土体，故称地下滴灌。

3) 微喷灌。微喷灌是灌溉水通过微型喷头喷洒在植物枝叶上或植株冠下地面上的灌水形式，简称微喷灌。它与喷灌的主要区别在于微喷头的工作压力低、流量小，灌溉时仅湿润部分土壤，故将其划分在微灌范围内。

4) 涌泉灌溉。涌泉灌溉也叫小管出流，是通过安装在毛管上的涌水器而形成的小股水流，以涌流方式进入土壤的灌水形式。它的流量比滴灌和微喷灌大，一般都超过土壤入渗速度。为防止产生地面径流，需在涌水器附近挖掘小的灌水坑以暂时储水。

5）膜下滴灌。膜下滴灌是把滴灌和覆膜栽培两项技术集成的一项新的农业节水新技术，是把滴灌带（毛管）铺于地膜之下，同时结合管道输水技术及其他有关技术，构成的一种新型节水灌溉技术。

(2) 微灌依毛管在田间的布置方式、各组成部分的移动与否，微灌系统可划分为以下三类：

1）地面固定式微灌系统。毛管布置在地面，在灌水期间毛管和灌水器均不移动的微灌系统。适用于条播植物和果园。一般使用流量为 4~8L/h 的单出水口滴头或流量为 2~4L/h 的多出水口滴头，也可采用微喷头。该系统装卸、清洗、检查均较方便，但易损坏、老化和影响农事操作。

2）地下固定式微灌系统。地下固定式微灌系统是将毛管和灌水器（主要为滴头）全部埋入地下的微灌系统。其优点是不影响农事操作，不需要反复装卸，从而延长了使用寿命；但缺点是不能检查土壤湿润和灌水器堵塞的状况。

3）移动式微灌系统。移动式微灌系统是在灌水期间，首部或支管可由一个位置灌完后移向另一个位置的微灌系统。按移动毛管的方式又可分为人工移动和机械移动两种。与固定式相比，该系统的投资较低，但运行管理费用较高。

(3) 按照微灌系统获得压力的方式，微灌系统可划分为以下两类：

1）自压微灌系统。当水源位于高处时，水源的水头落差能够满足系统压力需求，完全利用天然地形高差供给系统压力的微灌系统称为自压微灌系统。具有运行费低、节约能源等特点。

2）加压微灌系统。是利用水泵等加压设备为灌溉系统提供压力的微灌系统。加压微灌系统不受地形限制，但系统运行费用较高。

5.1.3 微灌的优缺点

1. 微灌的优点

(1) 节水。由于微灌系统全部由管道输水，可以严格控制灌水量，灌水流量很小，而且仅湿润作物根区的部分土壤，所以能大量减少棵间土壤蒸发和杂草对土壤水分的消耗，完全避免深层渗漏，也不致产生地表流失和被风吹失。因此，具有显著的节水效益，一般比地面灌可省水 50% 以上；与喷灌相比，不受吹风影响，减少了漂移损失，可省水 15%~25%。尤其是膜下滴灌技术在滴灌的基础上进一步减小了棵间蒸发量，节水效果更加显著。

(2) 节能。微灌的灌水器均在低压下运行，一般工作压力仅 50~150kPa，比喷灌低得多；又比地面灌溉灌水量小，灌溉水的利用率高，故在井灌区和提水灌区可显著降低能耗。

(3) 节劳。微灌采用管道供水，操作方便，而且便于自动控制，因而可明显的节省劳力，同时微灌是局部灌溉，大部分地表保持干燥，减少杂草的生长，也减少用于除草的劳动力和除草剂的费用。

(4) 节肥。微灌系统的肥料通过施肥装置与灌溉水一起直接施到作物根系附近的土壤中，提高了施肥的效率和利用率。

（5）增产幅度大、品质好。微灌仅局部湿润部分土壤，不破坏土壤结构，不致使土壤表层板结，并可结合灌水施肥，使土壤内的水、肥、气、热状况得到有效地调节，为作物生长提供了良好的环境条件。因此，一般比其他灌水方法可增产30%左右。

（6）对土壤和地形的适应性强。微灌为压力管道输水，能适应各种复杂地形；可根据不同的土壤入渗速度来调整控制灌水流量的大小，所以能适应各种土质。

（7）可利用咸水灌溉。实践证明，在灌溉水含盐量为2~4g/L时，实施滴灌的作物仍能正常生长，而不受危害。但长期使用咸水，会使湿润带外围土壤积盐，需定期用淡水进行冲洗，不具备冲洗条件时不宜采用咸水微灌。

（8）容易实现自动化灌溉。实施微灌技术后，可进行集约化、规模化、社会化经营，易于开展自动化灌溉，同时也为农业智能化管理提供基础。

2. 微灌的缺点

（1）容易堵塞。由于灌水器孔径小，一般只有0.5~1.0mm，很容易被水中悬浮物（沙和淤泥）、溶解盐（主要是碳酸盐）等杂质堵塞。因此，对水质要求高，一般都必须经过过滤才能使用。

（2）盐分累积。在干旱地区由于降雨稀少，蒸发强烈，采用微灌技术后作物根区盐分趋于在湿润区域周边积累，这些盐分易于被淋洗到作物根系区域，当种子在高浓度盐分区域发芽时，会带来不良后果。

（3）影响作物生长。由于微灌只湿润部分土壤，而作物根系的生长又具有向水性，这样就会导致作物根系集中向湿润区生长，从而对根系发育有影响，使其生长受到限制，也不利于作物对天然降水的土壤中矿质元素的吸收利用。

（4）投资相对较高。由于微灌系统需要管道及灌水器较多，一次性投资较高。

（5）膜下滴灌易导致土壤的白色污染。在膜下滴灌技术的推广过程中，为了大幅降低投资成本，地膜厚度不断降低，导致地膜回收困难，地膜大量残留在农田，不能降解，造成"白色污染"，妨碍了作物根系的正常发育，影响作物对水肥的吸收。

（6）易导致农田防护林退化。在我国西北干旱区，滴灌工程实施后，由于没有了地表径流，同时田间的农渠往往不再流水，农田防护林不能及时得到灌溉，从而导致农田防护林的大面积退化。

5.1.4 微灌的适用条件

由于微灌技术的具体实施形式不同，不同微灌技术都有一定的适用条件。

1. 滴灌

滴灌在灌溉时，往往采用一体化的滴灌带或滴灌管将灌溉水通过灌水器均匀的输送至作物根系，易于与其他的农业栽培措施配套，实现播种、施肥、铺滴灌带、铺膜一次性机械化作业，所以适用于经济效益较高的行播作物，如棉花、加工番茄、制种玉米等。除此之外，滴灌技术也可以广泛应用于蔬菜、瓜果、花卉等设施农业栽培，北方干旱半干旱地区的果园也较多采用滴灌技术。地下滴灌由于灌水器埋设在地表以下，不利于种子发芽和苗期生长，此外，地表上的农业耕作容易对其造成影响，所以往往多应用于多年生的作物，如苜蓿、葡萄等，同时与免耕技术联合应用。

2. 微喷灌

微喷灌由于微喷头孔径较滴灌灌水器大，抗堵性能好，供水快，适合应用于果树、花卉、部分露地蔬菜，各种条件下都适用，在设施环境中灌溉花卉、育苗效果更好。同时能够适应各种地形条件，尤其适宜在山丘坡地进行自流灌溉的地方发展，兼有施肥、喷药等功能。与滴灌相比较还可以调节田间小气候，增加近地表的空气湿度。

3. 涌泉灌（小管出流）

涌泉灌与滴灌和微喷相比较，出水孔孔径更大，具有节能、堵塞问题小、水质净化处理简单、流量大等特点。由于出流量往往超过土壤的入渗能力，需要挖储水坑配合灌溉，机械化程度相对较低，因此所适用于株行距较大的果树灌溉，在其他作物上应用较少。

5.2 微灌设备

5.2.1 微灌灌水器

灌水器的作用是把末级管道中的压力水流均匀而又稳定地分配到田间，以满足作物对水分的要求，根据微灌的类型主要分为滴灌灌水器和微喷灌灌水器。

5.2.1.1 滴灌灌水器

在滴灌系统中，灌水器简称为滴头。滴头由塑料制成，其质量好坏直接影响到滴灌系统工作是否可靠及灌水质量的高低，因此，常把滴头称为滴灌的"心脏"。

滴灌灌水器的发展经历了一个从初级到高级、从落后到先进的发展过程。滴灌技术发展过程中出现的灌水器种类繁多，各有特点，适用条件也各有差异，相当一部分已逐渐被淘汰。滴灌灌水器总的发展趋势是：全紊流、大流道、低流量、补偿式、毛管和灌水器一体化。地下滴灌灌水器则在防止根系入侵、泥土进入和有效进行冲洗方面争取更大的突破。

1. 对滴头的基本要求

（1）出水量小。滴灌系统是一种局部灌溉方式，要求滴头出水量小。滴头出水量的大小取决于工作水头的高低、过水流道断面大小和出流受阻的情况。

（2）出水均匀、稳定。一般情况下滴头的出流量随工作水头大小而变化。因此，要求滴头结构能尽量减小流量对压力的敏感性，使得在水头变化时，引起的流量变化较小。

（3）抗堵塞性能好。灌溉水中总会有一定的污物和杂质，由于滴头的流道较小，在设计和制造滴头时要尽量采取措施提高它的抗堵塞能力。

（4）制造精度高。滴头的流量大小还受制造精度的影响。如果制造偏差过大，各个滴头过水断面大小差别就会很大，无论采取哪种补救措施，都很难提高滴头的出水均匀度。因此，为了保证滴灌的灌水质量，要求滴头的制造偏差系数 C_v 值一般应小于 0.07。

(5) 便于制造和安装。

(6) 价格低廉。滴头在整个系统中用量较大，滴头费用对系统投资有显著影响；通常其费用往往占整个系统总投资的10%～30%左右。

实际上绝大多数滴头不能同时满足上述所有要求，因此，在选用滴头时，应根据具体使用条件选择。例如，使用水质不好的地面水源时，要求滴头的抗堵塞性能较高，而在使用相对较干净的井水时，对灌头的抗堵塞性能要求就可降低一些。

2. 滴头类型

(1) 按滴头与毛管的连接方式分类。

1) 管上补偿式滴头。管上补偿式滴头是安装在毛管上的一种滴头形式。施工时在毛管上直接打孔，然后将滴头插在毛管上。如微管滴头、孔口滴头均属管上补偿式滴头，如图5.3(a)所示。

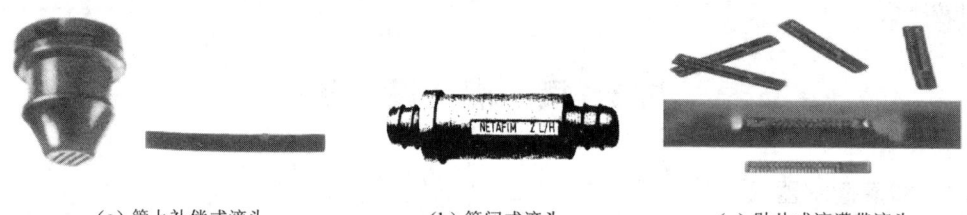

(a) 管上补偿式滴头　　(b) 管间式滴头　　(c) 贴片式滴灌带滴头

图5.3　各种形式的滴头

2) 管间式滴头。安装在两段毛管的中间，本身成为毛管一部分的滴头，例如，管式滴头，其接头分别插入两段毛管内，绝大部分水流通过滴头体腔流向下一段毛管，而很少一部分水流通过滴头体内的侧孔进入滴头流道流出。如图5.3(b)所示。

3) 贴片式滴灌带滴头。它是在制造过程中将滴头与毛管组装成一体的管状或带状灌水器，有滴灌带和滴灌管两种。其中管壁较薄（一般小于0.4mm），管内无专用滴头（只是在管壁打孔或直接在结合缝处热合成流道或成双壁管等），可压扁成带状的称为滴灌带。管壁较厚（一般不小于0.4mm），管内装有专用滴头的称滴灌管。贴片式滴灌带滴头如图5.3(c)所示。

(2) 按滴头流态分类。

1) 层流式滴头。层流式滴头流态指数$x=1$，其流量系数值随温度变化而变化。因此，层流滴头流量受温度影响，夏季昼夜温差较大的情况下，流量差可达20%以上。

2) 紊流式滴头。滴头内流态为紊流，流态指数$x=0.5$，同时k值不随温度的变化变化，如孔口滴头、迷宫式滴头等。各种滴头流态指数及流态见表5.1。滴头流量与压力关系为

$$q=kh^x \tag{5.1}$$

式中：q为滴头流量，L/h；h为工作水头，m；k为流量系数；x为流态指数，它反映了滴头的流量对压力变化的敏感程度。

目前国内外大多数滴灌产品制造商提供紊流式滴头，占总供应产品的90%以上。图5.4是国内某厂家生产的内镶式滴灌管紊流滴头压力-流量关系。

5.2 微灌设备

表 5.1 各种滴头流态指数及流态

滴头形式	流态指数	流 态
压力补偿式	0.0	紊流
	0.1	
	0.2	
	0.3	
涡流消能式	0.4	涡流
孔口式、迷宫式	0.5	紊流
长流道式	0.6	光滑紊流
螺旋流道式	0.7	
微孔管	0.8	层流
微管、渗水管	0.9～1.0	层流

(3) 按滴头消能方式分类。

1) 长流道滴头。靠流道壁的沿程阻力来消除能量，一般流道长度较大，如微管、内螺纹和管式滴头等。长流道滴头内流态为层流或光滑紊流。当为层流流态时，流量和压力呈线性关系。

2) 孔口式滴头。以孔口出流造成的局部水头损失来消能。孔口滴头包括很多滴头和在毛管上打的孔。流态为完全紊流，流量 q 由下式计算：

$$q = K_q \sqrt{2gh} \quad (5.2)$$

式中：K_q 为系数，取决于孔口面积和特性。

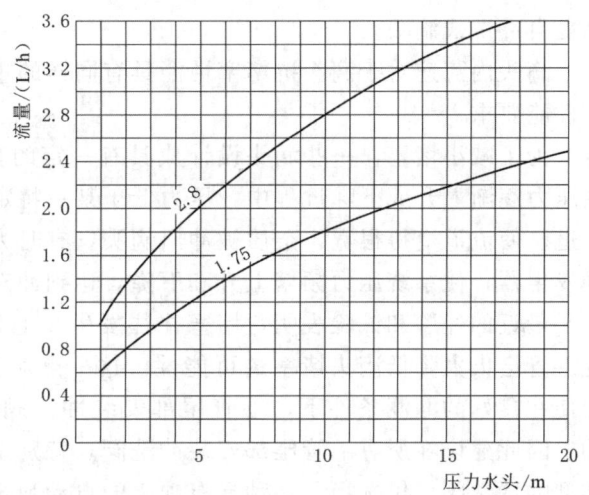

图 5.4 内镶式滴灌管紊流滴头压力-流量关系

3) 涡流消能式滴头。水流进入滴头的涡室内形成涡流。由于水流旋转产生的离心力，迫使水流趋向涡室的边缘，在涡流中心产生一低压区，使中心的出水口处压力较低，因而出水量较小。

4) 迷宫式滴头。迷宫流道具有扰动作用，一般较长。水头损失包括：边壁摩擦、尖端弯曲、收缩和放大。一些迷宫式滴头外观和长流道滴头相同，但其流道短，流道截面积在相同压力和流量下比长流道滴头大。

5) 压力补偿式滴头。压力补偿式滴头是借助水流压力使弹性部件或流道变形致使过水断面积变化，实现流量稳定。压力补偿式滴头的优点是能自动调节出水量和自清洗，出水均匀度高，但制造较复杂，投资高于其他形式的滴头。压力补偿式滴头能在一个很大的压力范围内保持滴头流量不变。稳定的流量（或称补偿性能）是在流道

5.3 压力补偿式滴头

内使用弹性材料而实现的，因此应使弹性材料的抗老化性能与滴头材料相当，以使整个滴头能长期稳定地工作。

6）自冲洗滴头。自冲洗滴头分为打开—关闭自冲洗滴头和持续自冲洗滴头。打开—关闭自冲洗滴头是在系统开始工作或最后关闭的很短时间内进行自冲洗。它们大部分是补偿式滴头。持续自冲洗滴头使用大口径弹性材料孔口来消除压力。当颗粒直径大于孔口直径时，孔口直径变大，从而可持续排除堵塞颗粒。

3. 滴头性能指标

(1) 抗堵塞性能。滴头流道尺寸一般在 0.25～2.5mm 之间。小流道滴头易堵塞，因而需要对灌溉水进行精细过滤。一般推荐的过滤器能滤除直径大于流道直径 1/10 的颗粒，但即使是这种过滤也不能彻底解决滴头的堵塞问题。这是因为细小颗粒在管网中可能发生絮凝和沉积。但对于一些具有自冲洗性能的滴头，过滤可简化。

滴头抗堵塞性能的两个重要因素是流道尺寸和流速。流道尺寸对滴头堵塞的影响表现为：小于 0.7mm，非常敏感；0.7～1.5mm，敏感；大于 1.5mm，不敏感，特别是自冲洗式滴头。

滴头内流速对于滴头抗堵塞性能具有同样的重要性。流速 4～6m/s，可满足抗堵塞性能要求。

为了减小堵塞，一些滴头设计成具有一定的自冲洗功能。当系统打开或关闭时，在压力逐渐上升或下降过程中，压力低于某一特定值时，滴头内的补偿元件就会脱离流道，使流道变得很宽，杂质被冲出滴头。有时为了防止滴头堵塞，在系统上安装脉冲发生器，使系统压力频繁上升和下降，达到冲洗滴头的目的。

最近的经验和试验表明，堵塞往往发生在毛管尾部 4～5 个滴头上，因而定期冲洗毛管会大大降低滴头堵塞的可能性。这一点对于条状布置的滴灌管（带）很重要。即使在良好的灌溉条件下，毛管尾部安装冲洗阀，对于系统持续安全运行也是有益的。因此建议在所有毛管尾部安装冲洗阀，特别是对于无自冲洗功能的滴头，有两种类型的冲洗阀可供选择。一种具有独立的自动弹簧系统；另一种是须附加控制系统的小水动阀。在毛管尾部人工放水冲洗，效果也很好。

(2) 制造偏差。滴头流道尺寸很小，流道尺寸、形状、注塑工艺参数等很小的变化，都会引起流量很大的相对误差。滴头制造偏差由参数 C_v 来表达，制造商一般应提供该参数；C_v 值可以通过测试样品的办法来求得。计算式如下：

$$C_v = \frac{S}{q_a} \tag{5.3}$$

$$q_a = \frac{\sum_{i=1}^{n} q_i}{n} \tag{5.4}$$

$$S = \sqrt{\frac{1}{n-1} \sum_{i=1}^{n} (q_i - q_a)^2} \tag{5.5}$$

式中：C_v 为制造偏差系数；S 为样品的流量标准偏差；q_a 为样品的平均流量；n 为灌水器样本数量，应不少于 25 个灌水器。

通常灌水器质量等级是按照其制造偏差来划分的,见表5.2。

表 5.2 灌水器制造偏差等级

质量分级	滴 头	滴灌带	质量分级	滴 头	滴灌带
优等品	$C_v \leqslant 0.05$	$C_v \leqslant 0.1$	合格品	$0.11 < C_v \leqslant 0.15$	$0.2 < C_v \leqslant 0.3$
一等品	$0.05 < C_v \leqslant 0.07$	$0.1 < C_v \leqslant 0.2$	次品	$0.15 < C_v$	$0.3 < C_v$
二等品	$0.07 < C_v \leqslant 0.11$				

(3) 压力和流量关系。滴头的流量 q 与工作压力水头 h 之间的关系可用式(5.1)反映。指数 x 反映了滴头内的流态。当 x 值接近于1时,流态为层流;当 x 值接近2时,流态为紊流;补偿式滴头的 x 值在 0~0.5 之间变化。

通常希望滴头流量对压力变化不敏感,即 x 值小一些。在起伏不平的地块,高均匀度系统的目标往往采用补偿式滴头或短毛管,或在毛管入口处安装流量调节器来实现。另一个实现的办法是采用不同的滴头来弥补地形变化引起的压力变化,但在同一地块采用不同的滴头往往非常困难。

5.2.1.2 微喷灌灌水器

1. 微喷头的类型

微喷灌灌水器简称为微喷头。微喷头是微喷灌的出流部件,也是体现微喷灌技术特点的核心部件。微喷头的结构性能和质量既决定了系统的降水特性,也决定了与其他灌溉技术的区别,因此微喷头在微喷灌系统中具有非常重要的地位。

微喷灌,顾名思义,就是将微小水流以喷洒的方式送出去。从形成微喷灌概念的早期到大面积应用的今天,技术人员研究开发和生产出了许许多多、形态各异的微喷头,品种规格不胜其烦。随之对微喷头的分类也有许多不同的角度,但从应用角度看,目前已投入使用的微喷头有以下四种主要类型。

(1) 折射式喷头。其结构特点是水流经一个起折射、破碎作用的结构(可以是一个部件,也可以是流道上几何结构的改变形成),改变出流方向后,按一固定的角度并且呈不连续的水滴状喷洒到作物根区土壤。

(2) 旋转式微喷头。水流经过一可产生旋转、破碎作用的部件后,以一个变化的角度喷洒出去,其喷洒水束呈时针般旋转。

(3) 离心式微喷头。水流经过微喷头内的导向流道之后,产生离心力,使喷洒水在压力和离心力的双重作用下喷洒出去。

(4) 微喷带。水流在压力作用下,通过末级管道上利用机械或激光直接打的小孔喷洒出去。

2. 微喷头的喷洒性能

(1) 折射式微喷头。目前已研制出并投入使用的折射式微喷头有很多类型,在以往的分类中,有一些因其具有独特的结构常被划为其他类别。对这一类型的界限尚无统一的规定。此处给出的折射式微喷头是使流经微喷头的水在其喷嘴附近被非运动的部件或结构强行改变其流动方向并被破碎成微小水滴后撒向空间的多种微喷头的统称。这一类微喷头在喷洒图形上可以不同,如水的喷洒可呈全圆、伞形、条带状、放射状或呈雾化状态等。在喷嘴的结构上可以不同,如可以是孔状、缝隙状或其他几何形状。但其有共同的特点:①水滴的尺寸小,射程近;②雾化程度相对较高;③降雨强度较大(专用雾化喷头除外);④降水范围内降水特性曲线的分布常呈近似的三角形。图 5.5 给出了三种外观不同的折射式微喷头。

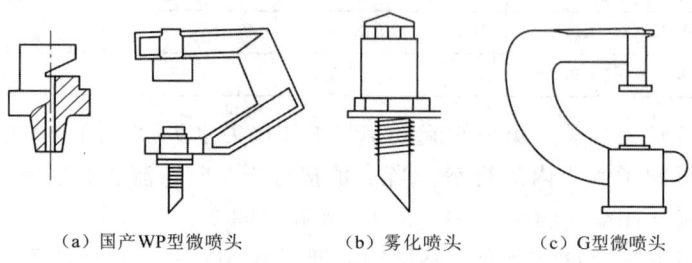

(a) 国产 WP 型微喷头　　(b) 雾化喷头　　(c) G 型微喷头

图 5.5　折射式微喷头

图 5.5 (a) 所示的微喷头特点是结构简单,造价低廉。图 5.5 (b) 其特点是流道变化较多,适用范围广。图 5.5 (c) 所示的微喷头特点是互换性强,工艺先进,符合国际标准。

(2) 旋转式微喷头。旋转式微喷头的主要特征是微喷头中设有运动部件,辅助水流呈束状喷出并产生旋转。旋转式微喷头的喷洒图形一般圆形或扇形。依据不同的原理,旋转式微喷头的结构有许多种,但均利用了水的反作用力,即水流流经可转动的弯曲流道或可产生反作用效果的专用部件时,水的反作用力使喷嘴产生转动,喷洒出的水束随之做周向运动。

旋转式微喷头的特点:①由于旋转式微喷头的出流道相对较长,因此可有较远的射程;②由于水束做周向运动,使得降水强度大大降低;③通过对出流流道的专门设计,可以获得不同的降水曲线和满足不同的用途,从而获得较高的均匀度。由于旋转式微喷头有旋转运动部件,对喷嘴尺寸与精度的要求高,因此对旋转轴及与其配合的固定部件材料的抗磨性能提出较高的要求。目前在实用中比较有代表性的旋转式微喷头见图 5.6。

图 5.6 为实际生产中较为常见的旋转式微喷头。这种微喷头的旋转作用是借助于一个带有弯曲流道的可转动部件旋转分流器,水流流经该部件时发生偏转,所产生的反作用力驱动该部件转动,从而使水束旋转喷出。目前这种微喷头均配有小圆轮、大圆轮、单侧出水轮等不同的旋转分流器。旋转式微喷头的新品种还在不断出现,使得微喷头功能、水力性能更为优良。

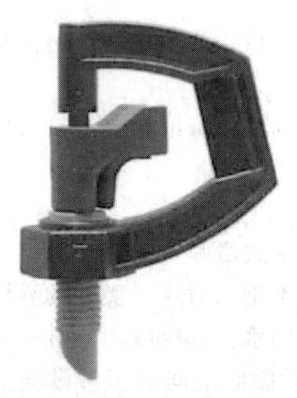

图 5.6　旋转式微喷头

(3) 离心式微喷头。离心式微喷头是指能使水流在喷出喷嘴之前,经微喷头内设的流道或利用偏心作用使水流产生旋转并以此状态喷洒出去的微喷头。采用这种结构的优点是流道尺寸可设计的比较大,从而对过滤的要求较低,但其喷洒特性与折射式微喷头很近似，图5.7为国产DLX离心式微喷头。

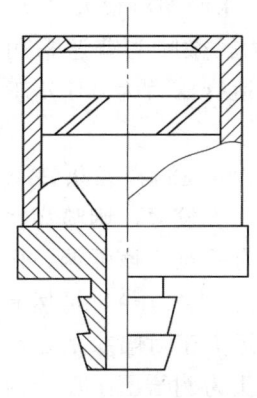

图5.7 DLX离心式微喷头

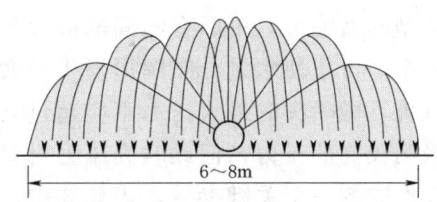

图5.8 微喷带

（4）微喷带。微喷带（图5.8）又称多孔管、喷水带、喷灌带、微喷灌管，是在可压扁的塑料软管上采用机械或激光直接加工出水小孔，进行微喷灌的节水灌溉设备。微喷带具有喷水柔和、适量、均匀、低水压、低成本、铺设、移动、卷收简单等特点。主要适用于农田、果园、菜地、林草花卉及设施栽培的灌溉。

不论是哪一类微喷头都具有以下共同的特点：

（1）对制造精度要求高。由于流道尺寸微小，使得对模具加工、注塑成型工艺、原材料的选用都提出了严格的要求。

（2）微喷头基本上都是露天工作的，应能在多种气候条件下保证一定的工作寿命，因此对微喷头材料的热稳定性和光稳定性要求高。微喷头的喷嘴、旋转轴等部件的选材也十分讲究，按国外标准在连续工作1500h后流量偏差不得大于10%，这意味着喷嘴的材料要耐磨损，而旋转件的材料则要求有良好的自润滑性能等。

（3）系列性和可选择性要求高。微喷灌是一种局部灌溉，所灌溉的作物和土壤、气候的不同对喷洒水的分布、特性、喷洒强度等提出了不同的要求，这使得微喷头要有足够的能产生不同降水特性的部件可供选择。对折射式微喷头而言，主要是通过更换不同的固定分流器（又称折射锥）来实现。例如国产的折射式微喷头具有三种不同的固定的分流器，可用于全圆、180°扇形、雾化等不同的应用场合。而旋转式微喷头则依靠更换旋转分流来调整降水特性以满足各种需要。

3. 微喷头的性能指标

反映微喷头工作性能的主要参数有：工作压力、流量、喷洒强度、喷洒直径（射程）等。这些参数之间有内在的联系，又具有各自独立的意义。

1) 工作压力。微喷头的工作压力是指微喷头入口处的压力，由于此处距喷嘴距离很短，实用中往往可以反映喷嘴处的压力大小。微喷头可在一定的压力范围内工作，其工作压力的上限、下限虽不能固定在某一具体数值上，但也有较为明确的界定。微喷头的工作压力及范围是正确地选用微喷头及设计系统压力参数的依据。微喷头的工作压力可分为以下三种。

a. 最小压力。最小压力是指水量分布能达到一定均匀度的水量分布的最低压力水头，一般为 10～12m（在喷嘴处测量），在此压力下，水滴相对较大。

b. 标准压力。标准压力是指微喷头的最优运行压力，微喷头普遍采用的标准压力为 0.2MPa（2 个大气压），有些折射式微喷头的最优运行压力为 0.15MPa（1.5 个大气压）。

c. 最大压力。最大压力是指在保持有效的水滴尺寸和湿润直径条件下的最大压力，不同类型的微喷头，可以有不同的最大压力。工作压力较大，则喷洒水的粉碎性好，但射程小，可能使水量分布图形发生极大的变化。有一点应该强调，微喷灌是低能耗灌溉系统，微喷头的最大压力不应超过 0.3MPa（3 个大气压），虽然有时调压式微喷头需采用较高的压力，但此时高压力对管道的影响远大于对喷头的影响。压力是影响微喷头性能的一个关键参数，表 5.3 中以国产微喷头为例给出了压力对微喷头性能的影响。从表 5.3 可以看出，当工作压力变化时，微喷头的流量亦发生变化。当微喷头低于标准压力工作时，喷洒直径随压力变化而改变的幅度较大，而当超过标准压力工作时，因雨滴直径变小，喷洒直径变化不明显。喷洒强度在标准压力以下时，与压力成反比，超过标准压力后则保持不变。

表 5.3　　　　　入口与喷洒特性参数之间的关系（旋转式微喷头 70L/h）

水压/m	出水量/(L/h)	喷洒直径/m	喷洒面积/m²	喷洒强度/(mm/h)
10	50	2.5	4.9	10.2
15	62	4	12.6	4.9
20	70	4.9	18.8	3.7
25	76	5.2	21.2	3.6
30	82	5.4	22.9	3.6
40	92	5.8	26.4	3.5

2）微喷头流量。微喷头流量是指在单位时间内经喷嘴流出的水量，因流量较小，常用 L/h 作为单位。在标准压力即设计压力下微喷头的喷水量称为微喷头的设计流量。

微喷头流量范围一般在 20～240L/h 之间。当流量过小时，微喷头流道特别是喷嘴的直径很小（＜0.8mm），运行中易产生堵塞，对系统的过滤设备要求较严格。当流量偏大时为保证最优的喷洒特性就需要提高喷头的工作压力，同时使喷洒直径增大。作为一种局部灌溉技术这超出了大部分作物的灌溉要求，失去了微喷灌的特点。微喷头按流量常常分为以下三个档次。

a. 小流量微喷头。流量范围在 20～40L/h 之间，一般用于喷洒直径较小、作物种植密集的情况。

b. 中流量微喷头。流量范围在 50～90L/h 之间，这一范围往往代表着微喷头的最佳效果和性能，其中以 70L/h 最有代表性。

c. 大流量微喷头。流量范围在 100～240L/h 之间，在较大的成龄果园应用较多。微喷头流量的合理确定不仅对灌溉作业本身很重要，同时与系统的投资密切相关。增大流量使得在同等条件下毛管的长度减小，支管的间隔变密，系统的投资上升。

3）喷洒直径。微喷头的喷洒图形是多种多样的，有全圆、扇形、长条带形、放射水束形等。雾化喷洒则没有固定图形。全圆、扇形喷洒的微喷头，常用喷洒直径作为喷洒性能的参数之一。对于同流量的微喷头而言，显然喷洒直径越大，喷洒强度越小。

折射式微喷头的喷洒直径一般在2m以下，适宜于向单株果树供水。旋转式微喷头喷洒直径则较大，如国内公司生产的旋转微喷头S-0088，在工作压力0.2MPa、流量120L/h的情况下，其喷洒直径可达9m以上。因此，旋转微喷头一般适宜于向几株果树供水或向一个较大的范围供水，也可以按多个微喷头搭叠的原理进行特定的灌溉作业，形成类似一般喷灌的全面积均匀喷洒的效果。

按严格的定义，喷洒直径分为两种：一种是湿润直径，即喷洒水滴能够达到的最大距离；另一种是有效喷洒直径，指单位面积洒水量达到洒水量平均值的某一百分比处的直径，这个百分比一般至少为10%。有效喷洒直径在设计微喷灌系统和评价微喷头喷洒特性时更有意义。

4）喷洒强度。喷洒强度又称微喷灌强度，是微灌系统的一个主要设计参数，指单位时间内喷洒到地面的降雨深度，单位一般用mm/h。

a. 确定喷洒强度应考虑的问题。

（a）各类不同的土壤有不同的持水特性和不同的入渗速度，入渗过程特性也不相同。为了在喷洒作业过程中不致产生径流，不破坏土壤表层结构而造成板结等状况，设计中要求微喷头的喷洒强度不能超过土壤的允许喷灌强度。

（b）在坡地条件下，要考虑喷洒强度与土壤侵蚀之间的关系，保证系统在运行过程中不造成水土流失。

（c）确定喷洒强度还与系统的经济性有关。降雨强度过小时，轮灌时间延长，若在轮灌周期一定时，则同时工作的轮灌组较多。喷洒强度较大时，支、毛管的管径较大，投资较高。显然有一个最佳的喷洒强度使微喷灌系统在经济上最为合理。

b. 对微喷头喷洒强度影响较大的因素。

（a）散水器的结构。采用折射散水器的微喷头降雨强度较采用旋转散水器的微喷头要大得多，这主要是因为后者的射程大。

（b）微喷头的喷洒仰角对降雨强度影响较大。特别是折射式微喷头，其散水器设计成凸起、水平、内凹等不同结构，形成不同的水流喷洒仰角，内凹的散水器降雨强度最大。对于旋转微喷头，散水器同时作为射流流道的一部分。显然采用射程较小的散水器时，喷强度较大，反之则较小。

（c）微喷头换用不同尺寸的喷嘴时，对喷洒强度的影响较明显，随喷嘴直径增大、湿润面积减小，喷洒强度增大。

5.2.2 过滤器

过滤器是清除水流中各种有机物和无机物，保证滴灌系统正常工作的关键设备。

由于滴灌灌水器的流道很小，极易堵塞，即使使用较清的井水或泉水做滴灌水源，也必须设置过滤器，以保证滴灌系统的正常运行。对明渠水流，还应在集水池前段设纱网或砾石层作为滤水装置。必要时还应设沉淀池，以确保进入水泵的水流洁净，减轻过滤器负担。过滤器一般安置在施肥设施后面。

过滤器的种类较多，通常分为以下四类，应根据滴灌水源水质情况正确选用。

5.2.2.1 旋流水砂分离器

旋流水砂分离器又称离心式过滤器或涡流式水砂分离器，如图 5.9 所示。一般由进水口、出水口、漩涡室、分离室、储污罐和排污阀等部分组成。其工作原理是：当压力水流由进水口以切线方向进入漩涡室后做旋转运动，使水流高速进入分离室，分离室内水流在离心力和重力的双重作用下，水中比重较大的泥沙颗粒被抛向分离室壁并逐渐向下沉淀汇集到储污罐中；漩涡中心的水流速度比较低而势能比较高，漩涡中心较清洁的水上升并通过分离器顶部的出水口进入灌溉管道。

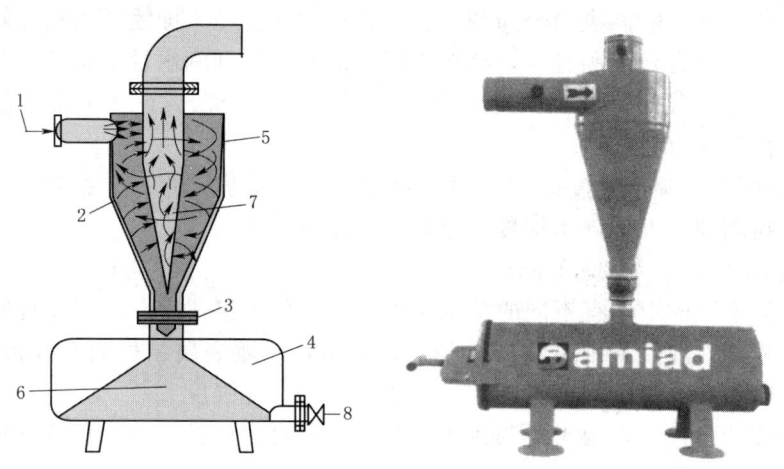

图 5.9 旋流水砂分离器
1—进水口；2—钢制外壳；3—与集沙罐连接的法兰；4—集沙罐；
5—旋转水流；6—罐中沉积泥沙；7—流出水流；8—排沙阀

旋流水砂分离器能连续过滤高含砂量的灌溉水，其缺点是不能除去比重较水轻的有机质等杂物，水泵启动和停机时过滤效果下降，水头损失也较大。当滴灌水源中含砂量较大时，水砂分离器一般作为初级过滤器与筛网过滤器或叠片式过滤器配套使用。

5.2.2.2 砂石过滤器

砂石过滤器是一种以砂石为介质的有压过滤罐（图 5.10、图 5.11）。滴灌系统一般采用石英砂或花岗岩碎砂为过滤介质，过滤砂型号根据灌水器对水质的要求及灌溉水质合理选取，不同型号过滤砂的过滤效果见表 5.4。

砂石过滤器的过流能力取决于设计流量比和砂床的表面积。设计流量比定义为单位砂床面积通过的流量。砂石过滤器的流量比一般在 $0.01 \sim 0.02 (m^3/s)/m^2$，对于一般灌溉水质的水源，可选用流量比为 $0.017 (m^3/s)/m^2$ 的砂石过滤器。

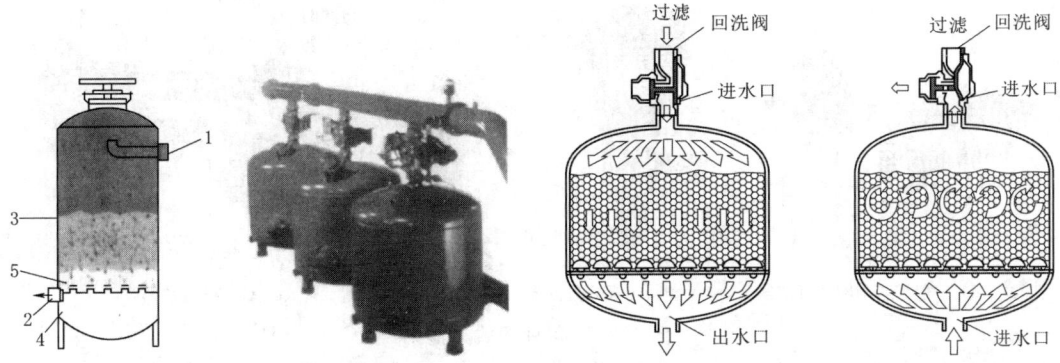

图 5.10 砂石过滤器
1—进水口；2—出水口；3—过滤器壳体；
4—过滤单元；5—过滤介质

图 5.11 砂石过滤器反冲洗过程

表 5.4　　　　　　　　不同型号过滤砂的过滤效果

过滤砂型号	有效粒径/mm	不均匀系数	砂质种类	相应过滤效果/(目/cm^2)	消除能力/μm
8	1.5	1.47	花岗岩砂	16～22	>125
11	0.78	1.54	花岗岩砂	22～31	>74
16	0.68	1.51	石英砂	22～31	>74
20	0.48	1.42	石英砂	31～39	>50

注　1. 有效粒径指 10% 的砂样通过筛孔的粒径值，即 d_{10}。
　　2. 不均匀系数指 60% 的砂样通过筛孔时的粒径与有效粒径之比，d_{60}/d_{10}。

砂石过滤器大部分是立式的，通常至少要使用 2 个砂石过滤罐，在由 2 个砂石过滤罐组成的系统中，1 个过滤罐进入一半的水流；在由 3 个过滤罐组成的系统中，1 个过滤罐进入 1/3 的水流。一次只能有 1 个过滤罐进行反冲洗，它使用的水是其他砂石过滤罐过滤出来的清水。典型的过滤罐直径为 30～120cm，当水流流量很大时，要并排安装许多直径为 120cm 的砂石过滤罐。

砂石过滤器是滴灌水源很脏的情况下，使用最多的过滤器，它滤除有机质的效果很好。砂石介质的厚度提供了三维滤网的效果，比滤网滤除杂质的容量大得多。主要缺点是价格较贵，对管理的要求较高，不能滤除淤泥和极细土粒。一般用于水库、明渠、池塘、河道、排水渠及其他含污物水源，作为初级过滤器使用。

5.2.2.3　筛网式过滤器

筛网式过滤器结构简单，一般由承压外壳和缠有滤网的内芯构成。外壳和内芯等部件要求用耐压耐腐蚀的金属或塑料制造，如果用一般金属制造，一定要进行防腐防锈处理。滤网用尼龙丝、不锈钢或含磷紫铜（可抑制藻类生长）制作，但滴灌系统的主过滤器应当用不锈钢制作。此外，结构上必须装卸简单，冲洗容易，密封性良好。

筛网过滤器的种类繁多（图 5.12）：按安装方式有立式和卧式之分；按制造材料有塑料和金属之分；按清洗方式有人工清洗和自动清洗两类。

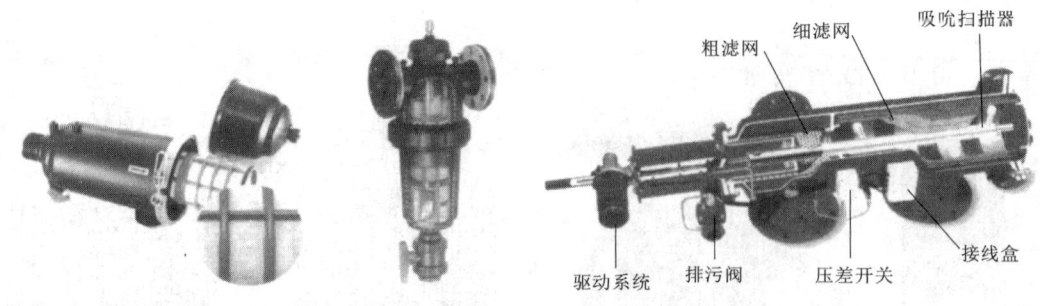

图 5.12 各种网式过滤器

近年来,国内灌溉公司针对开阔水域引水灌溉通常采用高压自动反冲洗过滤器,导致出现滴灌运行费用过高,电力消耗过大,过滤器出水压力不好控制,压力低时反冲洗过滤效果不佳等问题,研发了一种新型的泵前无压过滤器(图 5.13)。目前已有电力驱动和水力驱动两种类型的产品。但究其根本,仍然属于网式过滤器的范畴。

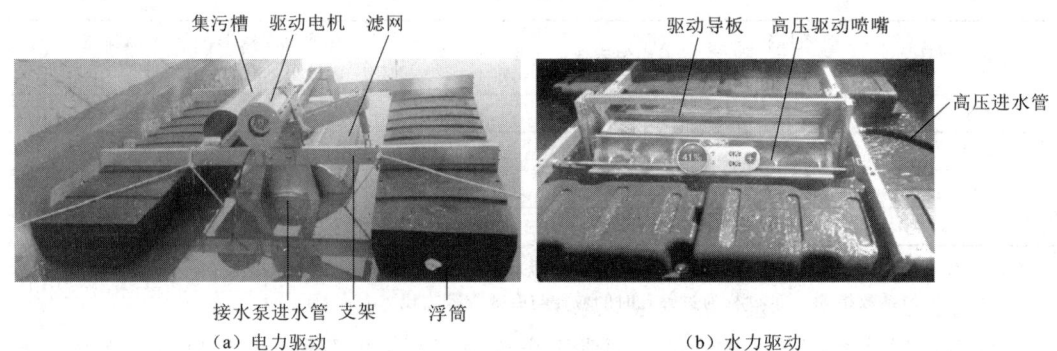

图 5.13 国内灌溉公司研发的泵前无压过滤器

筛网孔径大小(即网目数)应根据灌水器流道尺寸而定。一般要求所选用过滤器的滤网孔径为所使用灌水器流道最小孔径的 1/10~1/7。滤网规格(目数)与孔径尺寸之间的关系见表 5.5。

表 5.5 滤网规格(目数)与孔径尺寸之间的关系

滤网规格		孔径尺寸		土粒类别	粒径/mm
目/英寸	目/cm²	mm	μm		
20	8	0.711	711	粗砂	0.50~0.75
40	16	0.42	420	中砂	0.25~0.40
80	32	0.18	180	细砂	0.15~0.20
100	40	0.152	152	细砂	0.15~0.20
120	48	0.125	125	细砂	0.10~0.15
150	60	0.105	105	极细砂	0.10~0.15
200	80	0.074	74	极细砂	<0.10
250	100	0.053	53	极细砂	<0.10
300	120	0.044	44	粉砂	<0.10

滤网过滤器能很好地清除滴灌水源中的极细砂粒，灌溉水源比较清时使用它非常有效。但是当藻类或有机污物较多时，容易被堵死，需要经常清洗。滤网过滤器多作为末级过滤器使用。

5.2.2.4 叠片式滤器

叠片式过滤器是新发展起来的一种过滤器（图5.14），其过滤介质由很多个可压紧和松开的带有微细流道的环状塑料片组成。压紧环状塑料片时其复合内截面提供了类似于在砂石过滤器介质中产生的三维的、彻底地过滤。需要冲洗时打开回流阀松开环状塑料片即可。环状塑料片实际上是不会损坏的，叠片式过滤器可提供高水平的过滤，而无杂质泄漏进入灌溉管网的危险，过滤精度远高于筛网过滤器，因此有很高的效率。叠片式过滤器技术规格见表5.6。

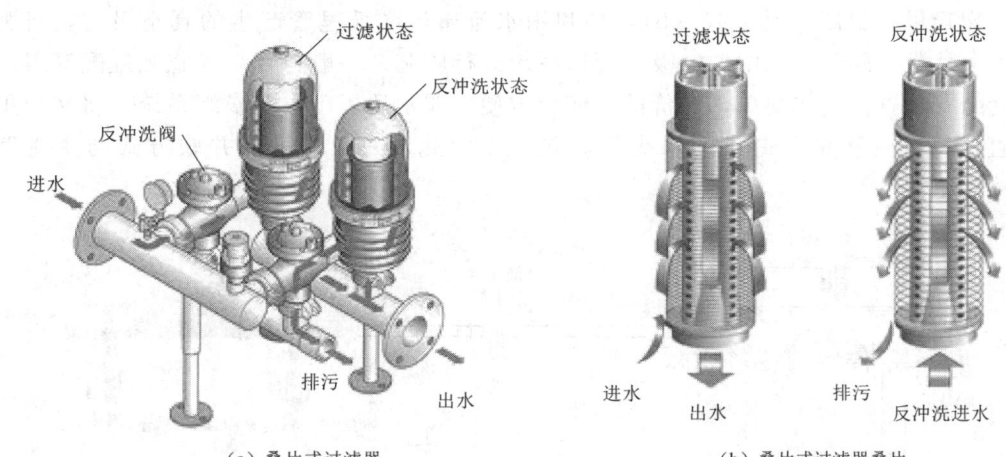

图 5.14 叠片式过滤器

表 5.6　　　　　　　　　叠片式过滤器技术规格

叠片颜色	滤芯目数	过滤砂径	
		μm	mm
白色	18	800	0.8
蓝色	40	400	0.4
黄色	80	200	0.2
红色	120	130	0.13
黑色	140	115	0.12
绿色	200	75	0.08
灰色	600	25	0.025

5.4 微灌过滤器

5.5 自清洗网式过滤器

5.6 泵前无压过滤器

叠片式过滤器具有小巧、可随意组装、冲洗方便、安全可靠的特点。叠片式过滤器有自动和手动两种冲洗方式，初级过滤和终级过滤均可使用。

5.2.3 施肥装置

随水施肥是滴灌系统的一大功能。滴灌系统中向压力管道内注入可溶性肥料溶液的设备和装置称为施肥装置。微灌系统常用的肥料注入方式主要有两种：压差式和泵注式。

5.2.3.1 压差式施肥装置

1. 旁通施肥罐

旁通施肥罐是常用的一种压差式肥料罐 [图 5.15（a）]，一般由肥料罐、进水管、出水管、调压阀等组成。肥料罐的进水管和出水管与灌水主管相连，在主管上位于肥料罐进、出水管连接点的中间设调压阀，当调压阀稍微关闭，两边即形成压差，调压阀前面主管上的一部分水流由进水管道入肥料罐，溶解罐内肥料，然后肥料溶液又通过肥料罐出水管道入主管输送到田间。

2. 文丘里施肥器

文丘里施肥器 [图 5.15（b）] 是利用水流通过文丘里管产生的真空吸力，将肥料溶液从敞口的肥料桶中均匀吸入管道系统进行施肥。一般与开敞式施肥罐配套组成一套施肥装置。结构简单，造价低，使用方便，非常适用于小型滴灌系统。将文丘里管直接装在主管路上造成的水头损失较大，因此，一般应采取并联方式与主管路连接。

5.7 施肥施药装置

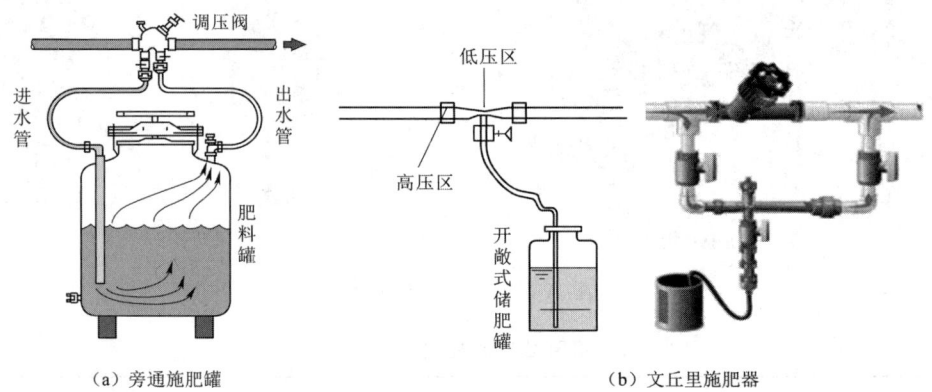

(a) 旁通施肥罐　　　　　　　(b) 文丘里施肥器

图 5.15　压差式施肥罐

为了保证一次施肥的要求，肥料罐应用足够的容量，一般可用式（5.6）计算：

$$C_t = \frac{F_r A}{C} \tag{5.6}$$

式中：C_t 为肥料罐容积，L；F_r 为每次施肥时单位面积上的施肥量，kg/hm^2；A 为施肥面积，hm^2；C 为肥料罐中肥料溶液的浓度（kg/L）或稀释比（1∶100 或 1∶200）。

肥料罐应有良好的密封性，能够承受内水压力，应用抗压能力强的防腐材料制造。

压差式肥料灌的优点是：加工制造简单，造价较低，不需外加动力设备。缺点是：溶液浓度变化大；罐体容积有限，添加肥料次数频繁且较麻烦；输水管道因设有调压阀调压，造成一定的水头损失。

5.2.3.2 泵注式

注射泵同文丘里注入器相同，是将开敞式肥料罐的肥料溶液注入滴灌系统中，通常使用活塞泵或隔膜泵向滴灌系统注入肥料溶液。根据驱动水泵的动力来源又可分为水力驱动和机械驱动两种。泵注式的优点是：肥液浓度稳定不变，施肥质量好，效率高。对于要求实现灌溉液 EC/pH 值实时自动控制的施肥灌溉系统，压差式与吸入式都是不适宜的。而注射泵施肥通过控制肥料原液或 pH 值调节液的流量与灌溉水的流量之比值，即可严格控制混合比。其缺点是：需另加注入泵，造价较高。

1. 隔膜泵

以水压力为运行动力。通常采用不锈钢和塑料制成的双隔膜泵，行程体积可调至 250mL，工作水头范围在 15～100m，流量可达 280L/h，每泵送 1L 溶液需用 2L 水来驱动水泵并排掉。在水进口侧或溶液出口侧应设调节阀，操作水管应设水量切换阀（图 5.16）。

2. 柱塞泵

以水压力为运行动力，通过活塞的运动进行抽吸和注入（图 5.17），国内已有多种产品问世。以 Amid 泵为例，行程体积 33mL，工作压力水头 80～100m，流量可达 300L/h，每输送 1L 溶液需用 3L 操作水。

为方便控制，在注肥管出口处应设调节阀，在操作水入口设水量切换阀。应设计量表，利用计量表可按比例施肥。

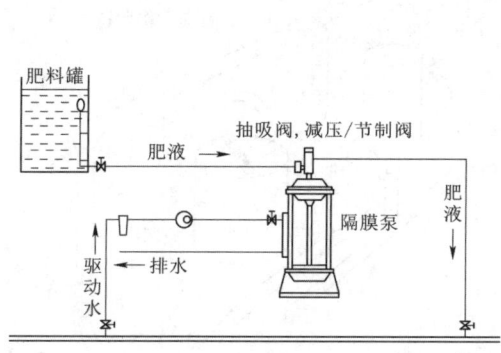

图 5.16 隔膜泵注肥系统

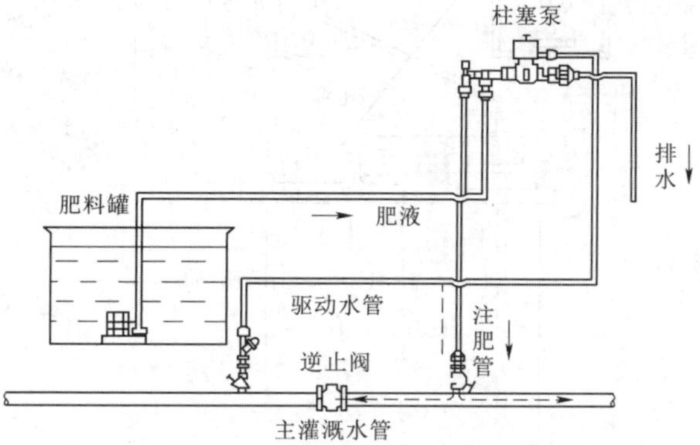

图 5.17 柱塞泵注肥系统

这种施肥器的优点是：注入比例由外部调整且很精确，有多种规格选用，混合液直接经出水口注出，内设滤网自行过滤，工作压力低，运转噪声小。其缺点是：压损大、价格高。

图 5.18 是一种水力驱动活塞泵式自动灌溉施肥器，适用于温室的灌溉施肥控制。设计独特、操作简单和模块化的自动灌溉施肥系统，能够按照用户设置的灌溉施肥程序和 EC/pH 值实时监控，通过预先编制好的程序和根据反映作物

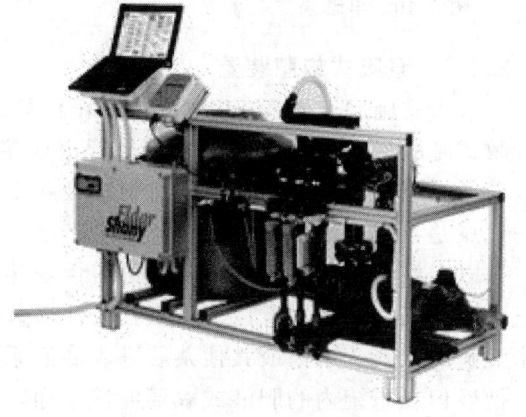

图 5.18 自动灌溉施肥器

需水的某些参数长时间的自动起动,通过机器上的一套肥料泵准确、适时地把肥料养分直接注入灌溉管道中,连同灌溉水一起适时适量地施给作物,使施肥和灌溉一体化进行,大大提高了水肥耦合效应和水肥利用效率。同时,自动灌溉施肥可编程控制器实现了对灌溉施肥过程的全程控制,保证作物及时、精确的水分和营养供应。

3. 电动泵

电动泵类型及规格很多,从仅供几升的小流量泵到与水表连接按给定比例注入肥料溶液和供水的各种泵型。因需电源,这种泵适合在有电源的地方使用(图5.19)。

5.2.3.3 射流泵

射流泵的运行原理是利用水流在收缩处加速并产生真空效应的现象,将肥料溶液吸入供水管(图5.20)。射流泵的优点是:结构简单,没有动作部件;肥料溶液存放在开敞容器中,在稳定的工作情况下稀释率不变;在规格型号上变化范围大,比其他施肥设备的设费用都低等。其缺点是:抽吸过程的压力损失大,大多数类型至少损失1/3的进口压力;对压力和供水量的变化比较敏感,每种型号只有很窄的运行范围。

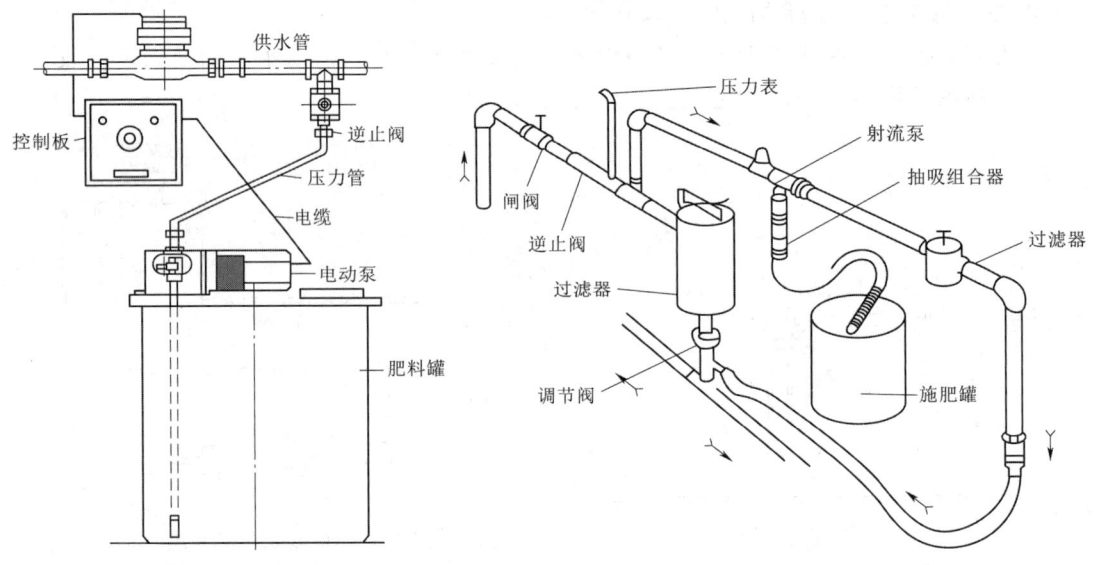

图 5.19 电动泵注肥系统　　图 5.20 射流泵施肥系统

5.2.3.4 泵吸式施肥装置

泵吸式施肥(图5.21)是在采用了离心泵的微灌系统中,在水泵进水管段设置开敞式施肥罐,并用管道与系统主管道连接,中间设控制阀,在施肥时打开控制阀,利用离心泵进水管产生的负压将肥液吸入主管道从而达到施肥的目的。泵吸式施肥法的优点是:肥液浓度稳定不变。但会产生一定的水头损失。

以上施肥装置均可进行某些可溶性农药的施用。为了保证滴灌系统正常运行并防止水源污染,必须注意以下三点:①注入装置一定要装设在水源与过滤器之间,以免未溶解的肥料、农药或其他杂质进入滴灌系统,造成堵塞;②施肥、施药后必须用清水把残留在系统内的肥液或农药冲洗干净,以防止设备被腐蚀;③水源与注入装置之间一定要安装逆止阀,以防肥液或农药进入水源,造成污染。

5.2.4 管道与连接件

管道是微灌系统的主要组成部分，各种管道与连接件按设计要求组合安装成一个微灌输配水管网，根据作物的需水要求向田间和作物输水配水。管道与连接件在微灌工程中用量大、规格多、所占投资比重大，因而所选用管道与连接件的型号规格以及质量的好坏，不仅直接关系到微灌工程费用的大小，而且也关系到微灌系统能否正常运行和寿命的长短。

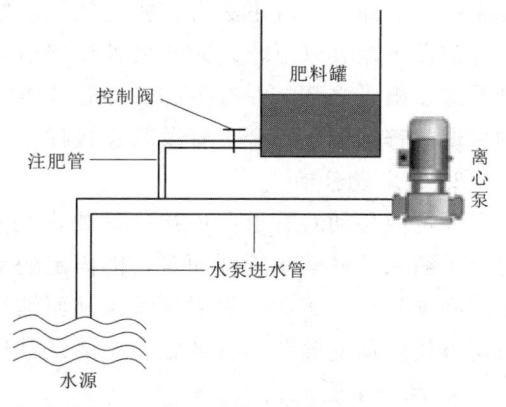

图 5.21 泵吸式施肥装置

本节所述的管道和管件系指微灌系统首部枢纽以下输配水管网的管道与管件。一个特大型微灌工程往往由多个微灌系统组成，各微灌系统首部枢纽以上引配水管网的管道和管件按一般压力管网工程要求进行设计配置即可。

5.2.4.1 对微灌用管道与连接件的基本要求

1. 能承受一定的内水压力

微灌管网一般为低压压力管网，各级管道必须能够承受设计工作压力，才能保证安全输水与配水。

2. 耐腐蚀抗老化性能好

微灌灌水器流道很小，微灌系统输配水管网中的管道和连接件必须具有较强的耐腐蚀能力，以免在输配水过程中发生锈蚀剥落、沉淀、微生物繁殖等堵塞灌水器。微灌系统中，过滤器以下都应尽量避免使用钢管、铸铁管、水泥管或石棉水泥管等易于产生化学反应或腐蚀的管道；避免使用易腐蚀的管件。

3. 规格尺寸与公差符合技术标准

管径偏差与壁厚偏差应在技术标准允许范围之内，管道内壁要光滑、平整、清洁以减小水流阻力、保证过水能力。管道和管连接件的外观光滑、无凹陷、裂纹和气泡，连接件无飞边和毛刺。

4. 价格低廉

微灌管道和连接件在微灌系统投资中所占比重大，应力求选择既满足微灌工程要求又价格便宜的管道和连接件。

5. 施工安装方便

各种连接件之间及连接件与管道之间的连接要简单、方便且不漏水。

5.2.4.2 影响微灌用管和连接件选择的因素

1. 铺设位置

铺设位置不同，其环境不同，所遇到的问题也大不相同。不同材质的管道和连接件有不同的适应特点，应扬长避短，根据所处的环境条件，科学合理地选配。微灌系统支管以上各级管道通常都选用PVC管并埋设于冻土层以下；如果埋设在冻土层以上，设计、施工和管理上必须考虑入冬前管网中水的排空问题。若用PE管，埋设于冻土层以上即可，且不必考虑排空问题。绝大多数微灌系统支管也采用PVC管或PE管并铺设于地表以下，以防止紫外线照射老化和方便田间机械作业。铺设于地表的支管暴露在阳光之下，并有拆卸、保管和再次安装问题，应采用拆卸、安装和搬运方便的薄壁镀锌钢管或铝合金管及其连接件。一般情况下，不宜采用塑料管道和连接件。

2. 固定或移动

固定或移动对管道和连接件的要求是不一样的，其运行管理成本差别是很大的。对于微灌系统输配水管网而言，能固定的最好固定，以节约运行管理成本。如因其他原因必须移动，例如少数微灌系统地面铺设的支管，如上所述，应采用拆卸、安装和搬运方便的薄壁镀锌钢管或铝合金管及其连接件，不宜采用塑料管道和连接件。

3. 经济承受能力

一般而言，大家都希望微灌系统输配水管网使用寿命越长越好。但对于某些微灌系统的支管和支管以下管道而言，因一次性投资的经济能力所限，为了降低系统造价，往往采用使用寿命较短的薄壁塑料管带及其配件。但这只能在特殊情况下使用，从长远分析并不经济。

5.2.4.3 微灌管道的种类

微灌系统常用的管材主要有两种：聚氯乙烯管（PVC管）和聚乙烯管（PE管）。ϕ63mm以下的管道采用聚乙烯管；ϕ63mm以上的管道采用聚氯乙烯管。塑料管道具有重量轻、易搬运、内壁光滑、输水阻力小、耐腐蚀和施工安装方便等优点，是理想的微灌用管。塑料管的主要缺点是受阳光照射时易老化。据有关资料介绍，在大气环境中不加保护，在阳光作用下塑料管的使用期不超过3~8年，埋入地下可使用30~50年。

1. 聚氯乙烯管（PVC管）

聚氯乙烯管是按一定的配方比例将聚氯乙烯树脂、各种添加剂均匀混合，加热熔融、塑化后，经挤出冷却定型而成。聚氯乙烯管属硬质管，韧性强，具有良好的抗冲击能力和承载能力，刚性好。

微灌中常用的聚氯乙烯管一般为灰色。对其一般的质量要求是：管道内外壁光滑平整、无气泡、裂口、波纹及凹陷，管径40~200mm的管道的挠曲度不得超过1%，管道同一截面的壁厚偏差不得超过14%。聚氯乙烯管按使用压力分为轻型管和重型管，微灌系统中一般使用轻型管，即在常温下承受的内水压力不超过600kPa，大多采用400kPa的聚氯乙烯管。硬聚氯乙烯管的公称直径、壁厚及极限偏差见表5.7。

表5.7　　　　　硬聚氯乙烯管的公称直径、壁厚及极限偏差　　　　　单位：mm

公称外径	平均外径极限	公称压力0.25MPa		公称压力0.32MPa		公称压力0.40MPa		公称压力0.60MPa	
		壁厚	极限偏差	壁厚	极限偏差	壁厚	极限偏差	壁厚	极限偏差
50	+0.3	—	—	—	—	—	—	1.6	+0.4
63	+0.3	—	—	—	—	1.4	+0.4	2.0	+0.4
75	+0.3	—	—	1.5	+0.4	1.7	+0.4	2.2	+0.5
90	+0.3	—	—	1.8	+0.4	2.0	+0.4	2.7	+0.5

续表

公称外径	平均外径极限	公称压力 0.25MPa		公称压力 0.32MPa		公称压力 0.40MPa		公称压力 0.60MPa	
		壁厚	极限偏差	壁厚	极限偏差	壁厚	极限偏差	壁厚	极限偏差
110	+0.4	1.8	+0.4	2.2	+0.4	2.5	+0.5	3.2	+0.6
125	+0.4	2.0	+0.4	2.5	+0.4	2.9	+0.6	3.7	+0.6
140	+0.5	2.2	+0.4	2.8	+0.5	3.2	+0.6	4.3	+0.7
160	+0.5	2.5	+0.4	3.2	+0.5	3.7	+0.7	4.7	+0.8
180	+0.6	2.8	+0.5	3.6	+0.5	4.1	+0.8	5.5	+0.8
200	+0.6	3.2	+0.6	3.9	+0.6	4.6	+0.8	5.9	+0.9
225	+0.7	—	—	4.4	+0.7	5.2	+0.9	6.6	+1.0
250	+0.8	—	—	4.9	+0.7	6.8	+1.2	7.3	+1.1
280	+0.9	—	—	5.5	+0.8	—	—	8.6	+1.1
315	+1.0	—	—	6.2	+0.9	—	—	9.2	+1.4

注 1. 公称压力为管材在 20℃时的工作压力。
　　2. 表中 0.25MPa、0.32MPa 系列为《低压输水灌溉用硬聚氯乙烯（PVC-U）管材》（GB/T 13664—2006），0.40MPa、0.60MPa 系列为《给水用硬聚氯乙烯（PVC-U）管材》（GB 10002.1—2006）。

2. 聚乙烯管（PE 管）

根据所采用聚乙烯材料密度的不同，聚乙烯管分为高密度聚乙烯管和低密度聚乙烯管两种。低密度聚乙烯又称高压聚乙烯，相应的管材又称为高压聚乙烯管。高密度聚乙烯管为硬管，管壁较薄，施工方便，运行可靠，耐久性好，但较 PVC 管价格高，滴灌系统很少使用；高压聚乙烯管为半软管，管壁较厚，滴灌系统使用较多。

高压聚乙烯管是由低密度聚乙烯树脂加稳定剂、润滑剂和一定比例的炭黑等制成，它具有很高的抗冲击力，重量轻、韧性好、耐低温性能强、抗老化性能比聚氯乙烯管好；但不耐磨，耐高温性能差，抗张强度低。

为了防止光线透过管壁进入管内，引起藻类等微生物在管内繁殖，以及为了吸收紫外线，减缓老化进程，增强抗老化性能，要求滴灌用聚乙烯管为黑色。外观质量要求管内外壁光滑平整、无气泡、裂口、沟纹、凹陷和杂质等。低聚氯乙烯管常用规格型号见表 5.8。

表 5.8　　　　　　　低聚氯乙烯管常用规格型号　　　　　　　单位：mm

公称外径	平均外径极限偏差	公称压力 0.25MPa		公称压力 0.40MPa		公称压力 0.60MPa	
		壁厚	极限偏差	壁厚	极限偏差	壁厚	极限偏差
6	+0.30	—	—	0.5	+0.30		
8	+0.30	—	—	0.6	+0.30		
10	+0.30	0.5	+0.30	0.8	+0.30		
12	+0.30	0.6	+0.30	0.9	+0.30		
16	+0.30	0.8	+0.30	1.2	+0.30	2.3	+0.50
20	+0.30	1.0	+0.30	1.5	+0.40	2.3	+0.50
25	+0.30	1.2	+0.30	1.9	+0.40	2.8	+0.50
32	+0.30	1.6	+0.40	24	+0.50	3.6	+0.60

续表

公称外径	平均外径极限偏差	公称压力 0.25MPa		公称压力 0.40MPa		公称压力 0.60MPa	
		壁厚	极限偏差	壁厚	极限偏差	壁厚	极限偏差
40	+0.40	1.9	+0.40	3.0	+0.50	4.5	+0.70
50	+0.50	2.4	+0.50	3.7	+0.60	5.6	+0.80
63	+0.60	3.0	+0.50	4.7	+0.70	7.1	+1.00
75	+0.70	3.6	+0.60	5.5	+0.80	8.4	+1.10
90	+0.90	4.3	+0.70	6.6	+0.90	10.1	+1.30
110	+1.00	—				12.3	+1.50

注 1. 公称压力为管材在20℃时的工作压力。
　　2. 表中0.25MPa、0.40MPa系列为SL/T 96.2—1994标准；0.60MPa系列为GB 1930—93标准。

5.2.4.4 微灌管道连接件

微灌系统从首部枢纽、输水管道到田间支毛管，要用不同直径、不同类型的管件，管件直径4～250mm，且需要数量较大。同时微灌系统主要使用塑料管，而塑料管件维修是比困难的，因而在选择管件时，要十分谨慎，选择密封可靠，维修更换方便的管件，以利于施工安装和维护。在微灌系统设计时，不同管材、不同规格应选用不同的管件。

微灌系统输配水管网中支管以上管道一般均采用聚氯乙烯硬管，出厂时管段上一般都带有可装V形橡胶密封圈的承插式接头，需要另配的主要是接头、弯头、三通、堵头、旁通等。

（1）接头。接头的作用是连接管道，根据被连接管道的管径大小，分为等径和异径接头；根据连接方式的不同又可分为倒钩承插式、螺纹连接和螺纹锁紧式连接三种，如图5.22所示。

（2）三通。三通是用于管道分叉时的连接件，与接头一样，三通有等径三通和异径三通两种，每种型号的结构又有承插式、螺纹连接式和螺纹锁紧式连接三种，如图5.23所示。

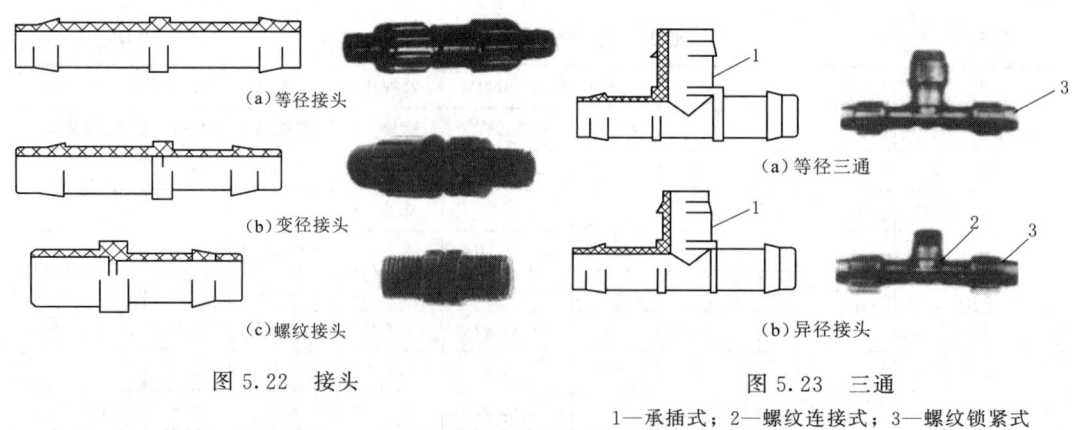

图5.22 接头　　　　　　　　　　图5.23 三通
　　　　　　　　　　　　　　1—承插式；2—螺纹连接式；3—螺纹锁紧式

(3) 弯头。用于管道转弯处的连接件，其结构也有倒钩承插式、螺纹连接和螺纹锁紧式连接三种，如图 5.24 所示。

(4) 堵头。用于封闭管道末端的管件，如图 5.25 所示。

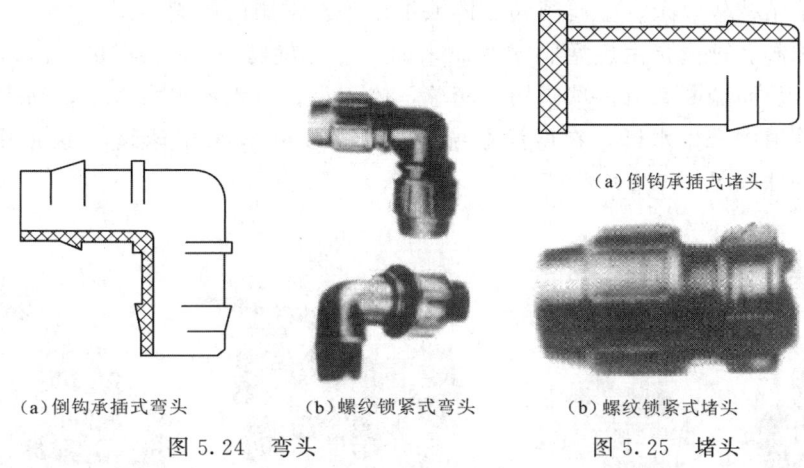

(a)倒钩承插式弯头　(b)螺纹锁紧式弯头

图 5.24 弯头

(a)倒钩承插式堵头

(b)螺纹锁紧式堵头

图 5.25 堵头

(5) 旁通。旁通用于毛管与支管的连接，目前毛管和支管的连接有多种不同方式，种类较多，应结合所采用毛管和支管合理地选配。大中型固定式滴灌系统多为聚氯乙烯支管，建议采用带橡胶密封圈的直插式旁通安装引管到地面后与滴灌管或滴灌带连接，如图 5.26 所示。若为滴灌带，建议采用螺纹压紧式接头与其相连接，如图 5.27 所示。

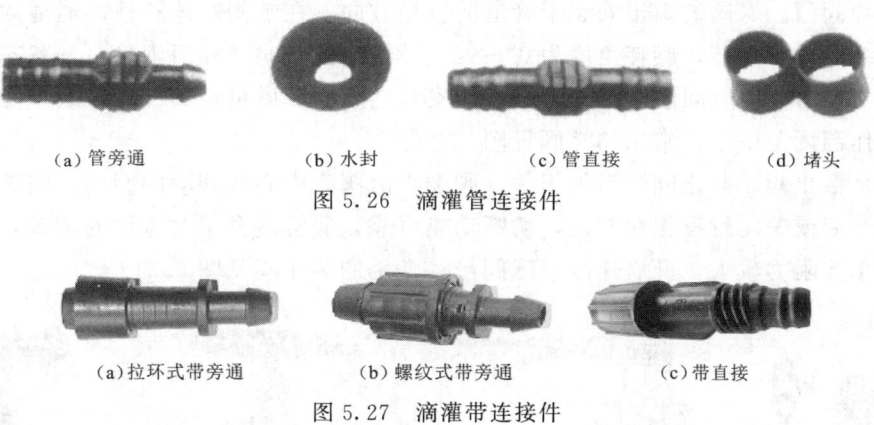

(a) 管旁通　(b) 水封　(c) 管直接　(d) 堵头

图 5.26 滴灌管连接件

(a)拉环式带旁通　(b) 螺纹式带旁通　(c)带直接

图 5.27 滴灌带连接件

5.2.5 控制、测量与保护装置

为了保证微灌系统的正常运行，必须根据需要，在系统中的某些部位安装阀门、水表、压力表等控制、测量与保护装置，种类繁多，常用的规格一般为 DN15～DN600，制造材料主要为金属和塑料等。

5.2.5.1 阀门

微灌系统中的阀门应采用标准产品，按作用可分为控制阀、安全阀、进排气阀、冲洗阀等。控制阀又分为闸阀、球阀、蝶阀、截止阀、逆止阀等。微灌系统中的首部枢纽和田间管网中一般采用不易锈蚀的钢制或塑料阀。

1. 控制阀

(1) 闸阀。通常适用于不需要经常启闭,而且保持闸板全开或全闭的工况;不适于作为调节或节流使用。闸阀具有启闭力小和水流阻力小、水流可以双向流动等优点,缺点是结构较复杂、金属闸阀易锈蚀结垢等。常用的闸阀见图5.28。

(2) 球阀。球阀是由旋塞阀演变而来的,当球旋转90°时,在进、出口处应全部呈现球面,从而截断水流。球阀构造简单,体积小,对水流阻力也小,缺点是开启太快时易在管道中产生水锤,在微灌系统的主干管上不宜采用球阀,多应用于支管安装。常用的球阀见图5.29。

(a)法兰式闸阀　　　(b)丝扣式闸阀　　　(a)法兰式球阀　　　(b)丝扣式球阀

图5.28　闸阀　　　　　　　　　　图5.29　球阀

(3) 蝶阀。蝶阀是用圆形蝶板做启闭件并随阀杆转动来开启、关闭和调节流体通道的一种阀门。蝶阀的蝶板安装于管道的直径方向。在蝶阀阀体圆柱形通道内,圆盘形蝶板绕着轴线旋转,旋转角度为0°~90°,旋转到90°时,阀门则呈全开状态。蝶阀与闸阀相比有开闭时间短、操作力矩小、安装空间小和质量轻的优点,缺点是使用压力和工作温度范围小。常用的蝶阀见图5.30。

(4) 截止阀。截止阀是指关闭件(阀瓣)沿阀座中心线移动的阀门。因该类阀门的阀杆开启或关闭行程相对较短,切断功能可靠,非常适合于对流量的调节,但不足之处是水流阻力较大,开启速度较球阀慢。常用的截止阀见图5.31。

 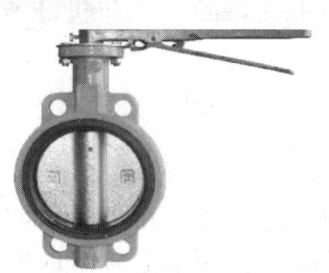  

(a)涡轮式碟阀　　　(b)手柄式蝶阀　　　(a)法兰式截止阀　　　(b)丝扣式截止阀

图5.30　蝶阀　　　　　　　　　　图5.31　截止阀

(5) 逆止阀。逆止阀又称逆流阀和止回阀,依靠管路中水流产生的动力自动开启和关闭。止回阀用于微灌管路系统防止水倒流以及导致泵及驱动电动机反转等。微灌系统安装施肥（药）装置时应安装止回阀，以防化肥（药）等化学物回流污染水源。止回阀主要分为旋启式（依重心旋转）、升降式（沿轴线移动）及蝶式止回阀。常用的止回阀见图5.32。

2. 安全阀

安全阀又称减压阀，用于消除管路中超过设计标准或管道承受能力的压力，如管路中阀门开关过快或水泵突然停止造成管路中骤升的压力。当管路内的压力升高超过允许值时，阀门自动开启排放水量，以防止管路中的压力继续升高；当压力降低到规定值时，阀门自动关闭，保护管路的安全运行。微灌系统中常用弹簧式安全阀，一般安装在水泵出水口后的主干管适当位置上。对于大型输水管网，可以用大直径封闭式安全阀。常用的安全阀见图5.33。

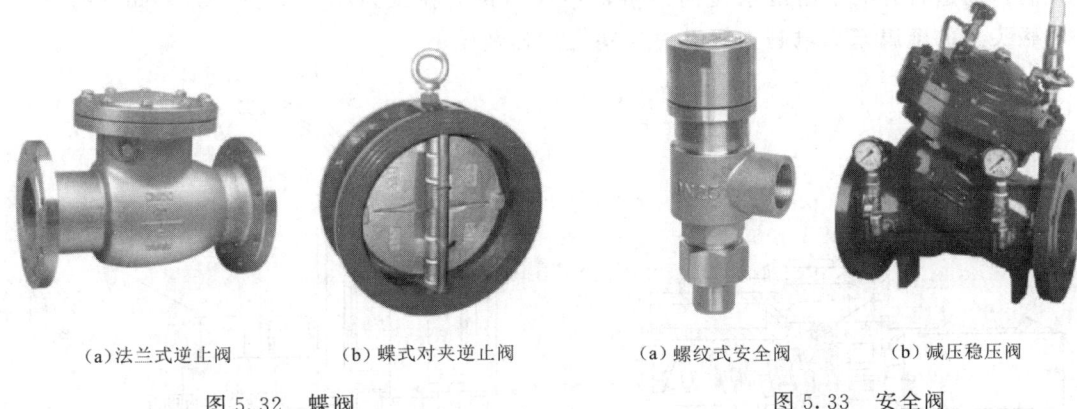

(a)法兰式逆止阀　　(b)蝶式对夹逆止阀　　(a)螺纹式安全阀　　(b)减压稳压阀

图5.32　蝶阀　　　　　　　　　　　　图5.33　安全阀

3. 进排气阀

进排气阀又称真空管破坏阀，是管道系统中必不可少的辅助元件，主要安装在微灌系统中处于高处的干支管上。当管道开始输水时，管中空气受水挤压，聚集在管线的高点处，此时进排气阀主要起排除管中空气的作用，以免管道中空气形成空气带，危害系统安全输水；当停止供水，且管道中的水流逐渐排出时，管道内会出现负压（真空），此时进排气阀主要起进气作用，空气及时进入管道，防止管道变形。进排气阀的工作原理图见图5.34。

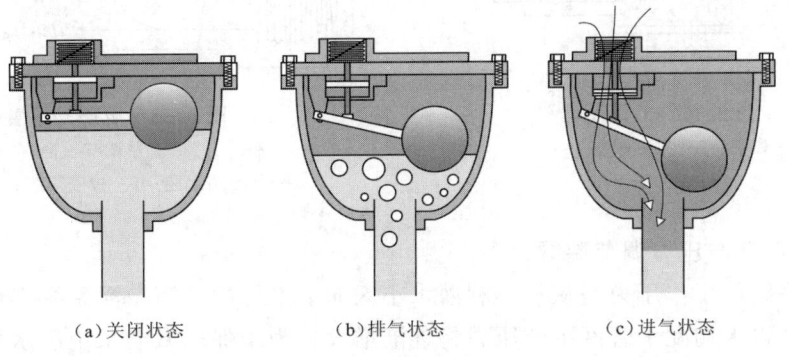

(a)关闭状态　　　　(b)排气状态　　　　(c)进气状态

图5.34　进排气阀的工作原理图

4. 冲洗阀

冲洗阀通常是安装在支毛管末端，用于定期冲洗管末端淤泥或微生物团块；停止灌溉时排空管路。冲洗阀的工作原理如图5.35所示。

5. 电磁阀

电磁阀是自动化控制系统中的必备设备，一般为隔膜阀（图5.36）。电磁阀腔内由一个特制的橡胶隔膜隔开。电磁阀内橡胶隔膜的上部与水接触面积大，下部与水接触面小。当隔膜上下的压强相等时，隔膜上面的水压力将大于隔膜下面的水压力，隔膜被压回隔膜座，阀门关闭。阀门上游与隔膜上腔之间有一个过水小孔，上游的水可流入上腔，隔膜上腔的水可通过上腔与电磁头下的小孔流入下游。阀门上下游之间这一细小过水通道的开与关由电磁头上的金属塞控制。金属塞落下则通道关闭，上升则开启。通道打开时上游的水流向下游，导致隔膜上腔压力小于下腔压力，阀门打开。电磁头上的金属塞靠电磁力提升，靠塞上的弹簧压下。

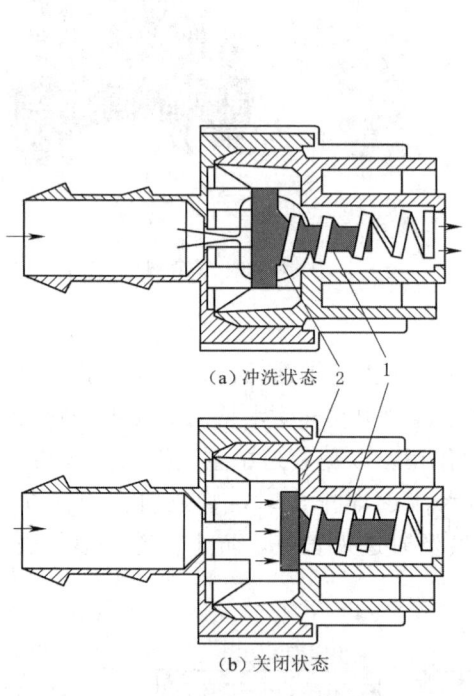

图5.35 冲洗阀的工作原理图
1—弹簧；2—橡皮阀塞

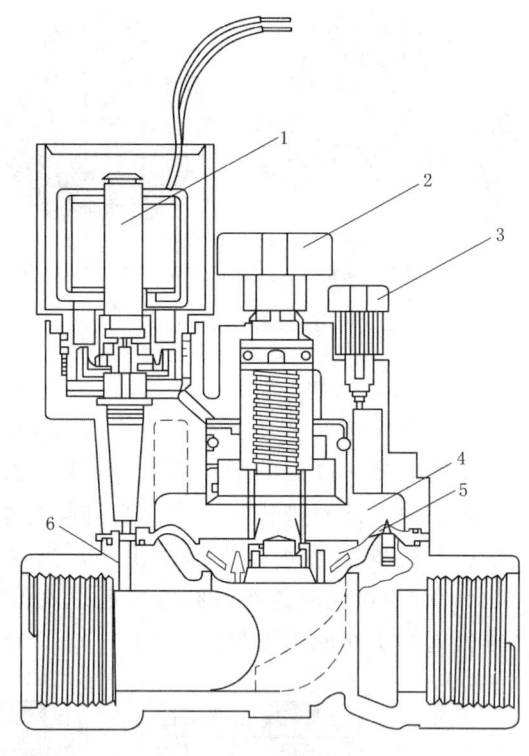

图5.36 电磁阀示意图
1—电磁头；2—流量调节手柄；3—排气螺丝；
4—电磁阀上腔；5—橡胶隔膜；6—导流孔

5.2.5.2 流量与压力调节装置

微灌系统的工作压力是从最不利灌水小区向上推算的，当微灌系统工作时，最不利灌水小区以上输配水管网中的压力将逐渐增大，为了保证微灌系统灌水均匀，必须在其他灌水小区进口处设置压力或流量调节装置，用以自动调节灌水小区进口的流量

表 5.9　　　阀门的分类、作用、优缺点即在微灌系统中的安装部位

分类		作用	优点	缺点	在系统中的安装部位
控制阀	闸阀	一般控制	启闭力小、阻力小、双向流动	结构比较复杂	安装在干支管首端
	球阀	快速启闭	结构简单、体积小、阻力小	速度快易产生水锤	安装在干支管末端作冲洗阀
	蝶阀	快速启闭	开闭时间短、操作力矩小、安装空间小和质量轻	使用压力和工作温度范围小	安装在干管与分干管的连接处
	截止阀	严格控制	结构简单、密封性能好、维修方便	阻力大、启闭力大	系统首部与供水管连接处，施肥施药装置与灌溉水源连接处
	逆止阀	防止倒流	供水停止时自动关闭	—	水泵出水口，供水管与施肥施药装置之间
安全阀		消除启闭阀门过快或突然停机造成的管路中压力突然上升	—	—	安装在水泵出水侧的主干输水管上
进排气阀		开始输水时防止气阻；供水停时防止管内出现负压	—	—	安装在系统中供水管以及干、支管和控制竖管的高处
冲洗阀		定期冲洗管末端淤泥或微生物团块；停灌时排空管路	自动冲洗、排空	—	安装在支、毛管末端
电磁阀		实现控制阀门开关的远程操作	—	易受杂质影响、需要供电	安装在干管与支管的连接处

和压力。有些情况下，某些不能预计的原因可能使压力发生变化，也必须在系统中配置一定的稳定装置，以防止水压或流量的波动。

此外，国内已开发出适合在支管道口安装的流量压力调节装置，而不少厂家开发出了适合在毛管道口安装的流量调节器（简称"流调器"）。

1. 流量调节器

流量调节器是通过自动改变过水断面的大小来调节流量的。目前主要有两种不同形式结构特点的流量调节器：弹性橡胶环式和硅胶膜套式。

弹性橡胶环式的工作原理是：当管道中的压力不超过额定工作压力时，流量调节器内的弹性橡胶环处于如图 5.37（a）所示状态，这时孔口断面较大，能通过正常的设计流量；当管路中压力增加时，水流就压迫橡胶环处于如图 5.37（b）所示的位置。此时虽然压力升高了，但过水断面却减小了。因此仍能保持流量不变。

2. 毛管流调器

目前国内滴灌设备生产厂家已开发出多种规格型号的毛管流调器产品，图 5.38 为一种压力式流调器，又称稳流三通。该流调器由 T 形三通和装设在三通纵向管内的稳流管两部分组成，T 形三通连接处的纵向管内壁为圆锥形口，稳流管为一圆柱体，一端是与纵向管锥形口锥度一致的锥形口，另一端为圆形凸台。在圆柱体中下部

腔内中心装设一断面为三角形的三面体，在每一面上均垂直连有 个小三角形三面体，三个小三角形三面体互不相连，每两个小三角形三面体间构成一水流流道，圆柱体中下部套装有硅胶套。

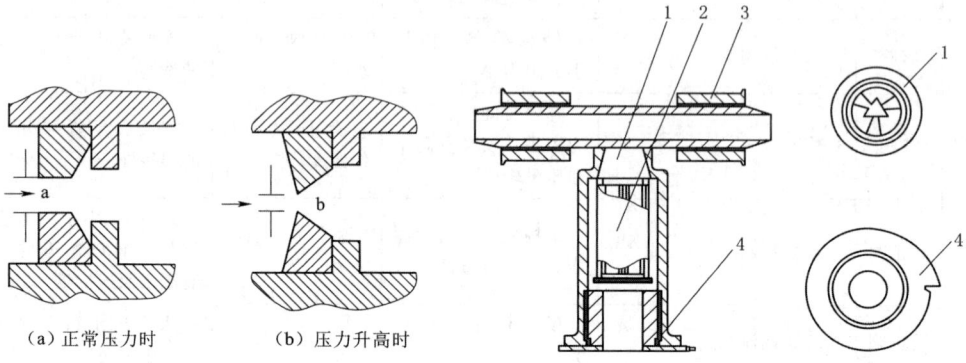

图 5.37　流量调节器示意图

图 5.38　毛管流量调节器机构示意图
1—稳流管；2—硅胶套；3—滴灌带接头；
4—与支管连接的接头

其工作原理是：流调器进水口压力不超过额定工作压力时，硅胶套不变形，此时流道过水断面较大，能通过正常的设计流量；当流调器进水口压力超过额定工作压力时，由于硅胶套内外形成压差，压迫硅胶套使流道过水断面变小，因此可保持流量不变。

3. 压力调节器

压力调节器是用来调节微灌管路中水压使之保持在稳定状态的装置。国外有大量各种形状的、适用于不同用途的廉价压力控制装置。安全阀实际上是一种特殊的压力调节装置。它们的主要部件是弹簧-活塞装置，靠压力压迫弹簧而驱动活塞来调节压力。这种压力控制方法最适用于滴灌系统：①它运行的水头损失相当低，为 1～3m；②如果设计合理，它对污物的阻塞作用很小，故而发生堵塞的可能性也小；③因为它只控制压力而不影响流量，可适用于灌水器数量不等的滴灌系统。

如图 5.39 所示为一种安装在支管道口处的压力调节器，其工作原理是：当管道中的压力较大时，作用在调节器上的水压力推开活塞，使部分水流通过排水孔排出，释放一部分压能，从而使管道中的水压保持稳定。图 5.40 为以色列生产的压力调节器。

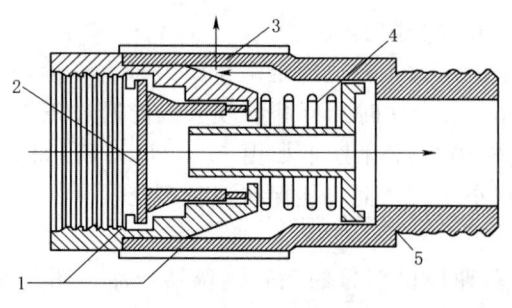

图 5.39　流量调节器示意图
1—橡皮环；2—限位套；3—减压孔；
4—调节弹簧；5—活塞栓

4. 水头损失的调节

水头损失的调节，也是一种压力调节方法。如果要求流过管道的高压水有固定的水头损失（以支管控制面积为灌水小区的滴灌系统往往是这样），则可用以下两种方法制造局部水头损失来实现。

（1）利用一种非常简单的装置——带有一个小直径孔口的环状隔膜。在管内安装这种隔膜，可显著降低下游的水压。制造商会提供这种隔膜的降压特性和其他的技术说明。

（2）选用支管道口处（三通、弯头或连接管）时，通过计算选用较小的入口端管径，造成所需要的水头损失。该方法可节省滴灌系统投资，最省钱；但计算量大，设计难度高。

调压管又称水阻管，是国内小系统上安装在毛管道口处的一种造成水头损失的装置（图5.41）。其工作原理是利用一定长度的细管沿程摩阻消能来消除毛管道口处的多余压力，使进入毛管的水流保持在设计允许的压力范围之内。

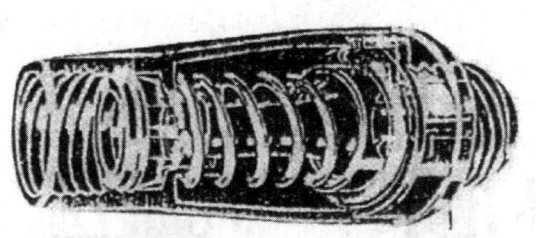

图5.40 以色列生产的压力调节器

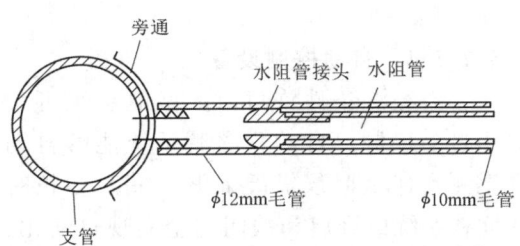

图5.41 水阻管连接方式

5.2.5.3 量测设备

1. 压力表及压力传感器

压力表及压力传感器（图5.42）是滴灌系统中必不可少的测量仪器，它们可以反映系统是否按设计正常运行，特别是过滤器前后的压力表，它直接指示出过滤器的堵塞情况以便按规定要求及时冲洗。

2. 水表及流量计

在微灌系统中，一般利用水表[图5.43（a）]和流量计来计量一段时间内通过管道的水流总量或灌溉用水量。水表一般安装在首部枢纽过滤器之后的干管上，也可根据需要将水表安装在相应的支管上。

(a) Y型压力表　　(b) 无线传输的压力传感器

图5.42 压力量测装置

按照计量方式的不同，流量计又分为涡轮流量计[图5.43（b）]、电磁流量计[图5.43（c）]和超声波流量计[图5.43（d）]三种。

3. 自动量水阀

当通过预定的水量时自动量水阀即自动关闭。很多阀可以依次由水力驱动。

自动量水阀（图5.44）是根据所需水量和设计流量选择的。在设计时，一定要考虑制造厂商提供的局部水头损失。

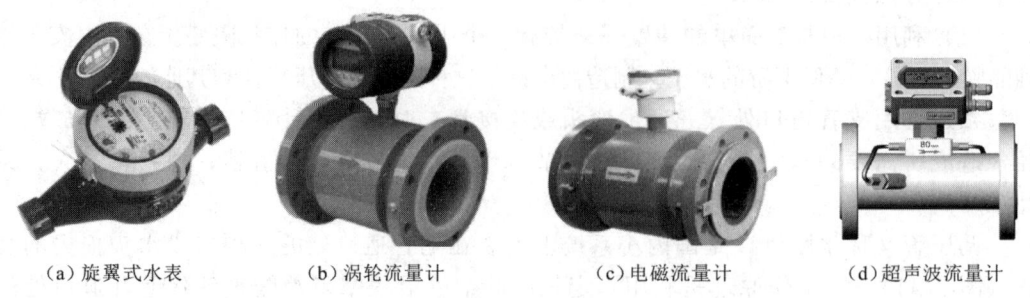

(a)旋翼式水表　　(b)涡轮流量计　　(c)电磁流量计　　(d)超声波流量计

图 5.43　压力量测装置

5.2.5.4　自动控制设备

当经济条件许可时，微灌系统可采用自动控制。自动化灌溉系统能够自动感测到什么时候需要灌溉，灌溉多长时间；系统的开启和关闭完全实现自动化、智能化。实现此功能除了上述的设备外，系统需要有中央控制器、土壤湿度传感器、变频器、电磁阀等。关于自动化灌溉，具体内容见本教材第 10 章。

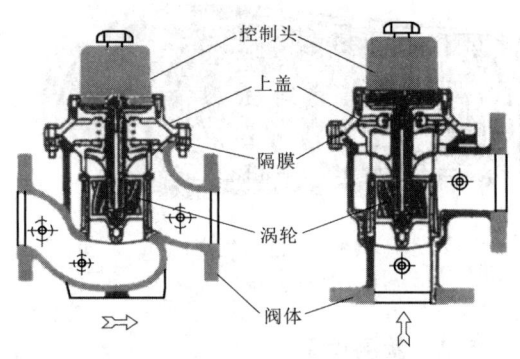

图 5.44　自动量水阀结构图

5.2.6　微灌常用水泵

水泵是微灌工程中的重要设备之一，其作用是给灌溉水加压，使微灌灌水器获得必要的工作压力。除少数利用自然高程差的农业自压灌溉工程或借用城镇自来水系统的园林微灌工程外，其余大多数微灌工程都需要配置水泵。

微灌工程常用的水泵是中小型离心泵和潜水泵。这两类水泵按工作原理，大多数属于叶片泵中的离心泵，只有少数潜水泵属于混流泵。

5.2.6.1　离心泵

按叶轮级数，可将离心泵分为单级泵和多级泵。一般来说，单级泵仅有一级叶轮，扬程较低；多级泵有两个以上叶轮串联，扬程较高。

按吸入方式，可将离心泵分为单吸泵和双吸泵。与单吸泵相比，双吸泵的流量通常较大。

按泵轴安装时与水平面的方向，可将离心泵分为卧式泵和立式泵。泵轴与水平面平行的泵称为卧式泵，与水平面垂直的泵称为立式泵。在性能参数基本相同的条件下，卧式泵基础尺寸大，对地面压强小，故对水泵基础要求较低；立式泵则相反，基础尺寸小，对地面压强大，故对水泵基础要求较高。与卧式离心泵相比，立式离心泵的噪声通常较小，如图 5.45 所示。

按水泵进口直径或配套功率大小，可将离心泵分为微型、中小型、中型和大型离心泵。

5.2.6.2 潜水泵

潜水泵是将水泵与电动机联成一体，可潜入水中工作的泵（图5.46）。根据使用场合不同，可将潜水泵分为井用潜水泵和地表水（作业面）潜水泵。井用潜水泵使用时安装在水井中，适用于井灌区。作业面潜水电泵也称小型潜水泵，使用时放置在水塘、湖泊、河流中抽水灌溉。根据泵腔内充入的介质可将潜水泵分为充水式、充油式和干式三种。目前，我国大量使用的井用潜水泵基本上都是充水式，作业面潜水泵有充水式和充油式两种，而干式潜水泵已很少使用。

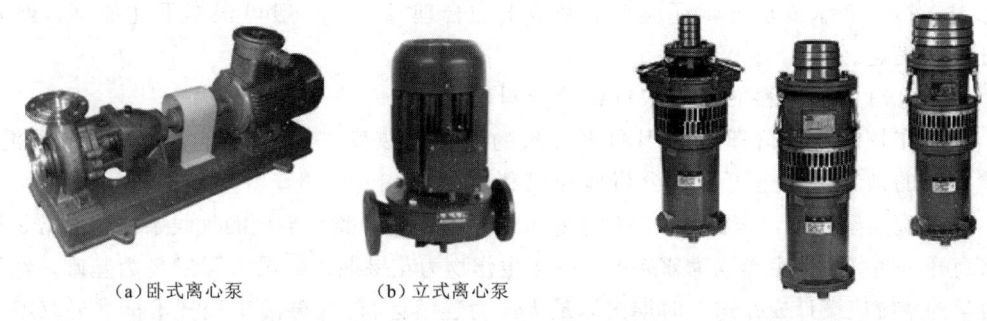

(a) 卧式离心泵　　　　(b) 立式离心泵

图5.45　离心泵　　　　　　　　　　图5.46　潜水泵

常用离心泵和潜水泵的规程及性能参数等可参考《喷灌工程技术》一书或其他参考资料。

5.3　微灌技术要素

滴灌工程设计的主要技术参数有：灌溉保证率、设计耗水强度、设计灌溉补充强度、土壤湿润比、灌水均匀度、灌溉水利用系数、滴头设计工作水头和灌溉制度等。设计技术参数是根据所收集项目区有关资料及标准规定选用或通过计算所得到的主要设计依据，是决定工程设计质量好坏的前提。

5.3.1　灌溉保证率

灌溉保证率是由传统地面灌溉引申出来的概念。其含义是灌溉系统能够满足作物需水要求的程度。传统地面灌溉系统主要是输配水工程，其灌溉保证率主要是看灌溉水源的来水量保证程度，很少考虑工程的完好率及系统的能力。而微灌的灌溉方法与传统地面灌溉有所不同，它需要一套专用的设备来实施灌溉，作物需水要求的满足程度不仅和水源的来水量有关，而且和灌溉系统的能力以及设备的完好程度有关，故此时保证率的含义比传统地面灌溉有所增加，包含了水源来水量保证程度和灌溉设备保证程度两个方面。

微灌技术的灌溉保证率应高于地面灌溉。国家质量技术监督局和建设部联合发布的《微灌工程技术标准》（GB/T 50485—2020）中规定，微灌工程灌溉设计保证率不应低于85%。

5.8 灌溉设计保证率

5.3.2 设计耗水强度与设计灌溉补充强度

在作物生育期内，由于气候和作物生长的变化，各阶段的需水量各不相同。在设计中，只要滴灌系统能满足作物的高峰需水要求，就可满足作物全生育期的灌水要求，一般情况下均应按作物高峰耗水量的要求进行设计。滴灌设计耗水强度是确定滴灌系统最大输水能力的依据，是滴灌系统规划设计中的一个非常关键的设计参数。设计耗水强度偏大，系统投资增加；设计强度偏小，作物需水高峰期无法满足作物需要的水，将影响作物生长发育，造成减产和产品品质下降。在确定设计耗水强度时除必须考虑作物的需水要求外，还应考虑经济上的合理可行。一般可根据下述原则，经具体分析后确定。

（1）凡有试验资料的，应根据试验资料确定。

（2）作物的需水规律并不因灌溉方法的不同而改变，因此，有地面灌（或喷灌）试验资料的地方，完全可以有分析地加以利用。

（3）滴灌条件下，作物的最高耗水量取决于作物的种类和当地的气候条件。通常是以需水高峰时期（多年生作物为盛果期，一年生作物为花果期）的最大腾发量为基础，经济而科学的系统应设计成在这个时期内以最大能力连续运行。《微灌工程技术标准》（GB/T 50485—2020）规定取设计年灌溉季节月平均耗水强度峰值作为设计耗水强度。

（4）如果作物高峰耗水期有可靠的降雨或地下水补给，可用灌溉补充强度进行设计。对于干旱半干旱区而言，这种情况并不多见，风险较大，最好不用。

5.3.2.1 设计耗水强度

设计耗水强度是指在设计条件下滴灌的作物耗水强度，一般取设计年灌溉季节月平均耗水强度峰值作为设计耗水强度，即

$$E_a = \max_{i=1}^{12}(ET_{ci}) \tag{5.7}$$

式中：E_a 为设计耗水强度，mm/d；ET_{ci} 逐月的作物水量均值，mm/d。

式（5.7）为通用计算公式。可将计算时段和单位规定为：①计算时段，作物生长盛期耗水强度最大的月份；②计算单位，日平均耗水强度，mm/d。

作物需水量包括作物蒸腾量和棵间土壤蒸发量。估算作物需水量的方法很多，下面仅介绍设计中常用的两种估算方法。

1. 用水面蒸发资料计算

$$ET_c = K_c K_p E_p \tag{5.8}$$

式中：K_c 为作物系数（表5.10、表5.11）；K_p 为蒸发皿蒸发量与自由水面蒸发量之比（蒸发皿系数）；E_p 为蒸发皿蒸发量，mm/d。

2. 根据参考作物腾发量计算作物需水量

参考作物腾发量是指在供水充分的条件下，从高度均匀、生长茂盛、高为 8~15cm，且全部覆盖地表的开阔绿草地上的腾发量。根据这一定义，认为参考作物腾发量不受土壤含水率的影响，而仅取决于气象因素。因此，可以只根据气象资料，用经验或半经验公式计算出参考作物腾发量，然后再根据作物种类和生育阶段，并考虑土壤、灌排条件加以修正，最后估算出作物需水量，其计算公式为

5.3 微灌技术要素

表5.10 大田作物和蔬菜作物的 K_c 值(生长中期)

风速 \ 湿度 \ 作物	最低相对湿度大于70%		最低相对湿度小于70%	
	风速/(m/s)			
	0~5	5~8	0~5	5~8
小麦	1.05	1.10	1.15	1.20
玉米	1.05	1.10	1.15	1.20
谷子	1.05	1.10	1.15	1.20
高粱	1.00	1.05	1.10	1.15
糖用甜菜	1.05	1.10	1.15	1.20
棉花	1.05	1.15	1.20	1.25
番茄	1.05	1.10	1.20	1.25
辣椒	0.95	1.00	1.05	1.10
茄子	0.95	1.00	1.05	1.10
黄瓜	0.90	0.90	0.95	1.00
菜豆	0.95	0.95	1.00	1.05
芹菜	1.00	1.05	1.10	1.15
菠菜	0.95	0.95	1.00	1.05
胡萝卜	1.00	1.05	1.10	1.15
薯类	1.05	1.10	1.15	1.2
甜瓜	0.95	0.95	1.00	1.05
草莓	0.70	0.70	0.80	0.85
葵花	1.05	1.10	1.15	1.20
红花	1.05	1.10	1.1S	1.20
花生	0.95	1.00	1.05	1.10
大豆	1.00	1.05	1.10	1.15
苜蓿	1.05	1.10	1.15	1.25
甘蔗	1.05	1.15	1.25	1.30

注 表中数值摘自《美国国家灌溉工程手册》,水利部国际合作司等,中国水利水电出版社,1998年。

表5.11 果树作物的 K_c 值(生育期最大值)

地面条件	地面长有覆盖作物				地面翻耕无杂草			
气候 \ 作物名称	气候湿润		气候干燥		气候湿润		气候干燥	
	微、中风	大风	微、中风	大风	微、中风	大风	微、中风	大风
苹果、梭桃、樱桃	1.10	1.20	1.25	1.35	0.85	0.90	1.00	1.05
桃、杏、李、梨	1.00	1.05	1.20	1.30	0.75	0.80	0.90	0.95
葡萄(地面覆盖率为40%~50%的成年葡萄园)					0.80	0.85	0.90	0.95

注 1. 本表摘自《滴灌工程规划原理与应用》,张志新等,中国水利水电出版社,2007年。
2. 我国西部干旱区葡萄多为棚架栽培,成年葡萄地面覆盖率在80%~90%,其 K_c 值应在表中数值的基础上扩大15%。

$$ET_c = K_c ET_0 \tag{5.9}$$

式中：ET_0 为参考作物腾发量，mm/d，各地有关部门均有当地气象条件下的参考作物腾发量，如需按气象因子计算，可参考其他书籍；其他符号意义同前。

5.3.2.2 设计灌水补充强度

作物生长所消耗的水量来源于天然降雨、地下水补充、土壤中原有的含水量和人工补给的水量。微灌的灌溉补充强度是指为了保证作物正常生长必须由微灌提供的水量，以 mm/d 计。因此，微灌的灌溉补充强度取决于作物耗水量、降雨和土壤含水量条件。可表示为

$$I_a = ET_a - P_0 - S \tag{5.10}$$

式中：I_a 为微灌的灌溉补充强度，mm/d；P_0 为有效降雨量，mm/d；S 为根层土壤地下水补给的水量，mm/d。

但对于一般地区，作为设计状态，可认为作物所消耗的水量全部由灌溉补充，此时：

$$I_a = ET_a \tag{5.11}$$

5.3.3 微灌湿润比

5.3.3.1 微灌湿润比的概念

微灌是一种局部灌溉，灌溉时只湿润根区的部分土体，微灌所湿润土壤体积与计划湿润层土壤总体积之比称为微灌土壤湿润比。实际应用中多以地下 15～30cm 处有效湿润面积占作物种植区面积的百分数表示。其值大小与微灌的湿润模式有关，也与毛管和灌水器的布置形式等因素有关。

在实际工作中，如何选择合理的湿润比，避免影响作物的产量、品质，保证达到理想的产量和生长状况，是微灌工程规划设计中的重要问题。这是由于湿润比不仅受作物品种、栽培模式、土壤状况和当地气候条件等因素的影响，而且还影响到系统的投资。湿润比过大，微灌的许多优点得不到发挥，作物产量不会明显提高，但投资成本显著增加；湿润比过小，虽然投资成本降低，但将影响作物的生长发育、降低作物产量。

湿润比的选用过程是一个权衡利弊的过程，应该根据具体情况仔细分析作出科学决策。因为毛管和灌水器的布置形式与作物种类和它们的栽培模式密切相关，所以，正确选用湿润比，需对项目区的气候条件、土壤的湿润特性、作物及其栽培模式、灌水器和毛管的选用和配置等进行综合分析，才能作出正确决策。

图 5.47 为充分灌溉条件下，湿润比与作物潜在产量之间的关系曲线。对于少雨无雨区，曲线由靠近零处开始产量随着湿润比的稍微增加而显著增加；在湿润比远未达到 100% 之前，产量就达最

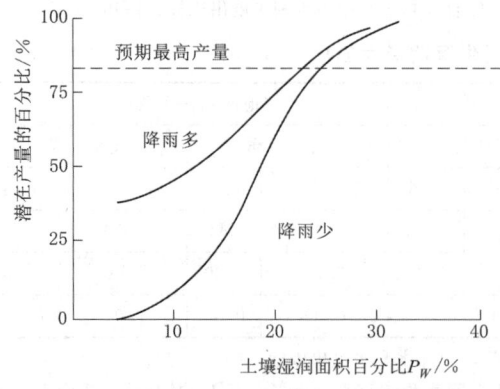

图 5.47 湿润比与作物潜在产量的关系

高值；在多雨区，微灌只是一种补充灌溉，曲线从相当产量水平开始，产量随湿润比增加而增加但增加幅度较小。

5.3.3.2 湿润比的确定

1. 试验法

在微灌条件下，由于点水源所形成的湿润范围过小，湿润比的合理确定对作物的影响较大。在滴灌条件下，由于点水源所形成的湿润范围过小，湿润比的合理确定对作物的影响较大。在微喷灌条件下，由于喷洒范围较大，湿润比对作物的影响相对较小。因此，本节重点讨论滴灌条件下的湿润比。

滴头下大约30cm处湿润面积的大小取决于滴头流量、灌水量，同时取决于土壤的结构、坡度和土壤的均匀程度。有很多数学模型来计算土壤的湿润面积，但这些数学模型都存在着很多近似假设，并且求解比较复杂，很难在实际工程中使用。因此确定土壤湿润比最为有效的也是最可靠的办法是田间试验。所谓田间试验，就是选择有代表性的地方进行滴灌，然后实测湿润体体积。

试验灌水量为预计每天滴头的灌水量。最好在容器内放入所需水量，然后让其自然滴完。如果土壤特别干燥，须在测量湿润区域之前连续灌水2～3天。观测湿润区域最好的办法是在滴头下一直到湿润锋底挖一个纵剖面，测量其各高程的湿润直径。也可用土钻来确定深度。由量得的各高程湿润直径，便可计算湿润体体积，如果已知滴头布置间距，便可算出湿润比。

2. 经验公式法

（1）单条毛管直线铺设、滴头均匀分布时的土壤湿润比计算。为了计算土壤湿润比，首先分析单个滴头滴水时的湿润比计算方法。单行直线毛管布置见图5.48。如图5.49所示，单个滴头滴水时其湿润土体为一形似洋葱头的球形土体（图中阴影部分），其体积为V_s，而该滴头控制灌溉面积上土体的体积为V_g，两者的比值就是该滴头灌溉时的土壤湿润比，即

$$P = \frac{V_s}{V_g} \times 100\% \tag{5.12}$$

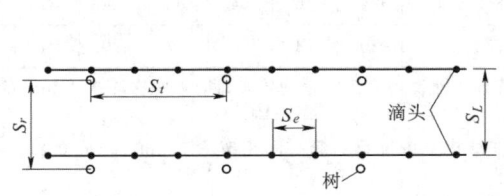
图 5.48 单行直线毛管布置

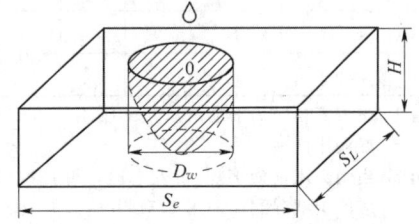
图 5.49 单个滴头湿润比计算示意图

由于滴灌湿润球体形状复杂，计算体积比较困难，方便起见，近似地用圆柱体代替，因为圆柱体的直径就是土壤水分水平扩散直径D_w，因此，$V_s = \frac{\pi}{4} D_w^2 H$，而$V_g = S_l S_e H$，将其代入式（5.12）整理后得到

$$P=\frac{0.785D_w^2}{S_eS_l}\times100\% \qquad(5.13)$$

式中：P 为土壤湿润比，%；D_w 为土壤水分水平扩散直径，即湿润宽度，m；S_e 为滴头间距，m；S_l 为毛管间距，m。

《美国国家灌溉工程手册》推荐的计算公式为

$$P=\frac{nS_eD_w}{S_tS_r}\times100\% \qquad(5.14)$$

式中：n 为每颗作物的滴头个数；S_t 为作物株距，m；S_r 为作物行距，m。

必须注意的是：式（5.14）要求滴头间距 S_e 必须不大于 $0.8D_w$，如果滴头间距大于则 $0.8D_w$ 则按 $S_e=0.8D_w$ 计算。

不同土壤、不同滴头流量和滴头间距情况下的土壤湿润比见表 5.12。

表 5.12　　不同土壤、不同滴头流量和滴头间距情况下的土壤湿润比 P 表　　%

滴头间距 S_e/m	滴头流量 /m	滴 头 流 量										
		1.5L/h			2.0L/h			4.0L/h			8.0L/h		
		对粗中细结构土壤推荐的滴头间距 S_e/m											
		粗	中	细	粗	中	细	粗	中	细	粗	中	细
		0.2	0.5	0.9	0.3	0.7	1.0	0.6	1.0	1.3	1.0	1.3	1.7
0.8		38	88	100	50	100	100	100	100	100	100	100	100
1.0		33	70	100	40	80	100	81	100	100	100	100	100
1.2		25	58	92	33	67	100	67	100	100	100	100	100
1.5		20	47	73	26	53	80	53	80	100	80	100	100
2.0		15	35	55	20	40	60	40	60	80	60	80	100
2.5		12	28	44	16	32	48	32	48	64	48	64	80
3.0		10	23	37	13	26	40	26	40	53	40	53	67
3.5		9	20	31	11	23	34	23	34	46	34	46	57
4.0		8	18	28	10	20	30	20	30	40	30	40	50
4.5		7	16	24	9	18	26	18	26	36	26	36	44
5.0		6	14	22	8	16	24	16	24	32	24	32	40
6.0		5	12	18	7	14	20	14	20	27	20	27	34

注 1. 该表摘自《局部灌溉》，表中数字为单条毛管直线铺设，滴头间距均匀布设时，每次灌水 40mm 的土壤湿润比值。
　　2. 当滴头流量为 1.0L/h 左右时，可将粗/中/细结构土壤推荐的滴头间距改为 0.2m/0.4m/0.8m，所对应的土壤湿润比采用 1.5L/h 滴头的数值。
　　3. 当滴头流量不是表中数值时，可用内插法估计。

（2）双行直线毛管滴头均匀分布时的土壤湿润比计算。对于宽行作物在透水性强的土壤上，为了得到足够的湿润比，可采用双行毛管布置方式（图 5.50）。

此时的土壤湿润比可由式（5.15）计算：

$$P=\frac{P_1S_1+P_2S_2}{S_r}\times100\% \qquad(5.15)$$

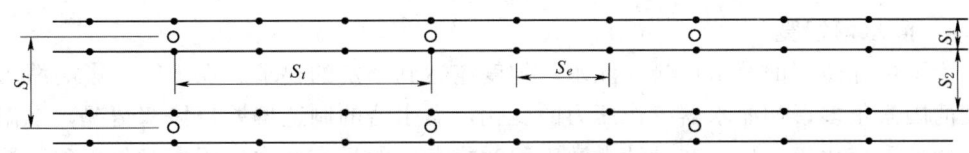

图 5.50 双行毛管布置示意图

式中：S_1 为双行毛管的内间距，应为表 5.12 中给定滴头流量和土壤类别情况下，对应于 $P=100\%$ 时的推荐值，m；P_1 为根据 S_1 值由表 5.12 查得，%；S_2 为双行毛管的外间距，m；P_2 根据 S_2 值由表 5.12 查得，%；其他符号意义同前。

（3）其他布置时的土壤湿润比计算。对于多出水口散发型、锯齿型、绕树毛管型布置（图 5.51），可按多出水点计算土壤湿润比可用式（5.16）计算土壤湿润比：

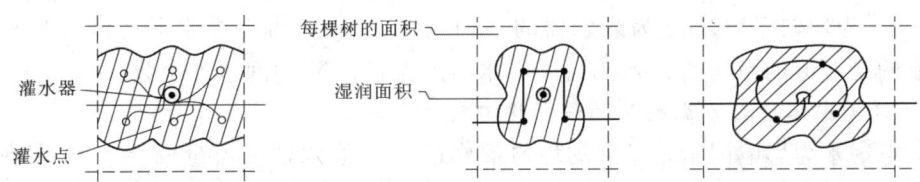

图 5.51 多出水口散发型、锯齿型、绕树毛管型布置示意图

$$P=\frac{nS_eS_w}{S_tS_r}\times 100\% \tag{5.16}$$

式中：S_w 为湿润带宽度，即在给定的滴头流量和土壤条件下，表 5.12 中，$P=100\%$ 时相应的 S_l 值；其他符号意义同前。

（4）条播作物的土壤湿润比计算。近年来，在我国西北干旱区，条播作物如小麦、苜蓿的滴灌技术发展迅速。由于小麦、苜蓿等作物几乎没有行距，因此不能采用上述方法进行计算，根据已有的生产实践经验，对于条播作物的土壤湿润比可用下式计算。

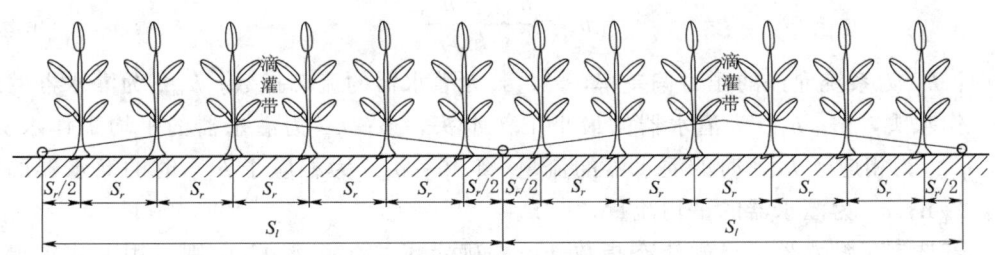

图 5.52 条播作物毛管布置示意图

$$P=\frac{S_w}{S_L}\times 100\% \tag{5.17}$$

式中：S_w 为湿润带宽度，可以通过实际测定或利用表 5.12 进行计算；其他符号意义同前。

5.3.4 灌水均匀度

为了保证微灌的灌水质量，灌水均匀度应达到一定的要求。在田间，影响灌水均匀度的因素很多，如灌水器工作压力的变化，灌水器的制造偏差，堵塞情况，水温变化，微地形变化等。目前在设计微灌工程时能考虑的只有水力（压力变化）和制造偏差两种因素对均匀度的影响。

微灌的灌水均匀度可以用克里斯琴森（Christiansen）均匀系数来表示，即

$$C_u = 1 - \frac{\Delta q}{q_a} \tag{5.18}$$

$$\Delta q = \frac{\sum_i^N |q_i - q_a|}{N} \times 100\% \tag{5.19}$$

式中：C_u 为均匀系数；q_a 为灌水器的平均流量；Δq 为每个灌水器的流量与平均流量之差的绝对值的平均值；q_i 为每个灌水器的流量；N 为灌水器个数。

1. 只考虑水力因素影响时的设计均匀度

只考虑水力影响因素，微灌的均匀系数 C_u 与灌水器的流量偏差率 q_v 存在着一定的近似关系，见表 5.13。

表 5.13 C_u 与 q_v 的 关 系

$C_u/\%$	98	95	92
$q_v/\%$	10	20	30

另外，在平地或均匀坡条件下微灌的流量偏差率与工作水头偏差率的关系为

$$h_v = \frac{1}{x} q_v \left(1 + 0.15 \frac{1-x}{x} q_v\right) \tag{5.20}$$

$$q_v = \frac{q_{\max} - q_{\min}}{q_a} \tag{5.21}$$

$$h_v = \frac{h_{\max} - h_{\min}}{h_a} \tag{5.22}$$

式中：h_v 为系统允许的压力偏差率，%；x 为灌水器的流态指数；$h_{\max}$ 为灌水器的最大工作水头，m；$h_{\min}$ 为灌水器的最小工作水头，m；h_a 为灌水器的平均工作水头，m；$q_{\max}$ 为相应于 $h_{\max}$ 时的灌水器的流量，L/h；$q_{\min}$ 为相应于 $h_{\min}$ 时的灌水器的流量，L/h；q_a 为灌水器的平均流量，L/h。

若选定了灌水器，已知流态指数 x，并确定了均匀系数 C_u，则可用上式求出允许的压力偏差率 h_v，从而可以确定毛管的设计工作压力变化范围。

2. 设计灌水均匀度的确定

在设计微灌工程时，选定的灌水均匀度越高，灌水质量越高，水的利用率也越高，而系统的投资也越大。因此，设计灌水均匀度，应根据作物对水分的敏感程度、经济价值、水源条件、地形、气候等因素综合考虑确定。

建议采用的设计均匀度为：当只考虑水力因素时，取 $C_u = 0.95 \sim 0.98$，或 $q_v = $

10%～20%；当考虑水力和灌水器制造偏差两个因素时，取 $C_u=0.90～0.95$。

5.3.5 灌溉水利用系数

只要设计合理、设备可靠、精心管理，微灌不会产生输水损失、地面流失和深层渗漏。微灌的主要水量损失是由灌水不均匀和某些不可避免的损失所造成。微灌水利用系数一般采用 0.90～0.95。《微灌工程技术标准》（GB/T 50485—2020）规定，灌溉水利用系数滴灌应不低于 0.90，微喷灌应不低于 0.85。

5.3.6 灌水器工作水头

灌水器设计工作水头是微灌系统设计与运行的重要技术参数之一，它实质上是一个微灌系统适应地形能力的一个重要参数。灌水器设计工作水头取得太大，微灌系统适应地形的能力可能被闲置，造成投资及运行费的浪费；灌水器设计工作水头取得太小，将会降低系统适应地形的能力，灌水质量难以得到保证。目前生产实践中根据不同微灌类型，灌水器的设计工作水头取值如下：滴灌灌水器工作水头通常取 8～10m；微喷灌水器工作水头通常取 10～15m；涌泉灌灌水器工作水头通常取 5～8m。

实际工程设计应该根据微灌系统灌水小区田面的平整情况及其大小灵活确定灌水器工作水头。

5.3.7 灌水器设计流量

设计时选定的灌水器流量，也是微灌系统中该种灌水器的平均流量。滴灌灌水器的流量通常在 1.8～4.0L/h 之间。微喷灌水器的流量通常在 20～240L/h 之间。涌泉灌灌水器设计流量通常在 10～60L/h 之间。灌水器设计流量直接影响着微灌系统的造价，灌水器间距一定时，灌水器流量越大，毛管铺设越短，相同面积的农田中支管铺设长度越短，出地桩的数量就会越多，系统固定投资就会增大，但系统对灌溉水的过滤要求相对较低。反之，灌水器流量越小，毛管铺设长度越长，支管布设长度也会增长，出地桩数量会减小，系统固定投资就会降低，但系统对灌溉水的过滤要求相对较高。

微灌系统灌水器设计流量一直未引起足够的重视。在许多地区，大田作物滴灌系统中所选用灌水器设计流量呈现出逐渐增大的趋势。由于灌水器流量增大后，用于微灌系统的自动化改造的电磁阀数量会大幅增大，在一定程度上阻碍了微灌系统自动化、智能化技术的推广与应用。

近年来，新疆在部分地区进行了小流量微灌系统的推广应用，灌水器设计流量降至 0.8～1.38L/h，毛管单向铺设长度可达 70～90m，大大减少了出地桩的数量。

5.4 微灌系统规划与设计

5.4.1 微灌系统规划

系统规划是微灌系统设计的前提，它制约着微灌工程投资、效益和运行管理等多方面指标，关系到整个微灌工程的质量优劣及其合理性，是决定微灌工程成败的重要工作之一。

5.4.1.1 微灌系统规划任务

微灌系统规划是进行项目论证和决策的重要依据,其主要任务如下:

(1) 勘测收集基本资料。收集项目区与该工程规划设计有关的自然条件资料、生产状况资料及社会经济条件资料,为工程设计提供必要的设计资料。

(2) 论证工程的必要性和可行性。根据当地的资源条件、资源优势、技术力量、社会经济状况论证工程的必要性,从经济和技术两个方面论证工程的可行性。

(3) 确定工程的控制范围和规模。根据项目区的水土资源状况进行水土平衡计算,确定工程规模和灌区范围。

(4) 选择适当的取水方式。根据水源位置、地形地貌、作物情况通过方案比选合理布置引、提、蓄等水源工程,确定首部枢纽位置和管网布置。

(5) 微灌系统选型。要根据当地自然条件和经济条件,因地制宜地从技术可行性和经济合理性方面选择系统形式、灌水器类型。

(6) 工程布置。在综合分析水源加压形式、地块形状、土壤质地、作物种植密度、种植方向、地面坡度等因素的基础上,确定微灌系统的总体布置方案。

(7) 做出工程概算。进行典型设计,计算工程量、设备材料种类、规格、数量,估算工程投资并进行经济效益分析。

5.4.1.2 微灌系统规划原则

进行微灌工程规划设计时,应该树立系统工程的观念、因地制宜的观念和突出效益的观念。

1. 与有关规划协调一致

微灌工程规划应在调查项目区自然、社会经济和水土资源利用现状基础上,根据农业生产、生态保护对灌溉的要求进行规划,微灌工程规划应与当地所制定的经济发展规划、生态保护规划、农业发展规划和节水灌溉发展规划协调一致。

2. 对项目水源保证进行充分论证

对拟建微灌工程所用水源的水量、水质情况必须进行充分论证。地表水源应重视洪水期的泥沙问题;地下水源必须论证清楚项目区真实可靠的补给量、可开采量和单井出水量。特别是干旱地区,工程规模应控制在水资源条件允许范围之内,必须避免建设无水源保证的工程和使生态环境遭到破坏的工程。

3. 扬长避短,突出效益

任何技术都有其一定适用条件,微灌也不例外,在进行微灌工程规划时必须坚持扬长避短原则。我国地域辽阔,不同地区的自然气候差异很大,经济发展水平不一,规划应从实际出发,实事求是,充分考虑自然资源和社会经济条件的可能与需要。同时要认真进行方案比选,找出最佳方案。因地制宜、扬长避短、减轻劳动者的劳动强度、突出效益是进行微灌工程规划的最基本原则。

4. 注意与其他用水需求相结合,与农业节水措施相配套

规划时应综合考虑项目区内农田、林带和畜牧、水产、居民用水等其他用水方面的要求,使其他用水不受影响并尽量做到相互结合发挥综合效益。微灌工程措施应与节水农艺措施、节水管理措施相配套,以发挥最大的节水效益。

5. 经济效益、社会效益、环境效益综合考虑，环境效益优先

微灌工程规划必须坚持经济效益、社会效益、环境效益综合考虑，环境效益优先的原则。特别是生态脆弱的干旱地区。经济效益主要体现在节水、节能、省工、省地、增产、增效等方面；社会效益主要表现在缓解农业、工业、生活和生态用水矛盾，微灌工程兼顾向当地乡镇工业和人畜用水供水等；环境效益表现为保护水资源，控制地下水位下降，防止超采地下水，降低灌溉定额，防止化肥农药污染地下水等。

5.4.1.3 基本资料收集

好的微灌工程规划设计是建立在准确、齐全、可靠的基本资料和配套齐全、质量可靠、性能优良的微灌设备之上的，它们是微灌工程规划设计的基础。基本资料可分为自然条件资料、生产状况资料和社会经济状况资料三大类。

1. 自然条件资料

自然条件资料主要包括项目区的地理位置与地形资料、气象资料、水源资料、土壤和工程地质资料、农作物栽培和灌溉试验资料等。

（1）地理位置与地形资料。地理位置资料包括项目区所处的经纬度、海拔高程、范围和面积及其东南西北相邻地区等。应在合适比例的行政区划图上进行清晰的表达。

地形资料是进行工程规划设计的最主要资料，地形资料一般用地形图反映，进行微灌工程规划设计时要收集或测量绘制比例适合、绘制规范的地形图。

灌溉面积在 $333 \sim 667 hm^2$ 以上的微灌工程，规划布置图宜用 $1/10000 \sim 1/5000$ 比例尺的地形图；灌溉面积超过 $667 hm^2$ 的微灌工程可用更小比例尺的地形图；灌溉面积小于 $333 hm^2$ 的微灌工程宜用 $1/5000 \sim 1/2000$ 比例尺的地形图。

规划阶段典型设计和设计阶段设计用地形图，地形平坦情况下的一般微灌系统，宜采用 $1/2000 \sim 1/1000$ ，比例尺地形图；若地形比较复杂或低压微灌系统，宜采用 $1/1000 \sim 1/500$ 比例尺地形图。

（2）气象资料。气象资料包括项目区的降水、蒸发、气温、湿度、日照、积温、无霜期、风速风向、冻土深度、气象灾害等与灌溉密切相关的农业气象资料。气象资料是确定作物需水量和制定灌溉制度的基本依据。所需气象资料可到邻近的气象台（站）收集。

（3）水源资料。水源资料系指为工程项目提供水源的水库、河流、渠道、塘坝、井泉等的逐年供水能力、年水量、水位变化情况，水质、水温、泥沙含量变化情况，特别是灌溉季节的供水、用水情况。对于地表水源，包括取水点的水文资料，即取水点的年来水系列及年内旬或月的分配资料。对于没有现成观测资料的小水源，应根据水源特点进行调查、测量并取样化验。对于以地下水为水源的微灌工程，应收集与项目区有关的地下水储量、可开采量、已开采量、地下水位多年变化情况、超采情况、年可供灌溉水量；收集地下水的化学成分及其含量，单井涌水量，静水位、动水位变化情况，含水层深度、含水层地质情况。

（4）土壤和工程地质资料。土壤资料主要包括土壤质地、土壤容重、田间持水量、土壤孔隙率、土壤渗吸速度、土层厚度、土壤pH值和土壤肥力等。对于盐碱

地，还包括土壤盐分组成、含盐量、盐渍化及次生盐碱化情况、地下水埋深和矿化度等。

(5) 农作物栽培和灌溉试验资料。收集项目区规划设计农作物的栽培资料。对于一年生作物，收集农作物种类、品种、栽培模式、耕作层深度、生长季节、种植比例、种植面积、种植分布图及轮作倒茬计划、条田面积和规格、防护林布设等；对于多年生作物，应收集树种、老果园还是新果园、树龄、密度、栽种方式（沟植、平植或畦植）、根系活动层深度、行向、株距和行距、冬季是否埋土、田间管理要求等。同时还了解原有的高产、稳产农业技术措施，产量和灌溉制度等。

当地的灌溉试验资料是进行微灌工程规划设计的最宝贵资料，在无当地灌溉试验资料情况下也可收集条件类似地区的灌溉试验资料进行参考。

2. 生产状况资料

生产状况资料包括项目区的水利工程和节水灌溉现状资料、农业生产现状资料、动力资料、材料及设备生产供应资料、用水状况及水资源管理资料。

(1) 水利工程和节水灌溉现状资料。收集项目区水利工程现状及管理情况资料，在进行微灌工程规划设计时应考虑充分利用现有的水利设施，确保有可靠的水源并尽可能减少投资；特别应收集农村饮水工程的有关资料，规划设计时应注意保护其水资源。

灌溉工程现状资料包括灌溉发展情况、灌溉面积、配套情况、节水灌溉面积、管理体制、运行机制现状、存在的问题等。

(2) 农业生产现状资料。农业生产现状资料包括土地资源面积，耕地面积，作物资料，各种主要作物单位面积产量，农、林、牧、渔在农业结构中所占比例、现状和发展计划、产值等。同时还应收集项目区能反映现状的和工程建设后的作物产量与农业措施。作物资料包括项目区的作物种类、播种面积、复种指数、品种、种植面积及比例、分布位置、生育期、各生育阶段及天数、主要根系层活动深度、需水量、灌溉制度等。

(3) 动力资料。动力资料包括现有的动力、电力及水利机械设备情况（如电动机、变压器、柴油机）、电网供电情况以及动力设备价格、电费与柴油价格等。要了解当地目前拥有的动力及机械设备（拖拉机、柴油机、电动机、变压器、汽油机等）的数量、规格及使用情况，了解输变电线路和变压器数量、容量及现有动力装机容量，还应收集当地的施工队伍和施工机械情况。

(4) 材料和设备生产供应资料。当地材料和设备生产供应资料包括水泥、砂、石、建筑材料、微灌设备、管材、管件等材料的规格、型号、性能、价格以及当地的生产供应情况，以供规划设计时选择和进行投资估算和概算。

(5) 用水状况及水资源管理资料。用水状况资料包括工业、生活、农业及生态用水量情况。同时还应收集各种用水指标，如当地人均综合用水量、万元国内生产总值GDP（当年价）用水量、城镇人均生活用水量、农村人均生活用水量（含牲畜用水）、万元工业产值（当年价，含火电）用水量、万元工业增加值（当年价）用水量、农田灌溉亩均用水量等用水指标。

水资源管理资料包括水资源费征收情况、水价情况、水费征收情况等，用以进行项目前和项目后的效益分析。

3. 社会经济状况资料

社会经济状况资料包括项目区的行政区划资料、经济情况资料、交通情况资料和有关发展规划及相关文件资料。

(1) 项目区的行政区划资料。项目区的行政区划资料包括项目区所属的省（自治区、直辖市）、县（市、兵团团场）的名称，国土面积，所管辖县（区）、乡（镇）、村（街道委员会）的数量、总人口、农业与非农业人口、外出劳力、现状村内常年劳力、从事农业生产的劳力数量及文化素质等。工程建设后必须便于管理，因此应了解现行的行政区划界线，生产管理制度，尽量使所建微灌工程的管理和生产管理范围相一致。

(2) 经济情况资料。经济情况资料包括当地工农业生产水平，乡镇企业发展，工矿企业生产状况，工农业生产总值，农业生产总值，现有耕地、荒地、草场及森林的分布和面积，森林覆盖率，牲畜状况，养殖业概况，缺水地区的范围与缺水程度，产品价格，经营管理水平，组织管理机构的体制及人员配备情况等，是选择微灌工程时必须考虑的因素。对国民经济总产值、人均年收入和生产管理体制进行调查，以对投资的规模、能力、今后的管理和发展做出正确的评估。

(3) 交通情况资料。交通情况资料包括项目区对外的交通运输能力及运输价格情况，以便进行投资效益计算。

(4) 有关发展规划及相关文件资料。进行微灌工程规划设计时，主要收集以下与微灌工程规划设计有关的规划及文件资料：

1) 有关批准文件。有关批准文件主要包括立项申请的批件、可行性研究报告的批件、与工程项目有关的资金筹措承诺文件和环保单位的审批评估文件、有关部委要求的文件等。

2) 有关行业发展规划。有关行业发展规划主要包括所在地区的五年、十年中长期国民经济发展计划和规划、水利发展规划、水资源功能发展区划、农业发展规划及区划、节水灌溉发展规划、水土保持规划、退耕还林还草规划、城镇国民经济发展规划等。

3) 有关标准。有关标准主要包括《节水灌溉工程技术标准》（GB/T 50363—2018）、《微灌工程技术标准》（GB/T 50485—2020）等。

4) 相关材料。相关材料主要包括作物生产资料、土壤普查实测资料、不同作物灌溉制度资料、灌溉成本、用水定额等与节水灌溉发展相关的资料。

5.4.1.4 微灌工程规模确定

规划阶段应该首先进行水量平衡分析计算，以确定合理的工程规模。水量平衡分析计算主要受水源条件的制约，不同水源条件有不同的分析计算方法。当水源一定时，灌溉面积与滴灌设计灌溉补充强度、滴灌系统工作制度等因素有关。

1. 地下水水源

(1) 井水。补给源有保证且成井质量好的井水，水量稳定、水质良好，是滴灌工

程的理想水源。井水可灌面积为

$$A = \frac{\eta Q_w C}{10 I_a} \quad (5.23)$$

式中：A 为井水可灌面积，hm^2；η 为灌溉水有效利用系数；Q_w 为水井的出流量，m^3/h；C 为系统日最大运行时数，h；I_a 为设计灌溉补充强度，mm/d。

当 $A > A_{计}$（$A_{计}$ 为计划灌溉面积）时，则 $A_{计}$ 为确定的设计灌溉面积；当 $A < A_{计}$ 时，则 A 为设计灌溉面积，这时必须调整原定的计划灌溉面积。

（2）泉水。由于山泉流量小，一般需经过调蓄才能满足灌溉用水要求。水量平衡计算的任务是确定可灌面积和蓄水池容积。山泉可灌面积为

$$A = \frac{2.4 Q_s}{I_a} \quad (5.24)$$

式中：A 为山泉可灌面积，hm^2；Q_s 为可供灌溉的泉水流量，m^3/h；I_a 为设计灌溉补充强度，mm/d。

2. 塘、坝类水源

（1）塘、坝的集流面积足够大，其容积已确定时，可灌面积为

$$A = \frac{\eta_{蓄} K V}{10 \sum I_i T_i} \quad (5.25)$$

式中：A 为塘、坝可灌面积，hm^2；V 为塘、坝蓄水容积，m^3；K 为塘、坝复蓄系数，$K=1.0\sim1.5$（北方取 1.0，南方取 1.5）；$\eta_{蓄}$ 为考虑蒸发和渗漏损失后的蓄水有效利用系数，取 $\eta=0.6\sim0.7$；I_i 为灌溉季节各月的毛供水强度，mm/d；T_i 为灌溉季节各月的供水天数，天。

（2）灌溉面积已定，则塘、坝调需容积为

$$V = \frac{10 A \sum I_i T_1}{\eta K} \quad (5.26)$$

式中：A 为计划灌溉面积，hm^2；其余符号意义同前。

3. 河、渠类水源

河、渠类水源水量平衡分析的主要任务是当灌溉面积已定时求得系统需要的供水流量，与河、渠可供流量进行比较，如超过，则减小灌溉面积，将工程规模控制在水源有保证的范围之内。可用下式计算面积已定时工程需要的供水流量：

$$Q = \frac{10 m_{毛} A}{TC} \quad 或 \quad Q = \frac{10 I_a A}{\eta C} \quad (5.27)$$

式中：Q 为系统需要的供水流量，m^3/h；$m_{毛}$ 为设计毛灌水定额 m^3/hm^2；A 为计划灌溉面积，hm^2；T 为灌水周期，天；其余符号意义同前。

5.4.1.5 微灌工程总体规划

1. 微灌工程总体布置

规划阶段工程布置主要是确定灌区具体位置、面积、范围及分区界限；确定水源位置，对沉淀池、泵站、首部等工程进行总体布局；合理布设主干管线。

（1）灌区范围的确定。根据工程建设方的要求和行政区划及土地的具体情况，滴

灌技术的特点，选定滴灌工程的位置，并确定滴灌面积、范围及灌区的界限。

（2）水源工程的布置。优先选择距灌区最近的水源，以便减少输水干管的投资。在平原地区利用井水作为滴灌的水源时，应尽可能地将井打在灌区中心。在有条件的地区尽可能利用地形落差发展自压滴灌。为了节省能源可以一级或多级提水灌溉，并应经过技术经济比较确定。在需建沉淀池的灌区，可以与蓄水池结合修建。

（3）系统首部枢纽和输水干管的布置。系统首部枢纽通常与水源工程布置在一起，但若水源工程距离灌区较远，也可单独布置在灌区附近或灌区中间，以便于操作和管理。

2. 首部枢纽布置

一个滴灌系统能否正常、方便安全地运行，发挥其效益，除了须十分谨慎地选用灌水器外，还须更为谨慎地选择首部枢纽。须指出的是，所选首部枢纽，特别是过滤器是滴灌系统的关键所在，过滤器是否能够有效发挥作用，关系着灌水器是否能够正常运行，一旦过滤器出现故障，会在很短的时间内将成千上万只灌水器堵塞，造成滴灌系统报废。

（1）过滤器的选择。选择过滤器主要考虑以下原则：

1）过滤精度满足滴头对水质处理的要求。滴头供应商应该提供所供应的滴头对水质过滤精度的要求，设计者根据供应商所提供的要求选择适当精度的过滤器。如供应商未提供该要求，最好的方法是通过试验，然后确定所需的过滤器。

2）应根据制造商所提供的清水条件下流量与水头损失关系曲线，选择合适的过滤器品种，尺寸和数量，使过滤器水头损失比较小，否则会增加系统压力，使运行费用增加。

3）储污能力强。除选用自清洗式过滤器外，在选择过滤器时应根据水源含杂质情况。选择不同级别、不同品种的过滤器，以免过滤器在很短时间内堵塞而不得不频繁冲洗，增加运行管理的困难度。一般要求过滤器清洗时间间隔不少于一个轮灌组运行时间。

4）耐腐性好，使用寿命长。塑料过滤器要求外壳使用抗老化塑料制造。金属过滤器要求表面耐腐蚀不生锈。过滤芯材质宜为不锈钢，外壳可采用可靠的防腐材料喷涂。

5）运行操作方便可靠。对于自清洗式过滤器要求自清洗过程操作简便，自清洗能力强。对于人工清洗过滤器，要求滤芯取出、清洗和安装简便，方便运行。

6）安装方便。选用过滤器时，应选择能够配套供应各种联接管件的供应商，使施工安装简便易行。

不同水源情况及推荐选择的过滤器见表 5.14。

表 5.14　　　　　　　　　不同水源情况及推荐选择的过滤器

水源类型	含杂质情况	选择过滤器
地面水	藻类、生物体、菌类等有机物和沙等无机物	砂石过滤器＋网式过滤器或叠片式过滤器
地下水	沙和无机盐，含沙量<3mg/L	网式过滤器，水沙分离器＋网式过滤器

(2) 首部枢纽布置。当水源距灌溉地块较近时，首部枢纽一般布置在泵站附近，以便运行管理。距离较远时，首部枢纽布置在灌溉地附近。对于小的灌溉系统，如输水距离不长，一般只在泵站安装一级过滤首部，田间一般不布置二级过滤。当灌溉地块较大时，可考虑在不同的区域上安装二级过滤器。

3. 输配水管网的布置

(1) 滴灌管网布置应遵循下列原则：

1) 符合滴灌工程总体要求，井灌区的管网宜以单井控制灌溉面积作为一个完整系统。渠灌区应根据作物布局、地形条件，地块形状等分区布置，尽量将压力接近的地块分在同一个系统。

2) 规划时首先确定出地管、给水栓的位置。给水栓的位置应当考虑到耕作方便和灌水均匀。给水栓纵向的间距一般在 100~150m 之间；横向间距一般按 120~150m 布置；使管道总长度短，管道顺直，水头损失小，总造价低而管理运用方便，少穿越其他障碍物。

3) 输配水地埋固定管道应尽可能布设在坚实的基础上，尽量避开填方区以及可能发生滑坡或受山洪威胁的地带。若管道因地形条件限制，必须铺设在松软地基或有可能发生不均匀沉陷的地段，则应对管道基地进行处理。

4) 输配水管道沿地势较高位置布置，支管垂直于作物种植行布置，毛管顺作物种植行布置。地形复杂需要采用改变管道纵坡布置时，管道最大纵坡不宜超过 1:1.5，而且应小于或等于土壤的内摩擦角，并在其拐弯处或直管段超过 30m 时设置镇墩。固定管道的转弯角度应大于 90°。埋设深度一般应在冻土层深度以下，若入冬前能保证放空管内积水，则可适当浅埋。

5) 若局部地区供水压力不足，而提高全系统压力又不经济，应采取增压措施，若部分地区供水压力过高，则可结合地形条件和供水压力要求设置压力分区，采取减压措施，或采取不同等级的管材和不同压力要求的灌水方法，布置成不同的灌溉系统。在进行各级管道水力计算时，应同时验算各级管道产生水锤的可能性以及水锤压力的大小值，以便采取水锤防护措施。特别是在管道纵向拐弯处，应检查是否可能产生真空，导致管道破坏，应在管道规定压力中预留 2~3m 水头的余压。

6) 输配水管网各级管道进口必须设置节制阀；分水口较多的配水管道，每隔 3~5 个分水口设置一个节制阀。管道最低处应设置退水泄水阀；在管道的驼峰处或管道最高处应安装排气阀。

7) 管网布置尽量平行与沟、渠、路、林带，顺田间生产路和地边布置，以利耕作和管理。

8) 尽量利用地形落差实施重力输水。

9) 避免干扰输油、输气管道及电信线路等。

10) 应尽可能发挥输配水管网综合利用的功能，把农田灌溉与农村供水以及水产、环境美化相结合，使输配水管网的效益达到最高。

(2) 管网规划布置步骤。

1) 根据地形条件分析确定管网类型。

2）确定给水栓和出地管的适宜位置。

3）按管道总长度最短原则，确定管网中各级管道的走向与长度。

4）在纵断面图上标注各级管道桩号、高程、给水装置、保护设施、连接管件及附属建筑物的位置。

5）对各级管道、管件、给水装置等，列表分类统计。

4．田间管网具体布置

一般滴灌系统输水管网采用固定式，其布置形式主要采用树状管网，依据水源的种类和位置以及管网类型不同，其布置形式有如下几种。

（1）水源位于田块一侧，树状管网一般呈"一"字形、T形和L形。这三种布置形式主要适用于控制面积较小的井灌灌区，一般控制面积为 $10\sim33.3hm^2$（150～500亩），如图5.53、图5.54所示。

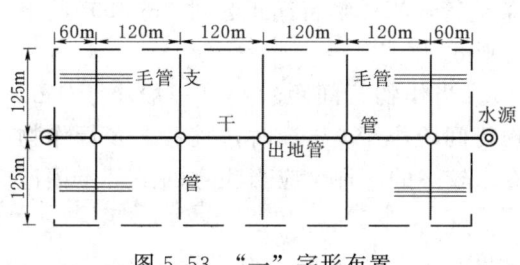

图5.53 "一"字形布置

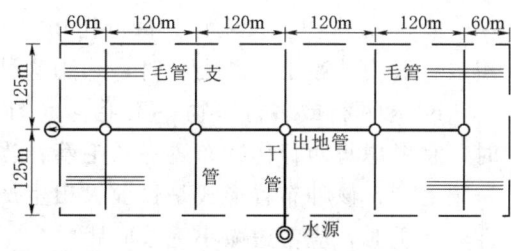

图5.54 T形布置

（2）水源位于田块一侧，控制面积较大，一般为 $40\sim100hm^2$（600～1500亩）。地块成方形或长方形，作物种植方向与灌水方向相同或不相同时可布置成梳齿形，如图5.55所示。

（3）水源位于田块中心，控制面积较大时，常采用"工"字形和长"一"字形树枝状管网布置形式，如图5.56和图5.57所示。

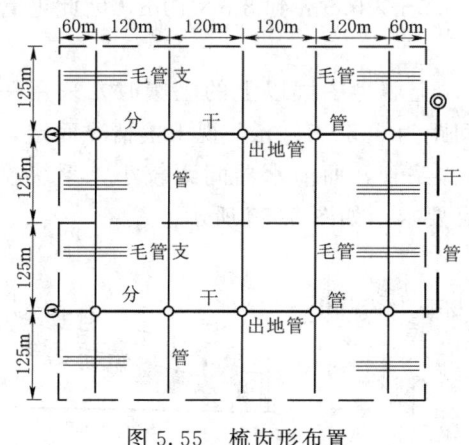

图5.55 梳齿形布置

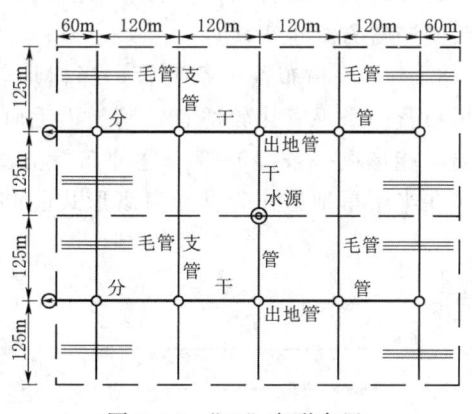

图5.56 "工"字形布置

5．微灌系统毛管布置

（1）滴灌毛管与灌水器布置。

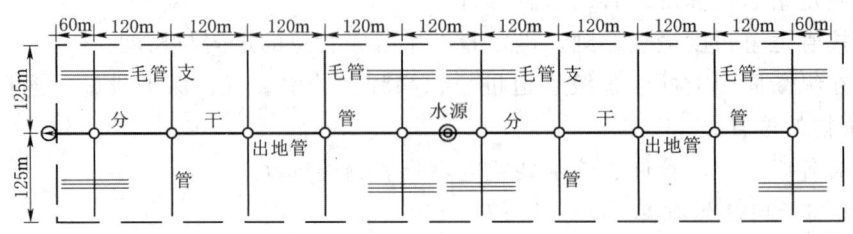

图 5.57 "长一"字形布置

1) 条播密植作物。大部分作物如棉花、玉米、蔬菜、甘蔗等均属于条播密植作物，需采用较高的湿润比，一般宜大于 60%。毛管和滴头的用量相应较多。这时毛管顺作物行向布置，滴头均匀地布置在毛管上，滴头间距为 0.3~1.0m，毛管有以下两种布置形式。

a. 每行作物一条毛管。每行作物布置一条毛管，当作物行间距超过 1m 和轻质土壤（一般为砂壤土、砂土）时，采用这种布置形式。

b. 每两行或多行作物一条毛管（图 5.58）。当作物行间距较小（一般小于 1m）时，宜考虑每两行作物布置一条毛管；当作物行间距小于 0.3m 时，宜考虑多行作物一条毛管，该种布置形式是目前大田生产中应用较多的一种。应当注意的是，土壤沙性较严重时，应考虑减小毛管间距。

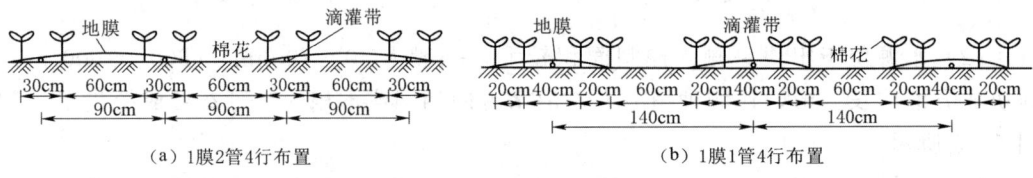

图 5.58 新疆膜下滴灌棉花滴灌带典型布置

2) 果园。果树的种植间距变化较大，从 0.5m×0.5m 到 8m×10m，因此毛管和滴头的布置方式也很多。

a. 一行果树布置一条毛管。当树形较小，土壤为中壤以上的土壤时，采用一行果树布置一条毛管比较适宜。滴头沿毛管的间距为 0.5~1.0m，视土壤情况而定，一般要求能形成一条湿润带。这种布置方式节省毛管，而灌水器间距较小，系统投资低。在半干旱地区作为补充灌溉形式能够满足要求，如图 5.59 所示。

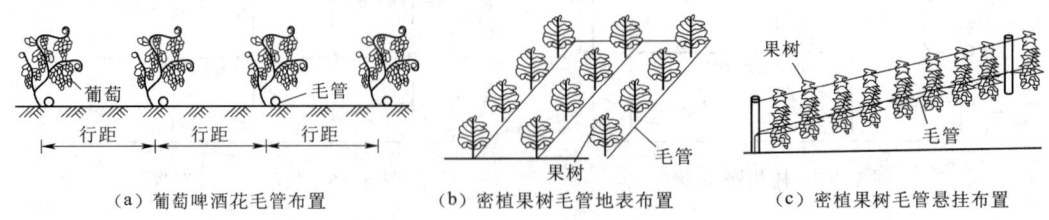

图 5.59 果树毛管单行布置

b. 一行果树布置两条毛管。当树行距较大（一般大于 4m）土壤为中壤以上的土壤时，采用一行果树布置两条毛管布置形式较适宜。或当果树行距小于 4m，但土壤沙性较严重时，可考虑一行果树布置两条毛管。在干旱地区，果树完全依赖灌溉时，受湿润区域的限制，根

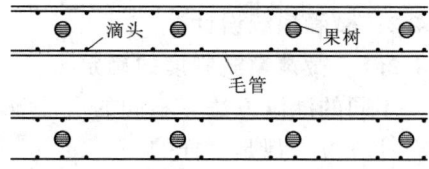

图 5.60 果树毛管双行布置

系发育也呈条带状，当风速较大时，为了避免由于湿润区过小而使根系过于集中于一个小区域而出现根系锚固问题，宜采用这种布置方式，如图 5.60 所示。

c. 曲折毛管和毛管绕树布置。当果树间距较大（一般大于 5m）或在极干旱地区，也可考虑曲折毛管和绕树毛管布置形式。这种布置形式的优点在于湿润面积近于圆形，与果树根系的自然分布一致。在成龄果园建设滴灌系统时，由于作物根系发育完善，可采用这种布置方式，如图 5.61 所示。

d. 多出流口滴头。能够采用曲折毛管和绕树毛管的地方，也可采用多出流口滴头，或多个滴头用水管分流的布置方式，如图 5.62 所示。

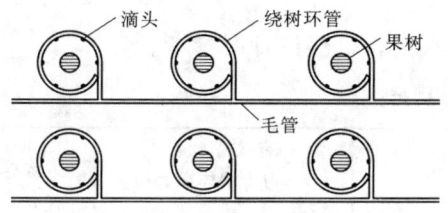

图 5.61 果树毛管绕树布置

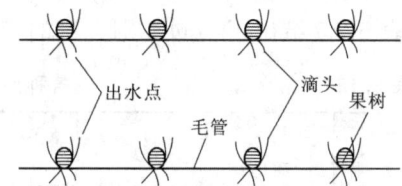

图 5.62 果树毛管多出流口布置

（2）微喷灌毛管和灌水器布置。根据作物和所使用的微喷头的结构与水力性能不同，毛管和灌水器的布置也不同，常见的布置形式如图 5.63 所示。毛管沿作物行方向布置，一条毛管可控制一行作物，也可控制若干行作物，取决于微喷头的喷洒直径和作物的种类。毛管的长度取决于喷头的流量和灌水均匀度的要求，由水力计算决定。

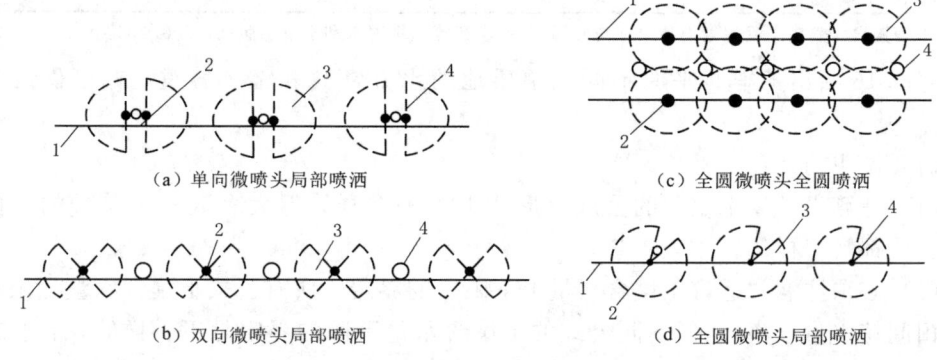

图 5.63 微喷灌毛管和灌水器布置形式
1—毛管；2—微喷头；3—喷洒湿润区；4—果树

5.4.2 微灌系统设计

5.4.2.1 微灌灌溉制度的确定

不同的灌溉方法有不同的设计灌溉制度，但对喷灌、微喷灌、滴灌等而言，其原则及计算方法都是一样的。

1. 设计净灌水定额计算

微灌系统的设计净灌水定额可由下式计算：

$$m = 0.001 \gamma z p (\theta_{\max} - \theta_{\min}) \tag{5.28}$$

$$m = 0.001 z p (\theta'_{\max} - \theta'_{\min}) \tag{5.29}$$

式中：m 为设计净灌水定额，mm；γ 为土壤干容重，g/cm³；z 为计划湿润层深度，cm，蔬菜取 0.2~0.3m，大田作物取 0.3~0.6m，果树取 0.8~1.2m；p 为设计土壤湿润比，%；具体计算见 5.3 节；$\theta_{\max}$ 为适宜土壤含水率上限（质量含水率），%；$\theta_{\min}$ 为适宜土壤含水率下限（质量含水率）；$\theta'_{\max}$ 为适宜土壤含水率上限（体积含水率），%；$\theta'_{\min}$ 为适宜土壤含水率下限（体积含水率），在实际生产当中，$\theta_{\max}$ 通常取为田间持水量，$\theta_{\min}$ 通常用凋萎系数来表示。

表 5.15 给出了不同类别土壤的容重和持水量，可供设计时参考。

表 5.15　　各种土壤的容重和持水量

土壤类别	质地	容重 /(g/cm³)	田间持水量		有效持水量 θ（占土壤体积,%）		入渗速度 /(mm/h)
			重量/%	体积/%	范围	平均值	
砂土	粗质地	1.45~1.60	16~22	26~32	3.3~6.2	4	20
砂壤土	中等粗质地	1.36~1.54	22~30	32~42	6.0~8.5	7	15
轻壤土	中等质地	1.40~1.52	22~28	30~36	8.5~12.5	10.5	12
中壤土	中等细质地	1.40~1.55	22~28	30~35	12.5~19.0	16.5	11
重壤土	细质地	1.35~1.44	28~32	32~42	14.5~21.0	17.5	10
黏土	细质地	1.32~1.40	30~35	40~50	13.5~21.0	17	8

注　本表摘自《滴灌工程规划设计原理与应用》，张志新等，中国水利水电出版社，2007 年。

表 5.16 给出了华北平原不同土壤质地的水分常数和土壤容重，亦可供设计是参考。

需要说明的是：

（1）计算设计灌水定额的公式，形式上多种多样，但大多数只是符号的不同而已，实质都是一样的。

（2）必须注意"适宜土壤含水量上下限"的界定。所有公式土壤含水量上限都是土壤田间持水量（率），但不同公式的土壤含水量下限的界定是不一样的，有些公式会用凋萎系数作下限，有些公式所界定的下限是介于田间持水量和凋萎系数之间的特定值——临界含水量。

表 5.16　　　　　　　　华北平原不同土壤质地的水分常数与土壤容重

土壤质地	容重 /(g/cm³)	水 分 常 数			
		重量比/%		体积比/%	
		凋萎系数	田间持水量	凋萎系数	田间持水量
紧砂土	1.45~1.60	—	16~22	—	26~32
砂壤土	1.36~1.54	4~6	22~30	5~9	32~42
轻壤土	1.40~1.52	4~9	22~28	6~12	30~36
中壤土	1.40~1.55	6~10	22~28	8~15	30~35
重壤土	1.38~1.54	6~13	22~28	9~18	32~42
轻黏土	1.35~1.44	15	28~32	20	40~45
中黏土	1.30~1.45	12~17	25~35	17~24	35~45
重黏土	1.32~1.40	—	30~35	—	40~50

2. 灌水周期的确定

设计灌水周期是指在设计灌水定额和设计日耗水量的条件下，能满足作物需要的，两次灌水之间的最长时间间隔。这只是表明系统的能力，而不能完全限定灌溉管理时所采用的灌水周期。设计灌水周期可按式（5.30）计算：

$$T=\frac{m}{E_a} \tag{5.30}$$

式中：T 为设计灌水周期，d；m 为设计净灌水定额，mm；E_a 为设计时选用的作物耗水强度，mm/d。

3. 灌水延续时间的确定

单行毛管直线布置、灌水器间距均匀的情况下，一次灌水延续时间由式（5.31）确定。对于灌水器间距非均匀安装的情况下，可取 S_e 为灌水器的间距的平均值。

$$t=\frac{mS_eS_L}{\eta q} \tag{5.31}$$

式中：t 为一次灌水延续时间，h；m 为净设计灌水定额，mm；S_e 为灌水器间距，m；S_L 为毛管间距，m；η 为田间水利用系数，$\eta=0.90\sim0.95$；q 为灌水器流量，L/h。

对于果树，每棵树安有 n 个灌水器时，则：

$$t=\frac{mS_rS_t}{n\eta q} \tag{5.32}$$

式中：S_r 为果树的行距，m；S_t 为果树的株距，m；其余符号意义同前。

4. 灌水次数与灌水总量的确定

使用微灌技术，作物全生育期（或全年）的灌水次数比传统的地面灌溉多。根据我国的经验，北方果树通常一年灌水 15~30 次；在水源不足的山区也可能一年只灌 3~5 次，灌水总量为生育期或一年内（对多年生作物）各次灌水量的总和。

5.4.2.2 微灌工作制度的确定

微灌系统的工作制度通常分为全系统续灌和分组轮灌两种情况。不同的工作制度要求的流量不同,因而工程费用也不同。在确定工作制度时,应根据作物种类、水源条件和经济状况等因素作出合理选择。

1. 全系统续灌

全系统续灌是对系统内全部管道同时供水,对设计灌溉面积内所有作物同时灌水的一种工作制度。它的优点是灌溉供水时间短,有利于其他农事活动的安排。缺点是干管流量大,增加工程的投资和运行费用;设备的利用率低;在水源流量小的地区,可能缩小灌溉面积。

2. 分组轮灌

较大的微灌系统为了减小工程投资,提高设备利用率,增加灌溉面积,通常采用轮灌的工作制度。一般是将支管分成若干组,由干管轮流向各组支管供水,而支管内部则同时向毛管供水。

(1) 轮灌组的划分原则。

1) 各轮灌组控制的面积应尽可能相等或接近,以使水泵工作稳定,效率提高。

2) 轮灌组的划分应照顾农业生产责任制和田间管理的要求。

3) 为了便于运行操作和管理,通常一个轮灌组管辖的范围宜集中连片,轮灌顺序可通过协商自上而下或自下而上进行。有时,为了减少输水干管的流量,也采用插花操作的方法划分轮灌组。

(2) 确定轮灌组数。按作物需水要求,全系统划分的轮灌组数目如下:

$$N < \frac{CT}{t} \tag{5.33}$$

式中:N 为允许的轮灌组最大数目,取整数;C 为一天运行的小时数,一般为 12~22h,对于固定式系统不低于 16h;T 为灌水时间间隔(周期),天;t 为一次灌水持续时间,h。

实践表明,轮灌组过多,会造成各农户的用水矛盾,按上式计算的 N 值为允许的最多轮灌组数,设计时应根据具体情况灵活确定合理的轮灌组数目。

3. 轮灌组的划分方法

通常在支管的进口安装闸阀和流量调节装置,使支管所辖的面积成为一个灌水单元,称灌水小区。一个轮灌组可包括一条或若干条支管,即包括一个或若干个灌水小区,称灌水小区。

5.4.2.3 微灌系统流量计算

1. 毛管流量计算

一条毛管的进口流量为其上灌水器或出水口流量之和,即

$$Q_{毛} = \sum_{i=1}^{N} q_i \tag{5.34}$$

式中:$Q_{毛}$ 为毛管进口流量,L/h;N 为毛管上灌水器或出水口的数目;q_i 为第 i 个灌水器或出水口的流量,L/h。

设毛管上灌水器或出水口的平均流量为 q_a,则

$$Q_{毛} = N q_a \tag{5.35}$$

5.9 系统最大日工作小时数

为了方便，设计时可用灌水器设计流量 q_d 代替平均流量 q_a，即

$$Q_毛 = Nq_d \tag{5.36}$$

毛管设计对整个系统的投资有较大的影响。

2. 支管流量计算

通常支管双向给毛管配水，如图 5.64 所示。支管上有 N 排毛管，由上而下编号为 1，2，…，$N-1$，N，将支管分成 N 段，每段编号相应于其下端毛管的编号。任一支管段 n 的流量为

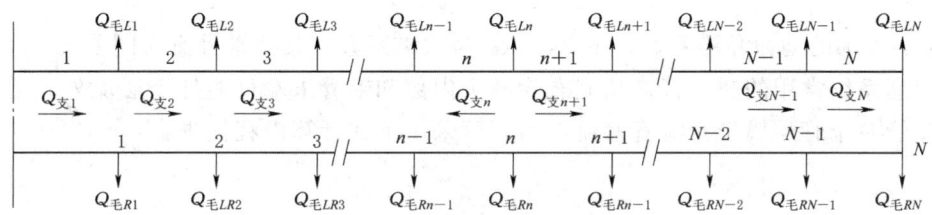

图 5.64 支管配水示意图

$$Q_{支n} = \sum_{i=n}^{N}(Q_{毛Li} + Q_{毛Ri}) \tag{5.37}$$

式中：$Q_{支n}$ 为支管第 n 段的流量，L/h；$Q_{毛Li}$、$Q_{毛Ri}$ 分别为第 i 排左侧毛管和右侧毛管道口流量，L/h；n 为支管分段号。

支管道口流量（$n=1$）：

$$Q_支 = \sum_{i=1}^{N}(Q_{毛Li} + Q_{毛Ri}) \tag{5.38}$$

当毛管流量相等，即

$$Q_{毛Li} = Q_{毛Ri} = Q_毛$$
$$Q_支 = 2NQ_毛$$

3. 干管流量推算

(1) 续灌情况。任一干管段的流量等于该段干管以下支管流量之和。

(2) 轮灌情况。任一干管段的流量等于通过该管段的各轮灌组中最大的流量。

5.4.2.4 管道水力计算

管道水力计算是压力管网设计非常重要的内容，在系统布置完成之后，需要确定干、支管和毛管管径，均衡各控制点压力以及计算首部加压系统的扬程。有关水力学方面的知识请参阅有关书籍。本节只对有关微灌系统常用的有压管道水力计算进行介绍。

微灌系统水力计算的任务是在设计流量已确定的情况下初选管径，计算各级管道水头损失，并在满足滴头工作压力和设计灌水均匀度要求的前提下，合理确定各级管道的直径以及各级管道进口处的压力控制装置，并选择适宜的水泵及其配套动力。

1. 微灌管道水力计算常用公式

通常认为微灌管道内水流流态多数属于紊流光滑区，并用达西-威斯巴赫公式来计算管道沿程水头损失：

$$h_f = \frac{L}{D}\frac{V^2}{2g} \tag{5.39}$$

式中：V 为管道入口断面流速，m/s；D 为管道管径，m；L 为毛管长度，m；λ 为沿程阻力系数。

上述公式中，沿程阻力系数与管壁的粗糙度和雷诺数 Re 有关，微灌系统使用的管道均为塑料管道，值主要取决于水流的雷诺数 Re，即

$$Re = \frac{VD}{\nu} \tag{5.40}$$

式中：ν 为水的动力黏滞系数，m^3/s；Re 为雷诺系数；其他符号意义同前。

微灌系统常用的塑料管，其流态除滴头内部和毛管末端可能处于层流外，毛管大部、支管及干管均属于光滑管紊流，因而可采用下式计算沿程损失：

$$H_f = f\frac{Q^m}{d^b}L \tag{5.41}$$

式中：f 为沿程水头损失系数；Q 为管道入口流量，L/h；d 为管道内径，mm；m、b 分别为流量指数和管径指数。

《微灌工程技术标准》（GB/T 50485—2020）中对式（5.41）中的系数和指数给出了数值，见表5.17。

表 5.17　　　　　各种管材的摩阻系数、流量指数和管径指数

管　材			f	m	b
硬塑料管			0.464	1.770	4.770
微灌用聚乙烯管	$D>8\text{mm}$		0.505	1.750	4.750
	$D<8\text{mm}$	$Re>2320$	0.595	1.690	4.690
		$Re\leqslant 2320$	1.750	1.000	4.000

2. 多口出流管道的沿程水头损失计算

多口出流管道微灌系统中一般是指毛管和支管。在微灌系统中，由于毛管一般由厂家提供了不同管径不同滴头和不同间距条件下铺设长度与水头损失关系曲线，故一般不需计算。如厂家所提供的数据中滴头间距不能满足设计要求，则需进行计算，但滴头和微喷头与毛管连接处的局部水头损失应充分考虑，可初选一个值，利用厂家提供的数据反推而得出适宜的局部水头损失值。在微喷灌系统中，也可使用厂家提供的水头损失与管径、微喷头流量和间距的关系曲线。因而多孔出流管沿程水头计算一般指支管的计算。

（1）多口出流管道沿程压力分布。管道沿程任一断面的压力等于进口压力水头、进口至该断面处的水头损失及地形高差的代数和，即

$$h_i = H - \Delta H_i + \Delta H_i' \tag{5.42}$$

式中：h_i 为断面 i 处的压力水头，m；H 为进口处的压力水头，m；ΔH_i 为进口处至断面 i 处的水头损失，m；$\Delta H_i'$ 为进口处与断面 i 处的地形高差，顺坡为正值，逆坡为负值。

多口出流管因管中流量沿程在不断地变化,当孔距无穷小时其沿程损失曲线为指数曲线,如图5.65中线2所示。考虑了沿管的地形坡度(图5.65中线1)后,多口出流管沿程压力水头分布如图5.65中线3所示。

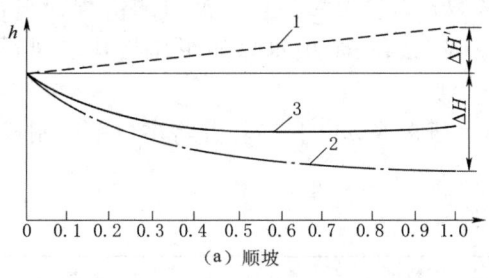
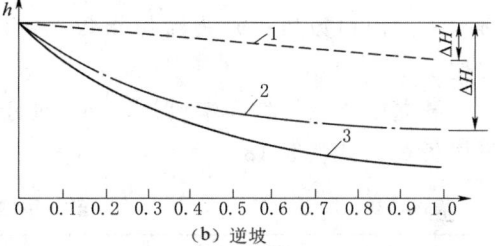

图5.65 多口出流管道沿程压力水头分布
1—地面坡度线;2—摩擦阻力损失曲线;3—压力水头曲线

确定多口管压力分布曲线的方法步骤如下:
1) 计算多口管全管长的沿程损失 ΔH。
2) 计算从管进口至任一分流口断面的沿程损失,即

$$\Delta H_i = R_i \Delta H \tag{5.43}$$

对于全等距等量(各口分流量相等,各口间距及管道口至第一分流口的间距也相等)的多口管的摩损比为

$$R_i = 1 - \left(1 - \frac{i}{N - 0.48}\right)^{m+1} \tag{5.44}$$

式中:i 为孔口编号;N 为出流口数;m 为计算 ΔH 公式中的流量指数。

3) 确定任一断面处与进口地形高差 $\Delta H_i'$。
4) 按式(5.42)计算任一处的压力 h_i。

(2) 多口出流管道的沿程损失计算。

1) 分段计算法。在多口出流管道中,考虑到由入口至末端流量沿程逐渐减少,可以用达西-韦斯巴赫(Dacy-Weisbach)公式分别计算各分流口之间管段的沿程水头损失,然后再累加起来,得到多口出流管道全长的沿程水头损失。将管段从上游往下游顺序编号,第 n 管段水头损失计算公式为

$$h_n = f \frac{Q_n^m}{d^b} L_n \tag{5.45}$$

$$Q_n = \sum_{i=n}^{N} q_i \tag{5.46}$$

式中:L_n 为第 n 段管的长度,亦即第 $n-1$ 号与第 n 号出流口的间距,m;q_i 为第 i 号出流口的流量,L/h。

2) 多口系数法。管径不变、分流口间距相等、分流量相等的多口管的沿程水头损失,可以用多口系数法来计算。即先以多口管道口流量按式(5.41)计算出无分流管道的沿程水头损失,再乘以多口系数 F,即

$$h_f = F H_f \tag{5.47}$$

$$F=\frac{N\left(\dfrac{1}{m+1}+\dfrac{1}{2N}+\dfrac{\sqrt{m-1}}{6N^2}\right)-1+x}{N-1+x} \tag{5.48}$$

式中：h_f 为多口管沿程损失，m；F 为多口系数；H_f 为无多口出流时的沿程损失，m；N 为出口数目；m 为流量指数；x 为进口端至第一个出水口的距离与孔口间距之比。

微灌中支毛管均为塑料管，为了便于计算，通常取 $m=1.77$，并将多口系数制成表格备查，见表 5.18。

表 5.18 多口系数（$m=1.77$）

出水口数目 N	多口系数 $x=1$	多口系数 $x=0.5$	出水口数目 N	多口系数 $x=1$	多口系数 $x=0.5$	出水口数目 N	多口系数 $x=1$	多口系数 $x=0.5$
2	0.648	0.53	12	0.404	0.378	24	0.382	0.369
3	0.544	0.453	13	0.400	0.376	26	0.380	0.368
4	0.495	0.432	14	0.397	0.375	28	0.379	0.368
5	0.467	0.408	15	0.395	0.374	30	0.378	0.367
6	0.448	0.398	16	0.393	0.373	35	0.375	0.366
7	0.435	0.392	17	0.390	0.372	40	0.374	0.366
8	0.425	0.387	18	0.389	0.372	50	0.371	0.365
9	0.418	0.384	19	0.388	0.371	100	0.366	0.363
10	0.413	0.382	20	0.387	0.371	>100	0.361	0.361
11	0.407	0.379	22	0.384	0.37			

3. 多口出流管道局部水头损失计算

多口管分流口多，局部损失一般不宜忽略，应按供应商的资料选用。无资料时，局部水头损失可按沿程损失的一定的比例估算，这一比例支管为 0.05～0.1，毛管为 0.1～0.2。

5.4.2.5 灌水小区的水力设计

灌水小区是构成微灌管网及运行的基本单元，灌水小区内压力与流量偏差值应该满足《微灌工程技术标准》（GB/T 50485—2020）的相关要求。

1. 微灌灌水小区的构成

《微灌工程技术标准》（GB/T 50485—2020）中 2.1.34 条对灌水小区进行了定义，即具有独立稳流（或稳压）装置控制的灌溉单元。在系统无稳流（或稳压）装置时，同时灌水的灌溉单元称为一个灌水小区。其基本的构成为支管和该支管控制的毛管。近几年，微灌工程技术迅速发展的实践中，灌水小区的概念也得到了不断地延伸和发展。采用不同的灌水器，不同的调压位置，产生不同的灌水小区构成，灌水小区的水力设计也不同。

目前，微灌工程大多数采用非压力补偿式灌水器，轮灌方式也由最初的辅管轮灌发展为目前的支管轮灌，灌水小区构成主要有以下两种模式：

(1)"一条毛管"视为一个灌水小区,在毛管进口段调压,使各毛管进口水头相等时,小区允许水头偏差全部分给毛管,通过调整毛管的管径和铺设长度来调整允许的水头偏差。

(2)"支管+毛管"构成灌水小区,支管进口调压,毛管入口不调压,小区允许的水头偏在支管及其控制的毛管间分配,需要对支管和毛管同时进行设计,使灌水小区满足规范要求允许的流量和压力偏差。

综上所述,灌水小区可理解为微灌工程中的水力设计、管网构成与工程运行的基本单元,灌水小区水力设计是微灌工程设计中的关键环节。

2. 灌水小区的水力设计

(1)水力设计的要求与任务。灌水小区水力设计需要满足灌水均匀度要求,通过限定同时灌水的各灌水器中工作水头最大和最小的灌水器的流量偏差率来保证,其流量偏差率需满足《微灌工程技术标准》(GB/T 50485—2020)4.0.6 条之规定的 20% 以内。

灌水小区的水力设计主要任务是确定灌水小区允许水头偏差,根据灌水小区构成,将允许的水头偏差进行分配并确定毛管的极限孔数和极限长度。若支管规格已经选定,还需确定支管的适宜铺设长度。

(2)允许水头偏差及其分配。

1)允许水头偏差的计算。灌水小区允许水头偏差 $[\Delta h]$ 可计算如下:

$$[\Delta h]=[h_v]h_d \qquad (5.49)$$

式中:$[\Delta h]$ 为灌水小区允许水头偏差,m;$[h_v]$ 为设计允许水头偏差率,%;h_d 为灌水器设计水头,m。

2)允许水头偏差的分配。

a. "一条毛管"构成灌水小区。在毛管进口安装调压稳流装置,若能使各毛管获得相同的压力与流量,支管上的水头变化不再影响灌水器出水均匀度,允许水头偏差应全部分配给毛管,即 $[\Delta h_毛]=[\Delta h]$,及时调整毛管设计参数,每使根毛管的内的灌水器流量偏差小于规范要求的 20% 即可。

b. "支管+毛管"构成灌水小区。小区允许水头偏差在毛管和支管间分配。如果毛管分配的多则毛管铺设长度增加,可使支管间距增大而减小支管用量,但支管铺设长度减小,分干管数量增加,用量增多。《微灌工程技术标准》(GB/T 50485—2020)中建议,在初估时可各按 50% 分配,即 $[\Delta h_支]=[\Delta h_毛]=\frac{1}{2}[\Delta h]$。

(3)支毛管设计。

1)支管设计。微灌系统支管是指连接干管与毛管的管道,它从干管取水分配到毛管中。支管同毛管一样也是多孔出流管道,与毛管不同的是其流量要大得多,因而支管一般是逐段变细的,这主要是为了在一定压力差范围内使投资更小。

支管设计包括确定管径以及支管入口压力。当沿支管地形坡度小于 3% 时,通常情况下最经济的方式是支管沿干管双向布置。当沿支管地形坡度大于 3% 时,干管应向上坡方向移动,使逆坡支管长度减小,而顺坡的支管长度增加。

为了降低投资，支管一般设计成由2~4种管径组成，为了保证支管的冲洗，最小管径不应小于最大管径的一半。通常支管内流速应限制在2m/s之内。

在系统规划阶段已经初步确定了支管的铺设长度，根据灌水小区构成的不同将系统允许水头损失在支毛管上进行分配，然后就可根据水头损失公式反推支管管径。具体的计算公式如下：

$$d_{支}=\left(\frac{1.47\nu^{0.25}Q_{支}^{1.75}}{\Delta h_{支}}L_{支}F\right)^{\frac{1}{4.75}} \quad (5.50)$$

式中：$d_{支}$ 为系统所需支管的计算直径，mm；ν 为水的动力黏质系数，cm^2/s；$Q_{支}$ 为支管道口流量，L/h；$\Delta h_{支}$ 为支管允许水头损失，由灌水小区水力设计确定，m；$L_{支}$ 为支管长度，m；F 为多口系数。

在实际的微灌工程中，支管多采用，ϕ63mm、ϕ75mm、ϕ90mm 等PE管或是软带，式（5.50）计算出的支管管径如不是标准尺寸，需要对计算管径做适当的调整。

当确定了支管管径后，可按照上述思路根据式（5.50）反求支管的铺设长度。

2）毛管设计。

a. 压力补偿式灌水器毛管设计。由于补偿式灌水器在一定的压力范围内，其流量是近似于稳定的，因而在设计毛管时只要使最不利位置处灌水器的压力满足这一范围，灌水器就能正常工作且保证较高的灌水均匀度。

b. 非压力补偿式灌水器毛管设计。此种情况下，水头偏差会根据灌水小区构成的不同全部分给毛管（一条支管构成灌水小区）或同时在支管、毛管上分配（支管＋毛管构成灌水小区），进而可以进行毛管水力计算。

在微灌工程的实际规划设计过程中，确定了作物类型、栽培模式之后，通常也就确定了毛管的管径、灌水器的流量、流态指数、工作压力的等参数。同时在规划阶段往往会根据经验值初估一个毛管铺设长度。因此，在实际工作当中毛管水力设计的任务是在确定毛管管径、灌水器工作参数的基础上计算毛管的极限铺设长度，从而复核初估值是否合理。

（a）灌水器允许水头偏差的确定。根据设计标准和灌水器的设计流量，在较小的坡度下，灌水小区允许水头偏差率可以用式（5.20）来计算。其中，灌水器的流态指数对灌水小区允许水头偏差率影响大，我们通过下面的例题来说明。

【例5.1】 某微灌系统设计允许的灌水器流量偏差率为 $q_v=0.2$，现有两种灌水器，第一种流态指数为 0.5，第二种流态指数为 1.0，设计灌水器工作水头为 $h_d=8m$，试求两种不同灌水器允许的水头偏差率及水头偏差。

解：（1）第一种滴头，$x=0.5$，根据式（5.20）有

$$h_v=\frac{1}{x}q_v\left(1+0.15\frac{1-x}{x}q_v\right)=\frac{1}{0.5}\times 0.2\times\left(1+0.15\times\frac{1-0.5}{0.5}\times 0.2\right)=0.412$$

根据式（5.20）有 $h_{max}-h_{min}=h_v h_d=0.412\times 8=3.296(m)$

（2）第二种滴头，$x=1.0$，根据式（5.17）有

$$h_v=\frac{1}{x}q_v\left(1+0.15\frac{1-x}{x}q_v\right)=\frac{1}{1}\times 0.2\times\left(1+0.15\times\frac{1-1}{1}\times 0.2\right)=0.2$$

根据式 (5.20) 有 $h_{\max}-h_{\min}=h_v h_d=0.2\times 8=1.6(\mathrm{m})$

通过例题容易发现，流态指数越小，允许的水头偏差越大，毛管上最大流量灌水器和最小流量灌水器之间的允许水头损失也越大，即在毛管和灌水均匀度一定的情况下可以增大毛管的铺设长度。

(b) 判别最大工作水头灌水器的位置。在沿毛管地形坡度 $J\leqslant 0$ 的情况下，毛管上最大工作水头灌水器的位置在上游的第一孔；在下坡条件下可能出现在毛管上游第一孔或下游第 N 孔端，其判别条件为

$$\Delta H_{N-1}-(N-1)S \begin{cases} >0 & h_1>h_N & \text{第1孔} \\ =0 & h_1=h_N & \text{第1孔和第}N\text{孔} \\ <0 & h_1<h_N & \text{第}N\text{孔} \end{cases} \quad (5.51)$$

式中：ΔH_{N-1} 为 $(N-1)$ 孔毛管的总水头损失，m；J 为地形坡降；其余符号意义见图 5.66。

(c) 计算毛管极限孔数。

a) 平坡条件下，毛管极限孔数可根据张国祥推导的式 (5.51) 计算：

$$N_m=INT\left[\left(\frac{5.446[\Delta h_{\text{毛}}]d^{4.75}}{kSq_d^{1.75}}\right)^{0.364}+0.52\right] \quad (5.52)$$

式中：N_m 为毛管极限孔数；$INT()$ 为取整符号；$[\Delta h_{\text{毛}}]$ 为毛管允许水头偏差，m；d 为毛管内径，mm；k 为水头损失扩大系数，为毛管总水头损失与沿程水头损失的比值，一般取 $k=1.1\sim 1.2$；S 为毛管上灌水器的间距，m；q_d 为灌水器设计流量，L/h。

b) 均匀坡条件下，亦可根据张国祥推导的相关公式进行计算，可参考有关书籍。

(d) 毛管极限长度的计算。毛管极限长度 L_m 可按下式计算：

$$L_m=S(N_m-1)+S_0 \quad (5.53)$$

式中：S_0 为毛管道口至第一个灌水器的距离，m；其他符号意义同前。

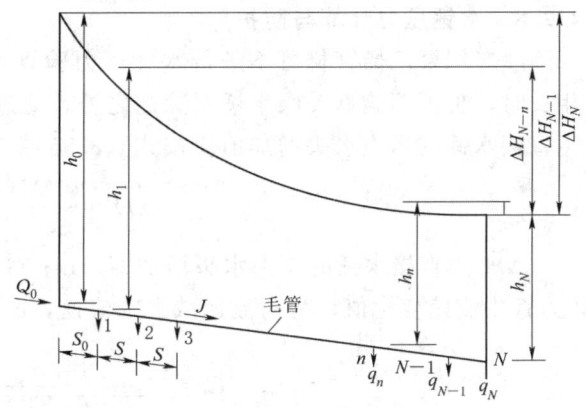

图 5.66 毛管压力沿程变化

5.4.2.6 干管设计

1. 干管管材的选择

目前微灌系统干管多用聚氯乙烯 (PVC) 管，根据管道承压能力的不同，PVC 管道的压力等级分为 0.25MPa、0.4MPa、0.63MPa、1.0MPa 和 1.25MPa，在选择的时候往往根据系统工作压力来选择满足承压能力的管道。

2. 干管管径的选择

在初选干管管径时，通常采用经济管径法来确定管径：

$$D=\sqrt{\frac{4q}{\pi v}}=1.13\sqrt{\frac{Q}{V}} \tag{5.54}$$

式中：D 为管道内径 m；Q 为设计流量，m^3/s；V 为管道内水流流速，m/s，为防止关内发生水锤，或发生淤积，管道流速不得高于 2.5～3.0m/s，也不得小于 0.5m/s，经济流速通常取 1.5m/s 左右。

5.4.2.7 节点压力计算

《微灌工程技术标准》（GB/T 50485—2020）规定，滴灌管网必须进行节点压力均衡验算。管网采用管材系在国标管材系列中选取，其实际内径与计算内径是不可能一致的，因此，必须根据所采用管道的实际内径重新计算，进行节点的压力均衡验算。从同一节点取水的各条管线同时工作时，必须比较各条管线对该节点的水头要求。可用调整部分管段直径的方法，使各管线对该节点的水头要求一致或基本一致。

节点压力用下式计算：

$$H=Z_p-Z_b+h_0+\sum h_f+\sum h_j \tag{5.55}$$

式中：H 为节点压力水头，m；Z_p 为典型管道进口高程，m；Z_b 为节点高程，m；h_0 为典型管道进口的设计水头，m；$\sum h_f$ 为节点至典型管道进口的管道沿程水头损失，m；$\sum h_j$ 为节点至典型管道进口的管道局部水头损失，m。

5.4.2.8 水锤压力计算与防护

滴灌专用聚乙烯管材可不进行水锤压力验算，其他管材当关阀历时大于 20 倍水锤相长时，也可不验算关阀水锤。除此之外，应进行水锤验算。

直接水锤的压力水头增加值应按式（5.56）和式（5.57）计算：

$$\Delta H=\frac{C\Delta V}{g} \tag{5.56}$$

式中：ΔH 为直接水锤的压力水头增加值，m；C 为水锤波在管中的传播速度，m/s；ΔV 为管中流速变化值，为初流速减去末流速，m/s；g 为重力加速度，m/s^2。

$$C=\frac{1435}{\sqrt{1+\frac{2100(D-e)}{E_s e}}} \tag{5.57}$$

式中：D 为管道外径，mm；e 为管壁厚度，mm；E_s 为管材的弹性模量，MPa；聚氯乙烯管为 $E_s=2500\sim3000$MPa，高密度聚乙烯管 $E_s=750\sim850$MPa，低密度聚乙烯管为 $E_s=180\sim210$MPa。

当计入水锤后的管道工作压力大于塑料管 1.5 倍允许压力或超过其他管材的试验压力时，应采取水锤防护措施。

5.4.2.9 水泵设计

1. 水泵流量的计算

为了给系统选定适宜的水泵，首先需要确定喷灌系统水泵的设计流量和扬程。水泵的设计流量为

$$Q=N_{灌水器}\,q \tag{5.58}$$

式中：q 为灌水器平均流量，L/h；$N_{灌水器}$ 为系统工作时流量最大轮灌组中灌水器的个数。

2. 水泵扬程的确定

水泵的扬程通过下式来计算：

$$H = H_{灌水器} + \sum h_f + \sum h_j + \Delta Z \tag{5.59}$$

式中：H 为水泵扬程，m；$H_{灌水器}$ 为灌水器的设计工作压力，m；$\sum h_f$ 为系统的沿程水头损失，m；$\sum h_j$ 为系统的局部水头损失，m；ΔZ 为系统中最不利位置的灌水器与水泵之间的高差，m。

3. 水泵的选型

根据系统设计扬程和流量可以选择相应的水泵型号，一般所选择的水泵参数应略大于系统的设计扬程和流量，然后再由该水泵的性能曲线校核其他轮灌组要求的流量和压力是否满足。

5.4.2.10 首部枢纽设计

集中安装于系统进口部位的加压、调节、控制、净化、施肥（药）、保护及量测等设备的集成称为首部枢纽。首部枢纽的设计就是正确选择和合理配置有关设备和设施，以保证微灌系统实现设计目标。首部枢纽对微灌系统运行的可靠性和经济性起着重要作用，因此，在设计时应给予高度重视。

在选择设备时，其设备容量必须满足系统过水能力，使水流经过各设备时的水头损失比较小。在布置上必须把易锈金属件和肥料（农药）注入器放在过滤装置上游，以确保进入管网的水质满足微灌要求。

1. 沉砂池

在我国北方灌区，微灌工程经常使用地表水为灌溉水源，首部枢纽中通常需要设置沉砂池，沉淀池是水质净化处理的主要设备之一，其作用有：①清除水中存在的泥沙等固体杂质，当水体中泥沙含量超过了过滤器的处理能力时，可使用沉淀池进行初级过滤，②除去铁、锰等有害杂质。水体中有溶解氧存在，且 pH 值较低，铁、锰等物质以可溶的形式存在，当水中的 CO_2 由于压力的降低和温度的升高等原因而逸出，水的 pH 值增大，引起铁、锰等物质的氧化和沉淀。

在首部枢纽设计时需要对沉淀池的几何尺寸、水力参数等进行设计，相关设计请参阅有关书籍。

2. 过滤器

选型时要注意工作点位于高效区，选择过滤设备主要考虑水质和经济两个因素。筛网过滤器使用最为普遍，但含有机污物较多的水源使用砂过滤器能得到更好的过滤效果，含沙量大的水源可采用旋流式水沙分离器，且必须与筛网过滤器配合使用。筛网的网孔尺寸或砂过滤器的滤砂应满足灌水器对水质过滤的要求。过滤器设计水头损失一般为 3～5m。

3. 水表

水表的选择要考虑水头损失值在可接受范围内，并配置于肥料注入口的上游，防止肥料对水表的腐蚀。

4. 压力表

选择测量范围比系统实际水头略大的压力表,以提高测量精度,最好在过滤器的前后均设置压力表,以便根据压差大小确定清洗时机。

5. 进排气阀与排水阀

进排气阀一般设置在微灌系统管网的高处或局部高处。其作用为在系统开启充水时排除空气,系统关闭时向管网补气,以防止负压产生。系统运行时排除水中夹带的空气,以免形成气阻。

另外在干、支管末端和管道最低位置宜安装排水阀,以便冲洗管道和排净管内积水。

5.5 微灌系统的安装与维护

5.5.1 微灌工程的施工与设备安装

5.5.1.1 微灌工程的施工

1. 微灌工程施工的一般规定

(1) 微灌工程施工应按已批准的设计进行。

(2) 施工前应检查图纸、文件等是否齐全,并核对设计是否与灌区地形、水源、植物种植及首部枢纽位置等相符。修改设计或更换材料、设备,应经设计部门及业主同意,并及时书面告知工程监理,必要时应经相关主管部门审批。

(3) 施工前应编制工程进度计划,并制定必要的安全措施。

(4) 施工中应注意防洪、排水、保护农田和生态环境,并应做好弃土处理。

(5) 在施工过程中应做好施工记录。对隐蔽工程必须填写隐蔽工程验收记录,出现工程事故应查明原因,应及时处理并记录处理措施,并应经验收合格后进入下道工序。全部工程施工完毕应及时绘制竣工图,并编写竣工报告。

2. 微灌工程施工的程序

(1) 施工放样应按下列要求进行。

1) 微灌工程可根据设计图纸直接测量管线纵断面,必要时应设置施工测量控制网,并应保留到施工完毕;应标明建筑物和管线主要部位与开挖断面要求。

2) 放线应从首部枢纽开始,定出建筑物主轴线、泵房轮廓线及干支管进水口位置,并应从干管出水口引出干管轴线后再放支管管线。主干管直线段宜每隔 30~50m 设一标桩;分水、转弯、变径处应加设标桩;地形起伏变化较大地段,宜根据地形条件适当加桩。

3) 在首部枢纽控制室内,应标出水泵、动力机及控制柜、施肥装置、过滤器等专用设备的安装位置。

(2) 建筑物施工应符合现行国家标准、规范的相关规定。

(3) 回填土应干湿适宜、分层夯实,与管道及附属建筑物应接触紧密。

3. 水源工程和首部枢纽的施工

(1) 微灌系统中机井、大口井工程的施工应按国家现行标准《机井技术规范》(GB/T 50625—2010)和《管井技术规范》(GB 50296—2014)有关规定执行；蓄水池防水部分施工应按现行国家标准《地下防水工程质量验收规范》(GB 50208—2011)的有关规定执行；水窖工程的施工应按国家现行标准《雨水集蓄利用工程技术规范》(GB/T 50596—2010)的有关规定执行。

(2) 泵站工程的施工应按国家现行标准《泵站施工规范》的有关规定执行。

4. 微灌管网的施工

(1) 管槽开挖应符合下列要求。

1) 应按施工放样轴线和槽底设计高程和设计断面尺寸开挖。

2) 应清除槽底石块、杂物，并顺坡整平。

3) 遇岩石、卵（砾）石槽底，超挖深度不应小于10cm，应用细土回填夯实至设计高程。

4) 开挖土料宜堆置在管槽一侧。

5) 镇墩坑、阀门井开挖宜与管槽开挖同时进行。

(2) 管槽回填应符合下列要求。

1) 应在管段非接头处先初始回填，并应经冲洗试压，应在全面检查质量合格后最终回填。

2) 回填前应清除槽内一切杂物，并排净积水；在管壁四周10cm内的填土不应有直径大于2.5cm的石块或直径大于5cm的土块。回填应分层轻夯或踩实，并应预留沉陷超高。

3) 回填必须在管道两侧同时进行，严禁单侧回填。

5.5.1.2 微灌系统的设备安装

1. 微灌设备安装的一般规定

(1) 滴灌设备安装，应具备以下条件。

1) 安装前工作人员应全面了解各种设备性能，熟练掌握施工安装技术要求和方法。

2) 安装用的各种工具、设备和测试仪表应准备齐全。

3) 计划安装设备的有关土建工程经检验已合格。

(2) 对安装设备器材的要求如下。

1) 按设计文件要求，全面核对设备规格、型号、数量和质量。

2) 按标准规定抽检待安装的灌水器、管道和管件，严禁使用不合格产品。

(3) 管道安装应符合以下要求。

1) 管道安装应按干、支、毛管顺序进行。

2) 按设计要求将管道平顺放入管沟内，不得悬空和扭曲。

3) 塑料管不得抛摔、拖拉和曝晒。

4) 对于横穿道路的管道应加套管保护。

(4) 阀门、管件安装应符合下列规定。

1) 干支管上安装螺纹接口阀门时，宜加装活接头。

2) 管道及连接处不得有污物、油迹和毛刺。

(5) 施工暂停时应采取下列保护措施。

1) 机泵、阀门、仪表等设备应集中保管，严禁暴晒、雨淋和泡水。

2) 存放的塑料管及管件应避免暴晒，正在施工安装的管道敞开端应临时封堵。

3) 应切断施工电源，并妥善保管施工工具。

2. 微灌系统首部枢纽设备安装

(1) 抽水加压设备安装应符合下列要求。

1) 机电设备安装应符合现行国家标准《机械设备安装工程施工及验收通用规范》（GB 50231—2009）和《电气装置安装工程低压电器施工及验收规范》（GB 50254—2018）的有关规定。

2) 水泵安装应符合国家现行标准《泵站安装及验收规范》（SL 317—2021）和《压缩机、风机、泵安装工程施工及验收规范》（GB 50275—2010）的有关规定。

3) 柴油机排气管应通向室外，电动机外壳接地应符合要求。

4) 电器设备安装后应通电检查和试运行。

(2) 过滤器安装应符合下列要求。

1) 过滤器应按标识的水流方向安装。

2) 自动冲洗式过滤器的传感器等电器元器件应按产品规定接线图安装，并通电检查运转状况。

(3) 施肥（药）设备安装应符合下列要求。

1) 压差式施肥（药）罐、文丘里施肥（药）器的进、出水管与灌溉管道应连接牢固，使用软管时，严禁扭曲打折。

2) 采用施肥（药）泵时，应按产品说明书要求安装，并经检查合格后再通电试运行。

(4) 量测仪表安装应符合下列要求。

1) 安装前应清除封口和接头处的油污和杂物。

2) 应按产品说明书要求和水流方向标记安装量水设备。

3. 微灌系统管道安装

根据微灌系统所用管材的不同分为聚氯乙烯（PVC）管和聚乙烯（PE）管两类：

(1) PVC管施工。PVC管施工根据连接方式的不同又可分为黏结和套接两种。

1) PVC管的黏结施工要求。

a. 黏合剂必须与管道材质相匹配。

b. 被黏结的管端、管件应清污打毛，同时检查管道。

c. 插头和扩口处均匀涂上黏合剂后，应适时插入并转动管端。

d. 承插管轴线应对直重合，承插深度应符合要求。

e. 黏合剂固化前不得移动管道。

2) PVC管的套接施工要求。

a. 套管密封橡胶圈规格应匹配，密封圈嵌入扩口槽内不得扭曲和卷边。

b. 插头外缘应加工成斜口，并涂润滑剂，应用专用的接管器将管子插入或在另一端用木槌轻轻敲打套管至规定深度。

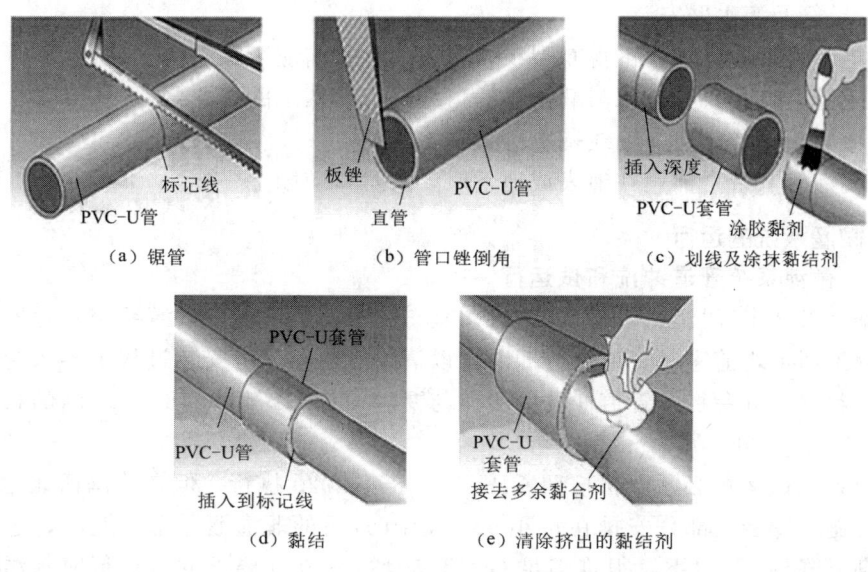

图 5.67 PVC 管道的黏结施工流程示意图

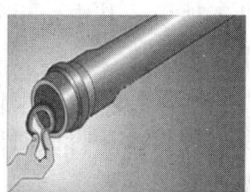

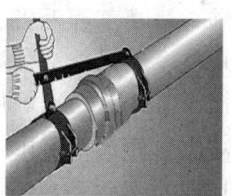

(a) 清洁接口　　　(b) 安放橡胶圈　　　(c) 涂抹润滑剂　　　(d) 承插安装

图 5.68 PVC 管道的黏结施工流程示意图

(2) PE 管施工。

1) 管端断面应与管轴线基本垂直。

2) 应将锁母、卡箍、O 形胶圈依次套在管上后,将管端插入管件内,并锁紧锁母。

4. 微灌系统阀门安装

直径大于 65mm 的管道宜用金属法兰连接;直径小于 65mm 的阀门可用螺纹连接;直径大于 65mm 的阀门应安装在底座上;水流方向标识的阀门必须按标识方向安装。电磁阀线圈引出线(插接件)连接应牢固,并通电检查和试运行。

5. 微灌系统旁通、毛管及灌水器安装

(1) 旁通安装。

1) 安装前应检查旁通外形,并清除管口飞边、毛刺,应抽样量测插管内外径,并在符合质量要求后安装。

2) 应按设计要求在支管上标定出孔位,用手摇钻或专用打孔器打孔,钻头直径应小于旁通插管外径 1mm,钻孔不能倾斜,钻头入管深度不得超过 1/2 管径;旁通插入和密封方式应符合生产厂家的要求,并应安装牢固。

(2) 毛管及灌水器安装。

1) 毛管管端应齐平，不得有裂纹，与旁通连接前应清除杂物。

2) 毛管上打孔，应选用与灌水器插口端外径相匹配的打孔器。

3) 微喷头安装应使其轴线基本垂直于水平面。

4) 滴灌管（带）铺设在地表或地下时，出水口应朝上。

5.5.2 微灌系统的运行

5.5.2.1 微灌系统管道冲洗和试运行

根据《微灌工程技术标准》（GB/T 50485—2020）要求，微灌系统管道安装完毕后，在管道回填之前应对管道进行冲洗，以清除运输和管道安装过程中落入管道内的泥土、塑料碎片等杂物。管道冲洗的步骤与要求应按 GB/T 50485—2020 的相关规定进行。

微灌系统试运行必须严格按照 GB/T 50485—2020 执行，但在我国西北地区，微灌工程的施工安装大部分安排在每年 9 月及 10 月后的非灌溉季节。此时，这些地区气温逐渐下降到 0℃ 以下，很难满足 GB/T 50485—2020 要求的试运行时水温与环境温度应为 5~30℃ 的要求，这给需要地埋的管道的试运行带来一定困难。此外，目前，微灌工程毛管和绝大部分的支管均铺设于地面。其中，毛管所用材料大部分为使用一个灌溉季节的滴灌带、支管则多年使用，也就是说，毛管及大部分支管都是在灌溉季节才进行安装使用。因此，结合试运行对水温和环境温度的要求，微灌系统的试运行时间需根据施工安装条件、周围环境及工程投入运行的时间来安排，在新疆及其他西北地区宜安排在春季或灌溉前不是负温的时间开展。

5.5.2.2 微灌系统的运行

一个微灌系统的运行与种植的作物、作物的各生长阶段、灌区来水情况，电力供应条件、农业承包制度和劳动力安排都有关系。在微灌系统设计时，就要充分考虑上述各因素及它们之间相互的制约关系。但即便如此，一个微灌系统在其每年的灌溉期内上述所涉及的各种因素或多或少都会发生这样或那样的变化，这就要求在运行时合理地、科学地进行安排处置使微灌系统正常运行，充分发挥其作用。

1. 种植作物的结构变化对运行的要求

同一个微灌系统中，种植的作物种类及其比例，对轮灌运行是有直接影响的。若一个滴灌系统内种植的均为同一种作物，就根据设计的灌溉制度和轮灌制度进行运行。若种植的作物不同，要尽到做到在设计运行工况的轮灌组内尽量安排种植同一种作物，以利轮灌组按设计工况运行。若不能做到这一点，则要求同一轮灌组内的面积不能超过设计运行工况时的面积，不能为了照顾同一种作物在一个轮灌组内灌水而任意扩大该轮灌组的面积。

2. 作物需水高峰期的运行

微灌系统设计时，首部枢纽和管网系统及其与之配套的各种附属设施的容积、能力等均是按照作物需水量峰值的要求进行的。因而，作物需水高峰期，系统运行必须严格按设计工况下轮灌运行的分组及所确定的各种运行参数运行，不能随意改变轮灌分组和运行参数，否则系统就不能正常运行，达不到设计要求，严重时将导致系统损坏或其他严重后果。

3. 作物生长期各阶段的运行

作物生长期各阶段的日耗水强度是不一样的，比设计时采取的日耗水强度峰值要小。而且，由于生长期各阶段降雨、地下水补给条件的变化，作物需要的灌溉补充强度也是不同的。因而，要按设计工况下轮灌分组进行运行，按本阶段作物的日耗水强度及灌溉补充强度求出灌水器一次灌水延续时间运行，以适应作物日耗水强度减小的情况。或者根据当时的水源、电力条件等情况，仍然按照设计根据作物日耗水强度峰值时求得的灌水定额进行，但需延长灌水周期，以达到同样的要求。

5.5.3 主要设备的操作与维护

微灌系统在灌水期的运行操作与在非灌水期的维护是系统正常运行、达到设计灌水要求的保证，也是延长工程设施工作年限、降低运行成本、提高工程效益应该做的工作。滴灌系统中主要的设备为水泵及其动力、过滤器、输配水管网及其附属设施、灌水器和控制、量测、保护装置等，本书主要介绍滴灌系统运行对各种设备进行操作、维护方面的要求。至于其他各种设备、仪器、仪表常规运行维护的要求则按国家发布的有关运行、维护规程、规定执行，本书不做专门介绍。

5.5.3.1 水泵

微灌系统运行要求系统按设计流量稳定供水，保证每天的供水时间。由于轮灌组的不同，产生不同的管路水力状态，使水泵的出口压力变化，要求水泵能适应这种变化，并在高效区运行。无疑，实行微灌系统的自动化控制是可以达到上述要求的，但限于当前农村、农场的经济条件，还难以一步达到这个要求，只能逐步向这方向过渡。因而，针对目前微灌系统的条件，比较多的采用变频技术，即通过变频调速控制调节水泵的转速，从而使水泵的出口压力达到设定值。

5.5.3.2 过滤器

首部枢纽中，过滤器的运行与维护是保证系统正常工作的关键。

1. 砂石过滤器

以下几点在运行中是必须做到的：做好反冲洗运行是砂石过滤器正常工作的保证；必须用过滤后的清洁水来进行反冲洗；反冲洗流量的调节工作十分重要，过大时会将滤料冲出罐外，偏小时又达不到冲洗效果。因此，在运行时必须检查安装在排污管上的反冲洗流量调节阀，使之正常工作。

砂石过滤器在反冲洗过程中，一般同时使用高浓度的氯进行氯化处理。灌溉结束时，应将过滤器内的水排空。为防止藻类生长，在过滤器中加入适量的氯或酸，与水一起将过滤器浸泡24h，再进行反冲洗，直到排出清水，排空备用。对于低流速过滤器，应定期去除过滤器上层最受污染部分的介质并补充等量的清洁介质，视水质情况，一个灌溉季节需进行1~6次。

一般经过1~2个灌溉季节后，需根据水质情况，对过滤介质进行补充或更换。

(1) 对于手动反冲洗过滤器，应该按如下方法和步骤操作。

1) 调整首部总阀的开启度，以获得足够的反冲洗压力。

2) 缓慢打开反冲洗控制阀和排污管上的反冲洗流量调节阀。

3）用100目滤网或尼龙袜套去承接反冲洗水流，检查是否有滤料被冲出，当刚发现有滤料被冲出时，立刻将反冲洗流量调节阀锁定在此位置，此后不得改动。

4）在运行过程中，当过滤器上下游压力表的差值超过预设压力值的0.02MPa时，就要即刻进行反冲洗。

(2) 对于自动反冲洗砂石过滤器的操作要点是如何保证反冲洗的压力和冲洗时间。

1）首先要通过试验，确定过滤器通过洁净水时进口与出口的水头差。

2）初定过滤器工作时进口与出口增加的水头差。规范规定，此增加值不宜大于3.0m。

3）上述两项值相加即得过滤器的预设压差值，在系统运行初期，要仔细检查每次反冲洗的效果，因此，对预设压差值进行适当的调整，以达到满意的反冲洗效果。

4）为防止罐底部集水装置被细小的滤料堵塞，需使压差值不宜过大，可适度增加反冲洗的频率。

5）定期检查排污管排出的水是否洁净，若发现在反冲洗结束时排出的水仍含有需排出的杂质，说明罐中仍留有此类杂质，应适当加长反冲洗的时间。

6）从一个罐反冲洗控制阀关闭到另一个反冲洗控制阀完全打开之前，必须稍留一定的延时，这段时间要使罐内压力回升到有足够的反冲洗压力。

2. 筛网式过滤器

筛网式过滤器有手动冲洗和自动冲洗之分。后者根据过滤器进出口的压差，当压差增大达到预定值时，冲洗自动进行。大田滴灌工程目前应用得较多的是手动冲洗筛网过滤器，在运行时不易掌握，一般当压差超过设定值的0.02MPa时就立刻进行冲洗。方法是打开封盖，先将网芯抽出清洗，两端保护密封圈用清水冲洗，也可用软毛刷轻轻刷洗，但不可用硬刷刷洗，在保养、保存、运输、安装上要格外小心，不得有一点破损，一旦发现破损，要立即更换。

3. 叠片式过滤器

其运行和维护的关键是如何将滞留在滤槽内的污物彻底冲洗干净。无论是手动冲洗还是自动冲洗方式，都需将压紧的叠片松开，后者必须能自行松散，因受水体中有机物和化学杂质的影响，有些叠片往往被粘在一起，也不易彻底冲洗干净，使用此种过滤器时，必须十分重视这一点。

4. 旋流水砂分离器

旋流水砂分离器只有在其工作流量范围内才能发挥其作用。因此，在运行时一定要控制好通过过滤器的流量。当流量不均匀、变化范围大时，要采取措施使过流量在设计流量范围内。另一个要点是要随时观察该过滤器的水头损失，当小于3.5m时，将不能分离出水中杂质。

在运行中，要经常检查集砂罐，及时排砂，以免罐中积砂太多，使沉积的泥沙再次被带入系统。

灌溉季节结束后，要彻底清洗集砂罐。进入冬季，防止冰冻破坏，要将所有阀门打开，把水排放干净。

5.5.3.3 输配水管网及其附属设施

(1) 输配水管网通水前,应先检查各级管道上的阀门启闭是否灵活,管道上装设的真空表、压力表、排气阀等设备仪表要经过校验,干管、支管必须在运行前先冲洗干净。

(2) 根据设计轮灌方式打开相应分干管、支管、毛管进水口的阀门,使相应灌水小区的阀门均处于开启状态。

(3) 在上述工作做完并确认具备通水条件后启动水泵,待系统总控制阀门前的压力表读数达到设计压力后开启该阀门,并使阀后压力表读数达到设计压力。

(4) 当一个轮灌组灌水接近结束时,先开启下一个轮灌组的相应各级阀门,使相应的灌水小区阀门均处在开启状态,然后关闭已结束的轮灌组的相应阀门,做到"先开后关",严禁"先关后开"。

(5) 启闭干管、分干管上的阀门时要按照设计上关于防护水锤压力要求的启闭时间进行操作。

(6) 灌溉季节结束后,将地埋的干管、分干管等管道冲洗干净,并排掉管内余水。对铺设于地表的支管要及时回收,并防止在回收和运输过程中损坏管道。存放时,尽量做到按地块,按管道种类分别堆放,要防止老鼠等损坏管道。

5.5.3.4 滴灌带(管)

大田滴灌大部分使用滴灌带(管),其中又以一次性使用的滴灌带居多。工作压力一般在 0.1MPa 左右,所以,在运行时要特别注意系统的压力,尤其是轮灌运行时,离水泵近处往往产生较大的压力,控制不好很容易产生爆管现象。这种滴灌带管壁很薄,极易被地面附着物刺破,运行时要勤检查,发现破损、漏水时要及时更换或补救。

对于一次性滴灌带,在灌溉季节结束后要重视其回收工作,以免残留在农田中造成污染,另外,废弃的滴灌带也可以经工业加工处理另作他用。

对于多年重复使用的滴灌带(管),在回收时要特别注意不要被作物的秸秆和地面附着物划破刺穿,边回收边检查有无破损,如有发现立即处置,以免给下一个灌溉季节的使用留下隐患。堆放在仓库中要尽量按在地块中的布置编序堆放,为下次铺设创造有利条件。

5.5.3.5 施肥(药)罐

微灌工程中普遍采用的是压差式施肥(药)罐,在施肥(药)前,要先打开出水阀,再打开进水阀,然后缓慢调节两阀之间的施肥专用阀开启度,使进、出水阀之间增加约 0.05MPa 的压差,将肥(药)带入系统管中。一个轮灌组施肥(药)结束后,先关进水阀,再关出水阀,最后将罐底阀门打开,放尽存水,以备下一轮灌组施肥。

一般应在每个轮灌组运行 1/3 时间后滴施肥(药)并且在各轮灌组运行结束前半小时停止施肥(药)。每次施肥完毕,要对安装在其后的过滤器进行冲洗。

要注意使罐内的肥料充分溶解,否则易堵塞罐体又影响施肥(药)效果。施肥罐中注入的固体颗粒不得超过其容积的 2/3。

参 考 文 献

[1] 顾烈锋. 滴灌工程设计图集 [M]. 北京：中国水利水电出版社，2005.
[2] 张志新. 滴灌工程规划设计原理与应用 [M]. 北京：中国水利水电出版社，2007.
[3] 中华人民共和国住房和城乡建设部，国家质量监督检验检疫总局. GB/T 50485—2020 微灌工程技术标准 [S]. 北京：中国计划出版社，2020.
[4] 姚斌. 微灌工程技术 [M]. 郑州：中国水利水电出版社，2013.
[5] 汪志农. 灌溉排水工程学 [M]. 2版. 北京：中国农业出版社，2013.
[6] 中华人民共和国住房和城乡建设部，国家质量监督检验检疫总局. GB/T 50363—2018 节水灌溉工程技术标准 [S]. 北京：中国计划出版社，2018.
[7] 中华人民共和国住房和城乡建设部，国家质量监督检验检疫总局. GB 50288—2018 灌溉与排水工程设计标准 [S]. 北京：中国计划出版社，2018.

5.10 微灌系统的运行与维护

5.11 微灌系统的安装与维护

5.12 地埋滴灌的施工与运行

第 6 章

灌溉管道输水工程技术

6.1 概　　述

灌溉管道输水是以管道代替明渠输水进行灌溉的一种工程形式,它是通过一定的水压力将灌溉水由分水设施输送到田间的灌溉输水方式。

6.1.1 灌溉管道输水系统的组成

灌溉管道输水系统由水源与取水工程、输配水管网系统和田间灌水系统三部分组成。

1. 水源与取水工程

灌溉管道输水系统的水源有井、泉、沟、渠道、塘坝、河湖和水库等,水质应符合农田灌溉用水标准,且不含有大量杂草、泥沙等杂物。

井灌区取水部分除选择适宜的机泵外,还应安装压力表及水表,并建有管理房。而且在自压灌区或大中型提水灌区的取水工程还应设置进水闸、分水闸、拦污栅、沉淀池和水质净化处理设施及量水建筑物。

2. 输配水管网系统

输配水管网系统是指灌溉管道输水系统中的各级管道、分水设施、保护装置和其他附属设施,在面积大的灌区可由干管、分干管、支管、分支管等多级管道组成。

3. 田间灌水系统

田间灌水系统是指分水口以下的田间部分。作为整个灌溉管道输水系统,田间灌水系统是节水灌溉的重要组成部分。田间灌水解决不好,灌水浪费现象将依然存在,灌溉田块应进行平整,畦田长宽适宜。为达到灌水均匀,减小灌水定额的目的,通常将长畦改为短畦或给水栓接移动软管。

6.1.2 灌溉管道输水系统的分类及适用条件

灌溉管道输水系统按其输配水方式、管网形式、固定方式、管道输水压力和结构形式可分为以下类型。

1. 按输配水方式分类

灌溉管道输水系统分为水泵提水输水系统和自压输水系统,水泵提水又可分为水泵直送式和蓄水池式。

(1) 水泵提水输水系统。水源水位不能满足自压输水,需要利用水泵加压将水输送到所需要的高度,进行灌溉输水。一种形式是水泵直接将水送入管道系统,另一种形式是水泵通过管道将水输送到某一高位蓄水池,然后由蓄水池通过管道自压输水。

目前，平原井灌区管道系统大部分为水泵直送式。

(2) 自压输水系统。利用地形自然落差所提供的水去满足管道系统在运行时所需的工作压力，在渠道位置较高的自流灌区多采用这种形式。

2. 按管网形式分类

灌溉管道输水系统分为树状管网、环状管网，见图 6.1。

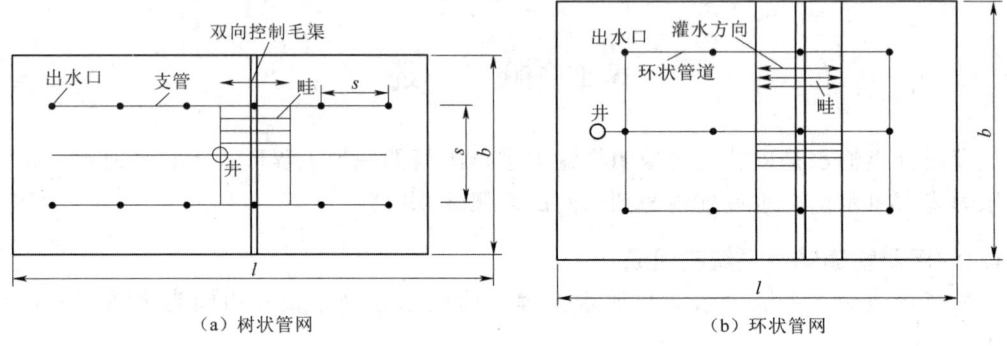

图 6.1 管网系统示意图

(1) 树状管网。管网为树枝状，水流从"树干"流向"树枝"，即在干管、支管、分支管从上游流向末端，只有分流而无汇流。

(2) 环状管网。管网通过节点将各管道联结成闭合环状网。根据给水栓位置和控制阀开启情况，水流可作正逆方向流动。

3. 按固定方式分类

灌溉管道输水系统分为移动式、管渠结合式、半固定式和固定式。

(1) 移动式。除水源外，管道及分水设备都可移动，机泵有的固定，有的也可移动，管道多采用软管，简便易行，一次性投资低，多在井灌区临时抗旱时应用。但是劳动强度大，管道易破损。

(2) 半固定式。灌溉管道输水系统的一部分固定，另一部分移动。一般是干管或干、支管为固定地埋管，由分水口联接移动软管输水入田间。这种形式介于移动式和固定式之间，比移动式劳动强度低，但比固定式管理难度大，经济条件一般的地区，宜采用半固定式系统。

(3) 固定式。灌溉管道输水系统中的各级管道及分水设施均埋入地下，固定不动。给水栓或分水口直接分水进入田间沟、畦，没有软管联接。田间毛渠较短，固定管道密度大，标准高。这类系统一次性投资大，但运行管理方便，灌水均匀，有条件的地方应逐渐推行这种形式。

4. 按管道输水压力分类

灌溉管道输水系统分为低压管道系统和非低压管道系统。

(1) 低压管道系统。其最大工作压力一般不超过 0.2MPa，最远出口的水头一般在 0.002~0.003MPa，该形式对管材承内压要求不高。我国大部分平原井灌区灌溉管道输水系统采用这种形式。

（2）非低压管道系统。工作压力超过 0.2MPa 时为非低压管道输水灌溉系统，该形式对管材质量要求较高，一般应采取塑料管、钢筋混凝土管、钢管等，管道系统中的分水、调压等附属设备要求配套齐全，多在输水量较大或地形高差较大的灌区应用。

5．按结构形式分类

灌溉管道输水系统分为开敞式、半封闭式和封闭式，见图 6.2。

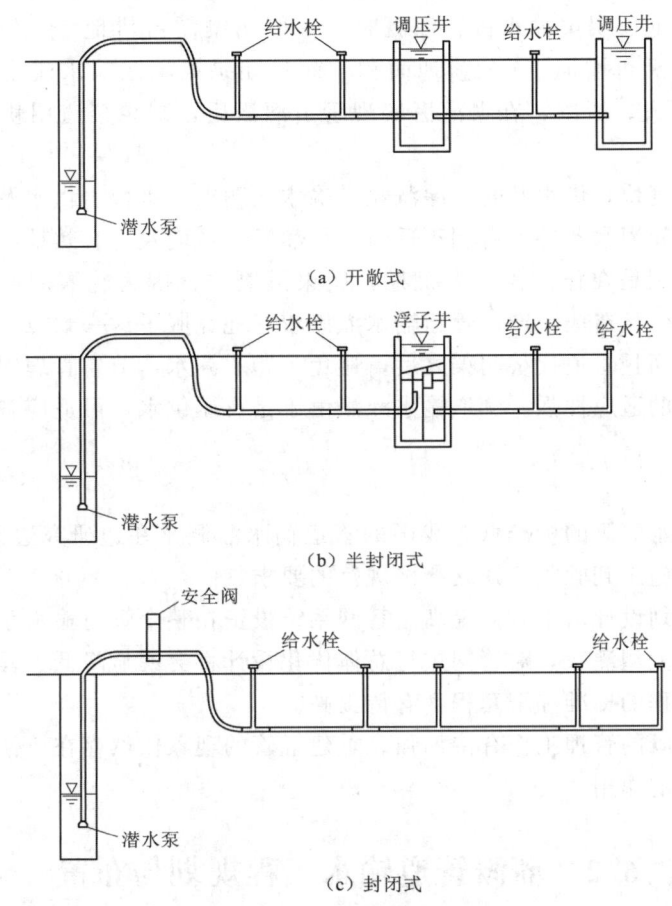

图 6.2 管道系统示意图

（1）开敞式。开敞式是指在管道上下游高差不太大的一些部位设有自由水面调节井槽的管道系统形式。调节井槽除具有调压作用外，一般还兼有分水式泄水功能。调节槽井之间根据需要可设置直接配水设施，当进行配水时，要调节配水设施下面调节槽井的水位以确保所需要的水头。

（2）半封闭式。半封闭式是指在输水过程中，管道系统不完全封闭，在适宜的位置保持自由水面或使用浮球阀控制阀门启闭的一种输水形式。这种形式只要下游闸阀不开启，就不会引起上游水的流动，也不会像开敞式那样产生无效放水。

（3）封闭式。封闭式是指水流在全封闭的管道中从上游管端流向下游管道末端。

输水过程中管道系统不出现自由水面。这种形式适合于输水需要一定压力的情形，在平原井灌区应用较多。

6.1.3 灌溉管道输水系统的优缺点

1. 优点

(1) 节水、节能。管道输水减少了输水过程中的渗漏与蒸发损失，和明渠输水灌溉相比节水30%左右，节能20%～30%。

(2) 节约耕地。明渠输水进行灌溉时，一般明渠需占耕地1%左右，管道埋入地下代替明渠之后可增加1%的耕地面积。而且如果渠灌区输水流量大时，渠道占用耕地的面积更大。所以，在渠灌区实现管道灌溉后，减少渠道用耕地的优点尤为突出。

(3) 输水速度快，供水及时。灌溉管道输水比明渠输水快、供水及时，可缩短轮灌周期，改善田间灌水条件，有利于适时适量灌溉，从而及时有效地满足作物生长期的需水要求。特别是在作物需水关键期，明渠灌溉往往因为轮灌周期长，灌水不及时，而影响作物生长造成减产，管道输水灌溉较好地克服了这一缺点，从而起到了增产增收的效果。而且管道代替明渠之后，避免了跑水漏水，节省管理用工。

(4) 对地形的适应性强。管道输水灌溉由于是有压供水，可适应各种地形，扩大了灌溉面积。

2. 缺点

(1) 管道输水灌溉的标准低。我国的管道输水灌溉是在边研究边推广中发展的，从立项、设计、施工到验收还缺乏严格规范的要求。

(2) 工程规划设计水平有待提高。管网系统投资在整个管道输水系统中占的比重最大，特别是在大型灌区，对管网进行总体优化设计将会明显降低工程投资。

(3) 田间工程的标准和配套程度有待提高。

(4) 节水灌溉的管理工作有待加强。重建轻管的现象依然存在，使节水灌溉工程不能发挥其应有的作用。

6.2 灌溉管道输水工程规划与布置

6.2.1 灌溉管道输水工程规划

1. 规划的基本原理

(1) 灌溉管道输水工程规划属农田基本建设规划范畴。因此，必须与当地农业区划、农业发展计划、水利规划及农田基本建设规划相适应。在原有农业区划和水利规划的基础上综合考虑与规划区内沟、渠、路、林、输电线路、引水水源等布置的关系，统筹安排、全面规划，充分发挥已有水利工程的作用。

(2) 近期需要与远景发展规划相结合。根据当前的经济状况和今后农业现代化发展的需要，特别是节水灌溉技术的发展要求。如果管道系统有可能改建为喷灌或微灌系统，规划时，干支管应采用符合改建后系统压力要求的管材。这样，既能满足当前的需要，又可避免今后发展喷灌或微灌系统重新更换管材而造成巨大浪费。

（3）系统运行可靠。灌溉管道输水系统能否长期发挥效益，关键在于能否保证系统运行的可靠性。因此，从规划一开始就要对水源、管网布置、管材、管件和施工组织等进行反复比较。做到对每一个环节严格把关，确保整个灌溉管道输水系统的质量。

（4）运行管理方便。灌溉管道输水系统规划时，应充分考虑工程投入运行后科学的运行管理。

（5）综合考虑管道系统各部分之间的联系，取得最优规划方案。管道系统规划方案要进行反复比较和技术论证，综合考虑引水水源与管网线路、调蓄建筑物及分水设施之间的关系，力求取得最优规划方案，最终达到节省工程量、减少投资和最大限度地发挥管道系统效益的目的。

2. 规划内容

（1）确定适宜的引水水源和取水工程的位置、规模及形式。在井灌区应确定适宜的井位，在渠灌区则应选择适宜的引水渠段。

（2）确定田间灌溉工程标准，沟畦的适宜长、宽，给水栓入畦方式及给水栓连接软管时软管的适宜长度。

（3）论证管网类型、研究管网中管道线路的走向与布置方案，确定线路中各控制阀门、保护装置、给水栓及附属建筑物的位置。

（4）拟定可供选择的管材、管件、给水栓、保护装置、控制阀门等设施的系列范围。

3. 规划的主要技术参数

（1）灌溉设计保证率。根据当地自然条件和经济条件确定，但应不低于50%。

（2）灌溉管道系统水利用系数。井灌区应不低于0.95，渠灌区管道系统水利用系数应不低于0.95。

（3）田间水利用系数。应不低于0.85。

（4）灌溉水利用系数。井灌区不低于0.80，渠灌区不低于0.70。

（5）规划区灌水定额。根据当地试验资料确定，无资料地区可参考邻近地区试验资料确定。

4. 规划步骤

（1）调查收集规划前所需要的基本资料、当地农业区划、农业发展计划、水利规划和田基本建设规划等基本情况，并应进行核实和分析。

（2）进行水量平衡分析，确定管道输水灌溉区规模。

（3）实地勘测并绘制规划区平面图，在图中标明沟、渠、路、林及水源的位置和高程。

（4）确定取水工程位置、范围和形式。

（5）进行田间工程布置，确定管网形式和畦田规格。

（6）根据管网类型给水装置位置，选择适宜的管网线路，确定保护设施及其他附属建筑物位置。

（7）汇总管网各级管道长度，给水装置保护设施，连接管件及其他附属建筑物的数量。

（8）选择适宜的管材给水分水装置及保护设施，对没有性能指标说明的材料和设备应通过试验确定其性能。

综上所述，管网系统规划步骤可概括为如图6.3所示的框图。

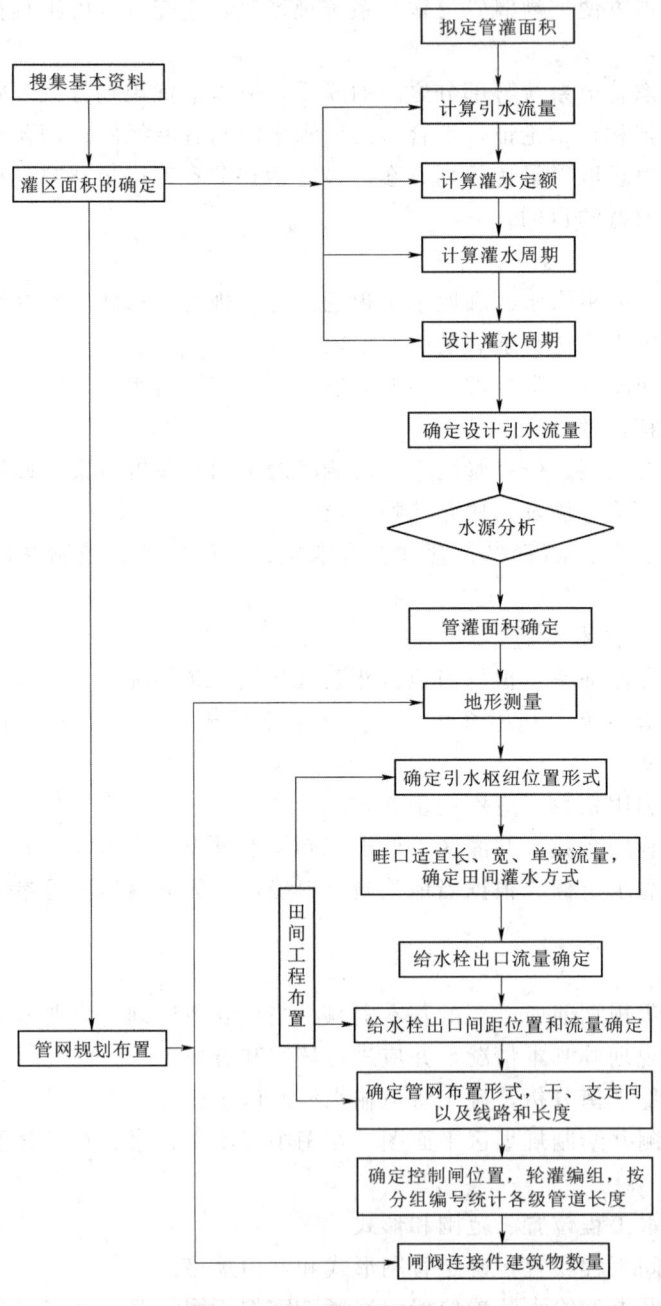

图6.3 管网系统规划步骤

5. 规划成果

规划阶段的成果是包括以下内容的工程规划报告。

(1) 序言。

(2) 基本情况与资料。

(3) 主要技术参数。

(4) 水量供需平衡分析。

(5) 规划方案比较。

(6) 田间工程布置。

(7) 机井装置。

(8) 投资估算。

(9) 经济效益分析。

(10) 附图。

1) 1∶10000～1∶5000 水利设施现状图。

2) 1∶10000～1∶5000 管道灌溉工程规划图。

3) 1∶2000～1∶1000 典型管道系统布置图。

6.2.2 基本资料的收集

管道系统规划设计之前，必须收集以下基本资料，经过对资料进行分析后，便可作为系统规划设计的依据。

1. 近期与中长期发展规划

近期与中长期发展规划包括农田基本建设规划、农业发展规划、水利区划和水利中长期发展供求规划等，以及规划区今后人口增长、工业与农业发展目标、耕地面积与灌溉面积变化趋势和可供水资源量与需水量。

2. 地形地貌

灌区规划阶段用 1∶10000～1∶5000 地形图。管网布置用 1∶2000～1∶500 局部地形图。局部地形图上要标明行政区划、灌区位置、控制范围边界线，以及耕地、村庄、沟渠、道路、林带、池塘、井泉、水库、河流、泵站和输电线路等。地形变化明显处要注明高程。

3. 水文气象

年、月、旬平均气温，最低、最高气温；多年、月平均降水量，降水特征，旱、涝灾情特点；年、月平均蒸发量，最大、最小月蒸发量；月或旬日照小时数；无霜期及始、终日期；土壤冻结及解冻时间，冻土层深度；主风向及风速等。

4. 土壤及其特性

土壤类型及分布，土壤质地和层次，耕作层厚度及养分状况，土壤主要物理化学性能等。如无土壤普查资料，参考以下指标进行调查实测。

(1) 土壤质地分类，野外调查可参考表 6.1 中内容的要求用指测法鉴定土壤质地。取样法可参考表 6.2 中的指标要求对土壤进行颗粒分析并鉴定土壤质地及分类。

表 6.1 指测法鉴定土壤质地标准

质地类型	在手掌中研磨时的感觉	用放大镜观察	干燥时状态	湿润时状态	揉捻时的状态
砂土	砂粒感觉	几乎完全由砂粒组成	土粒分散不成团	流沙不成团	不能揉成细条
砂壤土	不均质,主要是砂粒的感觉,也有细土粒的感觉	主要是砂粒,也有较细的土粒	用手指轻压或稍用力,能捏碎成块	无可塑性	揉成的细条易裂成小段或小瓣
壤土	感觉到砂粒和黏质土粒	还能见到砂粒	用手指难于捏碎成干土块	可塑	能揉成完整的细条,在弯曲成圆环时裂开成小瓣
壤黏土	感觉到少量砂粒	主要有粉砂或黏粒,几乎没有砂粒	用手指不能捏碎成干土块	可塑性好	易揉成细条,但在卷成圆环时有裂痕
黏土	很细的均质土,难于碎成粉末	均质细粉末,没有砂粒	形成坚硬土块,用捶击难于使其粉碎	可塑性好,呈黏糊状	易揉成细条,但在卷成圆环时不产生裂痕

表 6.2 土壤质地分类表

土壤地质		颗粒组成/%		
类别	名称	砂粒 $1\sim0.05$mm	粗粉粒 $0.05\sim0.01$mm	黏粒 <0.001mm
砂土	粗砂土	>70		<30
	粗砂土	$60\sim70$		
	面砂土	$50\sim60$		
壤土	砂粉土	>20	>40	<30
	粉土	<20		
	粉壤土	>20	<40	
	黏壤土	<20		
	砂壤土	>50		>30
黏土	粉黏土			$30\sim50$
	壤黏土			$35\sim40$
	黏土			>40

(2) 土壤主要物理性能。土壤主要物理性能包括土壤容重 γ 和土壤田间持水率 β。土壤容重是指自然状态下单位体积的干土重;土壤田间持水率 β 是土壤中可供作物吸收利用的水分含量的上限,也是灌溉后土壤含水量的上限。一般作物所需的适宜含水量应保持在田间持水量的 60%~100%。无实测资料时,可参考表 6.3 中不同质地土壤干容重和耕作层田间持水率选取参数。

6.2 灌溉管道输水工程规划与布置

表6.3　　　　　　　　　　耕作层土壤主要特性

土壤质地名称	干容重γ /(g/cm³)	田间持水率 重量/%	田间持水率 体积/%	备注
砂土	1.46～1.60	16～22	26～32	
砂壤土	1.36～1.54	22～30	32～40	
轻壤土	1.40～1.52	22～28	30～36	田间持水率（体积%）=田间持水率（重量%）×土壤干容重γ
中壤土	1.40～1.55	22～28	30～35	
重壤土	1.38～1.54	22～28	32～42	
轻壤土	1.35～1.44	28～32	40～45	
中壤土	1.30～1.45	25～35	35～45	
重壤土	1.32～1.40	30～35	40～50	

5. 灌溉水源

（1）地下水。年内最高与最低埋深及出现时间，含水层厚度及埋藏深度、地下水水力坡度、流速、给水度、渗透系数及井的涌水量等有关资料。给水度、渗透系数、入渗补给量、入渗补给系数等参数可参考表6.4～表6.7。

表6.4　　　　　　　　　　某些松散岩石的给水度平均值

岩性	砾砂	粗砂	中砂	细砂	极细砂	亚细砂	亚黏土
给水度	0.30～0.35	0.25～0.30	0.20～0.25	0.15～0.20	0.08～0.15	0.08～0.10	0.04～0.07

表6.5　　　　　　　　　　渗透系数经验值

岩性	渗透系数	岩性	渗透系数	岩性	渗透系数
重亚黏土	<0.05	粉土质砂	0.50～1.00	砾石	100～500
轻亚黏土	0.05～0.10	细粒砂	1.0～5.0	漂砾石	20～150
亚黏土	0.10～0.50	中粒砂	5～10	漂石	500～1000
黄土	0.25～0.50	粗粒砂	20～50		

表6.6　　　　　　　不同灌水定额入渗补给量　　　　　　　单位：mm

地下水埋深/m	灌水定额/(m³/hm²)						
	300	450	600	750	900	1050	1200
1.0	4.0	10.0	16.0	25.0	34.0	49.0	72.0
1.5	—	1.5	4.0	9.0	16.0	25.0	38.0
2.0	—	—	—	2.0	5.0	10.0	20.0

表6.7　　　　　　　不同气候条件下降雨入渗补给系数 α 值

条件	地下埋深/m							
	1～2		2～4		4～6		7	
	亚砂	亚黏	亚砂	亚黏	亚砂	亚黏	亚砂	亚黏
丰水年	0.26	0.26	0.22	0.21	0.19	0.21		0.18
平水年	0.21	0.20	0.18	0.17	0.15	0.17		0.14
干旱年	0.16	0.14	0.13	0.12	0.11	0.12		0.10

(2) 河水。收集当地或相关水文站中不同水平年水位及流量的年内分配过程、水位流量关系曲线及年内含沙量的分配等资料。

(3) 水库塘坝。收集流域降雨径流情况、历年蓄水情况、水位库容曲线、水库调节性能及可供灌溉用水量。

6. 水利工程

掌握现有水利设施状况，在井灌区要搜集已建成井的数量、分布、出水量、机泵性能、运行状况、历年灌溉面积等。对于河流和水库灌区还要搜集水库和引水建筑物类别、有关尺寸、引水流量、灌溉面积、供水保证程度、各级渠道配套情况、设施完好状况、渠系水利用率和灌溉水利用率等。

7. 灌溉试验资料

搜集当地或类似地区已有的灌溉试验资料，包括灌溉回归系数、降雨入渗补给系数、灌溉水蒸发系数、主要作物需水量以及各生育阶段适宜土壤含水率、需水规律、灌溉制度、灌水技术要素等。

8. 管材管件资料

调查厂家生产管材管件的规格、性能、造价、质量以及管材、管件种类等。

9. 社会经济

社会经济包括规划区内人口、劳力、耕地面积、林果面积、作物种类、种植比例、粮棉等作物产量，农、林、牧、副各业产值，交通能源、建材状况等。

6.2.3 水量供需平衡分析

水量供需平衡分析应以区划为单元进行。井灌区如已超采，规划时应根据水量供需平衡分析结果，确定适宜的管灌面积和作物种植结构，以控制地下水超采。大型灌区的水源通常还要为城镇工业及生活供水，因此，管灌系统规划时的水量供需平衡分析就更为重要。

1. 可供水量分析

平原地区井灌区以开采浅层地下水为主，由于浅层地下水的补给随气象（降雨、蒸发等）和水文条件而变化。所以，在确定开采量之前，必须进行规划区地下水资源的分析计算。即根据当地水文地质资料分析计算出地下水补给量，以此作为井灌区规划的依据。

(1) 降雨入渗补给量。降雨是浅层地下水的主要补给源之一，降雨入渗补给量与降雨强度、降雨的雨型、降雨前的土壤状况及地下水等诸因素有关。为简化计算，可根据灌溉设计保证率选取设计降雨年，然后从当地水文地质资料中查得降雨入渗补给系数，由下式计算降雨入渗补给量。

$$W_1 = 0.001 KPA \tag{6.1}$$

式中：W_1 为降雨入渗补给量，m^3；K 为降雨入渗补给系数；P 为设计年降水量，mm；A 为地下水补给面积，m^2。

(2) 侧向补给量。侧向补给是影响浅层地下水储量的因素之一。根据区域均衡法原理将规划区作为一个储水整体，计算一年内区域边界补给或排泄的水量。

$$W_2 = 365kh_{含}\sum(L_i J_i) \tag{6.2}$$

式中：W_2 为侧向补给量（补给为正，排泄为负），m³；k 为含水层渗透系数，m/d；$h_{含}$ 为补给区中地下水含水层厚度，m；L_i 为补给区边界长度，m；J_i 为补给区内对应边界的地下水坡度。

（3）灌溉回归水量。规划区内渠灌和井灌水均会部分入渗补给地下水。灌溉回归水量受多种因素影响。因此，一般由当地水文地质资料查得的灌溉回归系数计算灌溉回归水量。

$$W_3 = 10\beta M_{毛} A \tag{6.3}$$

式中：W_3 为灌溉回归水量，m³；β 为灌溉回归系数；$M_{毛}$ 为毛灌溉定额，mm；A 为灌溉面积，hm²。

（4）地下水总补给量（可开发利用量）。地下水埋深较浅时，潜水蒸发是地下水主要消耗项之一，但平原地区井灌区地下水一般埋深较大，通常可不考虑该项。因此，地下水总补给量计算如下：

$$W_{供} = W_1 + W_2 + W_3 \tag{6.4}$$

2. 需水量分析

（1）灌溉用水量 W_n。灌溉用水量是指灌溉土地需从水源取水的水量，它是根据灌溉面积、作物种植情况、土壤、水文地质和气象条件等因素决定。灌溉用水量随年降水量及降雨的年内分配情况而变化。因此，必须在对历年降水资料进行统计分析的基础上，按已确定的灌溉设计保证率确定典型水文年份进行规划设计。一般以典型水文年份的气象资料作为依据计算灌溉用水量，通常选75%和50%的水文年份作为典型水文年份。

1）灌溉设计标准。我国灌溉规划中通常采用灌溉保证率法确定灌溉工程设计标准，灌溉设计保证率因各地自然条件、作物种类、经济条件的不同而各异，可参考表6.8进行选择。

表6.8　　　　　　　　　　灌溉设计保证率

地区类型	缺 水 地 区		丰 水 地 区	
作物种类	以旱作物为主	以水稻为主	以旱作物为主	以水稻为主
灌溉设计保证率/%	50~75	70~80	70~80	75~95

2）净灌溉定额。作物净灌溉定额指作物生育期内实际需水量减去作物生育期内有效降水、土壤水和地下水利用量，可按下式计算或由《中国主要农作物需水量等值线图》查得。

$$M_{净} = k(ET_c - P_0 - S) \tag{6.5}$$

式中：$M_{净}$ 为作物净灌溉定额，mm；ET_c 为作物生育期内实际需水量，mm；S 为土壤水及地下水利用量，mm，井灌区地下水埋深较深，可不考虑该项；k 为局部灌溉修正系数，管道输水灌溉可取1.0；P_0 为有效降雨量，mm，由式（6.6）计算。

$$P_0 = \sum f_i P_i \tag{6.6}$$

式中：P_i 为作物生长期内第 i 次降雨量；f_i 为降雨有效利用系数，mm，当 $P_i <$

50mm 时，$f_i=1.0$，$P_i=50\sim100$mm 时，$f_i=0.8\sim0.75$，$P_i>100$mm 时，$f_i=0.7$。

3) 毛灌溉定额。灌区内种植同一种作物时，毛灌溉定额按式（6.7）计算；种植不同作物时，按式（6.8）计算综合毛灌溉定额。

$$M_{毛}=M_{净}/\eta \tag{6.7}$$

式中：$M_{毛}$ 为毛灌溉定额，mm；η 为灌溉水利用系数，井灌区 $\eta \geqslant 0.8$，渠灌区 η 值根据渠系工程状况确定。

$$M_{毛}=\sum_{i=1}^{n}a_iM_i=a_1M_1+a_2M_2+\cdots+a_nM_n \tag{6.8}$$

规划区灌溉面积确定后，灌溉用水量由式（6.9）计算。

$$W_n=10M_{毛}A \tag{6.9}$$

式中：W_n 为灌溉总用水量，m^3；A 为作物种植面积，hm^2。

（2）工业、乡镇企业用水量 W_g。规划区内工业或乡镇企业用水量根据其生产规模及产品内容，按万元产值取水量计算。

（3）生活用水量 W_s。规划区内人畜用水量根据人口数量、日用水量及大小牲畜数量计算，日用水量参考人畜供水标准计算。

（4）其他用水量 W_q。除农业、工业、生活用水量以外的部门用水量。

3. 水量供需平衡分析与计算

水量供需平衡可按下式计算：

$$W_{供}\geqslant W_n+W_x+W_s+W_q \tag{6.10}$$

水量供需平衡分析应考虑到工业和乡镇企业的发展及人口的增长。若可供水量大于或等于总用水量之和，说明管灌系统规划的面积有灌溉保证，不会引起地下水超采。若可供水量小于总用水量，应开辟新水源。无新水源可开辟时，应调整作物种植结构布局，或减少灌溉面积。

为了达到整个规划区节水增产的目的，应采用先进的节水灌溉技术，减小灌水定额，但绝不应以超量开采地下水来提高供水保证程度。

6.2.4 取水工程的规划布置

6.2.4.1 井灌区

新建井灌区发展管道灌溉时，首先应根据单井出水量确定单井控制灌溉面积，然后根据规划区面积确定井眼数并进行井位布置。对已建井灌区，则可根据已有井的现状对机井布局进行适当调整。

1. 新建井灌区

（1）单井控制灌溉面积。井灌区控制面积通常较小，规划区内水文地质条件差异也不大。因此，在地下水利用量与补给量基本平衡的前提下，可根据当地水文地质条件确定井型、单井出水量，并由式（6.11）计算单井控制灌溉面积。

$$F_0=QTt\eta(1-\eta_1)/m \tag{6.11}$$

式中：F_0 为单井控制灌溉面积，亩；Q 为单井出水量，m^3/h；T 为整个规划区轮灌一次所需要的时间，天；t 为灌溉期每天开机时间，h；η 为灌溉水利用系数；η_1 为干扰抽水的水量削减系数；m 为综合净灌水定额，m^3/亩。

（2）井距计算。在井出水量一定的情况下，可根据单井控制面积和井位布置形式计算井距，在较大的规划区，通常采用方形排列布井和梅花形网状布井两种井位布置方式，井距计算公式如下：

方形排列布井 $\qquad L_0 = \sqrt{666.7F_0} = 25.8\sqrt{F_0}$ (6.12)

梅花形网状布井 $\qquad L_0 = 8\sqrt{3}/9\sqrt{666.7F_0} = 26.8\sqrt{F_0}$ (6.13)

式中：L_0 为井距，m。

（3）规划区内机井眼数。当需水量小于或等于允许开采量时，规划区井数可由规划区灌溉面积和单井控制面积确定如下：

$$N = F/F_0 = Fm/QTt\eta(1-\eta_1)$$ (6.14)

式中：N 为规划区内机井眼数；F 为规划区内灌溉面积，亩；其余符号意义同前。

（4）井群布置。布置原则：水力坡度较大的地区，应沿等水位线交错布井。水力坡度较小的地区，应采用梅花形或方形网格布井。地面坡度大或起伏不平的地区，井应布置于高处，以便于输水和控制最大的灌溉面积。地面坡度平缓地区，井应布置在其控制区中央。沿河地带，井行应平行于河流布置。此外，还要充分考虑井位与输变电线路、道路、井带、排灌渠道等的合理结合。

2. 已建井灌区

已建井灌区的机井成井时间较长，机井质量已发生变化。一些因淤积或地下水位下降而使出水量减少；另一些则由于过多地增打新井造成了机井密度过大、单井出水量过小而形成了不合理的机井布局。因此，在管网规划时应对规划区内现有的机井状况进行普查，必要时对井位进行调整，以便进行合理的管网规划布置。

（1）机井布局的调整。已建井灌区属于下列任一情况时应当调整机井布局。

1）机井密度过大，同时抽水时相互影响，以致单井出水量减少，能耗增大，效益降低。

2）单井控制面积过大，轮灌周期过长，部分地块不能及时灌溉。

3）机井质量不好，无修复价值，需更新或新打机井。

4）在水力坡度较大的地区，上下游机井相互影响。

（2）机井布局调整的方法与步骤。

1）确定规划区内不同水文地质单元各类机井的井距、井数。

2）按已确定的井距，结合地下水流向、单井控制灌溉面积、地形、道路等条件，将各类机井布置在规划图上。

3）初步确定井位之后，对原有机井实地鉴别分类。若原有井位符合规划要求且机井质量符合规范标准，则予以保留；否则，对原有机井进行修复或改造。若原有机井无法修复或改造时，则可在原井位附近补打新井。改建规划的井位处无机井时，则需增打新井。若原有机井质量符合标准，而井位不符合要求，可暂时封存以保留备用。

6.2.4.2 渠灌区

渠灌区灌溉管道输水系统，目前多从支、斗渠取水。支、斗渠高程满足自流灌溉要求时，将水引入进水池后连接管道或从支渠直接连接管道。当支、斗渠高程不满足自流灌溉要求时，将水引入进水池后采用水泵提水进入管道。引水时应在支、斗渠引水岸边建分水闸，分水闸前建拦污栅拦截渠道中杂草，支、斗渠上建节制闸调节支渠水位、流量。分水闸分水后可通过渠道或涵管引水入管道进水池，然后进入管道。

6.2.5 管网规划布置

管网规划布置是管道系统规划中关键的一部分。一般管网工程投资占管道系统总投资的70%以上。管网布置的合理与否，对工程投资、运行状况和管理维护有很大影响。因此，对管网规划布置方案应进行反复比较，最终确定合理方案，以减小工程投资并保证系统运行可靠。

1. 规划布置的原则

(1) 井灌区的管网宜以单井控制灌溉面积作为一个完整系统。渠灌区应根据作物布局、地形条件、地块形状等分区布置，尽量将压力接近的地块划分在同一分区。

(2) 规划时首先确定给水栓的位置。给水栓的位置应当考虑到灌水均匀。若不采用连接软管灌溉，向一侧灌溉时，给水栓纵向间距可在40～50m之间；横向间距一般按100m布置。在山丘区梯田中，应考虑在每个台地中设置给水栓以便于灌溉管理。

(3) 在已确定给水栓位置的前提下，力求管道总长度最短。

(4) 管线尽量平顺，减少起伏和折点。

(5) 最末一级固定管道的走向应与作物种植方向一致，移动软管或田间垄沟垂直于作物种植行。在山丘区，干管应尽量平行于等高线、支管垂直于等高线布置。

(6) 管网布置要尽量平行于沟、渠、路、林带，顺田间生产路和地边布置，以利耕作和管理。

(7) 充分利用已有的水利工程，如穿路、倒虹吸和涵管等。

(8) 充分考虑管路中量水、控制和保护等装置的适宜位置。

(9) 尽量利用地形落差实施重力输水。

(10) 各级管道尽可能采用双向供水。

(11) 避免干扰输油、输气管道及电信线路等。

2. 规划布置的步骤

根据管网布置原则，按以下步骤进行管网规划布置。

(1) 根据地形条件分析确定管网类型。

(2) 确定给水栓的适宜位置。

(3) 按管道总长度最短原则，确定管网中各级管道的走向与长度。

(4) 在纵断面图上标注各级管道桩号、高程、给水装置、保护设施、连接管件及附属建筑物的位置。

(5) 对各级管道、管件、给水装置等，列表分类统计。

3. 管网布置

管网布置之前，首先根据适宜的畦田长度和经水栓供水方式确定给水栓间距，然后根据经济分析结果将给水栓连接而形成管网。

6.2 灌溉管道输水工程规划与布置

当给水栓位置确定时，不同的管道连接形式形成管道总长度不同的管网，因此，工程投资也就不同。在我国井灌区灌溉管道输水的发展过程中，许多研究和施工人员根据水源位置、控制范围、地面坡降、地块形状和作物种植等条件，总结出如图 6.4～图 6.10 所示的几种常见布置形式。

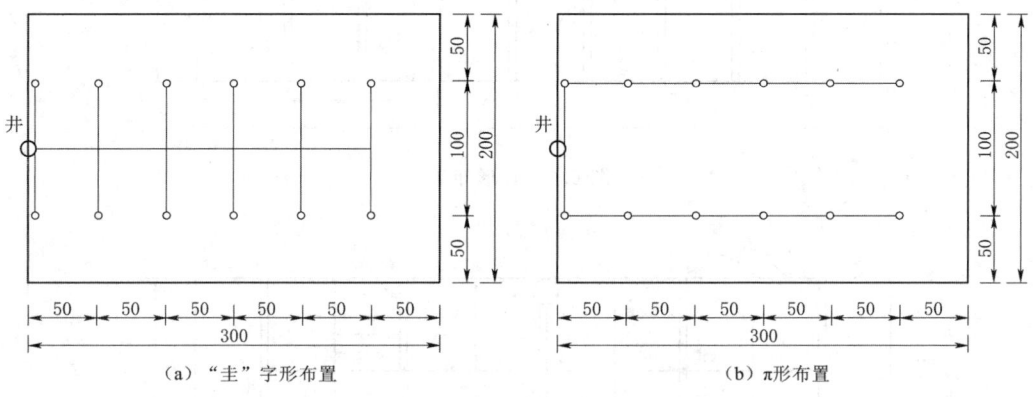

图 6.4 给水栓向一侧分水示意图（单位：m）

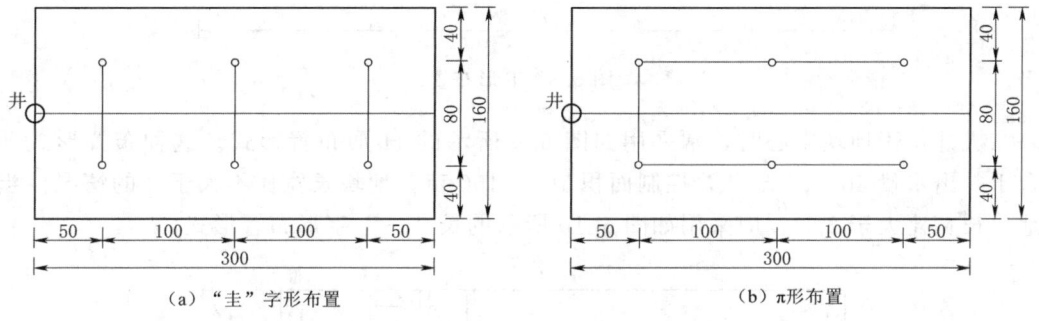

图 6.5 给水栓向两侧分水示意图（单位：m）

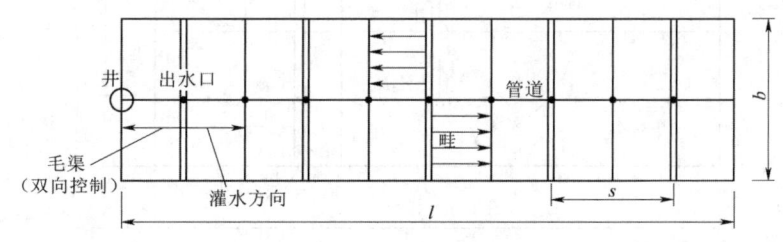

图 6.6 "一"字形布置

机井位于地块一侧，控制面积较大且地块近似成方形，可布置成如图 6.4、图 6.5 所示的形式。这些布置形式适合于井出水量 60～100m³/h，控制面积 150～300 亩，地块长宽比约为 1 的情况。

机井位于地块一侧，地块呈长条形，可布置成"一"字形、L 形、T 形，如图 6.6～图 6.8 所示。这些布置形式适合于井出水量 20～40m³/h，控制面积 50～100 亩，地块长宽比不大于 3 的情况。

205

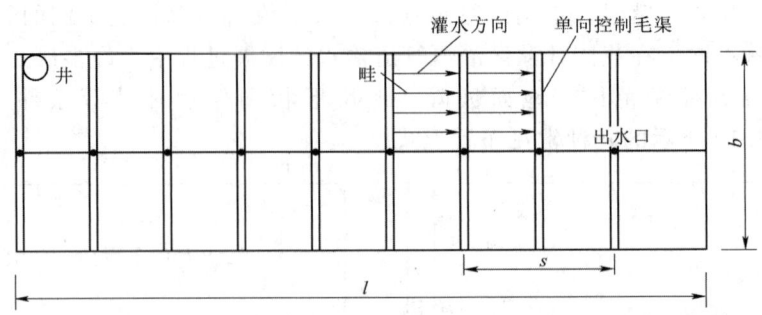

图 6.7 L 形布置

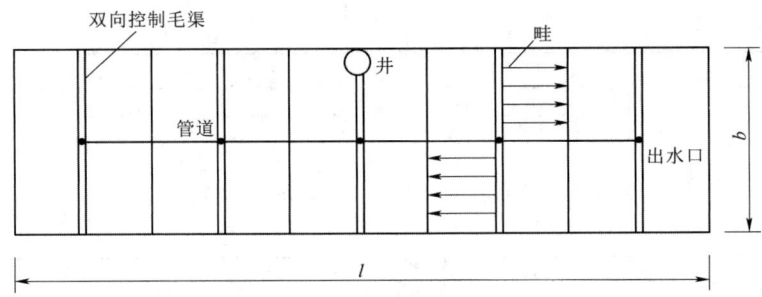

图 6.8 T 形布置

机井位于地块中心时，常采用如图 6.9 所示的 H 形布置形式。这种布置形式适合于井出水量 $40\sim60\text{m}^3/\text{h}$，控制面积 $100\sim150$ 亩，地块长宽比不大于 2 的情况。当地块长宽比大于 2 时，应采用如图 6.10 所示的长"一"字形布置形式。

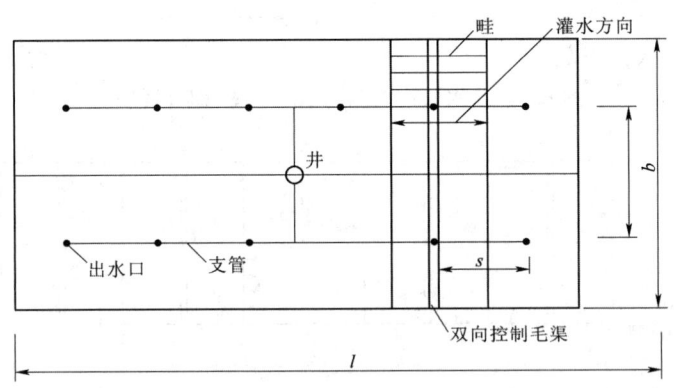

图 6.9 H 形布置

【**例 6.1**】 一形如图 6.4 所示的长方形地块，纵向边长 300m，横向边长 200m，总面积 90 亩，由单井控制，井位在地块横向边的中间。给水栓呈两行布置，纵向间距 50m，横向间距 100m。试计算两种布置形式的管道总长度。

解：按"圭"字形连接支管时，管道总长度：$l=25+50\times5+100\times6=875(\text{m})$；每亩管道长度 97m。若按"开"字形连接支管时，管道总长度仅为 $l=25+100+$

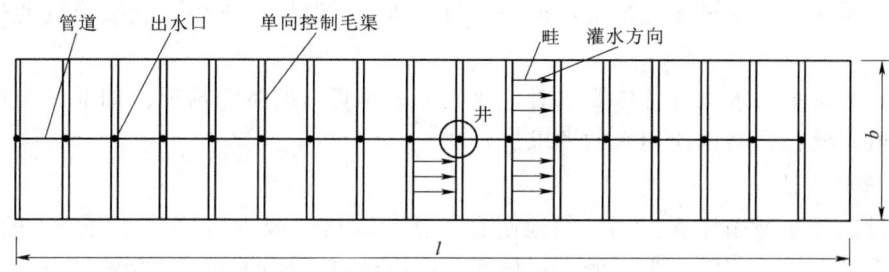

图 6.10 长 "一" 字形布置

$50 \times 5 \times 2 = 625 (m)$；每亩管道长度 6.0m。两种布置形式管道长度相差 250m，π 形比 "圭" 字形可节省管道长度 28.6%。

【例 6.2】 如图 6.5 所示的长方形地块，纵向边长 300m，横向边长 160m，总面积 72 亩，由单井控制，井位在地块横向边的中间。给水栓呈两行布置，纵向间距 100m，横向间距 80m。试计算两种布置形式的管道总长度。

解：按 "圭" 字形连接支管时，管道总长度 $= 50 + 2 \times 100 + 3 \times 80 = 490 (m)$，每亩管道长度 6.8m。若按 π 形连接支管时，管道总长度为 $l = 50 + 80 + 4 \times 100 = 530 (m)$，每亩管道长度 6.4m。两种布置形式管道长度相差 40m，"圭" 字形比 π 形可节省管道长度 8.2%。

6.3 常用管材与附属设施

6.3.1 管材种类及其选择

6.3.1.1 管材种类

用于灌溉管道输水的管材较多，按管道材质可分为塑料类管材、金属材料管、水泥类管材和其他材料管四类。

6.3.1.2 管材选择

1. 技术要求

(1) 能承受设计要求的工作压力。管材允许工作压力应为管道最大正常工作压力的 1.4 倍。当管道可能产生较大水击压力时，管材的允许工作压力应不小于水击时的最大压力。

(2) 管壁要均匀一致，壁厚误差应不大于 5%。

(3) 地埋暗管在农业机具和车辆等外荷载的作用下管材的径向变形率（即径向变形量与外径的比值）不得大于 5%。

(4) 满足运输和施工的要求，能承受一定的局部沉陷应力。

(5) 管材内壁光滑，内外壁无可见裂缝，耐土壤化学侵蚀，耐老化，使用寿命满足设计年限要求。

(6) 管材与管材、管材与管件连接方便。连接处应满足工作压力、抗弯折、抗掺漏、强度、刚度及安全等方面的要求。

6.1 管材种类及其选择简介

(7) 移动管道要轻便、易快速拆卸、耐碰撞、耐摩擦、不易被扎破及抗老化性能好等。

(8) 当输送的水流有特殊要求时，还应考虑对管材的特殊需要。如灌溉与饮水结合的管道，要符合输送饮用水的要求。

2．选择方法

管材选择要遵循经济实用，因地制宜，就地取材，减少运输，方便施工的原则。同时还应考虑生产厂家的生产能力和信誉，以避免不必要的纠纷。在满足设计要求的前提下，综合考虑以下经济因素进行管材选择：①管材管件价格；②施工费用，包括运输费用、当地劳动力价值、施工辅助材料及施工设备费用；③工程的使用年限；④工程维修费用等。

在经济条件较好的地区，固定管道可选择价格相对较高但施工、安装方便及运行可靠的硬 PVC 管；移动管可选择涂塑软管。在经济条件较差的地区，可选择价格低廉的管材：如固定管可选素混凝土管、水泥砂土管等地方管材；移动管可选择塑料薄膜软管。在水泥、砂石料可就地取材的地方，选择就地生产的素混凝土管较经济。在缺乏或远离砂石料的地方，选择塑料管则可能是经济的。另外，选择管材还要考虑应用条件及施工环境的特殊要求。在管道有可能出现较大不均匀沉陷的地方，不宜选择刚性连接的素混凝土管，可选柔性较好的塑料硬管。在丘陵和砾石较多的山前平原，管沟开挖回填较难控制，可选择外刚度较高的双壁波纹 PVC 管，不宜选择薄壁 PVC 管。在跨沟、过路的地方，可选择钢管、铸铁管。在矿渣、炉渣堆积的工矿区附近，可利用矿渣、炉渣就地生产的水泥预制管。这样，既发展了节水灌溉，又有利于环境保护。对将来可能发展喷灌的地区，应选择承压能力较高的管材，便于发展喷灌时利用。对于山区果园灌溉，将来可能发展微灌的地方，可部分选择 PE 管材。

总之，管材选择要遵循经济实用，因地制宜，就地取材，减少运输，方便施工的原则。同时还应考虑生产厂家的生产能力和信誉，以避免不必要的纠纷。

6.3.1.3 典型管材简介

1．塑料硬管

塑料硬管具有重量轻、易搬运、内壁光滑、输水阻力小、耐腐蚀和施工安装方便等优点，在灌溉管道输水工程中得到广泛应用。塑料硬管抗紫外线性能差，故多埋于地下，以减缓老化速度。在地埋条件下，使用寿命均在 20 年以上，并能适应一定的不均匀沉陷。

在灌溉管道输水系统中常用的硬塑料管材主要有硬聚氯乙烯管、聚乙烯管、聚丙烯管、双壁波纹管和加筋 PVC 管等。

2．水泥类预制管

水泥类预制管类型很多，有自应力钢筋混凝土管、预应力钢筋混凝土管、石棉水泥管、素混凝土管等。其共同优点是耐腐蚀，使用寿命长。但这类管材性脆易断裂、管壁厚、重量大、运输安装不便。水泥混凝土管一般用于流量较大的灌区，压力大的采用钢筋混凝土管，压力小的采用素混凝土管。

6.2 典型管材

6.3 常用管材与附属设施

3. 金属管

在灌溉管道输水系统中常用的金属管主要有钢管和铸铁管等。

4. 软质管

在半固定式或移动式灌溉管道输水系统中，需要用移动管道。移动管道通常采用轻便柔软易于盘卷的软质管。

软管按其生产材料可分为薄膜塑料软管、涂塑软管、双壁加线塑料软管、涂胶软管、橡胶管、橡塑管等，灌溉管道系统中用的最多的是聚乙烯薄膜塑料软管和涂塑软管。

6.3.2 附属设施

6.3.2.1 给水装置

给水装置是连接三通、立管、给水栓（出水口）的统称。通常所说的给水装置一般是指给水栓（或出水口）。出水口是指把地下管道系统的水引出地面进行灌溉的放水口，一般不能连接地面移动软管；给水栓是能与地面移动软管连接的出水口。

选用给水装置需遵循以下原则：

（1）首先应选用经过专家鉴定并定型生产的给水装置。

（2）根据设计出水量和工作压力，选择的规格应在适宜流量范围内、局部水头损失小且密封压力满足系统设计要求的给水装置。

（3）在管道输水灌溉系统中，给水装置用量大、使用频率高、有时还需要长期置于田间，因此在选用时还要考虑耐锈蚀、操作灵活、运行管理方便等因素。

（4）根据是否与地面管连接来选择给水栓或出水口；根据保护难易程度选择移动式、半固定式或固定式。

1. 移动式给水装置

移动式给水装置（图 6.11）也称分体移动式给水装置，由上、下栓体两大部分组成。其特点是密封部分在下栓体内，下栓体固定在地下管道的立管上并配有保护盖，出露在地表面或地下保护池内。系统运行时不需停机就能启闭给水栓、更换灌水点。上栓体可移动式使用，同一管道系统只需配 2~3 个上栓体，投资较省。上栓体的作用是控制给水、出水方向。

2. 半固定式给水装置

半固定式给水装置（图 6.12）特点是集密封、控制给水于一体，有时密封面也设在立管上栓体与立管螺纹连接或

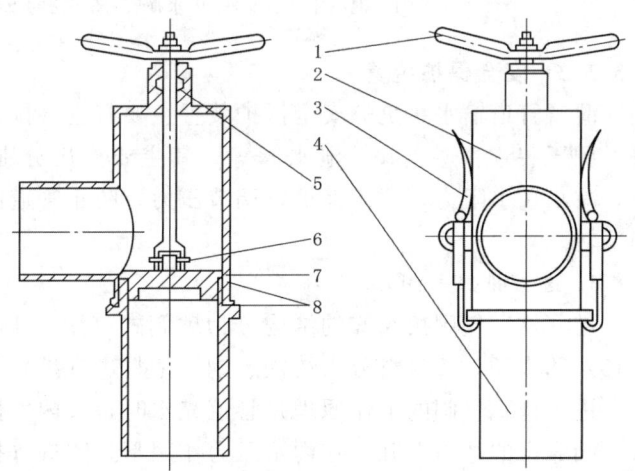

图 6.11 移动式给水栓
1—阀杆；2—上栓壳；3—连接装置；4—下栓壳；5—填料；
6—销钉；7—阀瓣；8—密封胶垫

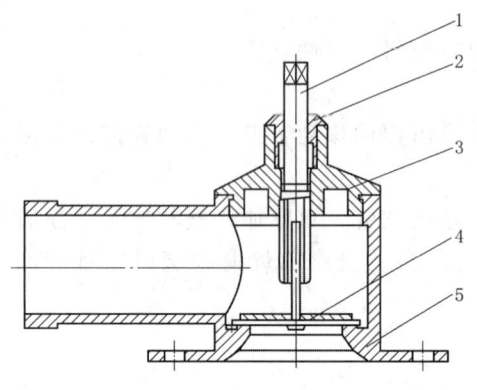

图 6.12 半固定式给水栓
1—螺栓；2—填料压盖；3—顶盖；4—阀瓣；5—栓壳

法兰连接处，非灌溉期可以卸下，在室内保存；同一灌溉系统计划同时工作的出水口必须在开机运行前安装好栓体，否则更换灌水点时需停机；同一灌溉系统也可按轮灌组配备，通过停机轮换使用，不需每个出水口配一套。

3. 固定式给水装置

固定式给水装置（图 6.13）亦称整体固定式给水装置，特点是集密封、控制给水于一体；栓体一般通过立管与地下管道系统牢固地结合在一起，不能拆卸；同一系统的每一个取水口必须安装一套给水装置，投资相对较大。

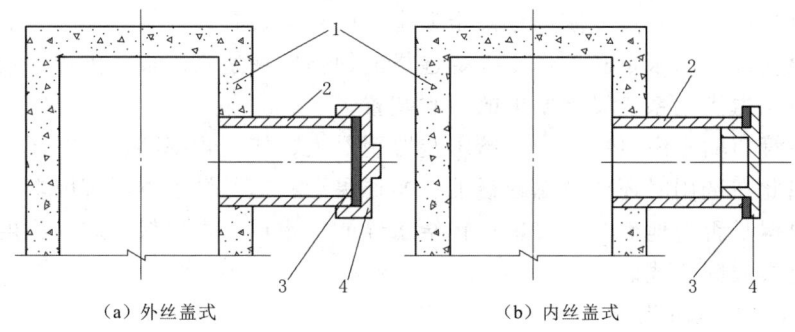

图 6.13 固定式给水装置
1—混凝土立管；2—出水横管；3—密封胶垫；4—止水盖

6.3.2.2 安全保护装置

6.3 安全保护装置简介

灌溉管道输水系统的安全保护装置主要有进（排）气阀、安全阀、多功能保护装置、调压装置、逆止阀、泄水阀等。其主要作用分别是破坏管道真空，排除管内空气，减小输水阻力，超压保护，调节压力，防止管道内的水回流入水源而引起水泵高速反转。

1. 进（排）气阀

进（排）气阀按阀瓣的结构分为球阀式（图 6.14）、平板阀式进（排）气阀（图 6.15）两大类。按材料分为铸铁、钢、塑料进（排）气阀等。

进（排）气阀的工作原理是管道充水时，管内气体从进（排）气口排出，球（平板）阀靠水的浮力上升，在内水压力作用下封闭进（排）气口，使进（排）气阀密封而不渗漏，排气过程完毕。管道停止供水时，球（平板）阀因虹吸作用和自重而下落，离开进（排）气口，空气进入管道，破坏了管道真空或使管道水的回流中断，避免了管道真空破坏或因管内水的回流引起的机泵高速反转。

6.3 常用管材与附属设施

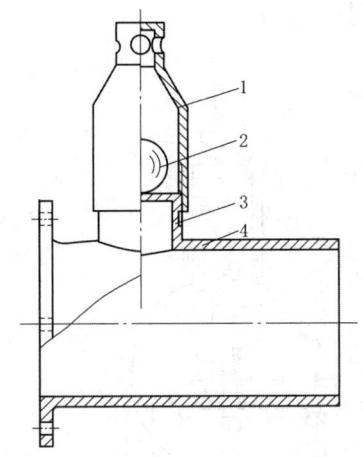 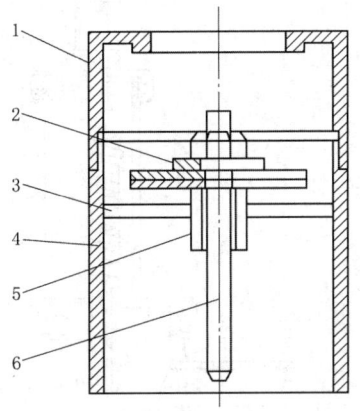

图 6.14 球阀式进（排）气阀
1—阀室；2—球阀；3—球算管；4—法兰管

图 6.15 平板阀式进（排）气阀
1—上阀壳；2—阀瓣；3—支架；
4—下阀壳；5—导向套；6—阀杆

进（排）气阀可按式（6.15）计算选择，一般安装在顺坡布置的管道系统首部、逆坡布置的管道系统尾部、管道系统的凸起处、管道朝水流方向下折及超过10°的变坡处。

$$d_0 = 1.05 D_0 \left(\frac{v}{v_0}\right)^{\frac{1}{2}} \tag{6.15}$$

式中：d_0 为进（排）气阀通气孔直径，mm；D_0 为被保护管道内径，mm；v 为被保护管道内水流速度，m/s；v_0 为进（排）气阀排出空气流速，m/s，计算时可取 $v_0 = 45$ m/s。

2. 安全阀

安全阀是一种压力释放装置，安装在管路较低处，起超压保护作用。灌溉管道系统中常用的安全阀按其结构形式可分为弹簧式（图 6.16）、重锤杠杆式（图 6.17）两大类。

安全阀的工作原理是将弹簧力或重锤的重量加载于阀瓣上来控制、调节开启压力（即整定压力）在管道系统压力小于整定压力时，安全阀密封可靠，无渗漏现象；当管道系统压力升高并超过整定压力时，阀门则立即自动开启排水，使压力下降；当管道系统压力降低到整定压力以下时，阀门及时关闭并密封如初。

安全阀的特点是结构比较简单，制造、维修方便，造价较高；启闭迅速及时，关闭后无渗漏，工作平稳，灵敏度高；使用寿命长。

3. 多功能保护装置

多功能保护装置（图 6.18）主要是针对管道灌溉系统研制的，集进（排）气、止回水、超压保护等两种以上功能于一体的安全保护装置，有的还兼有灌溉给水和其他功能。其最大特点是结构紧凑，体积小，连接、安装比较方便。

第6章 灌溉管道输水工程技术

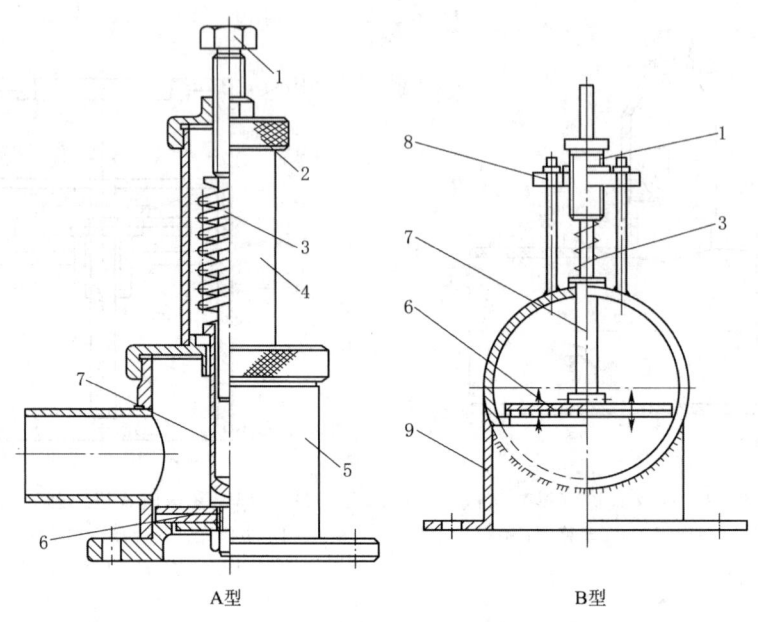

图6.16 弹簧式安全阀
1—调压螺栓；2—压盖；3—弹簧；4—弹室室壳；5—阀室壳；
6—阀瓣；7—导向套；8—弹簧支架；9—法兰管

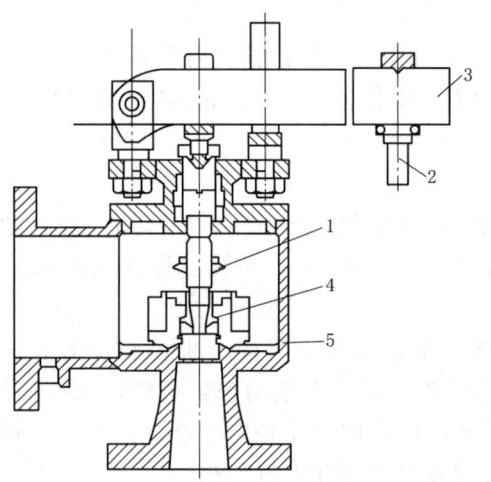

图6.17 重锤杠杆式安全阀
1—反冲盘；2—重锤；3—杠杆；
4—阀瓣；5—阀座

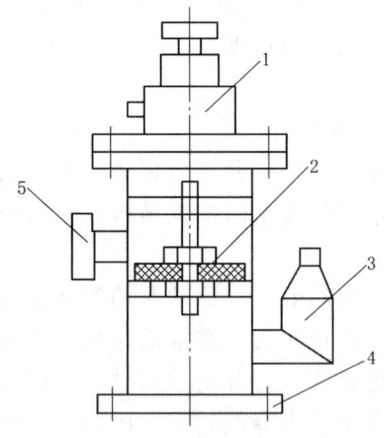

图6.18 多功能保护装置结构示意图
1—安全阀；2—止回阀阀瓣；3—进（排）气阀；
4—与水泵连接的法兰；5—与地下管道连接的法兰

6.3.2.3 分（取）水控制装置

灌溉管道系统中常用的分（取）水控制装置有闸阀、截止阀以及结合管道系统特点研制的一些专用控制装置等。

6.3 常用管材与附属设施

1. 常用的工业阀门

灌溉管道输水系统常用的工业阀门主要是公称压力不大于 1.6MPa 的闸板阀（图 6.19）和截止阀（图 6.20），主要作用是接通或截断管道中的水流。

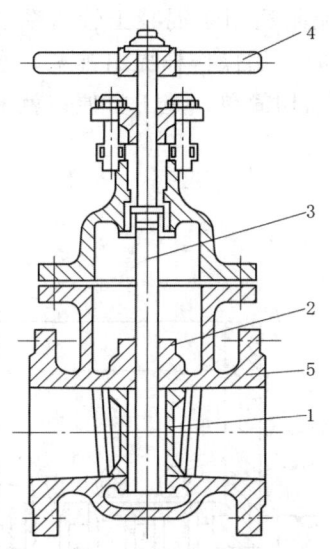 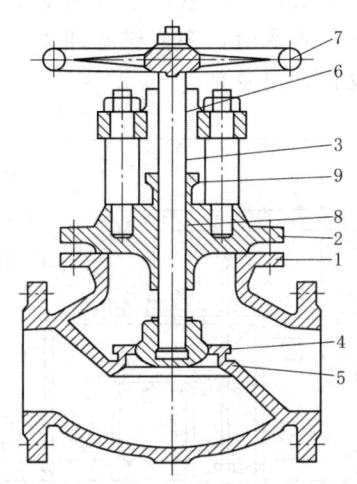

图 6.19 闸板阀
1—闸板；2—螺丝套；3—阀杆；
4—手轮；5—阀体

图 6.20 截止阀
1—阀体；2—阀盖；3—阀杆；4—阀盘；5—阀座；
6—阀杆套；7—手轮；8—螺杆；9—压盖

2. 灌溉管道输水系统典型控制装置

（1）箱式控水阀。箱式控水阀是针对灌溉管道输水系统特点研制的一种集控制、调节、汇水、分水于一体的控制装置。其结构形式见图 6.21。箱式控水阀有两通、三通、四通等形式，即分别有两个、三个、四个进出水口。其主要特点及性能：阀瓣呈圆盘状，沿阀座通道中心线作升降运动；结构简单、制作容易、体积小、重量轻、安装操作方便；水力性能较好。箱式控水阀与同样功能的工业闸阀相比，可降低投资 30%～60%。

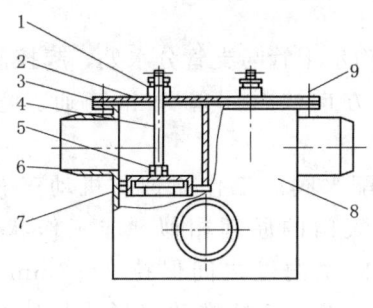 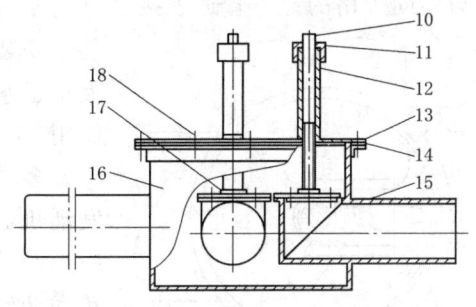

（a）三通式 JN 型箱式控水阀　　　　（b）四通式 SQ 型箱式控水阀

图 6.21 箱式控水阀
1—填料涵；2—阀顶盖板；3—密封胶垫；4—螺杆；5—活节套；6—阀瓣；7—阀座；8—箱体；
9—螺栓；10—螺杆；11—填料压盖；12—螺杆套；13—阀顶盖；14—密封胶垫；
15—进（出）水管；16—箱体；17—阀瓣；18—螺栓

6.4 两通式、三通式、四通式控水阀

（2）分水闸门。如图 6.22 所示的分水闸门适用于混凝土管道系统，用来控制主管道向支管道输配水。其特点是因地制宜修建，结构简单，安装、操作方便；设有保护、检修井，维修方便，且易于保护。

（3）简易分流闸。如图 6.23 所示的简易分流闸适用于混凝土管道系统，用来控制上级管道系统向下级管道系统输配水。输配水时，用操作杆提出锥塞，水流进入下级管道系统；停水时，塞入锥塞即可。其特点是结构简单，施工方便；就地取材，造价低；易操作，易管理。

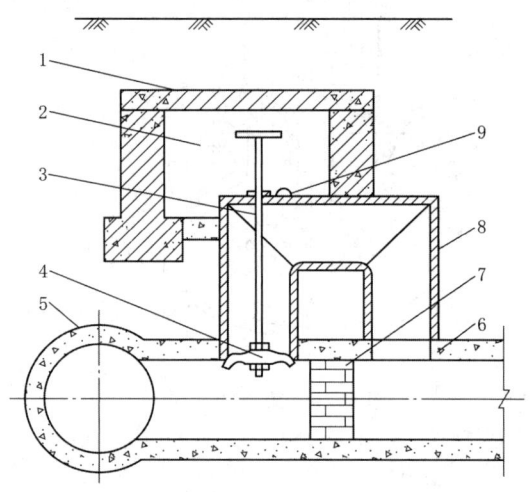

图 6.22 分水闸门及其安装示意图
1—盖板；2—保护井；3—操作杆；4—阀瓣；5—干管；
6—支管；7—截流板；8—铸铁弯管；9—挂环

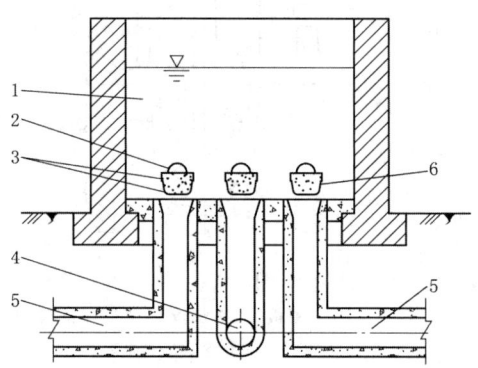

图 6.23 简易分流闸及其安装示意图
1—水池；2—提环；3—橡胶止水；4—输水干管；
5—输水支管；6—混凝土锥塞

（4）多功能配水阀。多功能配水阀主要由阀体（三通壳体）、上下盖、扇形阀片、转向杆、凸轮轴、橡胶止水、手轮、连杆、弹簧和方向指针等组成（图 6.24）。除止水用橡胶外，其余部件采用铸铁材料，橡胶止水粘贴在扇形阀片外壁上。配有变径接头，可与不同规格的地下管道连接。

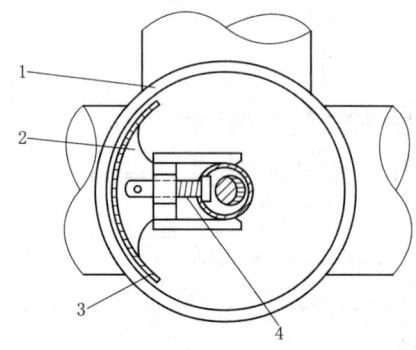

图 6.24 多功能配水阀结构示意图
1—阀体；2—扇形阀片；
3—橡胶止水；4—弹簧

安装在输水干管与支管分水处，起控制水量大小、水流方向、封闭管道和三通、弯头等作用。

多功能配水阀的工作原理与机动车刹车和发动机缸体气门的原理相似。非工作状态下，扇形阀片与阀室内壁之间保持 2～3mm 间隙。转动凸轮轴，压迫连杆推动扇形阀片使其紧贴阀室内壁而止水，配水阀关闭。回转凸轮时，在弹簧的反作用下拉回扇形阀片，使其与阀室内壁分离，配水阀开启。利用转向杆控制扇形止水阀片，旋转转向杆和转动凸轮轴，可任意调节输水方向。

6.3.2.4 测量装置

灌溉管道输水系统中常用的测量装置主要有测量压力和流量的装置。测量压力装置是用来量测管道系统的水流压力,了解、检查管道工作压力状况;测量流量装置主要用来测量管道水流总量和单位时间内通过的水量,是用水管理的基础。

1. 压力测量装置

在灌溉管道输水系统中常用的压力测量装置是压力表(图6.25)。

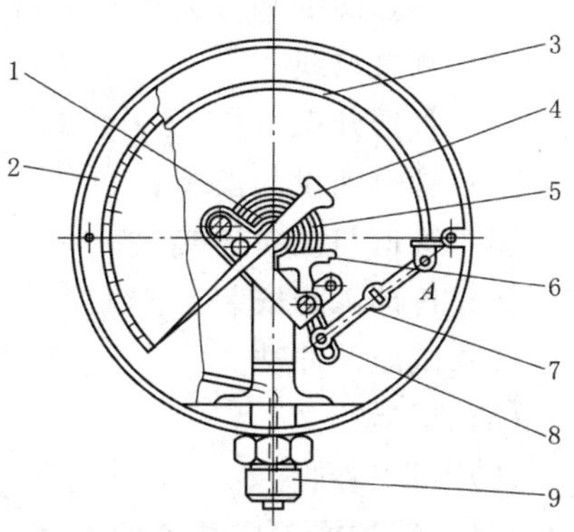

压力表选用时应考虑以下因素:

(1) 压力测量的范围和所需要的精度。

(2) 静负荷下工作值不应超过刻度值的 2/3,在波动负荷下,工作值不应超过刻度值的 1/2,最低工作值不应低于刻度值的 1/3。

2. 流量测量装置

图 6.25 弹簧管压力表
1—面板;2—中心齿轮;3—弹簧管;4—指针;
5—游丝;6—扇形齿轮;7—拉杆;
8—调整螺钉;9—接头

在灌溉管道输水系统中通常采用水表(图 6.26)、流量计(图 6.27)等进行量水。

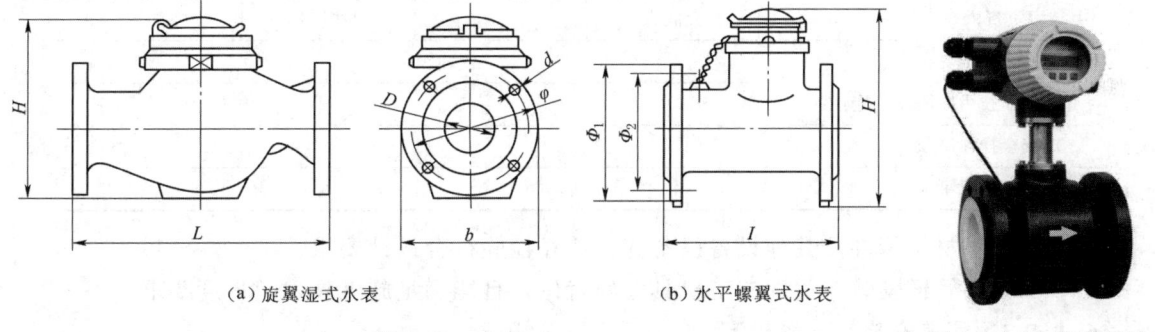

(a) 旋翼湿式水表   (b) 水平螺翼式水表

图 6.26 水表

图 6.27 电磁流量计

6.4 灌溉管道输水工程施工

6.4.1 灌溉管道输水工程施工概述

灌溉管道输水工程具有工程隐蔽、投资较大、使用时间长等特点。为了保证工程投入使用后正常运行,必须从设计、施工和运行管理等环节进行严格把关。设计是基础,安装施工是保证,运行管理是关键,发挥效益是目的。施工安装具有承上启下的作用,实施时必须制定详细的施工计划,严格按照施工程序,认真执行设计意图,精心施工,为今后的运行管理和效益发挥提供保证。

6.5 灌溉管道输水工程施工简介

6.4.1.1 管道施工程序

(1) 熟悉图纸和有关技术资料。

(2) 测量放线。

(3) 管槽开挖。

(4) 管道铺设与安装。

(5) 管道与设备连接。

(6) 首部工程安装。

(7) 试压及冲洗。

(8) 试运行。

(9) 竣工验收。

6.4.1.2 管道施工应具备的条件

(1) 设计图纸及其他技术文件完整齐全,确认具备施工要求。

(2) 临时供水、供电等设施已能满足施工要求。

(3) 制定的施工计划和方案已确认可行,技术交底和必要的技术培训工作已经完成,并填写表 6.9 以做记录。

表 6.9　　　　　　　　　　施工技术交底记录表

工程名称		施工单位		
分部分项工程名称		施工人员		
工程数量		计划完成时间		
技术负责人		交底人		交底时间	年　月　日
1. 质量标准要求:				
2. 操作技术方法及措施:				
3. 安全操作事项:				
4. 其他注意事项:				

(4) 管材、管件及其他设备已备齐,并经检验符合设计要求。

(5) 与管道安装有关的施工机具已经就位,且能满足施工技术及进度要求。

6.4.1.3 管道安装的一般规定

(1) 管道安装前要认真复测管槽、建筑物基坑是否符合图纸要求。

(2) 管道安装时,如遇地下水或积水,应采取排水措施。

(3) 检查地基的承载能力和稳定性,对不符合设计要求的地方应进行处理,然后再进行安装。

(4) 管道穿越公路、沟道等处时,应采取加套管、砌筑涵洞或架空等措施加以保护。

(5) 附属设备(如闸阀、水表等)与管道连接后,应垫置加固支撑,避免设备的重量加压在管道上。

(6) 管道安装施工过程中,及时填写施工记录并分施工内容进行阶段验收(表 6.10),尤其对一些意外情况的处理应填写清楚。

(7) 管道安装工作间断期间,应及时封闭敞开的管口。

(8) 管道连接时,应严格按照已定的施工方法和程序进行。确需变更时,必须经技术主管签字,同意后方可实施,并记录在案。

(9) 管道工程完工后,及时整理施工记录,绘制竣工图,编写竣工报告等,以备竣工验收。

表 6.10　　　　　　　　管道安装施工记录(阶段验收情况)表

工程名称		
分部分项工程名称		
管线号: 连接方法: 简图及简要说明:	管径:	材质:
施工单位: 施工人员:	负责人:	技术负责人:

6.4.1.4　施工组织与准备

1. 施工组织

加强施工组织管理,对于正确实施设计,按期完成施工任务,保证工程质量,降低工程成本具有重要的意义。因此必须根据工程需要建立健全必要的施工组织、制定详细的施工计划,做好施工准备工作。

根据工程需要成立由领导、技术人员组成的施工组织领导机构,协调各项工作,编制详细的施工计划,培训技术人员、料物调配、组织施工队伍,指导现场施工等工作。

2. 施工准备

(1) 施工人员培训。施工前,要对施工人员进行必要的技术培训和思想教育。在技术上,要使施工人员熟悉设计图纸、掌握施工方法和程序;在思想上,要使施工人员认识到施工对整个工程的重要性。

(2) 料物准备。为保证工程顺利施工,施工前应做好料物及施工设备的采购供应工作,严格按设计要求采购、验收、保管和供应。

(3) 施工过程中的管理。施工过程中应严格按照管道安装规定要求,把好材料验收、施工质量等各环节,避免留下隐患,影响工程运行。

6.4.2　管槽开挖
6.4.2.1　测量放线

测量放线就是按设计图纸要求,将各级管道、建筑物的位置落实到地面上。一般用经纬仪、水准仪定出管槽开挖中心线和宽度,用石灰标出开挖线。在管道中心线上每隔 30~50m 打桩标记,在管线的转折处、有建筑物和安装附属设备的地方及其他需要标记的地方也要打桩。绘制管线纵横断面图、建筑物和附属设备基坑开挖详图等。

6.4.2.2 管槽开挖

1. 管槽断面形式和尺寸

管槽的断面形式根据现场土质、地下水位、管材种类和规格、最大冻土层深度以及施工方法确定。目前管道铺设多采用沟埋式，其断面形式主要有矩形、梯形和复合式三种（图 6.28）。根据实践经验，管槽的底部开挖宽度和深度一般按式（6.16）～式（6.18）计算。

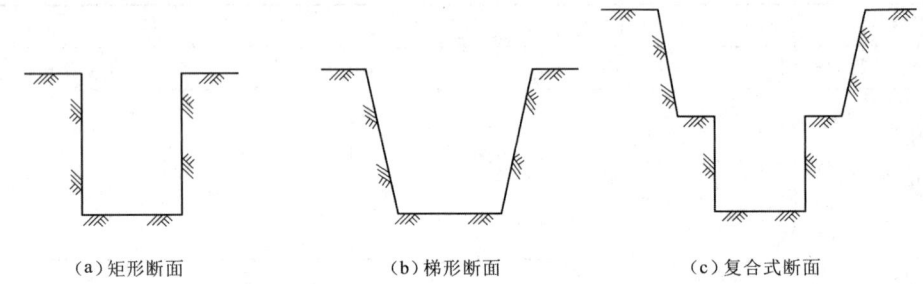

图 6.28 管槽断面形式

(a) 矩形断面　　(b) 梯形断面　　(c) 复合式断面

$D \leqslant 200mm$ 的管材：　　　$S = D + 0.3$ 　　　　　　(6.16)

$D > 200mm$ 的管材：　　　　$S = D + 0.5$ 　　　　　　(6.17)

$$H \geqslant D + h + 0.1 \quad (6.18)$$

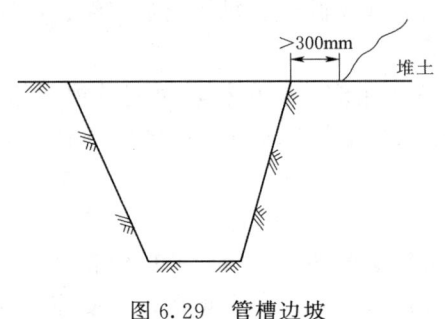

图 6.29 管槽边坡

式中：S 为管槽底部的宽度，m；D 为管道的外径，m；H 为管槽的开挖深度，m；h 为最大冻土层深度，m。

管槽的开挖深度除满足式（6.17）外，还应满足外载结构设计要求，如对于塑料管，其最小埋深不能小于 0.7m。人工开挖并将土抛于槽边的管槽壁的最大允许坡度可参考表 6.11 和图 6.29。

表 6.11　　　　　　　　管槽壁最大允许坡度

土质	砂土	亚砂土	亚黏土	黏土	含砾石卵石土	泥炭岩白垩土	干黄土	石槽
边坡坡度	1:1.0	1:0.67	1:0.5	1:0.33	1:0.67	1:0.33	1:0.25	1:0.05

注 1. 表中砂土不包括细砂和粉砂，干黄土不包括类黄土。
　　2. 在个别情况下，如有足够依据或采用机械挖槽，均不受此表限制。

2. 管槽开挖应注意的几个问题

（1）管槽槽底为弧形时，管道的受力情况最好，因此应尽可能将管基挖成弧形。

（2）管线应尽量避开软弱、不均质地和岩石地带。如无法避开，必须进行基础处理。

（3）对于塑料管、钢管、铸铁管或石棉水泥管一般采用原土地基即可。对于松软土或填土应进行夯实，夯实密实度应达到设计要求；对于地下水位较高，土层受到扰动时，一般应铺 150～200mm 的碎石垫层进行处理；对于坚硬岩石可采取超挖，再回填沙土的办法来处理（图 6.30）。

（4）为方便管道连接安装，管槽弃土应堆放在管槽的同一侧，最少 0.3m 以外处。

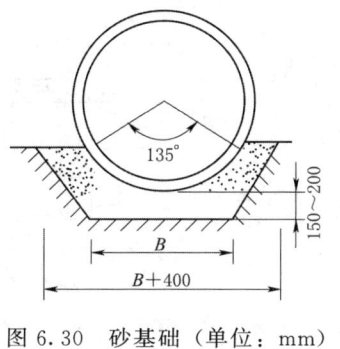

图 6.30 砂基础（单位：mm）

6.4.3 管道系统安装

6.4.3.1 硬塑料管道的连接

硬塑料管道的连接形式有扩口承插式、套管式、锁紧接头式、螺纹式、法兰式、热熔焊接式等。同一连接形式中又有多种方法，不同的连接方法其适用条件、适用范围不同。因此在选择连接形式、连接方法时，应根据被连接管材的种类、规格、管道系统设计压力、施工环境、连接方法的适用范围、操作人员技术水平等进行综合考虑。

1. 扩口承插式连接

扩口承插式连接是目前灌溉管道系统中应用最广的一种形式。其连接方法有：热软化扩口承插连接法、扩口加密封圈承插连接法和胶接黏合式承插连接法三种。

2. 套管式连接

套管式连接是用专用套管将两节管道连接在一起，其接头的承压能力不应低于管材的公称压力。

连接时，将两节（段）管道用如图 6.31 所示的套管涂抹黏合剂后承插连接。图 6.31（a）为固定式套管，接头与管道连接后成为一整体，不易拆卸，接头成本较低；图 6.31（b）为活接头，接头与管道连接后也成为一整体，但管道与管道之间可通过松紧螺帽来拆卸，接头成本较高，一般多用于系统中需要经常拆卸之处。

6.6 扩口承插式连接方法

3. 锁紧接头式连接

这种连接方式是将两节（段）管道用如图 6.32 所示的接头通过紧锁箍连接在一起，能承受较高的压力。图 6.32（a）锁紧接头主要用于塑料管与塑料管之间的连接，图 6.32（b）锁紧接头则用于塑料管与金属管之间的连接。

4. 螺纹式连接

螺纹式连接多用于管径较小（不大于 75mm）、管壁较厚（不小于 2.5mm）的管材连接。其连接形式是将被连接管材一端加工成外螺纹，另一端加工成内螺纹，依次连接。

用螺纹连接的管道，由于管端套丝，其端部的强度有所降低，影响了管道的整体使用压力，选用时应考虑到这一点。

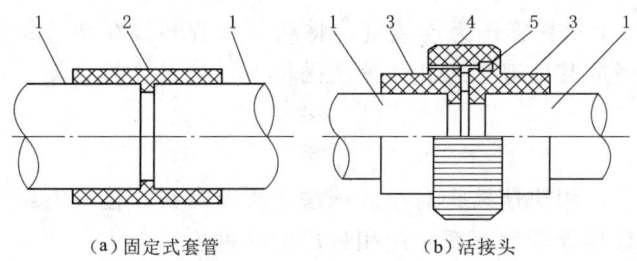

（a）固定式套管　　（b）活接头

图 6.31 套管式连接
1—塑料管；2—PVC 固定套管；3—承口端；
4—PVC 螺帽；5—平密封胶垫

第6章 灌溉管道输水工程技术

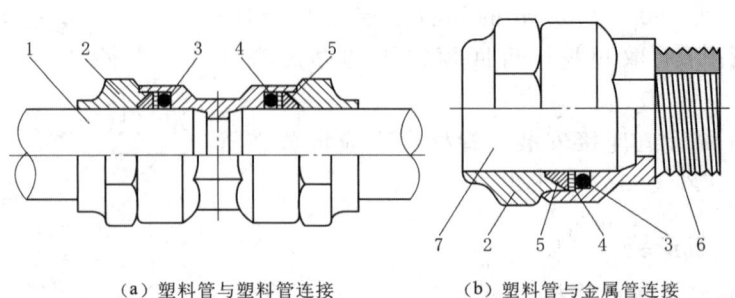

（a）塑料管与塑料管连接　　（b）塑料管与金属管连接

图6.32　组合式锁紧连接
1—塑料管；2—铸铁紧固螺栓；3—O形橡胶密封；4—铸铁压力环；
5—铸铁夹环；6—与金属管连接端；7—与塑料管连接端

5. 法兰式连接

法兰式连接是将管道的两端焊接或热压法兰盘，用螺栓把两节管道连接在一起，两法兰盘间用软质塑料或橡胶垫密封。法兰式连接适合于压力不太高的管道系统，方法简单，连接、拆卸方便。但由于在生产管材时不便于一次将管道两端形成法兰盘，需二次加工，因此在灌溉管道系统中应用不多。

6. 热熔焊接式连接

热熔焊接式连接是将两节管道对焊在一起，有对接熔接和热空气焊接两种形式。

对接熔接是在两节管道的端面之间用一块电热金属片加热，使管端呈发黏状态，抽出加热片，再在一定的压力下对挤，自然冷却后即牢固结合在一起。

热空气焊接是用热空气把接缝熔溶或用焊条把接缝焊合在一起。

6.4.3.2　软管的连接

软管的连接方法有揣袖法、套管法、快速接头法等。

1. 揣袖法

揣袖法就是顺水流方向将前一节软管插入后一节软管内，插入长度视输水压力的大小决定至不漏水为宜。该法多用于质地较软的软管的连接，特点是连接方便，不需专用接头或其他材料，但不能拖拉。连接时，接头处应避开地形起伏较大的地段和管路拐弯处。

2. 套管法

套管法一般用长15～20cm的硬塑料管作为连接管，将两节软管套接在硬塑料管上，用活动管箍固定，也可用铁丝或其他绳子绑扎。该法的特点是接头连接方便，承压能力高，拖拉时不易脱开。

3. 快速接头法

软管的两端分别连接快速接头，用快速接头对接。该法连接速度快，接头密封压力高，使用寿命长，是目前地面移动软管灌溉系统应用最广的一种连接方法。

6.4.3.3　水泥预制管道的连接

水泥预制管道每节长1～1.5m，接头多，连接复杂，管路中只要有一节管道接头漏水，就会影响管线输水，为确保管线不渗不漏，管道接头的连接成为管道安装施工

6.4 灌溉管道输水工程施工

中的关键工序。首先，铺设的管道必须经过严格挑选，龄期应满 28 天，管材完整、光洁、无裂纹、无损伤。管口的主要形式有平口式和承插口式，因此水泥预制管材的接头方法包括平口式预制管的接头技术和承插口式预制管的接头技术。

1. 平口式预制管的接头技术

平口式预制管的接头技术包括纱布包裹砂浆法、塑料油膏黏结法。

(1) 纱布包裹砂浆法。

1) 铺设管底砂浆及纱布。将管道放入基槽后，在两管对接处挖弧形小沟槽，槽底铺放一层水泥砂浆，上铺宽 10cm、长略大于管外圆周长的纱布（约为 1.2 倍管周长），以便搭接，纱布上再铺一层砂浆，紧贴管底，如图 6.33（a）所示。

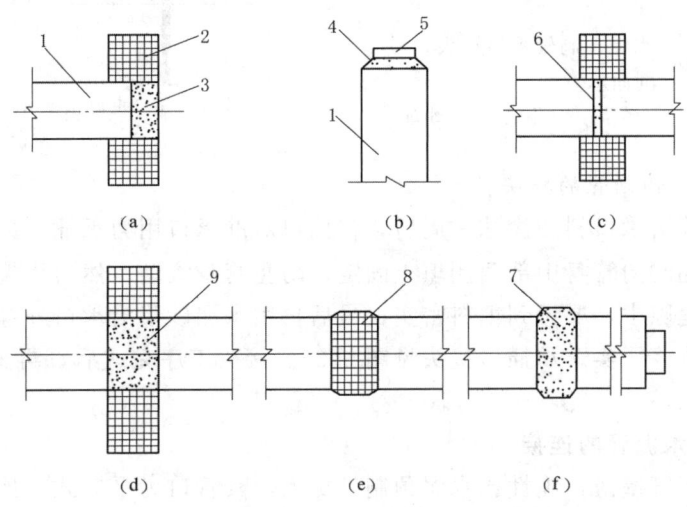

图 6.33 管子对接操作程序图

1—管子；2—纱布；3—管底砂浆；4—1∶1 砂浆；5—内圆模；6—管口浆液；
7—纱布外 1∶3 砂浆带；8—纱布包裹砂浆带；9—1∶3 砂浆带

2) 管道对接。竖起下一节管道，用钢刷清理管口，浇水湿润，管内放入铁制内圆模。内圆模露出管端 5cm，管口抹水泥砂浆。内圆模紧贴管内壁，以阻止砂浆挤进管内，如图 6.33（b）所示。砂浆拌好后，将管道对准前一节管口用力推上，挤出浆液，然后抹平管口溢出的浆液，如图 6.33（c）所示。

3) 包砂浆带。在接口处抹一层砂浆带，与管底砂浆衔接，如图 6.33（d）所示。拉起已铺好的纱布，包裹砂浆带如图 6.33（e）所示，并自下而上拍打，挤压纱布，使内层砂浆透出纱布网眼，再在纱布外抹一层砂浆，使之与底层砂浆衔接好，压实、抹光表面，抽出管中内圆模，如图 6.33（f）所示。包裹的一层纱布，两层砂浆总厚约 2cm，宽 10cm 左右。铺好的管道及管口接头要立即覆盖 20cm 厚湿土养护，以防曝晒产生裂纹。水泥预制管平口接头剖面见图 6.34。

(2) 塑料油膏黏结法。塑料油膏是一种防水材料，即在有机化合物内掺入适量无机化合物加工而成。该材料黏结性强，耐低温，用于管道接头防渗，施工简单易行，不受季节气候影响。施工时，在管道的两端抹一层经熔化并拌有水泥的粥状塑料油膏，对接挤紧两节管道,在管道下槽内铺宽10cm、长大于管道外周的编织袋或土布,其上面均匀涂上油膏管侧对面拉起布条,在布外沿管道周围抹压数遍,使油膏和管道紧紧黏在一起,管道上的布头涂上油膏搭接好,覆土自然养护。油膏接头见图6.35。

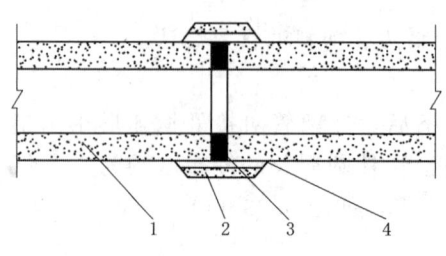

图6.34 水泥预制管平口接头剖面示意图

1—预制管;2—砂浆;3—灰膏;4—纱布

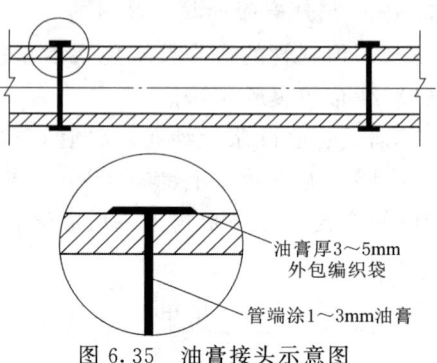

图6.35 油膏接头示意图

2. 承插口式预制管的接头技术

用水泥砂浆沿承口斜面涂抹一周后,将插口对准承口用力承插,并检查管口是否吻合;对好后随时向管身中部两侧填土固定,防止管身滚动;然后用捣缝工具将水泥砂浆分次捣入缝隙中,要做到填料密实;最后再用水泥砂浆沿承口外缘抹一个三角形封口体,并将砂浆压实。承插口接头见图6.36。接头工序完成后,再覆20～30cm厚湿土养护。

6.4.3.4 石棉水泥管的连接

石棉水泥管管壁薄,脆性比水泥预制管更大,其管口为平口式,连接方法主要有以下几种。

1. 全刚性套筒接头

全刚性套筒接头(图6.37)的填料采用油麻及石棉水泥。连接时,先将套筒一端安装在一管端上,然后与另一管端接头,放入填料后打口即可。

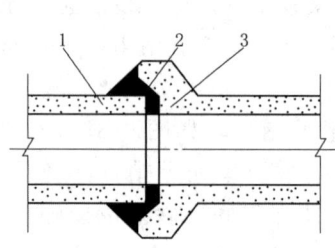

图6.36 承插口接头示意图

1—管插口端;2—封口砂浆;3—管承口端

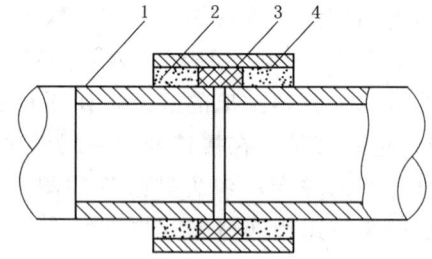

图6.37 全刚性套筒接头

1—石棉水泥管;2—石棉水泥;3—填料;4—套筒

2. 半刚半柔性套筒接头

半刚半柔性套筒接头见图6.38。连接时,先将套筒装在柔性接头的管段端部,下入管槽后另一管段插入套筒,对准接口,放入填料后打口。

3. 全柔性法兰接头

全柔性法兰接头（图 6.39）是用铸铁法兰，长螺栓压紧两只橡胶圈，以达到连接管段防止漏水的目的。这种连接方式具有弹性和活动的余地。

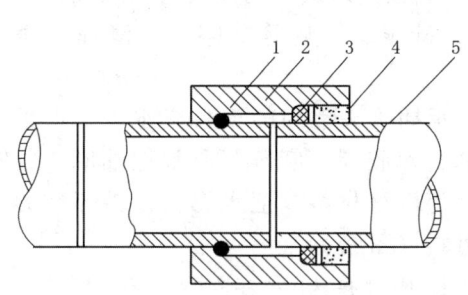

图 6.38 半刚半柔性套筒接头
1—橡胶圈；2—半柔性套筒；3—填料；
4—石棉水泥；5—石棉水泥管

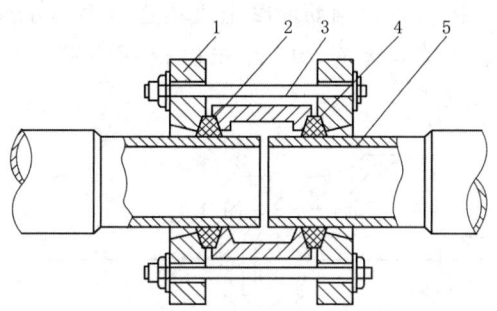

图 6.39 全柔性法兰接头
1—铸铁法兰；2—套筒；3—长螺栓；
4—橡胶圈；5—石棉水泥管

4. 树脂刚性接头

树脂刚性接头主要适用于小口径的管材连接。在黏结过程中应注意：防水、防撞击，以免发生裂缝；配好的黏结剂应在 1h 内用完；树脂黏接剂本身收缩率较大，在连接管道时应每隔 30m 左右用一个橡皮套柔性接头。

使用时首先准备两种黏结剂待用：一种为纯黏结剂 A，另一种为用纯黏结剂 A 加 200 份水泥混合而成的黏结剂 B。黏结时，先将管口刷净对齐，然后用黏结剂 B 涂抹接口处，再用 10cm 宽的玻璃布边缠边涂黏结剂 A，缠三层即可。气温在 15℃ 以上时，放置 24h 即可固化。

5. 橡皮套柔性接头

橡皮套柔性接头（图 6.40）主要由橡皮套管、橡皮垫、半圆铁卡箍和橡皮条组成。使用时先把橡皮套的 1/2 套到石棉管的一端，把剩下的 1/2 翻到已套好的 1/2 橡皮套上；再将两节相接的石棉管口对齐，把橡皮垫放在两节管的端面之间对紧，用橡皮条缠绕两层；然后将翻过去的 1/2 橡皮套翻过来压紧在上面；最后用铁卡箍将橡皮

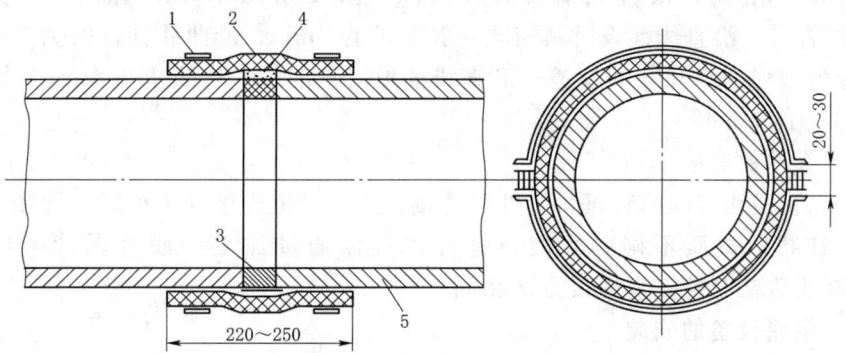

图 6.40 石棉水泥管用橡皮套柔性接头（单位：mm）
1—铁卡箍；2—橡皮套；3—橡皮塑；4—橡皮条；5—石棉水泥管

套两头卡紧，拧紧螺丝。卡箍的间距为12cm。石棉水泥管与铸铁管或钢筋混凝土管相衔接时，均应采用全柔性或半刚半柔性接头。

6.4.3.5 普通铸铁管及钢筋混凝土管的连接

铸铁管、钢筋混凝土管的连接多为承插式，其接头形式有刚性接头和柔性接头两种。连接安装前，应首先检查管道有无裂纹、砂眼、结疤等缺陷，并清理干净承插口。

承插接头常用的填料有水泥、青铅和油麻、橡胶圈、麻等。通常把油麻、胶圈等称为嵌缝材料，把水泥、青铅等称为密封材料（图6.41）。

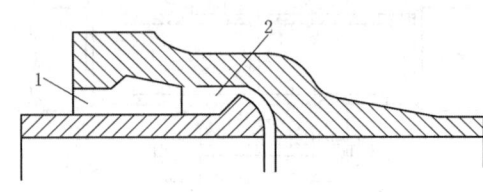

图6.41 刚性接头的嵌缝和密封
1—密封填料；2—嵌缝填料

1. 刚性接头

嵌缝材料为水泥类的接头称为刚性接头，刚性接头抗震动性能和抗冲击性能不高，但材料来源丰富，施工方法比较成熟，是最常用的方法。

刚性接头的嵌缝材料主要为油麻。油麻要有韧性、纤维长、无麻皮，用石油沥青浸透晾干。油麻辫的粗细应为接头缝隙的1.5倍。打麻之前先用斜铁将承插口间隙调匀，然后用麻凿将油麻打入缝隙内。每圈麻辫应相互搭接100~150mm，并压实打紧。打紧后的麻辫填塞深度应为承插深度的1/3，且不超过承口三角凹槽的内边。

2. 柔性接头

使用橡胶圈作为止水件的接头称柔性接头。橡胶圈具有较好的可塑性，因此柔性接头能适应一定量的位移和震动。

施工程序为：①清除承插口工作面上的附着污物；②向承口斜形槽内放置胶圈；③在插口外侧和胶圈内侧涂抹肥皂液；④将插口引入承口，确认胶圈位置正常、承插口的间隙符合要求后，将管道插入到位，找正后即可在管身覆土以稳定管道。

用柔性接头承插的管道，承口和插口既不能顶死也不能间隙过大。对于公称直径小于75mm的管道，沿直线铺设时其间隙一般要求为4mm；公称直径为100~250mm的管道，沿直线铺设时其间隙一般要求为5mm，沿曲线铺设时为7~13mm；公称直径为300~500mm的管道，沿直线铺设时其间隙一般要求为6mm，沿曲线铺设时为10~14mm。

6.4.3.6 管件的连接

材质和管径均相同的管材、管件的连接方法与管道连接方法相同；管径不同时由变径管来连接。材质不同的管材、管件连接需通过加工一段金属管来连接（图6.42），接头方法与铸铁管连接方法相同。

6.4.3.7 附属设备的安装

附属设备的安装方法一般有螺纹连接、承插连接、法兰连接、管箍式连接、黏合连接等。这些连接方法中有的拆卸比较方便，如法兰连接、管箍式连接、螺纹连接等；

6.4 灌溉管道输水工程施工

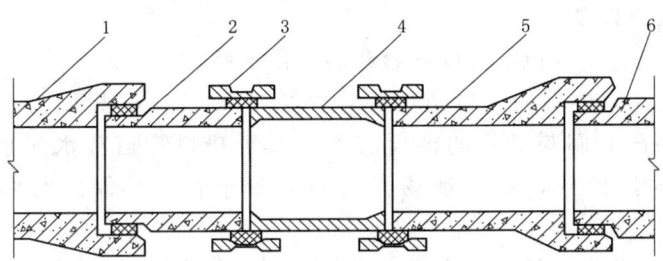

图 6.42 管件连接示意图
1，6—水泥预制管或其他管材；2——端为插口、一端为平口的水泥短管；
3—金属套管；4—金属短管；5——端为承口、一端为平口的水泥短管

有的拆卸比较困难或不能拆卸，如承插连接、黏合连接等。在工程设计时，应根据附属设备维修、运行等情况来选择连接方法。

公称直径大于 50mm 的阀门、水表、安全阀、进（排）气阀等多选用法兰连接；给水栓则可根据其结构形式，选用承插或法兰连接等方法；对于压力测量装置以及公称直径小于 50mm 的阀门、水表、安全阀、进（排）气阀等多选用螺纹连接。

与不同材料管道连接时，需通过一段钢法兰管或一段带丝头的钢管与之连接，并应根据管材的材料采取不同的方法。与塑料管连接时，可直接将法兰管或钢管与管道承插连接后，再与附属设备连接。与混凝土管及其他材料管连接时，可先将钢法兰管或带丝头的钢管与管道连接后（连接方法可参考钢筋混凝土管连接方法），再将附属设备连接上。

6.4.3.8 首部安装

使用潜水泵的管道工程，首部安装主要是水泵与管道的连接，为便于维护水泵，一般采用法兰连接。使用离心泵的工程，首部枢纽一般包括水泵、电机、控制阀门等，其连接也多采用法兰或螺纹连接。

6.4.3.9 其他附属设施的施工

其他附属设施包括阀门井、镇墩等。阀门井一般用砖砌筑（图 6.43），其尺寸应以方便操作及拆装阀门来确定。

6.4.4 试水回填与竣工验收

管道系统铺设安装完毕后，必须进行水压试验（俗称试水），符合设计要求后方可回填。

6.4.4.1 试水

1. 试水的目的

试水的目的是试验检查管道的强度、接口或接头的质量等是否符合设计要求，并及时处理出现的问题，防患于未然。

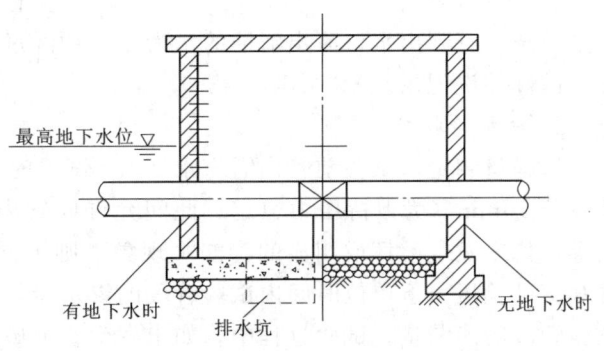

图 6.43 阀门井示意图

2. 试水的检验内容

试水的检验内容主要包括强度试验和渗漏量试验。

(1) 强度试验主要是检查管道的强度和施工质量。试验压力一般为管道系统的设计压力,保压时间与管道的类型有关,对于塑料管道和水泥预制管,其保压时间一般要求不小于1h,对于现场浇筑的混凝土管,其保压时间一般要求不小于8h。

(2) 渗漏量试验主要是检查管道的漏水情况。渗漏损失量应符合管道水利用系数要求,一般不能超过总输水量的5%。

3. 试压前的准备工作

(1) 备齐各种试压用具。管道试压装置见图6.44。

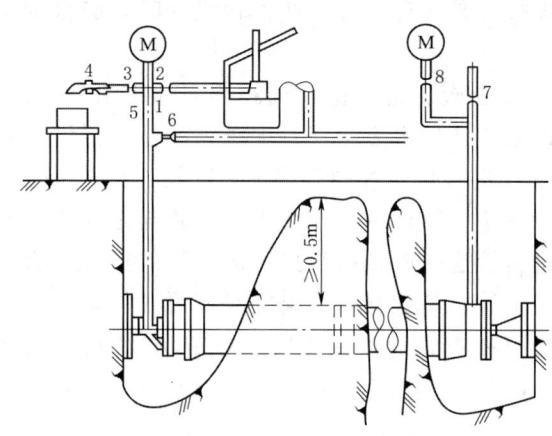

图 6.44 管道试压装置示意图
(①从水源向试验管道送水时,开放6、7号阀门。关闭5号阀门。②用水泵加匝时,开放1、2、5、8号阀门,关闭4、6、7号阀门。③不用量水槽脚渗水量时,开放2、5、6号阀门,关闭1、4、6、7号阀门。④用量水槽测渗水量时,开放2、4、5、8号阀门,关闭6、7号阀门。⑤用水泵调整3号调节阀时,开放1、2、4号阀门,关闭5号阀门)

(2) 堵塞试压管段中所有已安装的三通与管段端口,并做好后背支撑。支撑面积大小,应根据管径、试验压力、土质情况计算确定。支撑面应与管中心线垂直。采用一个支撑点时,应支撑在管段面的正中心点上。支撑物与承压物应相互垂直。采用多点支撑时,必须均匀布置。支撑物一般用千斤顶或活动支撑,支撑力要保证能够均匀地传到承压物的全部面积上。为保证支撑稳定,特殊配件两侧必须用土填实。千斤顶两侧也应加固,以防失去稳定。

(3) 安装排气管(孔),便于管道充水时排除管内空气。排气管应装在管道的最高点。排气管直径以20mm左右为宜。

(4) 进行管道冲洗。试压前应自上而下逐级冲洗管道,并按管道设计流量冲洗,直到出水口流出清洁的水为止。冲洗过程中及冲水结束后,应检查管道情况,做好冲洗记录。

4. 试水验收标准

渗漏量测定,试验前管内需充水24h。试验时先将水压升至设计压力,保压时间不少于10min(为保持压力恒定,此间允许向管内充水),检查管材、管件、接口阀门等,如未发生破坏或明显的渗漏水现象,则可同时进行渗漏量试验。渗漏量试验,是观察试验压力下单位时间内试验管段的渗水量,当渗水量为一稳定值时,此值即为试验管段的渗漏量。试验过程中,如未发生管道破坏,且渗漏量符合要求,即认为试水合格,可回填。

试水时,应沿线检查渗漏情况并做好记录并标志,以便于维修。试水不合格的管段应及时修复,在修复处达到试水要求后,可重新试水,直至合格。

6.4.4.2 回填

管槽回填应严格按设计要求和程序进行,回填的方法一般有水浸密实法、分层压实法等,但不论采用哪种方法,管道周围的回填土密实度都不能小于最大密实度的90%。

1. 水浸密实法

回填土至管沟深度一半时,将管沟填土每隔一定距离(一般为10~20m)打一横埂分隔成若干段,然后分段进行充水。第一次充水1~2天后,可进行第二次回填、充水,使回填土密实后与地表相平。

2. 分层压实法

该法是分层回填、分层夯实(图6.45),使回填土密实度达到设计要求。管槽回填应在管道充水的情况下进行。一般分两步回填:第一步回填管身(Ⅰ区)和管顶以上300mm(Ⅱ区),第二步回填Ⅲ区。Ⅰ区(包括操作坑或接头坑)和Ⅱ区应用松散并比较纯净的土,不能抛填。回填土不得含有砖、石、瓦片以及冻土和大的硬土块等。其余部分允许用有少量不大于150mm的砖、石、硬土块进行回填。第一步回填的土应均匀摊开,每层土厚不超过300mm,并需仔细夯实,密实度分别要求达到95%(Ⅰ区)与85%(Ⅱ区)。管身和接头部分的回填要求两侧同

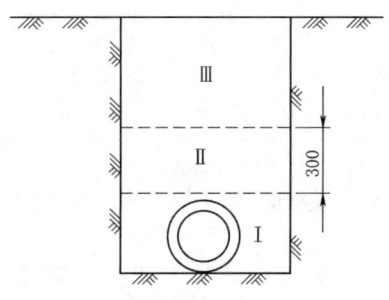

图6.45 管槽回填土分区图(单位:mm)

时进行。第二步回填时,每次回填厚度亦不能超过300mm,夯实后密实度根据管路情况确定。特殊要求的地方还需用砂土回填。考虑回填后的沉陷,回填土应略高于地面。

6.4.4.3 竣工验收

竣工验收的目的是全面检查和评价工程质量,考核工程施工是否符合设计要求,能否正常运行并交付用户应用。

1. 竣工文件的准备

工程验收前应提交以下文件资料:

(1) 全套设计报告,包括全套设计图纸、文字说明及方案变更记录等。

(2) 竣工图和报告及工程决算。

(3) 试压资料和试运行情况报告。

(4) 有关操作、管理规定和意见等。

控制面积2hm²以下的小型工程,可只提交设计报告、竣工图纸及管理要求等。

2. 竣工验收

验收工程应由主管部门组织有关技术领导部门、设计单位、施工单位、使用单位或用户代表等参加的验收小组来进行。验收小组应对水源一直到田间出水口逐一进行

检查,并填写"工程竣工验收报告单"(表6.12),合格后方可验收,然后正式将工程交付使用单位投入运行。

表6.12　　　　　　　　　　　工程竣工验收报告单

工程名称		工程地点		工程单位		开工日期		竣工日期		
验收内容及评价	水源工程									
	机房									
	管道									
	附属设备									
	建筑物									
	管理组织									
	管理规章制度									
设计单位意见		验收负责人: 年　月　日								
施工单位意见		验收负责人: 年　月　日								
使用单位意见		验收负责人: 年　月　日								
主管部门意见		验收负责人: 年　月　日								

6.4.4.4　编写竣工验收报告

按照上述程序和内容进行全面检查和验收后,验收小组应对验收情况进行整理分析和总结,写出验收报告。验收报告的内容一般包括:

(1) 验收概况。
(2) 工程质量评价。
(3) 对工程运用意见及建议。
(4) 验收结论及参加竣工验收代表名单(签名)等。

所有的验收材料,包括设计书、竣工验收报告等应由设计、施工、使用单位各保存一套,同时送上级主管部门一套存档,以备查阅。

6.5　灌溉管道输水工程消能措施

有压管道将灌溉水源引到田间地头后,要选择不同的节水灌溉技术进行灌溉,但

6.5 灌溉管道输水工程消能措施

由于此时有压管道内的水压力过高，就需要采取一定的消能措施来消除管道内过高的水压力，以满足不同节水灌溉技术对灌溉水压力的要求。

目前有压输水管道的消能方式主要有：孔板消能、洞塞式消能、淹没式多喷孔套筒阀消能、阀口消能等。

1. 孔板消能

孔板消能是在孔板有压管道内设置一级或多级孔板，水流在孔板处流线突然变化、水流势能降低，并在孔板的上、下游侧产生环状的收缩水流，在收缩水流与管道周边之间的区域发展为漩涡区，漩涡区水流强烈紊动、混掺和水流内部的剪切作用使得在水流内部产生剪切摩擦与碰撞，将一部分动能转变为热能，从而达到消能的目的。孔板结构见图6.46和图6.47。

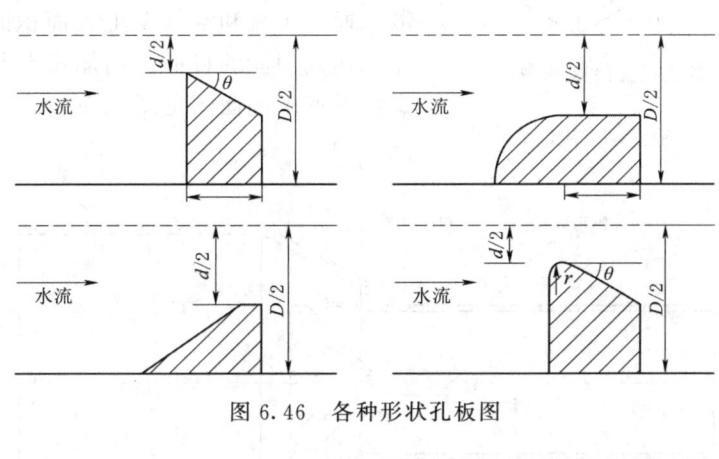

图6.46 各种形状孔板图

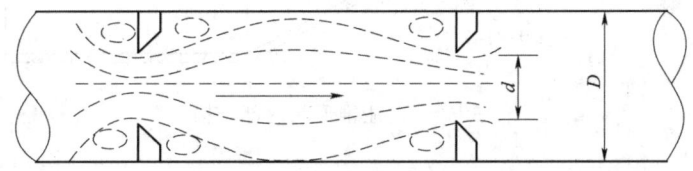

图6.47 孔板消能工示意图

2. 洞塞式消能

洞塞式消能是在有压管道内设置一定长度的消能塞，塞内沿水流方向开设一个或多个出水孔或洞，利用水流的突缩突扩作用来消能，该消能工具有结构简单、流态稳定、水流参数易于控制等优点。洞塞式消能工示意图见图6.48。

3. 淹没式多喷孔套筒阀消能

淹没式多喷孔套筒阀消能主要是利用多股多层喷孔使水流高

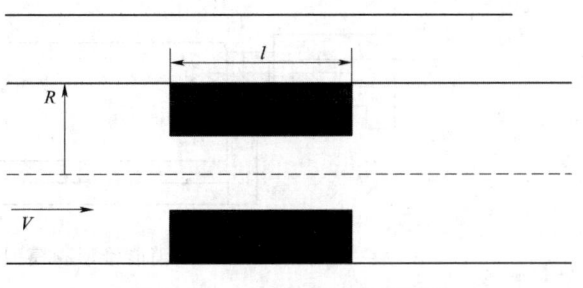

图6.48 洞塞式消能工示意图

速喷出后在阀室内卷吸、掺混或做突然的扩散，形成强烈紊动水流来消减输水管道内的剩余能量。其喷孔的大小、数量，以及布置方式决定了该消能工的消能效率。多孔式套筒阀外观图见图6.49。

4. 阀口消能

阀口消能是在高压输水管道中设置一个锥形阀门，当水流流过锥阀时，由于锥阀前部锥体的导向作用，使来流以辐射型的散射出去。水流在扩散的过程中，会以宽广的锥形角度扩散，通过水流和空气发生大面积的摩擦产生雾化以达到消能的目的。消能锥形阀内部结构示意和模型平剖面图见图6.50和图6.51。

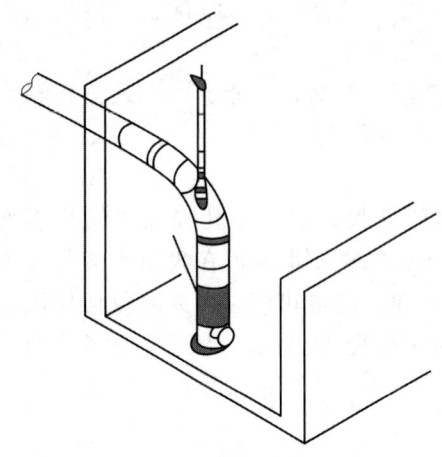

图6.49 多孔式套筒阀外观图

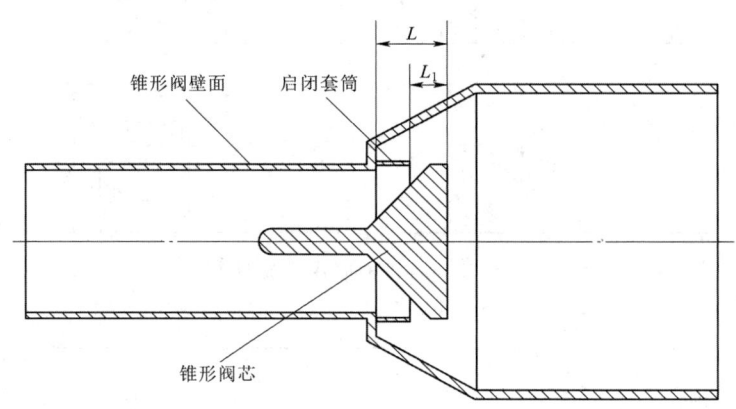

图6.50 消能锥形阀内部结构

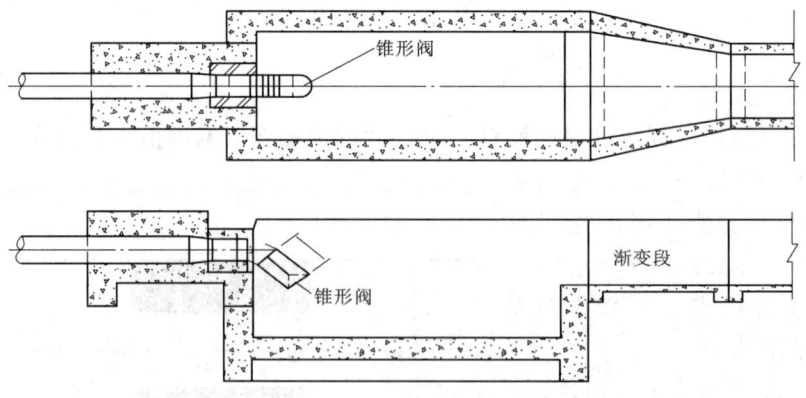

图6.51 消能锥形阀模型的平剖面图

参 考 文 献

[1] 田忠. 洞塞式内流消能工的水力特性研究 [D]. 成都：四川大学，2006.
[2] 秦武，李志鹏，喻哲钦，等. 消能锥形阀过流状态研究与优化 [J]. 南水北调与水利科技，2017，15（1）：193-198.
[3] 艾万政. 孔板（洞塞）消能研究综述 [J]. 中国农村水利水电，2009（6）：129-131，136.
[4] 谢璐琼. 开孔板消能潜堤水动力特性的研究 [D]. 青岛：中国海洋大学，2013.
[5] 王滢. 圆形深筒式消力井试验及消能机理研究 [D]. 乌鲁木齐：新疆农业大学，2005.
[6] 陈雷. 管道输水工程技术 [M]. 北京：中国水利水电出版社，2002.

第7章
渠道防渗衬砌工程技术

7.1 概　　述

7.1.1 渠道防渗衬砌在节水农业中的重要性和作用

我国幅员辽阔，是农业发展大国，同时我国又是水资源严重缺乏的国家。人均水资源占有量远低于世界平均水平。在我国的水资源利用中，农业用水占全国年用水总量的60%以上，这其中农田灌溉用水又占农业用水90%左右。因此，大力发展节水灌溉，提高农业用水效率成为缓解水资源短缺矛盾的重要方法。

目前较成熟的节水灌溉技术主要包括渠道防渗与衬砌、低压管道灌溉、微灌和喷灌等。2022年度全国国土变更调查初步汇总结果显示，全国共有耕地1.276亿hm^2，有效灌溉面积0.69亿hm^2，节水灌溉面积0.378亿hm^2，仅占有效灌溉面积的54.68%。其中，喷、微灌和低压管道灌溉面积占节水灌溉面积的61.7%，有38.3%的节水灌溉面积仍然以渠道防渗衬砌为主。因此，渠道防渗与衬砌依然是我国应用最普遍的节水灌溉工程技术措施之一。目前，在我国的灌溉渠道工程建设总长中，使用渠道防渗衬砌技术的灌溉渠道不足20%，80%以上的渠道没有进行防渗衬砌，渠系水的利用系数较低，整体水平在0.55~0.75，也就是说，从水源到田间，有25%~45%以上的灌溉水因渠道渗漏而损失掉了。由于渠道渗漏浪费的水量很大，我国粮食作物的水分生产效率仅为1kg左右，而以色列高达2.32kg。如果我国灌溉渠系水的有效利用系数提高0.10，则每年可节约水量350亿m^3左右，等于正在规划的南水北调中线工程年引水量的2.7倍左右，这对缓解我国水资源供需矛盾将起到很大作用。因此，必须首先做好渠道防渗衬砌工程，堵住这个浪费水的大洞，提高渠系水的利用率。

渠道防渗衬砌工程技术就是减少渠道水量渗漏损失及固定渠槽渠坡、改善流态的技术措施。渠道防渗衬砌的作用主要表现为：①减少渠道渗漏损失，提高渠系水利用系数；②防止渠道冲刷、淤积及坍塌，保证渠道输水安全，提高输水、输沙能力；③有利于调控地下水位，防止土壤次生盐碱化及沼泽化；④节约工程投资，减少渠道占地面积，降低运行管理费用。

7.1.2 渠道防渗衬砌技术发展方向

我国渠道衬砌与防渗常用混凝土、石料、膜料、沥青混凝土、土料和水泥土等材料作为防渗层，以达到防渗的目的。随着国民经济的发展，防渗衬砌技术不断提高，使我国渠道衬砌与防渗技术得到较快的发展。目前，我国渠道衬砌与防渗技术由单一材料向复合材料、单一结构向复合结构方向发展，并开始重视渠道衬砌与防渗对生态环境的影响。渠道防渗衬砌的主要技术发展方向可以归纳为以下几个方面：

1. 渠道防渗衬砌新材料的应用

(1) 新型固化土防渗材料。当土料防渗要求提高，且砂石料缺乏时，可利用土壤固化剂对土料进行固结处理。土壤固化剂是 20 世纪中期出现的一种新型固化土防渗材料。它具有其他传统防渗材料所不具备的一些特点。该材料能与各类土壤发生化学或生物作用，改变土的性质，如土的结构、亲水性等，形成具有一定承载能力、抗渗能力和耐久性的固化土。通过土壤固化剂能够有效地降低土体水的冰点，增强土体的憎水性，使土体结冰时的水分迁移被减弱或阻止，从而消除或减轻了土体的膨胀，使其防渗抗冻性能得到提高。目前，我国关于土壤固化剂的应用刚刚起步，20 世纪 90 年代应用于渠道防渗工程中取得了较好的防渗效果。该材料用于渠道防渗工程上具有可就地取材、工程造价低、施工简单方便、防渗效果较好等优点。但存在抗冻性不稳定、耐久性差等缺点。因此，新型土壤固化剂研究的技术难点在于提高土壤固化剂的抗冻性与水稳定性，以及解决土壤固化剂对不同土料的适应性。

(2) 玻璃钢防渗材料。玻璃钢是一种强度高、重量轻、耐腐蚀和抗微生物性能好的防渗材料。具有防渗性能好（每千米渠道输水损失小于 0.1%）、使用寿命长（可达 20 年）、过流条件好（与混凝土相比，过流能力提高 50%）、造价低（比混凝土防渗材料节省投资 10%～20%）、减少占地（比混凝土渠减少占地 30%）等优点。但现阶段尚处于试验研究阶段，还有一些技术问题有待完善和提高。

(3) 新型填缝止水新材料。针对渠道衬砌伸缩缝要求黏结性能和伸缩性强的特点，研制具有橡胶腻子型施工方便，又有橡胶制品型的弹性密封性和遇水膨胀特性的新型弹性橡塑质填缝止水材料。针对工作缝要求膨胀性强和黏结性强的特点，通过膨胀剂与高效减水剂的联合掺用，探求补偿收缩能力强、黏结强度高、抗渗性能好、用于填筑工作缝的膨胀混凝土最佳配比，并研究工作缝的缝型与伸缩缝的合理间距。填缝止水材料的技术难点是解决冷施工技术，提高填缝材料的黏结性和低温下的变形性能。

(4) 特殊土渠道防渗衬砌专用新材料。我国（尤其是西部地区）广泛分布着特殊土（如膨胀土、盐渍土、湿土及湿陷性黄土等），对渠道防渗衬砌工程建设带来严重的危害。为此，我国在特殊土渠道防渗技术这方面进行了大量的研究工作，针对不同类型特殊土渠道，提出了浸水预沉法、化学添加剂处理法、置换法、固化法等防渗技术措施，但均存在施工复杂、成本高等问题。随着大规模输水工程的开工建设以及城市供水工程的建设，对渠道工程的质量要求越来越高。这就不得不要求人们加强对特殊土地区渠道防渗工程建设技术的重视程度，提出施工简单、成本低廉、适合于特殊土渠道防渗工程的新材料和特殊土改性及加固措施。

(5) 新型防渗复合土工膜。复合土工膜是一种新颖的工程防渗材料，主要以聚乙烯（PE）或聚氯乙烯（PVC）塑料薄膜作为防渗基材，并结合土工织物热黏后形成的一种土工合成材料。我国从 20 世纪 60 年代以来开始采用土工膜作为防渗材料，取得了较为理想的防渗效果，一般可以减少渗漏量90%以上，且膜埋入地下避免了紫外线和光的照射，延长了使用寿命。但是土工膜具有表面光滑，与接触面的摩擦系数小，且易刺破的缺点。复合土工膜相比于传统的土工膜具有十分明显的优势，防渗效果十分显著，且具有整体抗刺穿、抗滑、抗拉和抗裂等性能。由于其是由高分子材料构成的，因此在加入硅烷偶联剂可提高其抗冻和抗老化性能。目前我国研究开发高密聚乙烯（HDPE）、超低密聚乙烯（VLDPE）复合土工膜，兼备HDPE土工膜的抗化学侵蚀力和VLDPE土工膜的耐久性。但复合土工膜既需要开发材料又需要开发添加剂，因此造价较高。

(6) 纳米改性防渗材料。

1) 纳米改性混凝土防渗材料。混凝土具有良好的防渗效果，对渗漏损失的减少能够达到90%以上，还可以有效的缩小渠道断面，具有耐久性好、强度高、占地面积小等优点，然而其具有较差的抗冻性。通过纳米改性防水材料对混凝土进行改进，能够有效提高防渗材料的耐久性和抗冻性。实践表明，抗冻性方面能提高近20倍。

2) 纳米改性复合土工膜。土工膜是一种常见的防渗材料，具有柔软、连续、薄型的特点，防渗性能良好，造价低，施工便利。然而在施工过程中很容易将土工膜刺穿，严重影响其防水性能和抗冻性。纳米改性复合土工膜的厚度仅有普通土工膜的2/3左右，其抗穿刺性和强度得到了极大的提高。

(7) 环保型混凝土及其防渗补强新材料。该材料是通过工业废渣类材料（如粉煤灰、磨细矿渣材料）掺和改性技术或通过有机材料增塑改性技术，并充分考虑利用当地废砂、石料资源，制备在强度、抗渗、抗冻、抗冲磨、抗化学侵蚀等性能上适合渠道防渗的、在不显著提高混凝土成本前提下的环保型混凝土及其防渗补强新材料。

(8) 新型保温复合材料。在渠道保温材料方面，我国以往采用珍珠岩、膨胀蛭石、岩棉等，加入石膏、水泥等胶结材料制成各种形式的保温制品，近年来国内外应用高分子聚合物来制造保温材料，如聚苯乙烯泡沫塑料板等，取得了较好的效果，但造价较高。今后应通过改善聚苯板成分、结构和工艺，研制渠道防冻胀专用和经济实用的新型复合聚苯板。

(9) 防冻胀最佳结构形式。由于单一防渗衬砌材料的耐久性和防渗抗冻效果有限，因此，在防渗膜料的发展过程中，出现了复合材料防渗结构形式。防渗层主要采用柔性膜料，在此基础上使用土料或刚性的混凝土材料来对膜料进行保护，从而起到有效延长工程寿命、防止老化的作用。两种材料的结合具有良好的防渗性能，经济技术性能良好，而且具有造价低、施工工期短的特点。在旧区改造工程中使用复合材料防渗结构形式能够有效降低工程造价，不会影响行水。膜料防渗层具有良好的抗冻胀性能和防渗漏性能，能够减轻冻胀破坏。

2. 渠道防渗衬砌设备的研制

渠道防渗抗冻新材料与新技术的推广应用与施工技术和施工机械的研制和应用是分不开的。国外发达国家都非常重视研发机械化、自动化程度高的渠道衬砌机械。美国、日本等国家已基本上全部采用机械化施工，施工速度快、质量高。如美国的混凝土现浇施工机械、碾压机、铺膜机等，日本的L形混凝土构件预制机械。我国渠道防渗施工目前正向半机械化及机械化施工方向发展，U形混凝土衬砌渠道已研制开发了系列的小型渠槽开挖机和混凝土衬砌机，大、中型U形渠道衬砌采用喷射法混凝土施工和预制与现浇相结合的方法，并研制开发了多种渠道衬砌预制块压块机和混凝土衬砌机。这些工程机械设备的研制和应用，对提高衬砌与防渗工程质量、加快施工进度、降低工程造价和提高工程效益起到了良好的作用。

7.2 渠道防渗衬砌工程规划

7.2.1 规划原则

渠道防渗衬砌工程规划应符合以下原则：

（1）输水损失大、输水效率低的骨干渠道应防渗衬砌。

（2）提水灌区渠道及井灌区渠道应防渗衬砌。

（3）高填方、不良地质条件、回灌补源等涉及安全的骨干渠道应防渗衬砌。

（4）城区段渠道在防渗衬砌的同时，应兼顾城市发展多功能需求。

（5）防渗衬砌方案应与当地水资源、土地利用、生态环境保护规划及生态景观建设要求相协调。

（6）防渗衬砌应与路、林、安全防护设施等形成有机整体。

（7）防渗衬砌宜采用新技术、新材料、新工艺。

（8）地下水位超过设计渠底，同时输水效率能满足设计要求的挖方渠道不宜防渗。

（9）流速小、渠床稳定、过流能力能够满足设计要求的挖方渠道不宜衬砌。

（10）渠基为膨胀土、分散性黏土、盐渍土、湿陷性黄土、强冻胀土等特殊土的3级及以上渠道的防渗衬砌应专门论证确定，3级以下渠道防渗衬砌可类比确定。

7.2.2 渠道防渗等级划分

渠道防渗等级应根据水资源的紧缺程度、供水成本、运行条件等分析确定，并作为各级渠道节水潜力计算的依据。渠道防渗等级划分应符合下列规定：

（1）水资源紧缺地区的地表水灌区渠道、地下水超采区的井灌区渠道、扬程大于或等于60m的提水灌区渠道和填方高度不小于6m的渠道的防渗等级应采用Ⅰ级。

（2）不良地质条件渠道、特殊土渠基渠道、回灌补源渠道、扬程小于60m的提水灌区渠道和承担防洪等涉及安全的骨干渠道的防渗等级不应低于Ⅱ级。

（3）保持渠道断面和过流能力，并承担灌溉输水和生态补水要求的渠道的防渗等级宜采用Ⅲ级、Ⅳ级；仅保持渠道断面和过流能力的衬砌工程的渠道防渗等级可采用Ⅴ级。

（4）跨流域长距离引水渠道的防渗等级宜提高一级。

（5）已建防渗工程不能满足防渗等级要求时，应升级改造。

不同防渗等级渠道的渗漏量不应大于表7.1的规定。

第7章 渠道防渗衬砌工程技术

表7.1　　　　　　　　　　　渠道防渗等级划分标准

防渗等级	I	II	III	IV	V
渠道单位面积渗漏量/[m³/(m²·d)]	≤0.04	0.04~0.10	0.10~0.15	0.15~0.20	无防渗要求

7.2.3 渠道工程级别划分

渠道防渗衬砌工程合理使用年限应符合表7.2的规定。防渗衬砌渠道工程级别应按表7.3划分。

表7.2　　　　　　　　　　　渠道防渗衬砌工程合理使用年限

渠道级别		1	2	3	4	5
合理使用年限/年	灌溉渠道	50	50	50	30	20
	供（引、调）水渠道	100	100	50	30	30

表7.3　　　　　　　　　　　防渗衬砌渠道工程级别划分标准

渠道级别		1	2	3	4	5
设计流量/(m³/s)	灌溉渠道	$Q \geq 300$	<300, ≥100	<100, ≥20	<20, ≥5	<5
	供（引、调）水渠道	$Q \geq 50$	<50, ≥10	<10, ≥3	<3, ≥1	<1

7.3 渠道防渗衬砌材料与结构

7.3.1 防渗衬砌材料

防渗衬砌材料应根据工程所处的环境类别、环境作用等级和结构设计使用年限等因素进行选择。渠道防渗衬砌原材料包括砌石、混凝土、沥青混凝土、土工膜、模袋混凝土、膨润土防水毯、土工格室、塑料土工格栅、机编钢丝网等。其中混凝土是当今渠道防渗衬砌采用的主要材料。另外，还需要考虑伸缩缝的填充材料，以及膜料的过渡层和保护层材料。

7.3.1.1 混凝土

混凝土衬砌渠道是目前广泛采用的一种渠道防渗措施。它的优点是防渗效果好、耐久、强度高、适应性广、管理方便。混凝土衬砌方法有现场浇筑和预制装配两种。现场浇筑的优点是衬砌接缝少，与渠床结合好；预制装配的优点是受气候条件的影响小，混凝土质量容易保证，衬砌速度快，能减少施工与渠道引水的矛盾。

1. 混凝土的性能指标

渠道防渗衬砌混凝土的性能应符合表7.4中的数值。预制混凝土构件的最低强度等级要提高一个等级，但不低于C35。

2. 混凝土的原材料

混凝土的原材料包括水泥、细骨料、粗骨料、外加剂以及矿物掺合料等。

（1）水泥应符合现行国家标准《通用硅酸盐水泥》（GB 175）的规定；在氯化物

表 7.4　　渠道衬砌混凝土最低强度和耐久性等级

化学侵蚀等级	混凝土性能	设计使用								
		严寒地区			寒冷地区			温和地区（微冻地区）		
		50年	30年	20年	50年	30年	20年	50年	30年	20年
无侵蚀	强度等级	C40	C35	C30	C30	C25	C25	C25	C25	C25
	抗冻等级	F300	F250	F200	F200	F150	F100	F100	F50	F50
	抗渗等级	≥W6			≥W6			≥W6		
轻度	强度等级	≥C45	C40	C35	C35	C30	C25	C25	C25	C25
	抗冻等级	F350	F300	F250	F250	F200	F150	F150	F100	F50
	抗渗等级	≥W6			≥W6			≥W6		
中度	强度等级	≥C45	≥C45	C40	C40	≥C35	C30	C30	C25	C25
	抗冻等级	F400	F350	F300	F300	F250	F200	F200	F150	F100
	抗渗等级	≥W6			≥W6			≥W6		
严重	强度等级	≥C45	≥C45	≥C45	≥C45	C40	C35	C35	C30	C25
	抗冻等级	F450	F400	F350	F350	F300	F250	F250	F200	F150
	抗渗等级	≥W8			≥W8			≥W8		

注　1. 强度等级的单位为 MPa。
　　2. 抗冻等级的单位为快速冻融循环次数。
　　3. 抗渗等级的单位为 0.1MPa。
　　4. 氯化物环境下的混凝土性能应符合现行行业标准《水利水电工程合理使用年限及耐久性设计规范》（SL 654）的规定。

及硫酸盐化学腐蚀环境下还应符合现行行业标准《水利水电工程合理使用年限及耐久性设计规范》（SL 654）的规定；冻融环境下宜选用硅酸盐水泥或普通硅酸盐水泥。

（2）细骨料主要指天然砂和人工砂等，应质地坚硬、清洁、级配良好。有抗冻要求的混凝土细骨料坚固性不应大于8%。未经专门论证，不应使用碱活性细骨料。

（3）粗骨料应质地坚硬、清洁、级配良好。应根据衬砌工程的尺寸选取骨料粒径。有抗冻要求的混凝土粗骨料坚固性不应大于5%。未经专门论证，不应使用碱活性粗骨料。

（4）外加剂应根据工程的环境条件和混凝土的抗渗性、抗裂性、抗冻性及抗冲磨性选择。外加剂品种和混凝土中其他原材料的适应性应通过试验确定。有抗冻要求的混凝土应掺用引气剂或引气减水剂。不应采用含有氯化物的防冻剂和其他外加剂。

（5）矿物掺合料宜采用粉煤灰、硅灰、磨细矿渣粉等活性掺合料。氯化物环境和化学腐蚀环境中的混凝土，宜掺合磨细矿渣粉或多元复合矿物掺合料。掺加其他类型的活性掺合料应进行试验论证。

7.3.1.2　砌石

砌石衬砌是我国采用最早、应用较广泛的渠道防渗措施。

砌石防渗衬砌具有就地取材、施工简便、抗冻、抗冲、耐久等优点。石料有块石、条石、卵石、石板等。砌筑方法有干砌和浆砌两种。砌石防渗衬砌适用于石料来源丰富、有抗冻、抗冲、耐磨要求的渠道。

(1) 石料应洁净、坚硬、无风化剥落和裂纹，并应符合下列规定：

1) 料石外形宜方正，表面凹凸不应大于10mm。

2) 块石宜上下面平整、无尖角薄边，块重不应小于20kg。

3) 卵石的长径不应小于20cm。

4) 石板表面应平整、规则，厚度不应小于50mm。

5) 砌石的性能指标与检测方法应符合现行行业标准《砌石坝设计规范》（SL 25）的规定。

(2) 砌石用水泥砂浆（细粒混凝土）的强度等级应根据表7.5和砌石体的设计强度的要求确定。水泥砂浆的性能检测方法按现行行业标准的规定执行。

表 7.5　　　　　　　　砂浆（细粒混凝土）的强度等级　　　　　　　单位：MPa

防渗结构		砌筑砂浆		砌筑细粒混凝土		勾缝砂浆	
		温和地区	严寒和寒冷地区	温和地区	严寒和寒冷地区	温和地区	严寒和寒冷地区
砌石	料石	M7.5~M10	M10~M15	C25	C30	M10~M15	M15~M20
	块石（卵石）	M5~M7.5	M7.5~M10	C25	C30	M7.5~M10	M10~M15
	石板	M7.5~M10	M10~M15	—	—	M10~M15	M15~M20
混凝土预制板		M7.5~M10	M10~M20	高于预制板混凝土强度一个等级		M10~M15	M15~M20

注　砌筑细粒混凝土粗骨料的最大粒径不应大于15mm，级配良好。

7.3.1.3 沥青混凝土

沥青混凝土防渗是把沥青、碎石（或砾石）、砂、矿粉等经加热、拌和、铺在渠床上，压实压平形成的防渗层。其施工技术与混凝土防渗结构相仿，具有较好的稳定性、耐久性和良好的防渗效果，但也存在料源不足、施工工艺要求高、易被植物穿透等缺点。可用于有冻害的地区、且沥青料来源有保证的各级渠道衬砌。

沥青混凝土可采用石油沥青或者聚合物改性沥青。石油沥青的品种和标号应根据工程类别、结构性能要求、当地气温、运行条件和施工条件等进行选择。炎热地区或高寒地区，可选择聚合物改性沥青。

沥青混凝土所用粗骨料宜采用碱性岩石破碎的碎石，细骨料可选用人工砂、天然砂、加工碎石筛余的石屑，其级配应符合要求。粗、细骨料应质地坚硬、新鲜，不因加热而引起性质变化。当采用天然卵石料粗骨料时，其用量不宜超过粗骨料用量的50%，并经试验研究论证；当采用酸性粗骨料时，应采取增强骨料与沥青黏附性的措施，并经试验研究论证。沥青混凝土粗、细骨料性能指标应满足表7.6和表7.7的要求。

7.3 渠道防渗衬砌材料与结构

表 7.6　　　　　　　　　　粗骨料的技术要求

项目	指标	项目	指标
表观密度/(kg/m³)	≥2600	吸水率/%	≤2
与沥青黏附性/级	≥4	含泥量/%	≤0.5
针片状颗粒含量/%	≤25	耐久性/%	≤12
压碎值/%	≤30		

注　1. 与沥青黏附性水煮法测试。
　　2. 针片状颗粒含量采用颗粒最大、最小尺寸比大于 3 计算。
　　3. 压碎值试验压力采用 400kN。
　　4. 耐久性指标采用硫酸钠干湿循环 5 次的质量损失计算。

表 7.7　　　　　　　　　　细骨料的技术要求

项目	指标	项目	指标
表观密度/(kg/m³)	≥2550	耐久性/%	≤15
水稳定等级/级	≥6	有机质及泥土含量/%	≤2
针片状颗粒含量/%	≤25		

注　1. 水稳定等级指标采用硫酸钠溶液煮沸 1min 测得。
　　2. 耐久性指标采用硫酸钠干湿循环 5 次的质量损失计算。

沥青混凝土所用填料宜采用石灰岩粉、白云岩粉，也可采用滑石粉、普通硅酸盐水泥。当采用粉煤灰时，需经试验研究论证。填料应不结团块、不含有机质及泥土。

7.3.1.4　土工膜

土工膜是一种以高分子聚合物为基本原料的防水阻隔型材料。具有比重较小、延伸性较强、适应变形能力高、耐腐蚀、耐低温、抗冻性能好的特点。土工膜宜采用高密度聚乙烯、聚氯乙烯和复合土工膜等材料，不应掺加再生料或回收料。

高密度聚乙烯、聚氯乙烯土工膜的厚度应不小于 0.5mm，复合土工膜的膜料有效厚度不应小于 0.5mm。

7.3.2　防渗衬砌结构

防渗衬砌结构形式应结合当地气象条件、水文地质及工程地质条件、自然生态状况、当地适宜的防渗材料、占地以及工程运行情况等进行设计。防渗衬砌结构应满足合理使用年限和耐久性、防渗等级、使用环境、防渗、防冲、防护、防冻胀等功能要求，以及工程施工、运行、维修、管护要求和生态景观要求。

不同的防渗衬砌结构形式可参照表 7.8 拟定。

表 7.8　　　　　　　防渗衬砌结构形式及适用条件

类型	防渗衬砌形式	渠道单位面积渗漏量参考值/[m³/(m²·d)]	适合的防渗等级	适用条件
坡式衬砌结构	现浇混凝土+防渗膜料 预制板（细石混凝土填缝）+防渗膜料 模袋混凝土+防渗膜料 土工格室（填混凝土）+防渗膜料	≤0.04	Ⅰ～Ⅴ级	宜用于对防渗要求高的渠段。不宜用于地下水位高于渠底的渠段

续表

类型	防渗衬砌形式	渠道单位面积渗漏量参考值 /[m³/(m²·d)]	适合的防渗等级	适用条件
坡式衬砌结构	压实黏土+防渗膜料	≤0.10	Ⅱ～Ⅴ级	宜用于对防渗要求高而流速较小的渠段。不宜用于地下水位高于渠底的渠段
	机制金属网垫（网箱）+防渗膜料 土工格室（填碎石）+防渗膜料	≤0.15	Ⅲ～Ⅴ级	宜用于对防渗要求较高而渠基土软弱的渠段。不宜用于地下水位高于渠底的渠段
	现浇混凝土衬砌 现浇沥青混凝土 模袋混凝土	≤0.15	Ⅲ～Ⅴ级	宜用于对防渗要求较高的渠段
	预制混凝土板（细石混凝土填缝） 土工格室（填混凝土）	≤0.20	Ⅳ～Ⅴ级	宜用于对防渗有一定要求，以保持渠道断面和过流能力为主的渠道
	预制混凝土板（不填缝） 浆砌石 干砌卵石（挂淤） 格构梁+干砌卵石（或植生袋） 机制金属网垫（网箱） 土工格室（填碎石、填土料）	≤0.40	Ⅴ级	宜用于对防渗不做要求，仅保持渠道断面和过流能力的渠道衬砌
	喷射混凝土衬砌	≤0.15	Ⅲ～Ⅴ级	宜用于岩基、风化岩基、深挖方且渠基土强度高的渠道
墙式衬砌结构	混凝土挡土墙+防渗膜料 浆砌石挡土墙+防渗膜料	≤0.04	Ⅰ～Ⅴ级	宜用于对防渗要求高的渠段。不宜用于地下水位高于渠底的渠段
	混凝土挡土墙	≤0.15	Ⅲ～Ⅴ级	宜用于对防渗要求较高的渠段
	浆砌石挡土墙	≤0.20	Ⅳ～Ⅴ级	宜用于对防渗有一定要求，以保持渠道断面和过流能力为主的渠道
	机制金属网箱	≤0.40	Ⅴ级	宜用于对防渗不做要求，仅保持渠道断面和过流能力的渠道衬砌
	加筋挡土墙+防渗膜料	≤0.04	Ⅰ～Ⅴ级	宜用于特殊土渠段
整体预制	预制式混凝土矩形槽	≤0.10	Ⅱ～Ⅴ级	1. 预制渠槽适用于5级渠道； 2. 整体式预制渠槽适用于设计流量为1m³/s以下的渠道； 3. 渠槽下设防渗膜料时，可满足1级防渗等级要求
	预制式混凝土U形槽	≤0.15	Ⅲ～Ⅴ级	

7.3.3 防渗衬砌结构措施
7.3.3.1 砌石防渗衬砌结构措施
（1）浆砌石板防渗层下，应铺设厚度为 4～5cm 的砂料或水泥砂浆作垫层。

（2）干砌卵石挂淤渠道，应在砌体下面设置砂砾石垫层，或铺设复合土工膜料层。

（3）防渗等级 3 级及以上渠道，在砌石层下应加铺黏土、三合土、塑性水泥土或复合土工膜料层。

（4）护面式浆砌石防渗结构，可不设伸缩缝；软基上挡土墙式浆砌石防渗结构宜设沉陷缝，缝距可采用 10～15m。砌石防渗层与建筑物连接处，按伸缩缝结构要求处理。

7.3.3.2 混凝土防渗衬砌结构措施
1. 混凝土配合比设计

大中型渠道防渗衬砌工程混凝土的配合比应满足强度、抗渗、抗冻和和易性的设计要求，应按现行行业标准《水工混凝土试验规程》（DL/T 5150）的有关规定进行试验确定。小型渠道防渗工程混凝土的配合比可参照当地类似工程的经验采用。

2. 防渗衬砌结构措施

混凝土防渗衬砌结构构造应满足图 7.1 的要求。防渗层一般采用等厚板。当渠基有较大膨胀、沉陷等变形时，除采取必要的地基处理措施外，大中型渠道宜采用楔形板、肋梁板、中部加厚板、"Π"形板或空心板；小型渠道可采用整体式 U 形或矩形渠槽；特种土基宜采用板膜复合式结构。

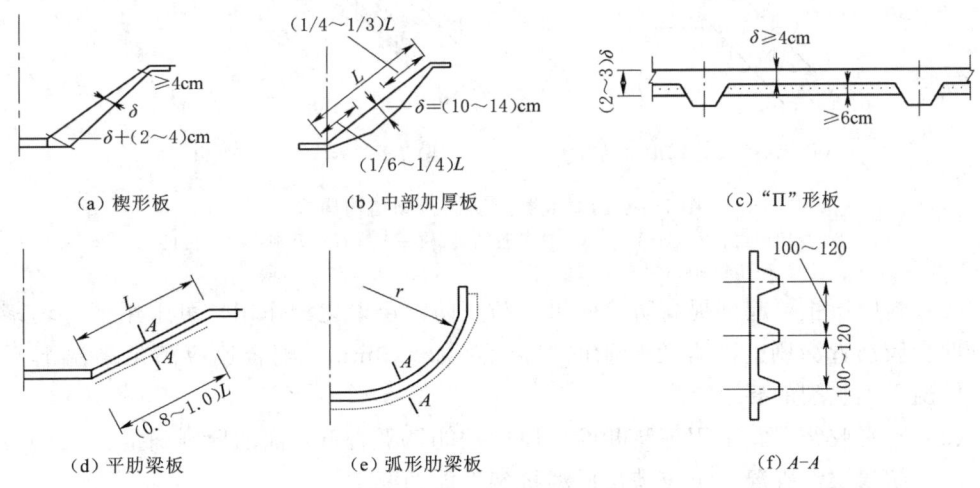

图 7.1 混凝土防渗衬砌结构构造

当渠道设计流速小于 3m/s 时，梯形渠道混凝土等厚板的最小厚度应符合表 7.9 的规定；设计流速为 3～4m/s 时，最小厚度宜为 10cm；设计流速为 4～5m/s 时，最小厚度宜为 12cm。水流中含有砾石类推移质时，渠底板的最小厚度宜为 12m。渠道超高部分的厚度可适当减小，但不得小于 4cm。

肋梁板和"Π"形板的厚度可比等厚板适当减小，但不得小于4cm。肋高宜为板厚的2～3倍。楔形板在坡脚下的厚度比中部宜增加2～4cm。中部加厚板加厚部位的厚度宜为10～14cm。板膜复合式结构的混凝土板厚度可适当减小，但不得小于4cm。

渠基土稳定且无外压力时，U形渠和矩形渠防渗层的最小厚度应按表7.9选用。渠基土不稳定且存在较大外压力时，U形渠和矩形渠宜采用钢筋混凝土结构，并应根据外荷载进行结构强度、稳定及裂缝宽度验算。

表7.9　　　　　　　　　　混凝土防渗层的最小厚度　　　　　　　　　　单位：cm

工程规模	温和地区			寒冷地区		
	钢筋混凝土	混凝土	喷射混凝土	钢筋混凝土	混凝土	喷射混凝土
小型	—	4	4	—	6	5
中型	7	6	5	8	8	7
大型	7	8	7	9	10	8

7.3.3.3　沥青混凝土防渗结构措施

（1）沥青混凝土防渗衬砌结构构造应满足图7.2的要求。一般包括封闭面层、防渗层、整平胶结层、土（石）渠基和封顶板等。岩基地基的衬砌应设置整平胶结层。

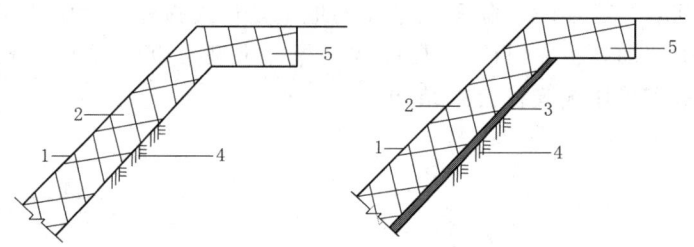

(a) 无整平胶结层的防渗结构　　　(b) 有整平胶结层的防渗结构

图7.2　沥青混凝土防渗衬砌结构构造
1—封闭面层；2—防渗层；3—整平胶结层；4—土（石）渠基；5—封顶板

（2）封闭层主要起到提高防渗效果、防止防渗层老化的作用，可采用沥青玛琋脂或改性乳胶沥青涂刷。沥青玛琋脂的厚度宜为2～3mm，配合比应满足高温下不流淌、低温下不脆裂的要求。

（3）整平胶结层宜采用等厚断面，厚度按能填平岩石基面的原则确定。

（4）防渗层沥青混凝土应满足低温抗裂性能的要求。

（5）预制沥青混凝土板的边长应根据安装、搬运条件确定；宜用密度应大于2.30g/cm³的沥青砂浆或沥青玛琋脂。

7.3.3.4　膜料防渗衬砌结构措施

1. 防渗层

膜料防渗层应采用埋铺式结构，其构造按图7.3布置。无过渡层的防渗结构宜用于土渠基上黏性土保护层＋复合土工膜的工程；有过渡层的防渗结构宜用于刚性保护层＋复合土工膜的工程。

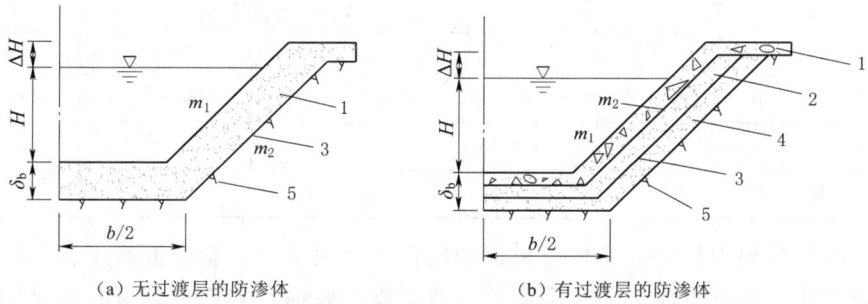

(a) 无过渡层的防渗体　　　　　(b) 有过渡层的防渗体

图 7.3　埋铺式膜料防渗体的构造
1—黏性土、灰土或混凝土、石料、砂砾料保护层；2—膜上过渡层；
3—膜料防渗层；4—膜下过渡层；5—土渠基或岩石、砂砾石渠基

2. 防渗膜料

防渗膜料可采用土工膜、复合土工膜、膨润土防水毯等材料，可按下列原则选用：

(1) 土工膜、复合土工膜的有效防渗厚度应不小于 0.5mm。

(2) 寒冷、严寒地区和特殊土渠段，宜采用复合土工膜；芦苇等穿透性植物丛生的渠段，宜采用膨润土防水毯。

(3) 地下水或渠道水体中钠、钙、镁等阳离子浓度超过 1000mg/L 时，选用膨润土防水毯应经过试验论证。

(4) 非特殊土渠段的 5 级渠道可采用土工膜。

3. 过渡层

(1) 过渡层材料，在温暖地区可选用灰土、水泥土；在严寒和寒冷地区宜采用水泥砂浆。

(2) 采用土及砂料作过渡层时，应采取防止淘刷的措施。

(3) 过渡层的厚度宜为 4～5cm。

4. 保护层

保护层的材料可根据当地材料来源、工程条件和要求、流速大小等因素选用。土、砂砾、石料、混凝土等都可用作为膜料防渗的保护层。

(1) 土料保护层。土料保护层的设计干密度，应通过试验确定。无试验条件时，可采用压实法施工，土料保护层的压实密度不应小于 0.91g/cm³。

土料保护层厚度，根据渠道流量大小和保护层土质情况，可按表 7.10 选用。

(2) 砂砾料保护层。砂砾料保护层膜料防渗的设计与土保护层膜料防渗相同，不同之处是砂砾料保护层厚度较小，一般为 25～40cm。砂砾料保护层膜料防渗必须设过渡层，过渡层一般设在膜面，若系岩石或砂砾石渠基，则膜面和膜下均应设过渡层。

第7章 渠道防渗衬砌工程技术

表7.10　　　　　　　　　　　　土料保护层的厚度

保护层土质	土料保护层的厚度/cm 渠道设计流量/(m³/s)			
	<2	2～5	5～20	>20
黏土质砂、粉土质砂、含细粒土砂	45～50	50～60	60～70	70～75
含砾细粒土、含砂细粒土	40～45	45～55	55～60	60～65
黏土、粉土	35～40	40～50	50～55	55～60

（3）刚性材料保护层。刚性材料保护层包括水泥土、石料、混凝土保护层等。保护层的厚度小，需设过渡层。土渠基的过渡层设在膜面，岩石和砂砾石渠基的膜面和膜下均需设过渡层，也可在渠底、渠坡和不同渠段，采用具有不同抗冲能力、不同材料的组合式保护层。保护层厚度见表7.11。

表7.11　　　　　　　　　　不同材料保护层的厚度　　　　　　　　　　单位：cm

保护层材料	水泥土	块石、卵石	砂砾石	石板	混凝土	
					现浇	预制
保护层厚度	4～6	20～30	25～40	≥30	4～10	4～8

7.3.3.5　伸缩缝、砌筑缝及堤顶

1. 伸缩缝

伸缩缝设置应符合下列规定：

（1）刚性材料渠道防渗衬砌结构及膜料防渗的刚性保护层均应设置伸缩缝。

（2）防渗衬砌层与建筑物连接处应按伸缩缝结构要求处理。

（3）伸缩缝的间距应根据气温变幅、渠基情况、防渗材料和施工方式按表7.12选用。伸缩缝的形式应符合图7.4的要求。伸缩缝的宽度宜为2～4cm，当采用衬砌机械连续浇筑混凝土时，切割缝宽可采用1～2cm。伸缩缝填充材料宜采用黏结力强、变形性能大、耐老化、在当地最高气温下不流淌、最低气温下仍具有柔性的弹塑性止水材料，封盖材料可采用沥青砂浆。特殊要求的伸缩缝宜采用高分子止水带或止水管等。伸缩缝填料的制作方法参见《渠道防渗衬砌工程技术标准》（GB/T 50600—2020）附录J的规定执行。

表7.12　　　　　　　　　　　　防渗渠道的伸缩缝间距

防渗结构	施工材料和施工方式	纵向伸缩缝间距/m	横向伸缩缝间距/m
砌石	浆砌石	只设置沉降缝	
混凝土	钢筋混凝土，现场浇筑	4～8	4～8
	混凝土，现场浇筑	3～5	3～5
	混凝土，预制铺砌	4～8	6～8

注　当渠道为软基或地基承载力明显变化时，浆砌石防渗结构宜设置沉降缝。

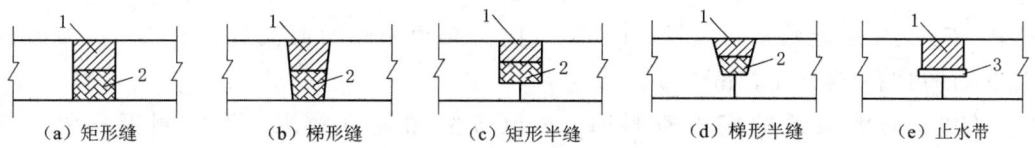

图 7.4　刚性材料防渗层伸缩缝形式
1—封盖材料；2—弹塑性填充材料；3—止水带

2. 砌筑缝

砌筑缝构造应符合下列规定：

（1）混凝土预制板和浆砌石应采用水泥砂浆或水泥混合砂浆砌筑，水泥砂浆勾缝。

（2）混凝土 U 形槽也可用高分子止水管及其专用胶砌筑。浆砌石可用细粒混凝土砌筑。砌筑和勾缝砂浆的强度等级可按表 7.5 选定。细粒混凝土强度等级不应低于 C15，最大粒径不应大于 10mm。沥青混凝土预制板宜采用沥青砂浆、沥青玛琋脂或改性乳胶沥青砌筑。砌筑缝宜采用矩形、梯形或企口缝，缝宽应为 1.5～2.5cm。

3. 堤顶宽度和封顶板

防渗渠道堤顶宽度可按照设计流量来确定，见表 7.13。渠堤兼做交通道路时，其宽度应满足车辆通行要求。U 形和矩形渠道，公路边缘宜距渠口边缘 0.5～1.0m。堤顶应做成向外倾斜 1/100～2/100 的斜坡。高边坡堤的防渗渠道，应设置纵向排水沟。

表 7.13　防渗渠道的堤顶宽度

渠道设计流量/(m³/s)	<2	2～5	5～20	>20
堤顶宽度/m	0.5～1.0	1.0～2.0	2.0～2.5	2.5～4.0

防渗渠道堤顶宽度也可按灌区面积来确定。万亩以上灌区干、支渠堤顶宽度不应小于 2m，斗渠、农渠不宜小于 1m，万亩以下灌区可适当减小。

防渗渠道在边坡防渗结构顶部应设置水平封顶板，其宽度应为 15～30cm。当防渗结构下有砂砾石置换层时，封顶板宽度应大于防渗结构与置换层的水平向厚度 10cm；当防渗结构高度小于渠深时，应将封顶板嵌入渠堤。

7.4　渠道防渗衬砌工程设计

7.4.1　渠道设计流量

（1）未设分水口的渠道，当不计渠道水面蒸发损失和管理损失时，其渠道起始断面流量应为渠道末端断面流量与渠道防渗后的渗漏损失流量之和，按式（7.1）计算。

$$Q_u = Q_d + q \tag{7.1}$$

式中：Q_u 为渠道起始断面流量，m³/s；Q_d 为渠道末端断面流量，m³/s；q 为渠道防渗后的渗漏损失流量，m³/s。

有类似防渗渠道的实测资料时，q 值按实测资料确定；无实测资料时，按式 (7.2) 进行估算：

$$q = K_a \cdot \overline{\chi} \cdot L / 86.4 \tag{7.2}$$

式中：K_a 为防渗渠道单位面积的渗漏量，m³/(m²·d)，取值可根据防渗等级和防渗衬砌结构形式（表7.8）类比确定；$\overline{\chi}$ 为渠道在设计流量下的平均湿周，m；L 为渠道长度，km。

(2) 有多个分水口的渠道，其流量计算可按逆向递推和正向递推两种方法计算：

1) 逆向递推法。适用于已知各分水口的流量时，求渠首流量。通过计算各渠段的渗漏损失流量，从渠尾逆水流向逐渠段递推，求出渠首流量。

2) 正向递推法。适用于已知渠首流量及各分水口分水流量比例，求各分水口的分水流量。渠首流量、各渠段渗漏损失流量、各分水口的分水流量应符合水量平衡条件。计算时，从渠首顺水流方向逐渠段递推，通过试算，求出各分水口的分水流量。

(3) 加大流量及最小流量按现行国家标准《灌溉与排水工程设计标准》（GB 50288）的规定计算。续灌渠道应按设计流量、加大流量和最小流量进行水力计算，轮灌渠道可只按设计流量进行水力计算。

7.4.2 渠道断面形式

防渗明渠的断面形式有矩形、梯形、弧形底梯形、弧形坡脚梯形、U形和复合形，无压防渗暗渠的断面形式可选用城门洞形、箱形、正反拱形和圆形，防渗渠道的断面形式详见图7.5。

防渗渠道断面形式的选择应根据渠道级别或规模，并结合防渗结构的选择确定。土渠宜采用梯形断面，混凝土或石渠宜采用矩形或U形断面，寒冷地区的大中型防渗渠道一般采用弧形底梯形或弧形坡脚梯形断面，小型渠道一般采用U形断面。梯形横断面施工简便、边坡稳定，在地形、地质无特殊问题的地区，可普遍采用。弧形底梯形、弧形坡脚梯形、U形渠道等，由于适应冻胀变形的能力强，能在一定程度上减轻冻胀变形的不均匀性，在北方地区得到了推广应用。U形渠道自20世纪70年代在我国开始应用，在渠道上目前已得到了广泛的应用。其主要优点：①水力条件好，近似最佳水力断面，可减少衬砌工程量，输沙能力强，有利于高含沙引水；②在冻胀性和湿陷性地基上有一定的适应地基不均匀变形的能力；③渠口窄，节省土地，减少挖填方量；④整体性强，防渗效果优于梯形渠道；⑤便于机械化施工，可加快施工进度。暗渠具有占地很少、在城镇区安全性能好、水流不易污染等优点。在冻土地区，暗渠可避免冻胀破坏，因此，在土地资源紧缺地区应用较多。

7.4 渠道防渗衬砌工程设计

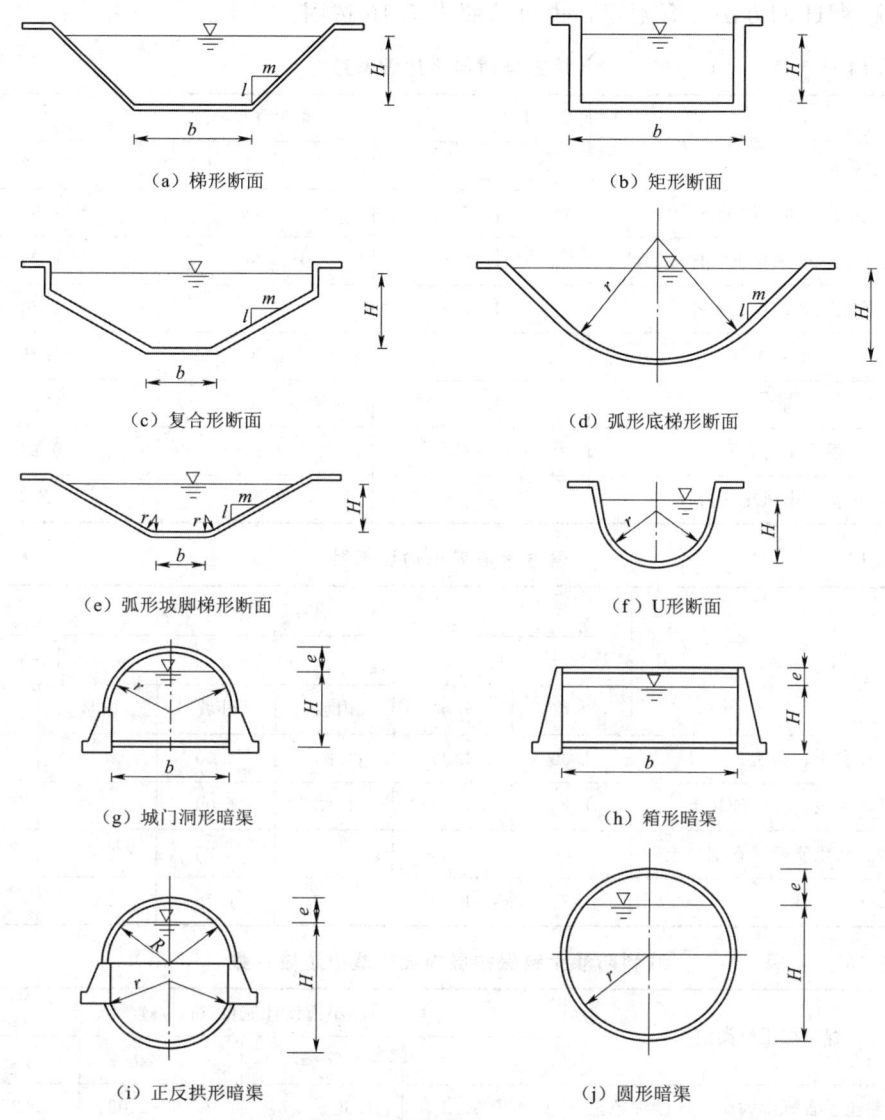

图 7.5 防渗渠道的横断面形式

7.4.3 渠道断面设计参数

7.4.3.1 边坡系数

（1）深挖方和高填方渠道边坡可采用复式或阶梯形断面，在渠底以上每隔 5～10m 设宽度不小于 1.0m 的戗台。

（2）渠道边坡的坡比和最小边坡系数，应根据工程地质和水文地质条件，通过边坡稳定分析确定。当渠道深度小于或等于 3m 的挖方渠道，最小边坡系数 m 可按表 7.14 选用，也可根据工程经验，通过工程类比法确定；填方渠道的渠堤填方高度不大于 3m 时，其内、外边坡最小边坡系数 m 可按表 7.15 选用；膜料防渗渠道的土料保护层内坡的最小边坡系数 m，可按《渠道防渗衬砌工程技术标准》（GB/T 50600—

2020）附录 H 的方法计算确定，也可参照表 7.16 选用。

表 7.14　　　　　　　　　　挖方渠道最小边坡系数

土　类	渠道深度/m		
	<1	1～2	2～3
夹砂的卵石和砾石	1.25	1.50	1.50
黏土、粉土、含砾细粒土、含砂细粒土	1.00	1.00	1.25
黏土质砂、粉土质砂	1.25	1.25	1.50
含细粒土砂	1.50	1.50	1.75
砂	1.70	2.00	2.25
强风化的岩石	0.10～0.20	0.20	0.25
弱风化和未风化的岩石	0～0.05	0.05	0.10

表 7.15　　　　　　　　　　填方渠道最小边坡系数

土　类	填方高度/m					
	<1		1～2		2～3	
	内坡	外坡	内坡	外坡	内坡	外坡
黏土、粉土	1.00	1.00	1.00	1.00	1.25	1.00
含砾细粒土、含砂细粒土	1.25	1.00	1.25	1.00	1.50	1.25
黏土质砂、粉土质砂、含细粒土砂	1.50	1.25	1.50	1.25	1.75	1.50
砂	1.75	1.50	2.00	1.75	2.25	2.00

表 7.16　　　　　　　膜料防渗土料保护层内坡的最小边坡系数

保护层土料类别	渠道设计流量/(m³/s)			
	<2	2～5	5～20	>20
黏土、粉土、含砾细粒土、含砂细粒土	1.50	1.50～1.75	1.75～2.00	2.25
黏土质砂、粉土质砂	1.50	1.75～2.00	2.00～2.25	2.50
含细粒土砂	1.75	2.00～2.25	2.25～2.50	2.75

7.4.3.2　糙率

渠道的糙率应根据防渗结构类别、施工工艺、养护情况等合理选用，并应符合下列要求：

(1) 有条件时宜采用类似条件下的实测值。

(2) 缺乏实测资料时，渠道糙率可按表 7.17 选定。

(3) 膜料防渗砂砾料保护层渠道的糙率可按式（7.3）计算确定。

$$n = 0.028 d_{50}^{0.1667} \tag{7.3}$$

式中：n 为砂砾料保护层的糙率；d_{50} 为砂砾料累计含量 50% 时的粒径，mm。

7.4 渠道防渗衬砌工程设计

表 7.17　　　　　　　　　　　不同材料防渗衬砌渠道糙率

防渗衬砌结构类别	防渗衬砌渠道表面特征	糙　率
砌石	浆砌料石、石板	0.015～0.023
	浆砌块石	0.020～0.030
	干砌块石	0.030～0.033
	浆砌卵石	0.025～0.027
	干砌卵石，砌工良好	0.027～0.032
	干砌卵石，砌工一般	0.032～0.037
	干砌卵石，砌工粗糙	0.037～0.042
混凝土	抹光的混凝土面	0.013～0.014
	金属模板浇筑，平整顺直，表面光滑	0.013～0.015
	刨光木模板浇筑，表面一般	0.015～0.016
	表面粗糙，缝口不齐	0.016～0.018
	修整及养护较差	0.017～0.019
	预制板砌筑	0.014～0.016
	预制渠槽	0.013～0.015
	平整的喷浆面	0.015～0.016
	不平整的喷浆面	0.017～0.018
	波状断面的喷浆面	0.018～0.025
沥青混凝土	机械现场浇筑，表面光滑	0.012～0.014
	机械现场浇筑，表面粗糙	0.015～0.017
	预制板砌筑	0.016～0.018
膜料	土料保护层	0.022～0.027
	砂石料保护层	0.027～0.030
模袋混凝土	机械现场充填灌注，表面粗糙	0.020～0.022
网垫、网箱衬砌	填装良好	0.027～0.030

（4）同一断面采用几种不同衬砌材料时，综合糙率应按湿周加权平均计算。

7.4.3.3　安全超高

衬砌护面应有一定的超高，以防风浪对渠床的冲刷。衬砌超高指加大水位到衬砌层顶端的垂直距离。衬砌层顶端到渠道的堤顶或岸边也应有一定的垂直距离，以防衬砌层外露于地面，易受交通车辆等机械损坏，也可防止地面径流直接进入衬砌层下面，威胁渠床和衬砌层的稳定。

（1）4级、5级渠道岸顶超高可按式（7.4）计算。

$$F_b = \frac{1}{4}h_b + 0.2 \tag{7.4}$$

式中：F_b 为渠道岸顶超高，m；h_b 为渠道通过加大流量时的水深，m。

(2) 1～3级渠道岸顶超高应按土石坝设计要求经论证确定。

(3) 渠道弯道段的曲率半径小于5倍水面宽度或平均流速大于2m/s时，应增大弯道凹岸的顶部超高，其增加值可按式（7.5）计算确定：

$$F'_b = \frac{B_b V_b^2}{2gR} \tag{7.5}$$

式中：F'_b 为弯道凹岸顶部超高增加值，m；B_b 为渠道通过加大流量时的水面宽度，m；V_b 为渠道通过加大流量时的平均流速，m/s；R 为渠道弯道段中心线的曲率半径，m。

(4) 浑水渠道岸顶超高的确定尚应考虑渠底可能产生泥沙淤积的影响。

(5) 渠道填方高度大于3m时，岸顶超高应预加沉降高度。

(6) 渠道衬砌超高值可采用0.3～0.8m，5级渠道可适当减小，但不应小于0.1m；必须兼做行洪用的傍山（塬边）灌溉渠道，其衬砌超高宜适当加大。

(7) 结合通航的灌溉渠道，其岸顶超高和衬砌超高还应符合航运部门的有关规定。

7.4.3.4 不冲不淤流速

防渗衬砌渠道断面平均流速应满足不冲不淤的要求。允许不冲流速可按表7.18选用。不淤流速可按适宜于当地条件的经验公式计算，黄土地区渠道的不淤流速可按《灌溉与排水工程设计标准》（GB 50288）中的方法确定。

表7.18　　　　　　　　　　　　渠道的允许不冲流速

防渗衬砌结构类别	防渗衬砌材料名称及施工情况	允许不冲流速/(m/s)
砌石	浆砌料石	4.00～6.00
	浆砌块石	3.00～5.00
	浆砌卵石	3.00～5.00
	干砌卵石挂淤	2.50～4.00
	浆砌石板	<2.50
混凝土	现场浇筑施工	<8.00
	预制铺砌施工	<5.00
	喷射法施工	<10.00
沥青混凝土	现场浇筑施工	<3.00
	预制铺砌施工	<2.00
膜料（土料保护层）	黏土质砂、粉土质砂	<0.45
	细粒土质砂	<0.60
	含砾细粒土、含砂细粒土	<0.65
	黏土、粉土	<0.70
	砂砾料	<0.90

注　表中膜料防渗土料保护层的允许不冲流速为水力半径 $R=1$m 时的情况。当 R 不等于1m时，表中的数值应乘以 R^α。砂砾石、卵石、疏松的细粒土质砂和黏土，$\alpha=1/3$～1/4；中等密实的细粒土质砂和黏土、粉土，$\alpha=1/4$～1/5。

7.4.4 断面尺寸及水力计算

渠道横断面应根据灌溉面积、沿线地形、地质条件以及边坡稳定的需要和是否衬砌等因素，按接近水力最佳断面进行设计，渠道横断面亦可采用经济实用断面。

7.4.4.1 水力计算的基本公式

各种防渗衬砌渠道断面尺寸，应按式（7.6）计算。断面尺寸确定后应校核其平均流速是否满足不冲不淤的要求：

$$Q = Av = AC\sqrt{Ri} = A\frac{1}{n}R^{2/3}i^{1/2} \tag{7.6}$$

式中：Q 为渠道设计流量，m^3/s；A 为渠道过水断面面积，m^2；v 为渠道平均流速，mm/s；C 为谢才系数，$m^{1/2}/s$；R 为水力半径，m；i 为渠底比降。

谢才系数常用曼宁公式计算：

$$C = \frac{1}{n}R^{1/6} \tag{7.7}$$

式中：n 为渠道糙率系数。

7.4.4.2 梯形、矩形渠道的水力计算

梯形渠道过水断面水力要素计算公式见表 7.19。边坡系数 $m=0$ 时，即为矩形断面。

表 7.19　　　　　　　　梯形渠道断面水力要素计算公式

断面水力要素	符 号	计 算 公 式
水面宽	B	$B = b + 2mh$
过水断面面积	A	$A = (b + mh)h$
湿周	χ	$\chi = b + 2h\sqrt{1+m^2}$
水力半径	R	$R = A/\chi$

1. 水力最佳断面水力计算

采用水力最佳断面设计时，可按以下步骤直接求解：

（1）计算渠道的设计水深。梯形（矩形）渠道水力最佳断面的宽深比 β 按式（7.8）计算：

$$\beta = 2\left(\sqrt{1+m^2} - m\right) \tag{7.8}$$

水力最佳断面的渠道设计水深 h_p 为

$$h_p = 1.189\left[\frac{nQ_p}{\left(2\sqrt{1+m^2} - m\right)\sqrt{i}}\right]^{3/8} \tag{7.9}$$

（2）计算渠道的设计底宽 b_p。

$$b_p = \beta h_p \tag{7.10}$$

(3) 校核渠道流速。流速计算和校核方法与采用一般断面时相同。如果设计流速不满足校核条件，说明不宜采用水力最佳断面形式，就要采用实用经济断面。

2. 实用经济断面水力计算

梯形渠道实用经济断面宽深比 β 可在水力最佳断面计算结果的基础上确定。实用经济断面宽深比 β 可按表 7.20 选取。

表 7.20　　　　　　　　梯形渠道实用经济断面宽深比 β

m	α				
	1.00	1.01	1.02	1.03	1.04
	h/h_0				
	1.000	0.823	0.761	0.717	0.683
0.00	2.000	2.985	3.525	4.005	4.453
0.25	1.562	2.453	2.942	3.378	3.792
0.50	1.236	2.091	2.559	2.997	3.374
0.75	1.000	1.862	2.334	2.755	3.155
1.00	0.829	1.729	2.222	2.662	3.080
1.25	0.702	1.662	2.189	2.658	3.104
1.50	0.606	1.642	2.211	2.717	3.198
1.75	0.532	1.654	2.270	2.818	3.340
2.00	0.472	1.689	2.357	2.951	3.516
2.25	0.425	1.741	2.463	3.106	3.717
2.50	0.386	1.806	2.584	3.278	3.938
2.75	0.353	1.880	2.717	3.463	4.172
3.00	0.325	1.961	2.859	3.658	4.418
3.25	0.301	2.049	3.007	3.861	4.673
3.50	0.281	2.141	3.162	4.070	4.934
3.75	0.263	2.232	3.320	4.285	5.202
4.00	0.247	2.337	3.483	4.504	5.474

注　α 为实用经济断面和水力最佳断面的过水断面面积之比；h 为实用经济断面水深；h_0 为水力最佳断面水深。

7.4.4.3　U形、弧形底梯形断面的设计

U形、弧形底梯形断面分别如图 7.6 和图 7.7 所示。

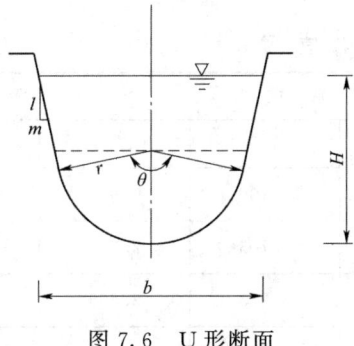
图 7.6 U 形断面

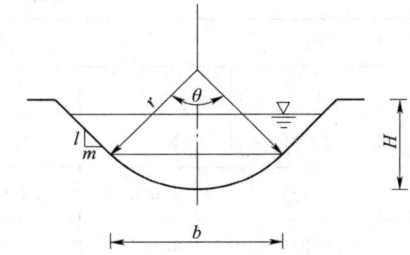
图 7.7 弧形底梯形断面

1. 过水断面各主要要素

按式 (7.11)~式 (7.14) 计算。

$$A = \left(\frac{\theta}{2} + 2m - 2\sqrt{1+m^2}\right)K_r^2 H^2 + 2\left(\sqrt{1+m^2} - m\right)K_r H^2 + mH^2 \quad (7.11)$$

$$\chi = 2\left(\frac{\theta}{2} + m - \sqrt{1+m^2}\right)K_r H + 2\sqrt{1+m^2}\, H \quad (7.12)$$

$$K_r = \frac{r}{H} \quad (7.13)$$

$$b = \frac{2r}{\sqrt{1+m^2}} \quad (7.14)$$

式中：χ 为湿周，m；H 为水深，m；θ 为渠底圆弧的圆心角，rad；r 为渠底圆弧半径，m；b 为渠底圆弧的弦长，m；m 为渠道上部直线段的边坡系数，$m = \cot\dfrac{\theta}{2}$。

2. 水力最佳断面设计

水力最佳断面的半径与水深之比 $K_r = 1$，即水面线刚好通过圆心。此时，弧形底梯形渠的弦长与水深之比 $K_b = \dfrac{b}{H} = \dfrac{2}{\sqrt{1+m^2}}$。

3. 实用经济断面设计

(1) U 形断面 K_r 值的选择：当渠顶以上挖深不超过 1.5m，边坡系数 m 不大于 0.3，渠线经过耕地时，K_r 值可在表 7.21 的范围内选用。填方断面或渠顶以上挖深很小、土质差时，K_r 值取 1.0~0.8。

表 7.21 U 形渠的 K_r 值

m	0	0.1	0.2	0.3	0.4
$\theta/(°)$	180	168.6	157.4	146.6	136.4
K_r	0.65~0.72	0.62~0.68	0.56~0.63	0.49~0.56	0.39~0.47

注 挖深大、土质好、土地价值高时取小值。

(2) 弧形底梯形断面 K_b 值按表 7.22 选用。

表 7.22　　　　　　　　　　弧形底梯形断面 K_b 值

α	边坡系数					
	0.5	1.0	1.25	1.5	1.75	2.0
1.00	1.789	1.414	1.249	1.109	0.992	0.894
1.01	2.782	2.693	2.681	2.703	2.754	2.832
1.02	3.277	3.345	3.416	3.523	3.665	3.834
1.03	3.691	3.899	4.042	4.225	4.444	4.694
1.04	4.063	4.404	4.615	4.868	5.160	5.488

注 α 为实用经济断面和水力最佳断面的过水断面面积之比。

7.4.4.4 弧形坡脚梯形渠断面的设计

弧形坡脚梯形防渗渠道断面如图 7.8 所示。其断面的宽深比可参照梯形渠道的宽深比经过比较后确定，或按《渠道防渗工程技术规范》（GB/T 50600—2010）附录 D 的方法确定。弧形坡脚梯形过水断面各主要要素按式 (7.15)～式 (7.18) 计算。

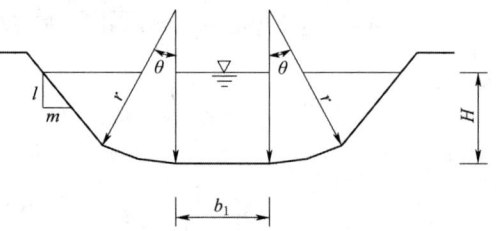

图 7.8　弧形坡脚梯形防渗渠道断面

$$A = \left(\theta + 2m - 2\sqrt{1+m^2}\right) K_r^2 H^2 + 2\left(\sqrt{1+m^2} - m\right) K_r H^2 + mH^2 + b_1 H \quad (7.15)$$

$$\chi = 2\left(\theta + m - \sqrt{1+m^2}\right) K_r H + 2H\sqrt{1+m^2} + b_1 \quad (7.16)$$

$$B = 2m(H - r) + 2r\sqrt{1+m^2} + b_1 \quad (7.17)$$

$$K_r = \frac{r}{H} \quad (7.18)$$

式中：χ 为湿周，m；H 为断面水深，m；θ 为圆弧坡脚的圆心角，rad；r 为坡脚圆弧半径，m；b_1 为渠底水平段宽，m；B 为水面宽，m；m 为渠道上部直线段的边坡系数，$m = \cot\theta$。

7.4.4.5 暗渠渠道防渗断面设计

暗渠防渗断面（图 7.9）的宽深比应按施工要求并通过经济比较选定。宜采用窄深式断面。暗渠防渗断面尺寸应按下列方法确定。

(1) 箱形水面以上的净空高度按式 (7.19) 计算：

$$e_0 \geq \frac{1}{6} H_g \quad (7.19)$$

7.4 渠道防渗衬砌工程设计

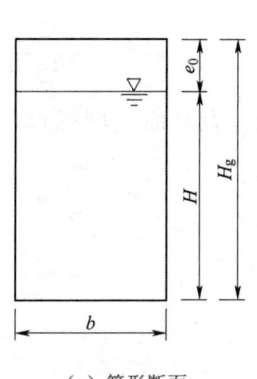 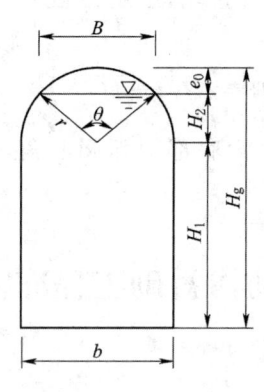 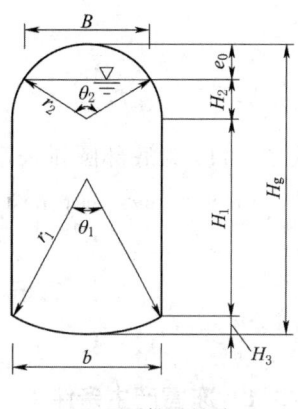

（a）箱形断面　　　　　　（b）城门洞形断面　　　　　　（c）正反拱形断面

图 7.9　暗渠防渗断面

式中：e_0 为水面以上净空高度，m；H_g 为暗渠断面的总高度，m。

（2）城门洞形及正反拱形水面以上的净空高度可式（7.20）计算：

$$e_0 \geqslant \frac{1}{4} H_g \tag{7.20}$$

式中符号意义同前。

（3）城门洞形断面应按下列公式计算：

$$A = H_1 b + \frac{1}{2}[r^2(\pi-\theta) + BH_2] \tag{7.21}$$

$$\chi = b + 2H_1 + (\pi r - r\theta) \tag{7.22}$$

$$B = 2\sqrt{r^2 - H_2^2} \tag{7.23}$$

$$\theta = 2\arctan\left(\frac{\sqrt{r^2 - H_2^2}}{H_2}\right) \tag{7.24}$$

式中：H_1 为暗渠直墙段高，m；H_2 为暗渠顶部圆弧段水深，m；b 为暗渠宽，m；B 为水面宽，m；r 为顶部圆弧半径，m；θ 为水面宽圆弧圆心角，rad。

（4）正反拱形断面应按下列公式计算：

$$A = H_1 b + \frac{1}{2}[r_1^2 \theta_1 - b(r_1 - H_3) + r_2^2(\pi - \theta_2) + BH_2] \tag{7.25}$$

$$\chi = 2H_1 + r_1 \theta_1 + r_2(\pi - \theta_2) \tag{7.26}$$

$$\theta_1 = 2\arctan\left[\frac{\sqrt{r_1^2 - (r_1 - H_3)^2}}{r_1 - H_3}\right] \tag{7.27}$$

$$\theta_2 = 2\arctan\left(\frac{\sqrt{r_2^2 - H_2^2}}{H_2}\right) \tag{7.28}$$

$$B = 2\sqrt{r_2^2 - H_2^2} \tag{7.29}$$

式中：H_3 为底部圆弧矢高，m；θ_1 为底部圆弧圆心角，rad；θ_2 为水面宽圆弧圆心角，rad；r_1、r_2 为底部、顶部圆弧半径，m。

7.5 渠道防渗衬砌工程冻害防治

7.5.1 冻害产生条件

冻胀是指含有一定量水的土体在负温作用下发生冻结时，土中水可能会向土体温度较冷的方向移动（即水分发生迁移现象），引起土体空隙中所含冰的积累，当冰的积累量超出土体内空隙所能容纳冰的能力时，土体体积发生的膨胀现象。因此，冻胀的发生必须同时具备三个条件：较低的温度、水分和具有冻胀敏感性的土质。在冻胀过程中三个条件相互制约、相互影响。渠道防渗工程环境同时具备下列条件时，应进行防冻胀设计。

（1）土中粒径小于 0.05mm 的土粒含量大于 6%（重量比）。

（2）标准冻深大于 0.1m。

（3）冻结初期土的含水量大于 9/10 的塑限含水量，或地下水位至渠底的埋深小于土的毛管上升高度加设计冻深。

7.5.2 冻害类型

由于负气温对渠道防渗衬砌工程的破坏作用而失去了防渗意义统称为渠道防渗工程的冻害。根据负气温造成各种破坏作用的性质，冻害可以分为冻融破坏、冰冻破坏和冻胀破坏 3 种类型，其中，混凝土衬砌防渗渠道的冻胀破坏最为严重，是渠道衬砌及防渗工程的主要冻害形式。

1. 渠道防渗材料的冻融破坏

冻融破坏是指渠道衬砌材料内部孔隙水的冻融导致衬砌板的破坏。除膜料防渗层外，渠道防渗材料均具有一定的吸水性，这些吸入到材料内的水分在负温下冻结成冰，体积发生膨胀。当这种膨胀作用引起的应力超过材料强度时，就会产生裂缝并增大吸水性，使第二个负气温周期中结冰膨胀破坏的作用加剧。如此经过多次冻结-融化循环和应力的作用，使材料破坏、剥蚀、冻酥，从而使结构完全受到破坏而失去防渗作用。这种破坏形式，轻微的如混凝土表面砂浆层的剥蚀，严重的如砖砌体、三合土和拌制不良的混凝土的冻酥，结构完全受到破坏。

2. 渠道中水体的冰冻破坏

冰冻破坏是指冬季输水渠道水体结冰对衬砌结构的破坏。当渠道在负气温期间通水时，渠道内的水体会发生冻结。在冰层封闭且逐渐加厚时，对两岸衬砌体产生冰压力，造成衬砌体破坏或产生破坏性变形。

3. 渠道基土的冻胀破坏

由于渠道渗漏、地下水和其他水源补给、渠道基土含水量较高，在冬季负气温作用下，土壤中的水分发生冻结而造成土体膨胀，使混凝土衬砌开裂、隆起而折断。在春季消融时又造成渠床表土层过湿、疏松而使基土失去强度和稳定性，导致衬砌体的滑塌。

7.5.3 冻胀破坏形式

1. 混凝土防渗

混凝土属于刚性衬砌材料，具有较高的抗压强度，但抗拉强度较低，适应拉伸变形和不均匀变形的能力较差。在冻胀力和热应力的作用下容易破坏，其破坏形式如下。

(1) 鼓胀及裂缝。冻胀裂缝多出现在尺寸较大的现浇混凝土板顺水方向，缝位一般在渠坡坡脚以上 1/4~3/4 坡长范围内和渠底中部。当冬季渠道积水或行水时，一般出现在水面附近的渠坡上。当混凝土板尺寸过大，不能适应温度收缩变形时，会产生由温度应力造成的纵向或横向裂缝。当缝间止水材料不能适应低温变形时，将在分缝处发生开裂。此外，当混凝土板与基土冻结在一起后，由于冻土出现冻胀裂缝，混凝土板亦可能被拉裂。

冬季渠内存水并结成较厚冰层的情况下，冰面附近渠坡含水量较高，水分补给充分，冻胀量较大。但混凝土衬砌板的冻胀上抬受到冰层一侧的限制，因而可能在冰缘线处受弯出现裂缝或折断。

(2) 隆起架空。在地下水位较高的渠段，渠床基土距地下水近，冻胀量大，而渠顶冻胀量小，造成混凝土衬砌板大幅度隆起架空。这种现象一般出现在坡脚或水面以上 0.5~1.5m 坡长处和渠底中部，有时也顺坡向上形成数个台阶状。

(3) 冻融滑塌。渠道衬砌的冻融滑塌有两种形式：①由于冻胀隆起架空，使坡脚支撑受到破坏，衬砌板垫层失去稳定平衡，因而基土融化时，上部板块顺坡向下滑移、错位、互相穿插、重叠；②渠坡基土融化期的大面砌板塌落下滑，导致坡脚混凝土板被推开，上部衬砌板滑落下滑。

(4) 整体上抬。渠深 1.0m 左右的较小渠道，基土冻胀不均匀性较小，如小型混凝土 U 形槽和地下水埋藏较深、衬砌体下没有垫层的渠道可能发生整体上抬。此外，砌石防渗破坏形式与混凝土相似，往往还由于勾缝砂浆受冻融作用而开裂。

2. 膜料防渗

铺埋式衬砌冻害主要表现在膜料的保护层上。土料保护层因逐年冻融剥蚀变薄，渠道由规则的梯形变成宽 U 形，甚至膜料外露而遭到破坏。刚性保护层效果较好，但在强冻胀土区，也可能出现类似刚性材料的冻胀形式。

外露式膜料衬砌，易受机械作业破坏或老化。在冻胀性土区，由于渠坡的反复冻融，融土蠕动下滑，使薄膜鼓胀，无法复位。

3. 沥青混凝土防渗

沥青混凝土在低温下仍具有一定的柔性，能适应一定的变形，但基土冻胀量大时仍可能破坏。且沥青混凝土的温度收缩系数大，在低温下易产生收缩裂缝，若不加处理，就给渠水入渗造成通路。此外，沥青混凝土在自然条件作用下，存在自然老化问题，从而降低了适应冻胀的能力。

7.5.4 冻害产生的原因

1. 渠道的断面形式及走向

渠道的断面形式及走向不同，造成了断面上各部位的日照、风情和表面温度状况有很大差别，从而决定了断面上各部位的冻结和冻胀很不均匀。

2. 渠道的防渗衬砌材料

混凝土防渗，属于刚性衬砌材料，适应拉伸变形或不均匀变形的能力较差。其破坏形式主要有鼓胀及裂缝、隆起架空、滑塌、整体上抬等。砌石防渗也属刚性衬砌，其冻害破坏形式与混凝土衬砌相似。沥青混凝土具有一定的柔性，能适应一定变形，但在低温下基土冻胀大时，仍可能破坏。且沥青混凝土在低温下，易产生收缩裂缝，给渠水入渗造成通道。埋藏式膜料防渗的冻害主要表现在膜料的保护层上。

3. 渠床的水分特征

渠床土含水量的大小一般与衬砌的防水性能、地表排水、沿渠的水文地质条件、渠道的放水情况及渠床的排水等条件有关，渠床土的含水量一般由渠顶向渠底逐渐增加。渠道防渗工程的冻害直接与渠床土的含水量有关。当地下水位较低，在临界埋深以下，渠内冬季无积水，不行水，渠床土中含水量一般底部较大，因此，渠底和坡下部发生轻微冻胀。地下水位在渠底以下，但小于临界深度，渠道内不行水，不积水，此时渠底将有较大的冻胀，并沿渠坡向上，冻胀量由大到小。地下水位高于渠底，渠内有积水，或渠道行水，渠内有一定水深时，由于渠内水的结冰保温作用，渠底冻胀较小，甚至渠底无冻胀现象，两坡由于土的含水量较高和水分迁移的补给水源充足，在水面以上的范围内冻胀量最大。

4. 渠床的土质条件

当渠床为粗砂、砾石时，一般冻胀量很小，如果衬砌适应不均匀冻胀变形能力较强，则不会出现冻害。当渠床为细颗粒泥沙，特别是粉质土时，在渠床土含水量较大，且有地下水补给时，就会产生很大的冻胀量。如果采用混凝土或浆砌石等刚性衬砌时，往往会产生冻胀破坏。

5. 人为因素

渠道防渗工程会由于施工和管理不善而加重冻害破坏。如在施工过程中换基材料不符合质量要求或铺设过程中掺混了冻胀性材料；施工质量不好引起裂缝，加大了渗漏；防渗层施工质量差，防渗效果不好；排水设施堵塞失效；渠道停水后余水不能及时排走；渠道产生裂缝、防渗设施破坏不及时维修等，均容易加重冻胀破坏。

7.5.5 冻害防治的基本措施

根据冻害成因分析，防渗工程是否产生冻胀破坏、其破坏程度如何，取决于土冻结时水分迁移和冻胀作用，而这些作用又和当时当地的土质、土的含水量、负温度及工程结构等因素有关。因而，防治衬砌工程的冻害，要针对产生冻胀的原因，根据工程具体条件从渠系规划布置、渠床处理、排水、保温，以及衬砌的结构形式、材料、施工质量、管理维修等方面着手，全面考虑。

7.5.5.1 回避冻胀法

回避冻胀是在渠道衬砌工程的规划设计中，注意避开出现较大冻胀量的自然条件，或者在冻胀性土存在地区，注意避开冻胀对渠道衬砌工程的作用。

1. 避开较大冻胀存在的自然条件

（1）规划设计时，应尽可能避开黏土、粉质土壤、松软土层、淤泥土地带、有沼泽和高地下水位的地段，选择透水性较强（如砂砾石）不易产生冻胀的地段或地下水位埋藏较深的地段，将渠底冻结层控制在地下水毛管补给高度以上。

（2）尽可能采用填方渠道。

（3）尽量使渠线走在地形较高的脊梁地带，避免渠道两侧有地面水（降水或灌排水）入渠。

（4）在有坡面旁渗水和地面回归水入渠的渠段，尽量做到渠、路、沟相结合，或者专设排水设施。

（5）沿渠道外两侧应规划布置林带，最好是多种柳树，因柳树根须发达，密集伸向水源，可以改善渠床土基，有利于冻害防治。

2. 埋入措施

将渠道做成管或涵埋入冻结深度以下，可以免受冻胀力、热作用力等影响，是一种可靠的防冻胀措施。这种措施具有基本上不占地、易于适应地形条件、配水控制严密、水量损失小、管理养护方便的优点。特别适用于地形起伏较大、地形不规则以及实行精耕细作的地区。但当渠道设计流量大、坡度较缓时造价高，不宜采用。

3. 置槽措施

置槽可避免侧壁与土接触以回避冻胀，常被用于中、小型填方渠道上，是一种廉价的冻害防治措施。工程措施如图 7.10 所示。

4. 架空渠槽

用桩、墩等构筑物支撑渠槽（图 7.11），使其与基土脱离，避免冻胀性基土对渠槽的直接破坏作用。但必须保证桩、墩等不被冻拔。此法形似渡槽，占地少，易于适应各种地形条件，不受水头和流量大小限制，管理养护方便，但造价较高。

7.5.5.2 削减冻胀法

当估算的渠道冻胀变形值较大，且渠床在冻融的反复作用下，可能产生冻胀累积或后遗性变形情况时，可采用削减冻胀的措施，将渠床基土的最大冻胀量削减到衬砌结构允许变位范围内。

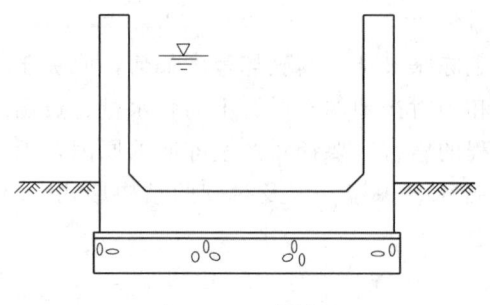

图 7.10 置槽措施

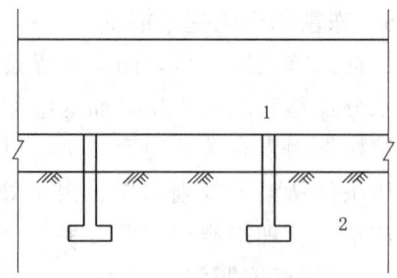

图 7.11 架空渠槽
1—渠槽；2—桩墩

1. 改善渠基土质

一般在工程施工中，常利用置换法、压实法、化学处理法和土工加筋法等来改善渠基土质。

(1) 置换法。置换法是在冻结深度内将衬砌板下的冻胀性土换成非冻胀性材料（纯净的砂砾、砂卵石、中、粗砂）的一种方法。砂砾石垫层不仅本身无冻胀，而且能排除渗水和阻止下层水向表层冻结区迁移，所以砂砾石垫层能有效地减少冻胀，防止冻害现象发生。

采用置换法时，应做到：置换层的砂砾料是纯净的，粉黏粒含量一般不宜大于3%～5%，且需要有畅通的排水设施才能发挥应有的作用。当置换层有饱水条件冻结时，必须保证冻结期置换层有排水出路。若衬砌缝漏水或旁渗水的含沙量足以能污染置换层时，应在置换层外围设置一层土工薄膜保护。

置换法的换填工程量大，换填层厚度一般不小于土体冻胀深度，适用于地下水位在土体冻深线以下、土体含水量和冻胀量均较大的渠道。在灌区内砂砾石料短缺的地区，一般较少采用。

(2) 压实法。压实是利用压碾工具对黏性土质进行强夯或压实，使土壤颗粒重新排列组合，降低土体的孔隙率和透水性、抗渗性和隔温性能，具有阻碍水分迁移、聚集，从而削减甚至消除冻胀的能力。压实措施尤其适用于受地下水影响较大的渠道的冻害防治。

压实处理法有渠床原状土压实和翻松土压实两种。前者所能达到的压实深度较浅，一般在 0.3m 以内，不宜在严寒地区应用。后者可分层回填，逐层压实，可达较大压实厚度。

压实处理的渠床，应先清除淤泥杂草，然后再进行碾压。翻松土压实，还需视土料含水量情况进行扒松晾干或洒水补充，使其接近最优含水量。每次碾压的厚度根据碾压机械的压实功能和土料性质确定，一般不宜过厚。

就湿陷性黄土区的渠床而言，可结合渠床湿陷性的处理采用泡水-翻松压实法。泡水可使松散、多孔隙的强湿陷性土层预先得到处理，变得较密实和稳定，便于查出渠床洞穴、滑坡、塌方等隐患，及时处理。

(3) 化学处理法。化学处理法是使用化学材料注入或埋入渠床土基中，使土中水的冰点降低，或者增加土的憎水性，阻塞土壤毛细管管路，使冻结时不会发生或很少发生水分迁移现象，大大减轻或消除冻胀，但工程造价高、施工复杂。

化学材料包括可溶性盐类物质，如食盐、氯化钙、氯化镁、食盐加氯化钙等，均能降低土中水的冰点，使土在一定的气候条件下，处于不冻结状态。另外，三磷酸钠、焦磷酸钠也能起到加固土体，使其防水防冻的效果。

（4）土工加筋法。土工加筋法是在土中铺设拉筋，以达到改善整个土工系统力学性能目的的一种土工加固方法。当基土发生冻胀时，加筋材料就会随之发生拉伸变形，其自身的抵抗能力会约束土体的冻胀变形。

2. 改善水分条件（防渗、排水）

当土中的含水量大于起始冻胀含水量，才会明显出现冻胀现象。因此，防止渠水和渠堤上的地表水入渗，隔断水分对冻层的补给，以及排除地下水，是防止地基土冻胀的根本措施。

通过采用"上防"和"下离"的方式，可以降低渠基土体内的含水量和地下水位。"上防"，就是采用如土工膜料、砌石、混凝土或是沥青混凝土等防渗材料，以达到能阻断渠道渗水、大气降水和渠基土地下水源对冻结区的水分补给，使渠基土的湿度低于起始冻胀含水量，从而削减或消除冻胀。一般是设置深浅两层封闭层隔膜，中填当地夯实土，填土厚度应等于设计冻深，上层隔膜与衬砌体之间应设置过渡层。"下离"就是将渠床冻结层中的重力水亦或是渠道周围的渗水排泄出渠体，降低地下水位，截断地下水对冻结层的补给。应根据渠道所处的地形和水文地质条件，按不同情况具体对待，以达到排泄畅通、地基疏干、冻结层无水源补给的目的。

3. 改善温度条件（隔热保温）

在渠道施工过程中，可以在渠道衬砌体下选择铺设一些具有隔热保温性能的材料（如炉渣、石蜡渣、沥青草、泡沫水泥、蛭石粉、玻璃纤维、膨胀珍珠岩保温板、聚苯乙烯泡沫保温板等），使土体温度能够保持在一个较高的数值范围内，以减轻或消除寒冷因素，并可减少置换深度，隔断下层土的水分补给，从而减轻或消除渠床的冻深和冻胀。为防止渠道发生冻胀破坏，这是一项很有效的工程技术处理措施。

目前采用较多的是聚苯乙烯泡沫塑料，具有自重轻、强度高、吸水性低、隔热性好、运输和施工方便等优点，主要适用于强冻胀大、中型渠道，尤其适用于地下水位高于渠底冻深范围且排水困难的渠道。但当地下水位较高时，由于地下水的长期浸泡会使其导热系数增加，进而降低保温效果，较好的聚苯乙烯泡沫塑料使用寿命也只有30多年。聚苯乙烯泡沫塑料等新型保温材料价格较高，一般在采用其他防冻胀措施不经济或遇到一些特殊地段（如冻深较大、缺少砂石地区或地下水浅埋地区）才采用。

聚苯乙烯泡沫保温板的铺设可根据灌区内不同渠道、同一渠道的不同渠段，以及同一渠段阴、阳坡面等不同部位的冻胀情况采取不同的形式。如图7.12和图7.13所示。

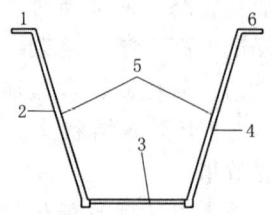 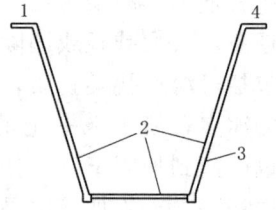

图 7.12 全断面铺设保温垫层
1—阳坡；2—2.5cm 聚苯乙烯板；
3—5cm 或 2.5cm 聚苯乙烯板；
4—5cm 聚苯乙烯板；
5—混凝土衬砌；
6—阴坡

图 7.13 局部铺设保温垫层
1—阳坡；2—混凝土衬砌；
3—3.3cm 聚苯乙烯板；
4—阴坡

隔热保温层的厚度，可根据基土土质、含水量、设计冻深或冻结指数，通过热工计算加以确定。对中小型渠道，聚苯乙烯泡沫板的厚度可按设计置换深度的 1/15～1/10 取用。冻胀量大的部位取大值，冻胀量小于允许变形值的部位可不设泡沫板。

7.5.5.3 优化结构法

所谓优化结构法，就是在设计渠道断面衬砌结构时采用合理的形式和尺寸，使其具有消减、适应、回避冻胀的能力。

（1）对冻胀性地基的防渗渠道，宜采用膜料和沥青混凝土等有一定柔性的材料修建渠道防渗工程。设计时，应加大渠道纵坡，缩小断面尺寸，并应适当加大渠道内边坡系数。

（2）对小型渠道可采用暗渠。

（3）弧形渠底梯形断面和 U 形断面已在许多工程中应用，证明对防止冻胀有效。U 形断面适用于小型支、斗渠，冻胀变形为整体变位，且变位较均匀。对大、中型砌石和混凝土防渗渠道，可采用弧形渠底梯形断面，渠底较宽时，可采用弧形坡脚梯形断面，并采用性能良好的填缝材料填筑。弧形渠底梯形断面虽然冻胀量与梯形断面相差不大，但变形分布要均匀得多，消融后的残余变形小，稳定性强。

（4）在强烈冻胀地区，当渠道最大设计冻胀量大于允许冻胀量的 2 倍时，大、中型渠道的边坡，宜采用挡土墙式结构，渠底采用反拱形结构。流速较小的渠道，渠底可采用埋铺式膜料防渗。小型渠道可采用座槽式结构，也可采用矮墩式架空渠槽。

7.5.5.4 管理措施

为防止冻害，在管理方面应做到：

（1）冬季不行水渠道，与渠道相邻的灌溉农田应在冬季基土出现冻结前 15～20 天结束灌溉，避免冻前渠基土水分过高；冬季行水渠道，在负温期宜连续行水，并保持在最低设计水位以上运行；承担冬灌的渠道，宜在平均气温稳定小于 0℃前停水，翌年温度超过0℃时通水。

（2）渠道通水前后应进行衬砌体裂缝修补，使砌块缝间填料保持原设计状态，衬砌体的封顶应保持完好，不允许有外水流入衬砌体背后。

（3）应及时维修各种排水设施，保证排水畅通。冬季不行水渠道，应在停水后及时排除渠内和两侧排水沟内积水。

第8章 集雨灌溉技术

8.1 概　　述

集雨灌溉是解决分散的干旱区域农作物灌溉用水的主要工程措施之一，指在缺水地区利用小蓄水工程，如水窖（窑）、旱井、小蓄水池等，将当地降雨收集起来，并采用先进的节水灌溉方法如喷灌、微灌、微喷灌等，在作物生长关键期补充限量灌溉。集雨灌溉利用的是雨水资源富集叠加高效利用原理、雨水汇集异地高效利用原理和非充分灌溉原理对作物进行局部灌溉。雨水资源富集叠加原理是指通过微型工程和农艺措施，把一定面积上的降水叠加到另外一定面积的土地上以供作物生长利用。雨水汇集异地高效利用原理是指采用工程措施将无效降雨蓄积起来用于作物补充灌溉。非充分灌溉原理是指仅在作物关键的缺水期进行灌溉，这些时期作物如发生重度的水分胁迫将引起严重减产，即使后期供水也不能补偿产量损失。而在非关键生长期，有限度的缺水则可以通过在之后的复水或降水中使产量得到补偿。局部灌溉即只湿润作物根系附近土壤，使棵间蒸发降到最低。

集雨灌溉充分利用了潜在的降雨资源在作物需水关键期进行局部灌溉，有效解决了旱地农业生产灌溉用水问题，缓解了地区水资源短缺的矛盾；同时集雨灌溉采用先进的节水灌溉措施，把有限水量直接输入到作物根际附近的土壤中，达到省水、节水目的，提高灌溉水利用率；集雨灌溉与农作物种植管理措施配套，在一定程度上能够化解降水与作物需水在时间上的供需错位矛盾，保障了作物在整个生育时段都处在相对良好的供水环境中，提高了有限降水的作物生产效率，是一种同时兼顾经济、社会和生态三大效益的农业可持续发展模式。

8.1.1 集雨灌溉系统的组成

集雨灌溉是指对降雨进行收集、汇流、存储和灌溉的一个完整系统，一般由集雨系统、输水系统、存储系统和灌溉系统等部分组成。

8.1.1.1 集雨系统

集雨系统是整个集雨灌溉系统之首，它是靠一定产流面积的天然集流场或人工集流场将降雨汇集起来，供蓄水系统存储。天然集流场即基本不需人工处理的收集超渗产流的坡面。人工集流场是人们采用防渗材料或防渗措施加工处理过的集流场地。一般人工集流场的集流效率高于天然集流场，天然集流场的汇流面积大于人工集流场。在规划设计时应优先考虑将具有一定产流面积的场地作为天然集流场，没有天然条件的地方，则考虑修建人工集流场。为了提高集流效率，减少渗漏损失，一般采用不透水物质或防渗材料对集流场进行人工处理。

8.1.1.2 蓄水系统

蓄水系统包括储水体及其主要附属设施,其作用是存储集流场汇集输送而来的雨水。

1. 储水体

储水体主要有水窖(窑)、蓄水池、集流坝、人字闸和截潜流等形式,每种形式可根据其形状及建筑材料的不同进一步细分为若干种分支类型(如水窖可分为水泥砂浆薄壁窖、混凝土盖碗窖、素混凝土肋拱盖碗窖、混凝土球形窖、砖拱窖、窑窖等),这些形式在设计时可根据当地的地形、地质、水文、气象及灌溉供水要求单独使用或联合使用。

2. 主要附属设施

(1)沉沙池。其作用是沉降进入储水体雨水中的泥沙含量。一般设置在储水体进口处2～3m的地方,以防止渗水造成储水体边壁坍塌,具体尺寸由进入储水体水量和水中含沙量而定。

(2)拦污栅。其作用是拦截进入储水体水流中的悬移质和漂浮物,设在沉沙池的进口处。

(3)窖口窖台。其作用是保证取水口不易损坏,防止污物进窖。窖台一般高出地面0.3～0.6m,平时要加盖封闭,使用时再打开,以防遭到破坏。取水时可安装提水设备。

3. 输排水系统

输排水系统的作用是将集流场汇集的雨水引入沉沙池,而后流入蓄水系统。如果多个储水体同时并存,还应承担储水体之间的连接输水任务。输水设施一般采用渠道、管道两种形式。渠道多用于集流场向首个储水体的输水,管道则多用于沉沙池与储水体、储水体间的输水,其过水断面应根据最大进流量来确定。为确保储水体的稳定与安全使用,一般的储水体都应在适当的部位设置排水设施。

4. 灌溉系统

灌溉系统包括首部提水设备、输水管(渠)道和田间的灌水器等,是实现雨水高效利用的最终措施。由于地形条件、雨水资源、种植作物和经济状况等方面的空间差异,可选择适宜的节水灌溉形式。常见的节水灌溉形式有喷灌、滴灌、渗灌、坐水种、注射灌、膜下穴灌与细流沟灌等。由于集雨灌溉工程的水量有限,灌溉时不能使用漫灌的灌溉方法。

8.1.2 集雨灌溉系统的类型

8.1.2.1 按集流场地是否为耕地划分

(1)耕地集雨,全称为耕地集雨就地灌溉。充分挖掘耕地本身的雨水潜力,耕地既作为灌区又作为水源地,降雨高峰期通过作物垄间覆膜或部分耕地覆膜收集部分雨水并妥善蓄存,在作物需水关键时段进行灌溉,覆膜耕地需年份间进行轮歇。

(2)非耕地集雨。利用场院、道路、荒坡、沟谷坡面、弃耕地作为集雨面汇集雨水,通过汇流沟和输水沟等将集蓄雨水输送至蓄水工程,条件允许时可将天然集流面改为人工集流面以提高集流效率。

8.1.2.2 按集流面和蓄水工程的数量关系划分

(1) 一个蓄水工程对一个集流面的集雨工程。当集流面积较小，集流效率较低时，集蓄雨水只能供给一个蓄水工程。蓄水工程布置在集流面低处，位于灌溉土地附近。

(2) 多个蓄水工程共用一个或多个集流面的集雨工程。适用于集流面积较大，集流效率较高的区域。如沿着公路方向布置一排蓄水工程，利用公路两旁的排水沟汇集水流。

8.1.2.3 按是否具备调蓄工程设施划分

(1) 不具备调蓄工程设施的沟洫类集雨灌溉工程。如中国北方干旱地区的沟洫畦田和水平阶、鱼鳞坑等坡面工程，由于集雨量有限，需与农业耕作及土壤保墒措施密切结合。

(2) 具备调蓄工程设施的雨水集蓄利用工程，其蓄水工程又分为封闭式水窖、开敞式蓄水池和塘坝等类型。

8.1.3 集雨灌溉系统优缺点

8.1.3.1 集雨灌溉系统优点

(1) 提高雨水资源利用率。集雨灌溉实现了对时间、空间、数量分布不合理自然降水的人工调控，在天然坡面下游或周边出水口修建蓄水工程，可多次蓄水，反复利用。

(2) 经济效益显著。集雨灌溉改变了广种薄收的传统耕作方式，与高效节水灌溉技术配套，在作物生长关键期进行补充灌溉，同时增加灌溉面积，促进作物高产丰收。

(3) 改善生态环境。通过窖、池就地拦蓄降雨，保证小水不出地、大水不出沟，可减轻水土流失，促进林草繁衍生长，改善生态环境。

(4) 促进种植结构调整和高效农业发展。集雨灌溉工程提供了一定的水分条件，农民可根据集雨灌溉工程的供水情况、农产品市场需求，自觉调整种植结构，发展高效农业。

(5) 适用范围广。集雨灌溉工程规模小，造价低，施工技术简单，形式多样，便于管理。

(6) 节能。利用天然地势高差实现自压灌水，节省能源。

8.1.3.2 集雨灌溉系统存在的主要问题

(1) 集雨量有限。集雨灌溉工程属微型水源工程，蓄水容积一般为 $20\sim100m^3$，最大也不超过 $1000m^3$，必须采用高效节水方法进行非充分灌溉。

(2) 雨水资源利用效率低。由于劳动强度、资金、规模等限制，在雨水收集、蓄存、输送与利用等过程中存在工程措施脱节，灌溉设施匹配不够，先进的雨水利用技术难以大范围推广应用。

(3) 集流效率低。天然集流面和原土夯实的人工集流面渗透系数大，集流效率低；其他人工集流面造价高，防渗材料耐久性差，影响集流效率。

8.1.4 集雨灌溉系统适用条件

集雨灌溉工程一般规模小，较分散，可减轻水土流失，促进林草繁衍生长，改善生态环境。因此在地表水和地下水缺乏或开发利用困难，且多年平均降雨量大于 250mm 的干旱半干旱地区和经常发生季节性缺水的湿润、半湿润山丘，以及海岛和沿海地区，都可开发雨水资源，发展集雨灌溉，做到秋蓄春用，长蓄短用，增强抗旱能力。对于地形复杂、沟壑多、土层薄、保水保肥能力差的区域，可修筑高标准梯田发展集雨灌溉，提高土壤有效水分储量，增加农业产量，防止水土流失；在坡地较多的区域，可利用坡地、道路集雨，或修建人工防渗蓄水工程，配套适宜的灌溉系统进行集雨灌溉；可利用经过碾压的庭院和场院，使用水泥、瓦的屋顶面，拦蓄并储存雨水进行集雨灌溉，发展庭院经济。

8.2 集雨灌溉工程规划

8.2.1 集雨灌溉系统规划任务

（1）收集基本资料。包括水文气象、地理地形、集流设施、供水对象、地质土壤、社会经济、农业发展规划等资料，以供规划设计时选用。

（2）提出规划目标。分析论证当地缺水状况，发展集雨灌溉工程的必要性和可行性，并与其他供水工程措施进行技术经济的对比分析。应根据近、远期解决缺水问题的迫切性和经费、劳力投入的可能性合理确定其发展速度。

（3）来用水量分析。根据当地雨水资源状况和灌溉用水需求进行来用水分析，进而确定工程规模，不同类型区域的集雨灌溉利用方式和工程布局。

（4）集流面确定。在水量供需平衡的基础上，选择各类集流面并确定相应的面积。西北、华北干旱缺水地区需修建人工集流面，其他地区多选择自然集流面。

（5）蓄水工程规划。确定蓄水工程的类型、数量及蓄水量。

（6）灌溉工程规划。选择灌溉方式，制定灌溉用水制度，如有其他用水途径，还应做出相应的供水方案。

（7）工程建设费用、投资计划以及效益评价。

（8）实施措施。包括组织领导、技术支持、资金筹措、劳力安排、工程管理等内容。

8.2.2 集雨灌溉系统规划原则

（1）统筹考虑，综合利用。尽量将农田灌溉、水土保持、庭院经济和生活供水统一考虑，充分利用雨水资源。

（2）远近结合，统筹管理。要统筹当前需求和长远发展，统一规划，分期实施，先试点后推广。单户、联户、自然村的集雨灌溉系统，在政府的引导和支持下，按照农户自愿的原则进行建设，统一实行规划和管理，节省投资。

（3）因地制宜，科学规划。根据实际情况，充分利用当地的自然条件和资源，因地制宜选用集流场和蓄水建筑物的类型。工程规模宜大则大，宜小则小，做到工程技

(4) 合理使用，效益最优。除少数水源充足的集雨工程外，其他均应采用节水灌溉技术进行非充分灌溉，重点解决好作物的保苗水、保命水和关键水问题。不能使用漫灌方法，以免造成水资源的浪费。

(5) 政府指导，市场调整。推进农业产业结构的优化和调整，促使工程建设逐步达到自我支持、自我发展。

8.2.3 基本资料收集

基本资料的收集主要包括水文气象、地理地形、集流设施、供水对象、地质土壤和其他资料。

8.2.3.1 水文气象资料

(1) 降水资料。收集当地多年平均以及保证率为50%、75%、95%的年降水量，资料系列年限要求不少于10年。无实测资料的地区，可根据当地多年平均降雨量、蒸发量及离差系数C_v等值线图查算。同时对工程实施范围内集蓄雨水水质进行调查。

(2) 气象资料。包括多年平均蒸发、温度、湿度、风速、日照、无霜期、冰冻期及冻土深度、历年旱期、干旱类型以及对农作物生长的影响等。

8.2.3.2 地理地形资料

地理地形资料包括拟建集雨灌溉工程的位置、高程和地形高差等。一般情况下，对地形图不做要求，但应有集流面、蓄水设施和灌溉土地之间的相对位置及高差资料；对于规模较大的集雨工程和地形复杂的集流场及灌溉土地，应当收集或测绘1:500的简易地形图。

8.2.3.3 集流设施资料

集雨灌溉工程以天然坡面作集流面时，应估算集流场的面积和地面坡度，收集植被资料；以屋顶、庭院、打碾场坝、公路、乡村道路等作集流面时，应量算平面投影面积。此外，应对工程实施范围内已建集流面材料和集流效率，蓄水设施的种类、结构和容积，节水灌溉设施、节水灌溉制度和工程运行管理情况进行调查。

8.2.3.4 供水对象资料

供水对象资料包括计划灌溉的作物种类、面积、需水量、单产量、灌溉情况及土壤质地。

8.2.3.5 地质土壤资料

地质土壤资料包括工程实施范围内的土壤质地、容重、田间最大持水量、渗透系数、酸碱度、有机质含量、集流场地层土质和岩性等资料。

8.2.3.6 其他资料

应尽量收集包括当地社会经济状况，农业发展规划，建筑材料来源、储（产）量、质量、价格、运距，道路交通和能源供应等资料。

8.2.4 来用水分析

来用水分析是根据当地可供雨水资源和农田灌溉的要求，进行分析和平衡计算，进而确定集雨节水灌溉工程的规模。

8.2.4.1 年集水量计算

全年单位集水面积的可集水量按式（8.1）计算。

$$W_i = K_i R_p / 1000 \tag{8.1}$$

$$R_p = T P_p \tag{8.2}$$

$$P_p = K_p P_0 \tag{8.3}$$

式中：W_i 为保证率等于 P 时的年份某种材料单位集水面积全年可集水量，m^3/m^2；K_i 为某种材料集流面的全年集流效率，用小数表示。由于各地的集雨材料类型、降水量及保证率不同，其全年集流效率也不同，应选用当地实测值，若资料缺乏，可参考类似地区的数值，表 8.1 为甘肃和宁夏两省（区）的推荐值；R_p 为保证率等于 P 时的全年降雨量，mm，可从水文气象部门查得，在集雨灌溉工程中，P 一般取 50%（平水年）和 75%（中等干旱年），也可按式（8.2）和式（8.3）计算；P_p 为保证率等于 P 时的年降水量，mm；P_0 为多年平均降水量，mm，由气象资料确定；K_p 为根据保证率及 C_v（离差系数）值确定的系数，用小数表示，可从水文气象部门查得；T 为全年降雨量与降水量的比值，用小数表示，可根据气象资料确定。

8.2.4.2 需水量确定

在灌溉工程中，一般根据本地区农作物、树、草的需水特性和可能集蓄的雨水数量，采用非充分灌溉原理，确定补充灌溉的次数和灌水定额。缺乏资料时，可参照《雨水集蓄利用工程技术规范》（GB/T 50596）选用，不同作物的灌溉次数和灌水定额取值见表 8.1。

表 8.1　　　　　　　　　　不同作物的灌溉次数和灌水定额

作物	灌水方式	灌水次数		灌水定额 /(m^3/m^2)
		降雨 250～500mm	降雨>500mm	
玉米等旱田作物	坐水种	1	1	45～75
	点灌	1～3	2～3	45～90
	地膜穴灌	1～2	1～3	45～100
	注水灌	2～3	2～3	45～75
	滴灌	1～2	2～3	150～225
季蔬菜	滴灌	5～8	6～10	150～180
	微喷灌	5～8	6～10	150～180
	点灌	5～8	6～10	90～150
果树	滴灌	2～5	3～6	120～150
	小管出流灌	2～5	3～6	150～240
	微喷灌	2～5	3～8	150～180
	点灌（穴灌）	2～5	3～6	150～180

灌溉工程需水量可按下式计算：

$$E_p = \sum_{i=1}^{n} S_i M_i \tag{8.4}$$

式中：E_p 为设计保证率 P 条件下，雨水利用灌溉工程的年需水量，m^3；S_i 为第 i 次灌溉面积，hm^2；M_i 为第 i 次灌水定额，m^3/m^2；n 为灌水次数。

8.2.4.3 来用水平衡分析

根据已求得的集水量和需水量进行平衡计算，确定工程的规模。不同材料的集流面应满足灌溉和生活用水的要求，即符合式（8.5）。计算时应对典型保证率年份分别计算相应的集流面积，选用其中最大值进行设计。

$$E_p \leqslant S_{p1}W_{p1} + S_{p2}W_{p2} + \cdots + S_{pn}W_{pn} \tag{8.5}$$

式中：E_p 为保证率等于 P 的年需水量，m^3，即灌溉用水量。如兼具灌溉与人畜饮水用途，为灌溉用水量和生活用水量之和；S_{p1}、S_{p2}、$\cdots$、S_{pn} 为保证率等于 P 时不同集雨材料的集流面积，m^2；W_{p1}、W_{p2}、$\cdots$、W_{pn} 为保证率等于 P 时不同集雨材料单位面积可集雨量，m^3/m^2。

8.2.5 集雨灌溉工程布置

集雨灌溉工程的集流工程、蓄水工程以及供水和节水灌溉设施应统一布置，宜利用有利地形，与农业措施相结合。集流工程的集流能力应与蓄水工程容积相对应，不得布置集流量不足或没有水源的蓄水工程。蓄水工程的布置宜利用其他水源作为补充水源。生产生活用水兼顾的集雨灌溉工程，生产与生活用水的工程宜分开布置。

8.2.5.1 集流场规划

集流场是集雨灌溉工程最主要的部分，其主要作用是收集降雨。一般选择山坡、道路、庭院、场院、屋顶及农田等天然条件好、具有一定产流面积的区域作为集流场。现有的集流面不够完整或面积较小时，可修建人工集流面进行补充。集流场的防渗材料是关键因素，可采用混凝土、水泥瓦、片石衬砌、坡面夯实、塑料薄膜等，一般遵循因地制宜、就地取材、减少工程造价和提高集流效率等原则。集流量的多少与当地最大降雨强度、集流面积及表面植被情况有关。集流场应布置在地理位置较高的地方，尽量利用自压进行灌溉，以减少提水费用，降低运行成本。集流面应避开厕所、畜禽圈舍和垃圾堆积场等污染源，宜利用透水性较低的现有人工设施或自然坡面作为集流面。

（1）首先考虑利用现有的集流面，尤其是透水性较弱的表面如天然坡面、场院、路面等。若现有的集流面面积小，不能满足集雨量要求时，再考虑修建人工集流面作补充。

（2）修建人工集流面时应优先考虑就地取材，尽可能不破坏原有植被，在人均耕地较多的地方，可采用土地轮休方式，用塑膜覆盖部分休闲地作为集流面，第二年该集流面再轮为耕地。

（3）选择集流场时应尽可能与水土保持治理相结合，利用荒山坡地作为集流面，按设计要求修建沟道截流坝，将水引入蓄水设施。

（4）因地形条件限制，集流场远离蓄水设施时，应修建固定的输水渠道。

（5）集流场与蓄水工程的结合部一般应设置沉沙池。经过硬化防渗处理的微型集流场，如雨水中已无泥沙杂质，可不设沉淀池，直接将雨水送入蓄水设施。

8.2.5.2 蓄水系统规划

蓄水设施可分为水窖（窑）、蓄水池、集流坝、大口井、人字闸和截潜流等类型。根据当地的地形、土质、集流方式及用途，不同类型的蓄水设施可单独选用，也可多种联用。用于大田灌溉的蓄水设施，应根据地形条件选择在比灌溉地块高10m左右的位置，以便自压灌溉；用于庭院经济和生活用水相结合的蓄水设施，一般应选择在庭院内地形较低的地方，以便取水。为安全起见，所有的蓄水设施须避开填方或易滑坡的地段，地下式蓄水工程外壁与崖坎和根系较发育的树木之间的距离不应小于5m。多个水窖（窑）衬砌外壁之间的距离不宜小于4m。利用公路路面集流时，公路两旁的蓄水设施应符合排水、绿化、养护等公路部门的有关规定。蓄水工程宜进行防渗处理，寒冷地区的蓄水工程应采取防冻措施。半干旱地区的蓄水工程不宜采用开敞式。蓄水工程的进水口应设置堵水设施，并应设置泄水道，出水管应高于底板30cm。在蓄水工程正常蓄水位处应设置溢流管（口）。其他主要附属设施如沉沙池、输水渠（管）等，应统一规划考虑。

8.2.5.3 输水系统规划

集流场的类型不同，输水系统的规划也不同，但应尽量减小集流场与储水体间的距离，从而减少水分蒸发和渗漏。利用道路作集流场时，可利用排水沟修建专用出口，引入蓄水池。输水沟一般需要进行防渗处理。利用山坡地作为集流场时，每隔一定高程需沿等高线方向修建截流沟。截流沟与输水沟相连，再引入蓄水池。

8.2.5.4 灌溉系统规划

灌溉系统规划的任务是确定灌溉地段具体范围，选择节水灌溉方法、类型，系统首部枢纽和田间管网布置等。

（1）确定灌溉范围。根据规划的集流场和蓄水设施，确定单个或整个灌溉系统的控制范围，并在平面图上标出界线，以便进行管网布置。

（2）确定节水灌溉方法。常用的集雨节灌方法有管灌、喷灌、微喷灌、滴灌、渗灌、小管出流、涌波灌、注水灌和坐水种等。具体采用哪种方法，应根据当地的灌溉水源、作物种类、地形、土质以及经济条件等综合因素确定。

（3）选定节水灌溉类型。为了节省工程投资，降低运行成本，凡是有条件进行自流灌溉的区域都应首选自压节灌。确实没有自压条件时，可考虑手压、机压或电动提水方案。喷、滴灌技术，还可细化分类为固定式、半固定式和移动式三种形式。固定式灌水效率高，便于实现自动化控制和管理，但投资成本较大。半固定式与固定式相比降低了投资，但增加了移动工程量。移动式与前两种相比投资最省，但移动的劳动强度大，尤其在密植高秆作物的地块进行作业时，移动往往十分困难。以上三种类型各有利弊，具体采用哪种类型，需要根据自然经济条件进行选定。

（4）首部枢纽布置。对于控制面积较大的集雨灌溉系统，其首部枢纽应包括提水设备、动力设备、过滤设备、控制和量测设备，集中布置在水源附近的操作机房中；对于控制面积较小的系统，特别是移动式系统，可不建房。在规划时应将机泵、施肥罐、过滤器、闸阀、进排气阀等部件布置好，布置时应考虑有利于操作运行和管护，切不可随意搭接。

（5）田间管网布置。按选定的节水灌溉方式，合理地布置田间管网，既要满足技术要求，又要经济合理，施工管理方便。一般管网布置2～3级。

8.2.6 工程效益评价及实施措施

8.2.6.1 投资预算

较大的工程应分别列出集流场、蓄水系统与附属设施、首部枢纽、管网系统（含灌水器）的材料费、施工费、运输费、勘测设计费和不可预见费等，计算工程的总投资和单位面积投资。对于灌溉和生活用水结合的工程，应按用水量进行投资分摊。

8.2.6.2 效益分析

效益分析是对建成投入运行后的工程进行经济效益、社会效益和生态效益分析，进而证明工程建设的必要性。经济效益主要是对工程的投资、年费用、增产效益进行分析计算。规划阶段一般用静态分析法，对较大的工程可同时采用静态法和动态法。社会效益是指工程建成后对当地脱贫致富和精神文明建设等方面的效益。生态效益是指工程对当地生态环境的影响，如对缓解用水矛盾，减少水土流失，改善环境卫生条件等方面的效益。应分析评价集雨灌溉工程对本地区生态系统、水环境及人畜健康影响。宜采用定性分析与定量分析相结合的方法进行，并以定性分析为主。

8.2.6.3 实施措施

应编制本地区集雨灌溉工程的分期实施计划，并提出组织管理、技术支持、资金筹措、劳力安排等措施。对于较大的工程，为了保证工程的顺利实施，要根据当地情况提出具体的实施措施，一般包括组织施工领导班子、施工技术力量、施工方案、材料供应计划、安全和质量控制、施工办法（招投标或民办公助）、工期等方面的内容，并对工程建成后的运行管理提出意见和建议。

8.3 集雨灌溉工程设计

8.3.1 集流场设计

8.3.1.1 集流面材料选择

集流面的防渗材料有混凝土、瓦（水泥瓦、机瓦、手工青瓦）、天然坡面夯实、塑料薄膜、片（块）石衬砌等，混凝土和水泥瓦的集流效率最高，可达70%～80%；而防渗效率差的土料，一般集流效率在30%以下，其中干旱地区天然松散土料集流面的集流效率甚至只有6%～8%，即使把土层夯实后其集流效率也只可提高到20%左右。各种防渗材料集流效率大小依次为混凝土、水泥瓦、机瓦、塑膜覆沙（覆土）、青瓦、三七灰土、原状土夯实（或石质自然山坡）、原状土。集流面材料的选用应根据当地实际情况进行技术、经济比较后确定。新建专用集流面宜采用现浇混凝土、塑料薄膜、固化土等人工材料对地面进行防渗。同一种防渗材料在不同地区其集流效率也有差别，这主要与施工质量有关。集流效率除与集流材料有关外，还与集流面坡度有关，设计时集流面应具有一定的纵向坡度，土质集流面坡度宜为1/30～1/20，硬化集流面坡度不宜小于1/10，横向坡度可按地形条件确定。

8.3 集雨灌溉工程设计

1. 混凝土集流面

若当地砂石料丰富，运输距离较近，且不需要较大面积的集流面时，可优先考虑选用混凝土和水泥瓦集流面。这类材料吸水率低，渗透系数小，在较小的雨量和雨强下易产生径流；在全年不同降水量水平下，集雨效率较稳定，可达到70%～80%，经济耐用，施工简单，水质不易污染。

混凝土集流面常选用C15混凝土现浇而制，厚度不小于3cm，一般为3.0～5.0cm，应设置伸缩缝。横向坡度1/50～1/10，纵向坡度1/100～1/50。整个集流面的分块尺寸宜控制在1.5m×1.5m～2.0m×2.0m之间，块与块间缝宽1.0～1.5cm，缝间可填塞浸油沥青砂浆牛皮纸、3毡2油沥青油毡、水泥砂浆或细石混凝土、红胶泥、沥青砂浆等，具体细部结构见图8.1。

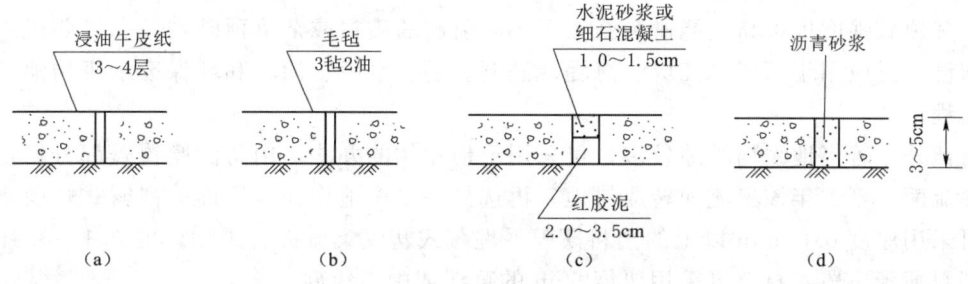

图 8.1 混凝土集流面伸缩缝示意图

2. 瓦集流面

常见的瓦有水泥瓦、机瓦、手工青瓦等，水泥瓦的集雨效率比机瓦和青瓦高出1.5～2.0倍，故应尽量采用水泥瓦做集流面。屋面集流面宜采用接水槽和落水管。

3. 片（块）石衬砌集流面

利用片（块）石衬砌坡面作为集流面，根据片（块）石的大小和形状采用不同的衬砌方法。石板集流面应铺砌在水泥砂浆层上，并应进行填缝和勾缝处理。

4. 水泥土及原状土集流面

水泥土具有较高的集流效率，仅次于混凝土和水泥瓦，其材料性能与混凝土比，有较大差异，但由于其成本较低，常用于砂石料短缺的地区；相同条件下，因原状土壤表面的抗蚀力一般较弱，固结程度差，促使土壤下渗速度加快，下渗量增大，因而地表径流相对较少，集流效率较低，一般都在30%以下。原土翻夯集流面翻夯深度不应小于30cm，干密度不应小于1.5g/cm³；水泥土集流面可采用塑性水泥土现场夯实或预制干硬性水泥土砌筑，厚度不宜小于10cm。塑性水泥土水泥含量宜为8%～12%，夯实干密度不应小于1.55g/cm³；干硬性水泥土干密度不应小于1.8g/cm³。

5. 防渗膜布集流面

常用的膜布防渗材料有聚乙烯塑料薄膜、聚氯乙烯薄膜、沥青玻璃布油毡、机织防渗布等。目前聚氯乙烯薄膜因在使用中不断释放氯引起污染被聚乙烯膜替代。

(1) 聚乙烯塑料薄膜。聚乙烯膜厚度一般为 0.06～0.12mm，防渗和抗老化功能因厚度而有所差异。这种材料铺设工艺简单、运输容易、造价不高、集流效率较高，但抗拉强度低，易被杂草顶破，影响集流效率。随着制膜工艺的进步，一些高抗拉强度聚乙烯膜已研发成功并得到广泛推广应用。根据塑料膜的可移动性和降雨的季节分布不均性，建议在雨季或降雨前临时铺设聚乙烯膜，降雨后收起，以提高膜的使用寿命。另外，温室棚膜也可作为集流面，一物多用，提高利用效率。

(2) 复合型石油沥青玻璃布油毡。该材料是一种新型的防水材料，具有较高的柔度、耐久力和较强的抗拉、抗老化能力，对温度的变化和地基的变形有很好的适应能力，已广泛应用于库渠防渗和层面处理领域。

(3) 机织防渗布。机织防渗布是用反滤布涂上聚乙烯或聚氯乙烯薄膜制成，具有高强力、低延伸、高防渗，抗老化，防微生物等独特的理化性能，能承受较大的载荷；其顶破强度也很高，能避免施工不小心引起的破损或杂草顶破现象。目前机织防渗布已广泛应用于河堤、江堤、海堤、涵洞隧道、水库、油库和环保废水废物池等防漏工程。

此外，若当地人均耕地较多，可采用土地轮休的办法，用防渗膜覆盖部分耕地作为集流面，第二年该集流面转成耕地，再选另一块耕地作为集流面。裸露式塑膜集流面可采用厚度 0.08mm 以上的塑料薄膜，埋藏式塑膜集流面宜采用厚度 0.1～0.2mm 的塑料薄膜，覆盖材料可采用厚度 5cm 的草泥或中、粗砂。

6. 高强、高耐水土体固结剂（HEC）土壤固化集流面

HEC 混合料系列土壤固化剂是一种提高土壤强度和抗渗能力的固化剂，为水硬性粉末状胶结材料。该材料可固结天然沙质土、粉质土、黏土、粉煤灰、含硫尾矿沙、含泥碎石屑、风化沙和其他工业废渣等，使之产生较高的强度、耐水稳定性及耐久性，集水效率可达 28%～39%。其最大优点是对骨料无限制，既可用作土壤固化剂，又可以砂、石碎屑为骨料，按一定比例加水振捣成型，其强度与混凝土近似，因此非常适宜就地取材，可减少砂石料费用，降低综合造价。HEC 固化土集流面宜采用预制砌块或干硬性固化土砌筑，厚度不宜小于 5cm，固化剂含量宜为 7%～12%，施工夯实干密度不应小于 $1.8g/cm^3$。

7. 自然土石山体集流面

自然土石山体集流面一般具有一定坡度、植被覆盖度高、山体坡面土石固结较好，不需进行坡面处理等优点，其地表汇流效率比土质集流面高，和片（块）石衬砌的集流面相近。最大优势条件是面积大，这种形式的集流面常用于有较大容积的蓄水工程。

根据以上分析，集流场的常用防渗材料的技术指标和适用范围可归结如表 8.2 所列。

8.3.1.2 集雨面面积确定

(1) 供水保证率是指对用水需求的保证程度，一般根据水资源条件，结合用水对象的重要程度确定。供水保证率应按表 8.3 的规定取值，集雨灌溉工程的供水保证率为 50%～75%。

表 8.2 常用防渗材料的技术指标和适用范围

技术方法	材料种类	厚度	指标	施工技术要求	适用情况
物理处理技术	混凝土	3～5cm	C15	土基翻夯不小于30cm，骨料干净，拌和均匀，振捣密实，分块尺寸1.5m×1.5m～2m×2m，成型后要表面平整光滑，养护及时，留有伸缩缝，缝宽1～1.5cm，充填处理不漏水	砂石料丰富地区
	浆砌片（块）石	—	—	座浆水泥砂浆不宜低于M7.5，勾缝砂浆不低于M10	石料丰富地区
	聚乙烯薄膜	0.06～0.12mm	容重为0.91～0.93g/cm^3，抗拉强度大于10MPa，拉断时的延伸率大于280%	地面平整、无杂草，应喷洒除草剂，铺设时要求平整、拉直，膜之间搭接要求10cm，要折叠或焊接严密，不能漏水	活动集流场
	沥青玻璃丝油毡	0.5～1.0mm	—	地面平整、无杂草，应喷洒除草剂，铺设时要求平整、拉直，油毡之间搭接10cm，并用特定黏合剂黏结严密，不能漏水	活动集流场
	黄土夯实	10cm	干密度1.60g/cm^3	将地表挖松，除去杂草与杂物，保证夯实密度。夯实后的地表处理平整	经济条件较差的地区
	自然土石山体	—	—	—	对应有拦沟坝
化学处理技术	灰土	10cm	二级或三级石灰，石灰：土为3：7，干密度1.55g/cm^3	土基翻夯不小于30cm，石灰与地表土混合后一定要拌和均匀，再铺平，保证夯实密度，表面要平整	缺砂石料地区
	水泥土	5cm	325号或425号水泥，水泥：土为1：8，或水泥占10%，最优含水量19%～20%，密度1.6g/cm^3	土基翻夯不小于30cm，石灰与水泥混合后一定要拌和均匀，再铺平夯实到要求厚度，保证夯实密度，表面要平整	缺砂石料地区
	HEC土	5cm	HEC：土为1：8或1：6，干密度1.60g/cm^3，最优含水量19%～20%	土基翻夯不小于30cm，HEC与水、土混合一定要拌和均匀，应用强制式搅拌机，再铺平夯实到要求厚度。要保证夯实后密度，最后要表面平整、光滑	缺砂石料地区

表 8.3 供 水 保 证 率

供水项目	生活供水	集雨灌溉	畜禽养殖	小型加工业
保证率/%	90	50～75	75	75～90

（2）单用途雨水集蓄利用工程的集流面面积按式（8.6）计算。

$$\sum_{i=1}^{n} S_i k_i \geq \frac{1000W}{P_p} \tag{8.6}$$

式中：W为设计保证率条件下，单用途雨水集蓄利用工程的年供水量，m^3；S_i为第i种材料的集流面面积，m^2；k_i为第i种材料的年集流效率；P_p为频率等于设计保证率的年降水量，mm；n 为集流面材料种类数。

（3）多用途雨水集蓄利用工程的集流面总面积可按式（8.7）计算。

$$S_i = \sum_{j=1}^{m} S_{ij} \tag{8.7}$$

式中：S_i 为第 i 种材料的集流面面积，m^2；S_{ij} 为第 j 种用途第 i 种材料的集流面面积，m^2；m 为雨水集蓄利用工程用途的数量。

（4）年集流效率应根据各种材料在不同降水特性下的试验观测资料分析确定。资料缺乏时，可按表 8.4 的规定取值。

表 8.4　　不同降水量地区不同材料集流面年集流效率

集流面材料	年集流效率/%		
	多年平均降水量 250～500mm	多年平均降水量 500～1000mm	多年平均降水量 1000～1500mm
混凝土	73～80	75～85	80～90
水泥瓦	65～75	70～80	75～85
机瓦	40～55	45～60	50～65
手工制瓦	30～40	40～50	45～60
浆砌石	70～80	70～85	75～85
良好的沥青路面	65～75	70～80	70～85
乡村常用土路土场和庭院地面	15～30	20～40	25～50
水泥土	40～55	45～60	50～65
固化土	60～75	75～80	80～90
完整裸露膜料	85～90	85～92	90～95
塑料膜覆中粗砂或草泥	28～46	30～50	40～60
自然土坡（植被稀少）	8～15	15～30	25～50
自然土坡（林草地）	6～15	15～25	20～45

8.3.1.3　集流场防渗设计

（1）混凝土集雨面。厚度一般为 3～5cm，现浇分块尺寸以 1.5m×1.5m～2.0m×2.0m 为宜，施工前先将地基作夯实处理，接缝用沥青灌注，或用胶泥填缝。

（2）水泥土夯实处理。采用水泥重量比为 10.6%（占总重）左右，夯实后厚度为 5～10cm，干容重达 1.65g/cm³。

（3）三七灰土夯实处理。石灰和土配合比为 3∶7（体积比），夯实厚度为 5～10cm，干容重达 1.60g/cm³。

（4）原土夯实处理。就地将黄土刨松后，洒水至土壤湿度适宜时人工夯实，厚度为 10cm 左右，干容重达 1.55g/cm³。

（5）塑膜处理。采用裸露塑膜、覆砂、覆草泥、覆沥青等形式。

(6) 钠盐处理。钠盐可以破坏土壤结构，使土壤黏粒充塞土壤孔隙，在土壤表面形成致密层以降低土壤入渗率，一般在土壤黏粒含量＞10%的土壤上使用效果理想。采用在地表喷洒盐溶液或铺盐粒，或者将盐掺混到土壤中，一般用量为 45~1120g/m²。钠盐处理集水区表面用 44.9g/m² 的 Na_2CO_3 处理，初始径流率为 81%，平均径流率为 46%，随时间推移，分散黏粒的迁移，径流率明显下降，3 年之后不再有效果。如果将 1120g/m² 的 NaCl 土壤使用，平均径流率可达 80%，可延长寿命。钠盐处理径流普遍在 25%~80%之间，重复处理之后可达 96%，水质对盐水处理的径流率有影响，用蒸馏水比自来水径流率高，但盐处理对径流水质会有影响，在处理后的径流中 Na^+ 含量略高一点。

(7) 粗石蜡处理。石蜡、沥青、聚硅氧烷可直接阻塞土壤孔隙，降低入渗。土壤稳定剂和防蚀剂曾被用于公路修筑中以减轻沥青-土壤界面上水的剥蚀作用，可增强土壤的稳定性，防止土壤侵蚀，一般与其他材料配合使用。将地面整平压实后，均匀铺上一层粗石蜡（0.65~1.5kg/m²），用喷灯或太阳能将蜡熔化，形成一个防水层。应用 2%黄原酸盐提前稳定土壤，可将石蜡用量减少到常用量的 1/8（0.25kg/m²），初始径流率可达 90%以上，年平均径流率可达 87%。一般石蜡处理的径流率在 48%~90%之间。石蜡处理在恶劣的气候条件下，由于水嵌入石蜡与土壤界面之间，经冻融变化会发生剥落，土壤黏粒含量大于 50%时，进行石蜡处理，6 个月即失去作用，沥青处理与石蜡处理有同样的问题。

(8) 有机硅处理。将有机硅（如硅烷偶联剂、甲基硅酸钠等）溶液（1:8~1:5）喷洒到地表或掺混到土壤中，可加 $Al_2(SO_4)_3$ 溶液进行中和，也可加一些乳胶，以延长集雨面的使用年限，也可采用喷涂处理屋顶，坡面产流率可达 80%~90%，效果显著。

(9) 沥青喷洒处理。主要用于以灌溉为目的、廉价、不透水的集流场，使用年限可达 4~5 年。拍光压实集雨面，再喷洒两层沥青。

(10) 土工膜处理。处理方法与塑膜处理相似。

(11) 土壤固化剂处理。集雨面整平后，按 5~6kg/m² 将土壤固化剂掺混到土壤中夯实，夯实后厚度达 5cm 左右。

(12) 电离子土壤强化剂处理。按 0.3~0.4L/m³ 将土壤强化剂掺混到土壤中夯实，夯实后厚度达 5cm 左右。

(13) 土面液膜处理。按 30g/m² 将原液用清水稀释 5 倍，喷洒于地表。

8.3.2 输排水系统设计

集雨灌溉工程的输水工程主要包括截流沟、汇流渠、引水渠和屋面接水引水设施。

8.3.2.1 截流输水工程布置

当集流面在长度方向尺寸较大，或离蓄水工程距离较远时，应修建沟渠输水到蓄水工程中。由于地形条件、集流场位置和防渗材料的不同，通常有以下几种形式。

(1) 利用屋顶作集流面时，可将截流输水沟布置在屋檐落水下的地面上，屋面雨水与地面径流宜分开储存。

(2) 利用公路作为集流面时,可利用公路的排水沟,修建截流输水工程将公路排水沟与蓄水设施相连接。

(3) 利用天然山坡作为集流面时,可每隔 20～30m 沿等高线修建一定的截流沟,截流沟修成土质渠道。截流沟与输水沟连接,输水沟通常沿垂直等高线方向布置。

利用道路、自然坡面作为集流面或新建专用集流面集流时,截流输水沟可采用现浇混凝土、预制混凝土、块(片)石衬砌结构或土渠,断面形式可采用矩形、U形或宽浅式。汇流沟的纵向坡度应根据地形确定,衬砌渠(沟)不宜小于 1/100,土渠(沟)不宜小于 1/300,断面尺寸应按汇流量计算确定。

8.3.2.2 截流输水工程断面设计

引水断面形式可以是 U 形、矩形、梯形和半圆形等,断面尺寸可根据集流量及沟底坡度等因素按明渠均匀流公式(8.8)～式(8.10)进行确定。

$$Q = AC\sqrt{Ri} \tag{8.8}$$

$$R = \frac{A}{x} \tag{8.9}$$

$$C = \frac{1}{n} R^{1/6} \tag{8.10}$$

式中:Q 为设计条件下沟(渠)过水流量,m^3/s;A 为过水断面面积,m^2;i 为渠底坡度;R 为水力半径,m;x 为湿周,m;C 为谢才系数;n 为糙率,可按表 8.8 查取。

由于截流工程均是顺坡而建,渠底坡度一般比较陡,故对其不冲流速的校核尤为重要。表 8.5～表 8.8 为我国水利部门调查和总结的黏性土质渠道、岩石渠道和护面渠道的不冲流速,设计时可参考。

表 8.5 　　　　　　　　　　　黏性土质渠道允许不冲流速

土壤名称	不冲流速/(m/s)	备　　注
轻壤土	0.60～0.80	土壤密度 $\gamma=1.3～1.7g/cm^3$;表中数据为水力半径 $R=1.0m$ 的情况;当 $R\neq1.0m$ 时,表中数据乘以 R^a 即为不冲流速。对于疏松的砂质土、壤土及黏土 $a=1/4～1/5$
中壤土	0.65～0.85	
重壤土	0.70～1.00	
黏土	0.75～0.95	

表 8.6 　　　　　　　　　岩石渠道允许不冲流速 　　　　　　单位:m/s

岩　性	水　深/m		
	0.4	1.0	2.0
砾岩、泥灰岩、页岩	2.0	2.5	3.0
石灰岩、致密的砾岩、砂岩、白云石灰岩	3.0	3.5	4.0
白云砂岩、致密的石灰岩、硅质石灰岩、大理岩	4.0	5.0	5.5
花岗岩、辉绿岩、玄武岩、安山岩、石英岩、斑岩	15.0	18.0	20.0

表 8.7 护面渠道允许不冲流速

护面类型	允许不冲流速/(m/s)	护面类型	允许不冲流速/(m/s)
黏土、黏砂混合土	0.75~1.0	中壤土保护层膜料防渗	<0.60
灰土、三合土、四合土	<1.0	重壤土保护层膜料防渗	<0.65
现场填筑水泥土	<2.5	黏土保护层膜料防渗	<0.70
预制铺砌水泥土	<2.0	砂砾料保护层膜料防渗	<0.90
干砌卵石	2.5~4.0	现浇筑沥青混凝土	<3.0
单层浆砌块石	2.5~4.0	预制铺砌沥青混凝土	<2.0
双层浆砌块石	3.5~5.0	现场浇筑混凝土	<8.0
浆砌料石	4.0~6.0	预制铺砌混凝土	<5.0
浆砌石板	2.5	喷射法施工混凝土	<10.0
轻质砂壤土保护层膜料防渗	<0.45		

表 8.8 渠床糙率系数

渠道类型	流量范围/(m³/s)	渠槽特征	糙率系数 n	
			灌溉渠道	退泄水渠道
土渠	>20	平整顺直,养护良好	0.02	0.0225
		平整顺直,养护一般	0.0225	0.025
		渠床多石,杂草丛生,养护较差	0.025	0.0275
	20~1	平整顺直,养护良好	0.0225	0.025
		平整顺直,养护一般	0.025	0.0275
		渠床多石,杂草丛生,养护较差	0.0275	0.03
	<1	渠床弯曲,养护一般	0.025	0.0275
		支渠以下的固定渠道	0.0275	0.03
		渠床多石,杂草丛生,养护较差	0.03	0.035
石质渠道		渠道表面的特征	糙率系数 n	
		经过良好修整	0.025	
		经过中等修整,无凸出部分	0.03	
		经过中等修整,有凸出部分	0.035	
		未经修整,有凸出部分	0.035~0.045	
护面渠道		护面类型	糙率系数 n	
	混凝土	抹光的水泥砂浆面	0.012~0.013	
		金属模板浇筑,平整顺直,表面光滑	0.012~0.014	
		刨光木模板浇筑,表面一般	0.015	
		表面粗糙,缝口不齐	0.017	
		机械浇筑表面光滑的沥青混凝土护面	0.012~0.014	

续表

渠道类型	流量范围 /(m³/s)	渠槽特征		糙率系数 n	
				灌溉渠道	退泄水渠道
护面渠道		护面类型		糙率系数 n	
		混凝土	预制板砌筑	0.016～0.018	
			平整的喷浆护面	0.015～0.016	
			波状断面的喷浆面	0.018～0.025	
			不平整的喷浆面	0.017～0.018	
		水泥土	平整，表面光滑	0.014～0.018	
			平整，表面粗糙	0.016～0.018	
		素土	平整顺直，养护良好	0.0225	
		黏砂混合土	平整顺直，养护一般	0.025	
		膨润混合土	平整顺直，养护较差	0.0275	
		灰土、三合土	平整，表面光滑	0.015～0.017	
		四合土	平整，表面粗糙	0.018～0.020	
		砌石	浆砌料石，石板	0.015～0.023	
			浆砌块石护面	0.020～0.025	
			干砌块石护面	0.025～0.033	
			干砌卵石护面，表面光滑	0.0275～0.0325	
			干砌卵石护面，表面一般	0.0275～0.0375	
			干砌卵石护面，表面粗糙	0.0325～0.0425	

8.3.2.3 排水系统设计

这里说的排水系统主要指蓄水池与水窖的排水。排水方式有三种，第一种为沉沙池溢流排水，可在沉沙池外侧顶部适当位置留溢流口，沉沙池、储水体高程一致，水位达设计水位时溢流口自动排水；当沉沙池高程高于储水体时，人工关闭蓄水池进水口，沉沙池溢流口宣泄多余水量。第二种为蓄水池排水，是在蓄水池靠近低洼沟道的一侧留溢流口，水满时自动溢流。第三种为暗管排水，即在池底预埋排水管，需要排水或清淤、检修时由人工开阀放水，这种办法也可用于窖窖排水。多种排水方式可联合运用。具体断面尺寸参照渠道和管道水力计算方法依流量而定。

8.3.3 蓄水工程设计

蓄水工程形式的选择应根据当地土质、工程用途、建筑材料、施工条件等因素确定。用于生活供水的蓄水工程应采用水窖、水窑、有顶盖的水池或在房屋内修建水池。

8.3.3.1 蓄水工程的选址

1. 水窖（窑）的选址

高塬沟壑区的庭院、场院、道路、胡同、大田均有集雨条件，水窖（窑）选址应按照因地制宜的原则综合考虑窖（窑）址处的集雨、灌溉及土质等几方面条件。

（1）窖（窑）址应选在降水后能产生地表径流，有一定的集水面积且能自流入窖（窑）的地方。

（2）用于灌溉的水窖（窑），窖（窑）址应选在灌溉农田附近并尽量高出农田，集水、引水、取水均较方便的地方，坡面集雨应充分利用地形高差，多建自压灌溉水窖（窑）。

（3）窖（窑）址应选在土质坚硬、均匀的土层上，且无裂缝、无滑坡、无陡坡、无陷穴的地方，应远离沟边20m以上，切忌修在大树、隐穴等地质条件不好的地方。

（4）土质地基上修建的水窖（窑）设计应符合下列要求。

1）顶盖可采用素混凝土或水泥砂浆砌砖半球拱结构，也可采用钢筋混凝土平板结构。混凝土或砖砌半球拱厚度不应小于10cm。钢筋混凝土平板结构应根据填土厚度和上部荷载设计。当土质坚固时，顶盖也可采用在土半球拱表面抹水泥砂浆的结构，砂浆厚度不应小于3cm。

2）当土质较好时，窖（窑）壁可采用水泥砂浆或黏土防渗。砂浆厚度不应小于3cm。窖（窑）壁表面宜采用纯水泥浆刷涂2～3遍，黏土厚度设计为3～6cm。土质较松散时，窖（窑）壁应采用混凝土圈支护结构，厚度不应小于10cm。

3）底部基土应先进行翻夯，翻夯厚度不应小于30cm，底部基土上宜填筑厚度20～30cm的三七灰土。灰土上应浇筑混凝土平板或反拱形底板，厚度不应小于10cm，并应保证与窖壁的砂浆或混凝土圈良好连接。土质良好时，也可采用在灰土面上抹水泥砂浆的结构，厚度不应小于3cm。

4）水泥砂浆强度不应低于M10，混凝土强度不应低于C15。

5）黄土地区水窖（窑）的总深度不宜大于8m，最大直径不宜大于4.5m。窖（窑）盖采用混凝土或砖砌拱结构时，拱的矢跨比不宜小于0.3，窖（窑）顶部采用砂浆抹面结构时，顶拱的矢跨比不宜小于0.5。

6）水窖（窑）台高出地面的高度不宜小于30cm，取水口直径宜为60～100cm。

（5）岩石基础上修建的水窖（窑）宜采用宽浅式结构。岩石开挖面比较完整、坚固时，可在岩面上直接抹水泥砂浆防渗；岩石破碎或结构不稳定时，应采用浆砌石或混凝土支护。

（6）土质地基上修建的水窑设计应符合下列要求。

1）水窑宽度不宜大于4.5m，顶拱的矢跨比不宜小于0.5，顶拱以上的土体厚度不应小于3.0m，蓄水深度不宜大于3.0m。

2）当土质较好时，顶拱可采用厚度3～4cm的水泥砂浆抹面结构；当土质较差时，应采用混凝土、浆砌石或砖砌拱支护，矢跨比不宜小于0.3。

3）水泥砂浆和混凝土的厚度及强度与水窑的设计要求一致。

（7）修建在岩石崖面的隧洞式水窑，顶部岩石破碎或结构不稳定时，应采用浆砌石或现浇混凝土支护。岩石较完整时，应采用水泥砂浆在岩石表面上抹面防渗。

2．蓄水池的选址

蓄水池按结构形式和作用可分为普通蓄水池、调压蓄水池和涝池等。

（1）普通蓄水池。在一些土质条件很差、不适宜建窖的地方可采用普通蓄水池代替水窖，但在坡面上建窖时，应对不同窖型作地形、施工、技术、经济及管理等方面

（2）调压蓄水池。根据作用分为增压蓄水池和减压蓄水池。为满足微灌、低压管灌所需压力，选址尽量利用坡面地形高差，布设在较高处实现自压灌溉。在较大的完整坡面上，坡面相对高差超过灌溉管道的设计压力时，可分段布设减压蓄水池，使管道的实际压力处于设计压力范围之内，提高灌溉管网的安全性。

（3）涝池。黄土高塬沟壑区在 20 世纪 60—70 年代，修建了大量的涝池。一般多布设于村庄道路及沟头附近较低处。布设于村庄道路附近的涝池主要用于解决牲畜、建房及灌溉用水。

（4）水池设计应符合下列要求：

1）水池宜采用标准设计，也可按五级建筑物根据国家现行有关标准进行设计。水池防渗衬砌可采用浆砌石、素混凝土块、砌砖或钢筋混凝土结构。浆砌石、素混凝土块砌筑或砌砖结构的表面宜采用水泥砂浆抹面。

2）采用浆砌石衬砌时，应采用强度不宜低于 M10 的水泥砂浆座浆砌筑，浆砌石底板厚度不宜小于 25cm；采用混凝土现浇结构时，素混凝土强度不宜低于 C15；钢筋混凝土结构混凝土强度不宜低于 C20，底板厚度不宜小于 8cm。

3）湿陷性黄土上修建的水池宜采用整体式钢筋混凝土或素混凝土结构。地基土为弱湿陷性黄土时，池底应填筑厚 30~50cm 的灰土层，并进行翻夯处理，翻夯深度不应小于 50cm；基础为中、强湿陷性黄土时，应加大翻夯深度，并应采取浸水预沉等措施。

4）修建在寒冷地区的水池，地面以上部分应覆土或采取其他防冻措施。

5）封闭式水池应设置清淤检修孔，开敞式水池应设置护栏，高度不应小于 1.1m。

8.3.3.2 容积设计

（1）蓄水工程容积按式（8.11）计算。

$$V = \frac{KW}{1-\alpha} \tag{8.11}$$

式中：V 为蓄水容积，m^3；W 为设计保证率条件下年供水量，m^3；α 为蓄水工程蒸发、渗漏损失系数，可取 0.05~0.1；K 为容积系数，可按表 8.9 的规定取值。

表 8.9　　　　　　　　　　容　积　系　数

供水用途	多年平均降水量/mm		
	250~500mm 地区	500~800mm 地区	>800mm 地区
居民生活	0.55~0.6	0.5~0.55	0.45~0.55
旱作大田灌溉	0.83~0.86	0.75~0.85	0.75~0.8
水稻灌溉	—	0.7~0.8	0.65~0.75
温室、大棚灌溉	0.55~0.6	0.4~0.5	0.35~0.45

（2）当实际集流面面积大于集流面面积计算结果的 50% 以上时，蓄水容积系数可按表 8.10 的规定取值。

表 8.10　　　　　　　实际集流面面积较大时的蓄水容积系数

供水用途	多年平均降水量/mm		
	250～500mm 地区	500～800mm 地区	＞800mm 地区
居民生活	0.51～0.55	0.4～0.5	0.3～0.4
旱作大田灌溉	0.71～0.75	0.6～0.65	0.53～0.6
水稻灌溉	—	0.55～0.6	0.5～0.56
温室、大棚灌溉	0.5～0.55	0.32～0.4	0.26～0.35

（3）当具有长系列降水资料时，可按《雨水集蓄利用技术规范》（GB/T 50596）规范附录 A、B 确定集流面面积和蓄水工程容积，但集流面面积和蓄水工程容积的结果不应小于集流面面积确定和蓄水工程容积计算结果的 9/10。

（4）蓄水工程超高应符合下列要求：

1）顶拱采用混凝土浇筑的水窖，蓄水位距地面的高度应大于 0.5m，并应符合防冻要求；顶拱采用薄壁水泥砂浆或黏土防渗的水窖，蓄水位应至少低于起拱线 0.2m。

2）水池超高应按表 8.11 的规定取值。

表 8.11　　　　　　　　水池超高值

蓄水容积/m³	＜100	100～200	200～500	500～10000
超高/cm	30	40	50	60～70

8.3.3.3　结构设计

1. 水窖（窑）结构设计

根据水窖修建的材料和结构可分为多种形式，如水泥砂浆薄壁窖、混凝土盖碗窖、素混凝土肋拱盖碗窖、混凝土球形窖、砖拱窖、窑窖等，水窖剖面图均按 50m³/眼设计。其结构形式设计如下。

（1）水泥砂浆薄壁窖。该窖型是由传统土窖经优化改型而成。

1）窖体组成。窖体由水窖、旱窖、窖口三部分组成。水窖处于窖体下部，为蓄水部位，形似水缸。旱窖位于窖体上部，由窖口经窖筒向下逐渐呈圆弧形扩展至水窖上部后，与水窖接合。窖口具有稳定旱窖、防止来水冲刷的作用。

2）附属设施。附属设施包括进水渠、沉沙池、拦污栅、进水管、窖口、窖台等，有条件的地方可设溢水管、排水管等。

3）防渗处理。防渗处理分为窖壁防渗和窖底防渗两部分。

窖壁防渗：在窖体的水窖部分，窖壁上沿等高线每隔 1.0m 挖一条宽 5cm、深 8cm 的圈带，在两圈带中间，每隔 30cm 打混凝土码眼，"品"字形布设，以增加防渗层与窖壁的连续性和整体性。在窖壁上用水泥砂浆抹面 2～3 次，厚度 3.0cm。

窖底防渗：窖底及边角呈圆弧形结构的受力效果最好。在处理窖底时，对窖底原状土翻夯，窖底防渗可根据当地材料情况因地制宜选用，一般采用以下两种：①胶泥防渗，将红胶泥打碎、浸泡捣拌成面团状，分 2～3 层夯实，厚度 30cm，最后用水泥砂浆抹面；②混凝土防渗，在处理好的窖底上现浇 10cm 200 号混凝土，然后用 100

号水泥砂浆抹面2～3次，厚度3cm。

4）结构尺寸。主要结构尺寸见图8.2。

5）适宜范围。此窑型适宜土质比较密实的红黄土地区，在砂壤土地区和含水量过大的地区不宜采用。

(2) 混凝土盖碗窑。

1）窑体组成。窑体包括水窑、窑盖和窑台三部分。水窑的结构、尺寸与水泥砂浆薄壁窑基本相同。窑盖为薄壳型钢筋混凝土拱盖，在修整好的土模上现浇成型，施工简便。混凝土窑盖布设少量铅丝，形同蜘蛛网。

2）附属设施。与水泥砂浆薄壁窑相同。

3）防渗处理。与水泥砂浆薄壁窑相同。

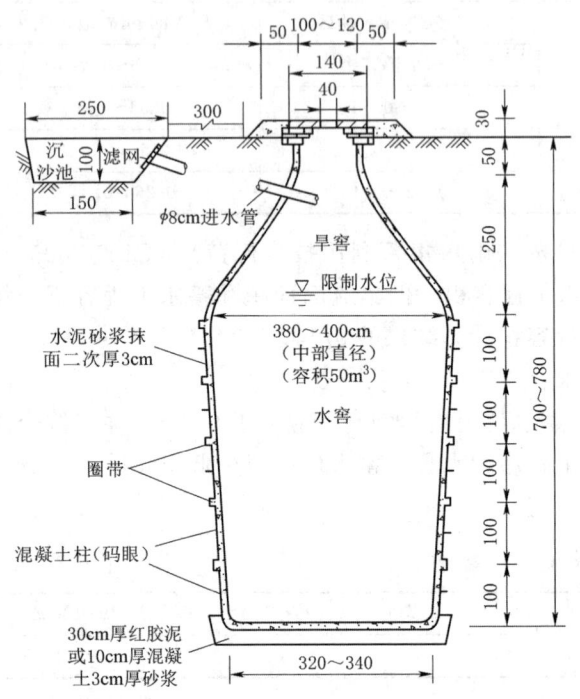

图8.2 水泥砂浆薄壁窑剖面（单位：cm）

4）结构尺寸及特点。主要结构尺寸见表8.12和图8.3。这种窑型没有水泥砂浆薄壁窑的倒坡土体，窑体力学性能好，稳定可靠，可避免窑体内土体坍塌，提高窑体施工和使用的安全性。

5）适宜范围。此窑型适宜土质比较松软的黄土和砂壤地区，质量可靠，使用年限长，但投资较高。

表8.12 球形水窑主要尺寸及工程用料

容积 /m³	直径 /m³	壁厚 /m³	挖方 /m³	填方 /m³	混凝土 /m³	砂浆 /m³	水泥 /m³	砂 /m³	石子 /m³	水 /m³
15	3.1	4.0	33.3	16.9	1.60	0.15	0.58	0.85	1.07	0.9
20	3.4	4.0	42.3	20.5	1.87	0.19	0.69	1.01	1.24	0.9
25	3.6	4.0	51.0	22.6	2.13	0.21	0.78	1.15	1.41	1.0
30	3.9	4.0	58.6	23.5	2.36	0.24	0.86	1.28	1.56	1.2

(3) 素混凝土肋拱盖碗窑。

1）窑体组成。窑体包括水窑、窑盖和窑台三部分。水窑的结构、尺寸与混凝土盖碗窑完全一样（图8.4）。混凝土窑盖的结构尺寸也与混凝土盖碗窑相同，不同之处是将钢筋混凝土窑盖改为混凝土肋拱窑盖（图8.5、图8.6），可节省掉30kg钢筋和20kg铅丝，适应性更强，便于普及推广。

8.3 集雨灌溉工程设计

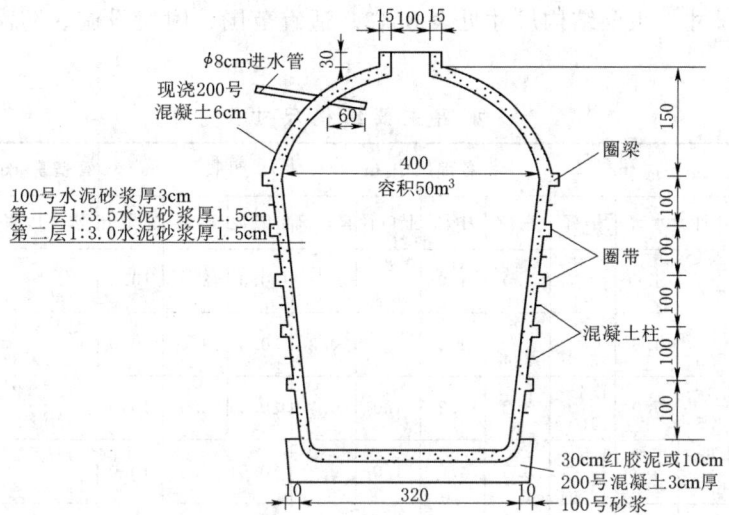

图 8.3 混凝土盖碗窖（单位：cm）

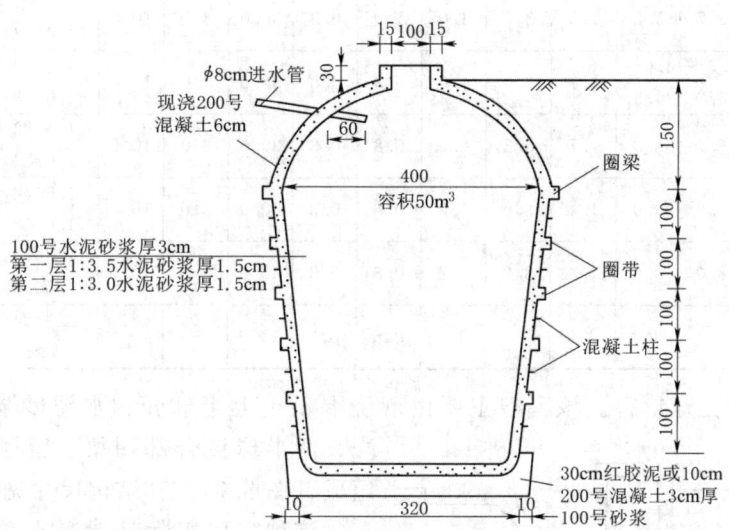

图 8.4 素混凝土肋拱盖碗窖（单位：cm）

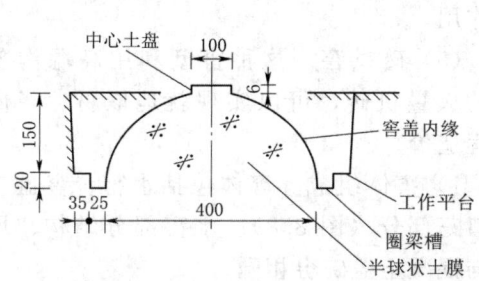

图 8.5 混凝土半球状窖盖示意图（单位：cm）

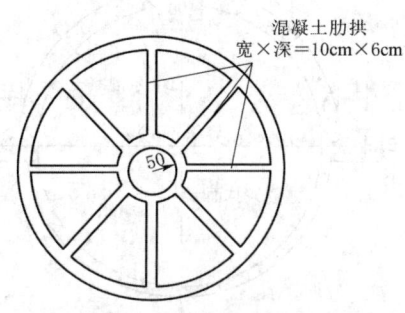

图 8.6 素混凝土肋拱窖盖平面图（单位：cm）

第8章 集雨灌溉技术

2) 结构尺寸。主要结构尺寸见表8.13。适宜范围、附属设施、防渗等与混凝土盖碗窖相同。

表 8.13 水窖主要结构尺寸

项目名称	容积/m³	窖深/m 合计	窖深/m 水窖	窖深/m 旱窖	各部尺寸/m 底径	各部尺寸/m 中径	各部尺寸/m 上口径	各部尺寸/m 窖口高	窖底厚/cm 红胶泥	窖底厚/cm 砂浆	窖底厚/cm 混凝土	窖壁厚/cm 水泥砂浆	混凝土拱盖厚/cm	窖盖厚/cm
水泥砂浆薄壁窖	40.0	6.5~7.0	4.0	2.5~3.0	3.0	4.0	0.8~1.1	0.3	30.0	3.0	10.0	1.5×2 (1.0×3)	—	8.0
	50.0	7.0~7.5	4.8	2.5~3.0	3.2~3.4	4.0	0.8~1.1	0.3	30.0	3.0	10.0	1.5×2 (1.0×3)	—	8.0
混凝土盖碗窖	50.0	6.4~6.5	5.0	1.4~1.5	3.2	4.2	1.0	0.3	30.0	3.0	10.0	1.5×2 (1.0×3)	6.0	8.0
	60.0	6.6~6.7	5.2	1.4~1.5	3.5	4.0	1.0	0.3	30.0	3.0	10.0	1.5×2 (1.0×3)	6.0	8.0
素混凝土肋拱盖碗窖	50.0	6.5	5.0	1.5	3.2	4.2	1.0	0.3	30.0	3.0	10.0	1.5×2 (1.0×3)	6.0 (12~14)	8.0
	60.0	6.7	5.2	1.5	3.5	4.0	1.0	0.3	30.0	3.0	10.0	1.5×2 (1.0×3)	6 (12~14)	8.0
砖拱窖	40.0	5.7~6.2	4.0~4.5	1.7	3.0	4.0	0.8	0.3	30.0	3.0	10.0	1.5×2 (1.0×3)	15.0	8.0
	50.0	6.7	5.0	1.7	3.0	4.0	0.8	0.3	30.0	3.0	10.0	1.5×2 (1.0×3)	15.0	8.0
窑窖	60.0	6.0	3.0	1.4	3.2	4.2	0.8	0.3	30.0	3.0	10.0	1.5×2 (1.0×3)	见图8.4	8.0
	80.0	8.0	3.5	1.4	3.2	4.2	0.8	0.3	30.0	2.0	10.0	1.5×2 (1.0×3)	见图8.4	8.0
传统土窖	30.0	7.4	3.8	3.6	2.6~2.8	3.6	0.6	0.3	30.0	—	—	红胶泥4cm	—	木盖

(4) 混凝土球形窖。该窖型主要由现浇混凝土上半球壳、水泥砂浆抹面下半球壳、两半球接合部圈梁、窖颈和进水管等组成（图8.7）。其结构尺寸见表8.13。

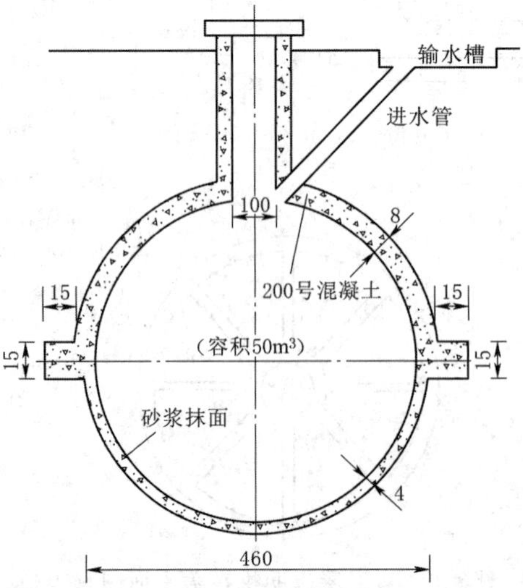

该种窖型实际是混凝土盖碗窖的优化改型。这种窖型利用相同体积球形面积最小的原理，对降低单位工程造价具有独特的作用。

(5) 砖拱窖。这种窖型利用高塬沟壑区的大量机砖，可以实现就地取材、降低工程造价。

1) 窖体组成。窖体包括水窖、窖盖与窖口三部分（图8.8）。水窖部分结构、尺寸与混凝土盖碗窖相同。

2) 结构尺寸及特点。结构尺寸见表8.13、图8.8。窖盖为砖砌拱盖，可就地取

图 8.7 混凝土球形窖剖面图（单位：cm）

8.3 集雨灌溉工程设计

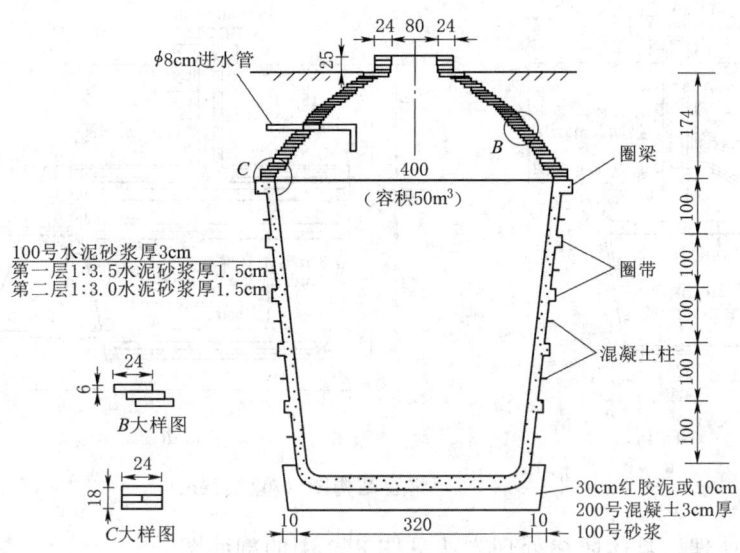

图 8.8 砖拱窖剖面图（单位：cm）

材，适应性强。施工技术简单灵活，既可在土壤表面从下向上分层砌筑，也可在窖体内开挖、水窖防渗处理后再分层砌筑窖盖。

砖拱窖的适用范围、附属设施、防渗处理与混凝土盖碗窖相同。

(6) 窑窖。窑窖按所处的地形可分为平窑窖和崖窑窖两类。平窑窖一般修于平地上，采用大开挖方式挖成长方形窖体，水窖部分为矩形，窖盖部分为拱形结构。崖窑窖是在自然或人工崖面上，先挖窑，然后在窑内建窖，俗称窑窖（图 8.9）。

1) 窖体组成。窖体主要包括土窑、窖池两部分。附属设施有窖口封闭墙、进出水管、溢流管等。

2) 结构尺寸和特点。结构尺寸见表 8.13、图 8.9。

其结构特点是：①施工条件好，工作面大，出土方便，施工进度快；②充分利用土体结构，质量稳定可靠；③工程投资小，建材用量少，但土方开挖量大；④蓄水量大，主要利用窖池的长度增加蓄水量；⑤受地形条件制约，只能因地制宜推广。高塬沟壑区在塬面上的胡同、塬边等有自然或人工崖面地方适宜修建。

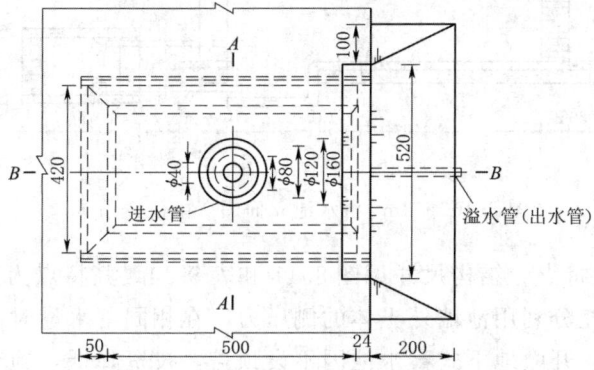

图 8.9（一） 窑窖结构图（单位：cm）

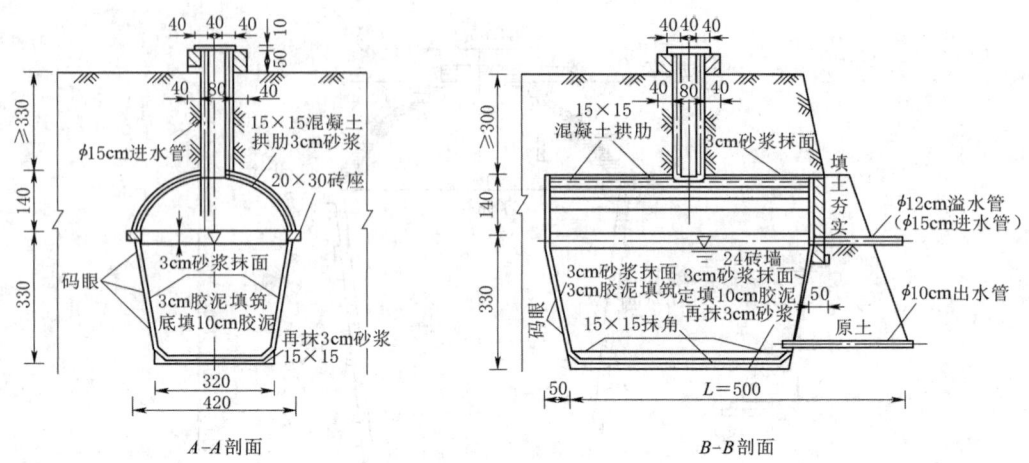

图 8.9（二） 窖窑结构图（单位：cm）

3）防渗处理。具体防渗处理方法见图 8.9 中的剖面图。

2. 蓄水池结构设计

（1）普通圆形蓄水池。

1）池体组成。圆形蓄水池由池底、池墙两部分组成。附属设施有沉沙池、拦污栅、进水管、出水管等。池底原状土翻夯处理后，用三七灰土夯实 20cm，再在上面浇筑 10cm 厚 200 号混凝土。池墙采用 100 号机砖砌筑，厚度 37cm，墙内壁和池底用 100 号水泥砂浆漫壁抹面 2～3 次，厚 3.0cm，并添加防水粉等防渗材料。

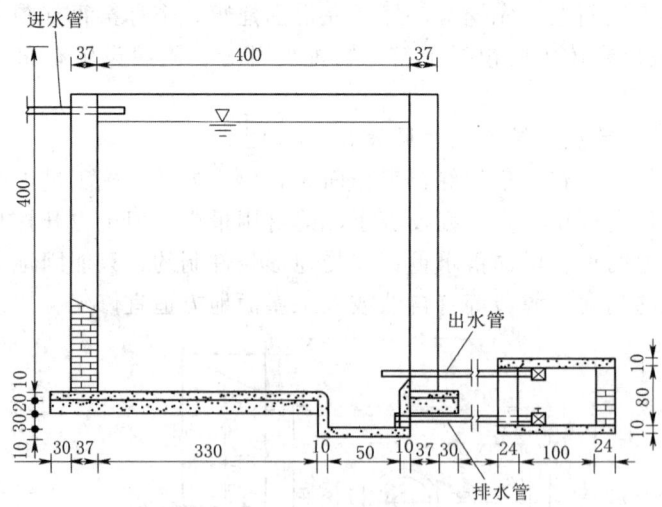

图 8.10 50m³ 蓄水池立面图（单位：cm）

2）结构尺寸及特点。结构尺寸见图 8.11 和表 8.14。其特点为：圆形地下式蓄水池结构受力均匀，充分利用池墙外土体的侧压力，在相同蓄水量时，比矩形池建筑材料用量少，投资少；开敞地下式蓄水池因不设顶盖，投资降低，施工方便，因此，可建大型或超大型圆形开敞式地下蓄水池。

3）适宜范围。在不适宜建窖的地方可以修建蓄水池。

（2）调压蓄水池。

表 8.14 蓄水池主要尺寸

类型	矩形池				圆形池			超高/m
	池长/m	池宽/m	池深/m	容积/m³	直径/m	池深/m	容积/m³	
开敞式	4.0	3.0	3.0	36	3.0	3.0	21	0.3
	4.0	3.5	3.5	49	3.5	3.5	34	0.3
	4.0	4.0	4.0	64	4.0	3.0	38	0.3
	5.0	4.0	3.0	60	4.0	3.5	44	0.3
	6.0	4.0	3.0	72	5.0	3.0	59	0.3
	8.0	4.0	3.0	96	5.0	3.5	69	0.3
	8.0	4.0	3.5	112	5.0	4.0	78	0.3
封闭式	6.0	3.0	3.0	54	3.0	3.0	21	0.3
	8.0	3.0	3.5	84	3.0	3.5	24	0.3
	8.0	3.0	4.0	96	3.0	4.0	28	0.3
	10.0	3.0	3.0	90	3.5	3.5	34	0.3
	10.0	3.0	3.5	105	4.0	3.0	38	0.3
	15.0	3.0	3.5	157	4.0	3.5	44	0.3
	20.0	3.0	3.5	210	4.0	4.0	50	0.3

注 计算蓄水量时，要减去超高部分。

1）增压蓄水池。池体组成和结构特点与普通蓄水池相同。增压蓄水池一般作为灌溉的总水源，因此容量较大，并建于灌溉田块的高处，以便实现自压灌溉。其结构尺寸见图 8.11。

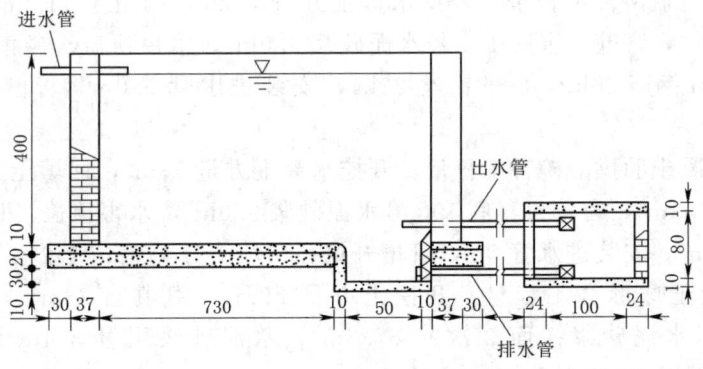

图 8.11 200m³ 蓄水池立面图（单位：cm）

2）减压蓄水池。池体结构和组成与普通蓄水池相同。减压蓄水池一般是在高差大于管道设计工作压力的坡面上，为降低坡面中下部管网的实际工作压力而布设的减压设施，调蓄作用较小，因此，减压蓄水池的容积较小，一般建于坡面中下部。

（3）涝池。涝池结构简单，施工方便，技术要求比其他蓄水设施低，重点是防渗处理。

常用的防渗措施有：

1）红胶泥防渗。较涝池设计池底深挖50cm，在池底和边坡铺红胶泥30cm，上覆黄土20cm，红胶泥和黄土分层夯实。

2）三七灰土防渗。较涝池池底深挖50cm，翻夯原土层，厚度30cm，上铺三七灰土20cm，并分层夯实。

3）三合土防渗。用红胶土、砂子、小石子配成三合土，体积比3∶1∶1，掺混均匀，厚度20～30cm，分2～3层夯实。

4）沥青玻璃布油毡防渗。

5）塑膜防渗。将涝池边坡控制在1∶1.5～1∶1.75范围内，边坡基本修成锯齿形，可防止防渗塑膜下滑，涝池边坡夯实土干容重大于$1.55g/cm^3$。塑膜尽可能选用宽幅，接缝采用热焊法，搭接10cm；边坡用草泥分层抹面，厚10～12cm，池底在膜料上夯实土厚15～20cm；夯实土干容重$1.5g/cm^3$以上。

6）土工膜防渗。用土工膜代替塑膜，其他处理措施相同。

8.3.3.4 工程量计算

为便于比较各种水窖和蓄水池工程量的大小，下面将前面介绍的几种水窖和普通蓄水池按容积为$50m^3$的规格进行工程量计算，增压蓄水池按$200m^3$，减压蓄水池按$14m^3$，涝池按三七灰土处理、容积$2000m^3$的规格进行工程量计算，以便在工程规划、设计、施工时参考。

（1）水泥砂浆薄壁窖工程量。开挖水窖土方量$68.4m^3$，窖底红胶泥厚30cm、体积$2.8m^3$，窖壁、窖底100号水泥砂浆$3.0m^3$，窖底10cm厚、200号混凝土$0.9m^3$，窖口200号混凝土$1.2m^3$，窖口砌砖$0.4m^3$。安装进水管5.0m，管槽开挖、回填土方$1.35m^3$。

（2）混凝土盖碗窖工程量。开挖水窖土方量$78m^3$，回填土$11.0m^3$，窖底30cm厚红胶泥$2.8m^3$，窖壁、窖底100号水泥砂浆$3.0m^3$，水窖顶盖、窖底200号混凝土$2.4m^3$，$\phi6mm$钢筋26kg，8号铅丝20kg，安装进水管5.0m，管槽开挖、回填土方$1.35m^3$。

（3）素混凝土肋拱盖碗窖工程量。开挖水窖土方量$78m^3$，回填土$11.0m^3$，窖底30cm红胶泥$2.8m^3$，窖壁、窖底100号水泥砂浆$3.0m^3$，水窖顶盖、肋拱、窖底200号混凝土$2.7m^3$，安装进水管5m，管槽开挖、回填土方$1.35m^3$。

（4）混凝土球形窖工程量。开挖土方量$89m^3$，回填土$33m^3$，200号混凝土$3.0m^3$，100号水泥砂浆抹面2次共$67.6m^2$，水泥砂浆用量$3.4m^3$，安装进水管5.0m，管槽开挖、回填土方$1.35m^3$。

（5）砖拱窖工程量。开挖水窖土方量$83.7m^3$，回填土$16.1m^3$，窖底30cm厚红胶泥$2.8m^3$，窖壁、窖底水泥砂浆$2.3m^3$，窖底200号混凝土$0.9m^3$，砌体$4.1m^3$，安装进水管5.0m，管槽开挖、回填土方$1.35m^3$。

（6）窑窖工程量。开挖窑窖土方量$92.8m^3$，回填土$15.0m^3$，窖壁、窖底红胶泥$3.2m^3$，100号水泥砂浆$2.3m^3$，200号混凝土$0.6m^3$，砌体$3.7m^3$，进水管5.0m，溢水管5.0m，出水管8.0m，管槽开挖、回填土方$4.2m^3$。

(7) 普通圆形蓄水池工程量。开挖水池土方量 98.5m^3，原状土夯实 6.72m^3，三七灰土夯实 4.6m^3，池底 10cm 厚 200 号混凝土 2.3m^3，100 号水泥砂浆抹面二次共 113m^2，砌体 23.5m^3，进水管 5.0m。阀门井土方 2.3m^3，砌体 1.2m^3，200 号混凝土 0.5m^3，100 号水泥砂浆抹面 4.2m^2，ϕ6mm 钢筋 10.3kg，安装进水管、出水管各 5.0m，管槽开挖、回填土方 3.0m^3。

(8) 增压蓄水池（200m^3）工程量。水池人工挖土 300m^3，素土夯实 20.6m^3，三七灰土夯实 13.7m^3，水池 200 号混凝土 6.9m^3，砌体 47.9m^3，水池 1.5cm 厚 100 号水泥砂浆抹面二次共 270m^2，安装进水管 5.0m。阀门井人工挖土 2.3m^3，砌体 1.2m^3，200 号混凝土 0.5m^3，100 号水泥砂浆抹面 4.2m^2，ϕ6mm 钢筋 10.3kg。安装进水管、出水管各 5.0m，管槽开挖、回填土方 3.0m^3。

(9) 减压蓄水池（14m^3）工程量。人工挖土 20.84m^3，回填土 5.5m^3，素土夯实 2.5m^3，三七灰土夯实 2.5m^3，200 号混凝土 1.4m^3，砌体 6.05m^3，1.5cm 厚 100 号水泥砂浆抹面两次共 51.81m^2。阀门井 2 个，人工挖土 2.2m^3，200 号混凝土 0.2m^3，砌体 0.86m^3，1.5cm 厚 100 号水泥砂浆抹面 7.12m^2。

(10) 涝池（2000m^3）工程量。整修基础工程量由当地实际决定，涝池土方开挖 2247m^3，素土夯实 130m^3，三七灰土夯实 116.4m^3。

8.3.4 蓄水附属设施设计

集雨灌溉工程净水系统设置应符合下列要求：蓄水工程进水口前应设置拦污栅。利用天然土坡、土路、土场院集流时，应在进水口前设置沉沙池。沉沙池尺寸应根据集流面大小和来沙情况确定。微喷灌、滴灌、渗灌等灌溉系统首部应设置筛网式过滤器。

8.3.4.1 沉沙池设计

沉沙池是将输水沟输送的水进行泥沙沉淀，防止泥沙进入水窖内建筑物。输水沟的水流在经过沉沙池时，水流流速下降，水流挟沙能力减小，其大于或等于一定粒径的泥沙沉积下来，从而使水流达到澄清状态，减小径流中的泥沙含量。沉沙池一般建于离蓄水池或水窖（窑）进口 5m 以上的地方，避免池内渗水造成窖（池）壁坍塌，形状以矩形为宜。沉沙池池体具体尺寸由径流量和水中含沙量确定。

沉沙池的设计依据是水流从进入沉沙池开始，水流所挟带的设计标准粒径以上的泥沙开始沉淀，而到沉沙池出口时，正好全部沉到池底即可。沉沙池设计中，泥沙的设计标准粒径选择很重要，它直接关系供水水质及沉沙池的工程范围，应依据有关规范和实际需求选定。

沉沙池池体结构一般设计为长条形，长 2.0~8.0m，宽 0.5~2.0m，深 0.6~1.0m，沉沙池按施工建筑材料可分为土池、水泥砂浆池、砖砌池、浆砌石池和混凝土池等，土池和水泥砂浆池多为梯形断面，其余为矩形断面。

土池按设计尺寸开挖池体后，人工夯实池体池墙，采取红胶泥防渗或草泥防渗，池底防渗层厚度为 5~10cm，侧墙厚为 3cm，也可用塑膜草泥防渗。先开挖土基，夯实底部土体，按池体形状黏接塑膜，将膜铺好整平后，上面用草泥覆盖，池顶四周压土 20cm 厚。但清除池内泥沙时，注意避免将塑膜铲破。水泥砂浆抹面池按设计尺寸挖好后，夯实池底，拍打密实池墙，用水泥砂浆由下往上抹壁，厚度为 2cm，并进行洒水养护。砖砌池的池墙单砖砌筑，厚为12cm或24cm，池墙、池底整体砌成，池底平砖，最后用水泥砂浆抹面厚2cm。浆砌石池底为M7.5水泥砂浆砌石，厚为25cm，浆砌石应采取座浆砌筑，内墙壁和池底用水泥砂浆抹面防渗，混凝土池的池墙、池底混凝土厚度为5～10cm，一次现浇成型，并进行洒水养护。

8.3.4.2 过滤池设计

对水质要求高时，可修建过滤池，过滤池尺寸及滤料可根据来水量及滤料的导水性能确定，图8.12及图8.13分别为路面集流和坡面集流两种形式的过滤池。

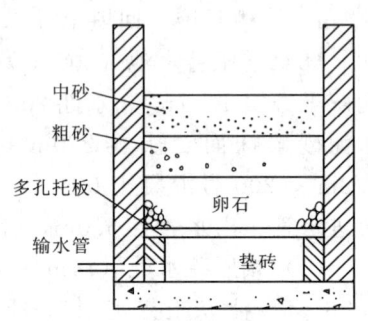

图8.12 过滤池断面图

过滤池施工时，其底部先预埋一根输水管，输水管与蓄水池或窑窖相连，滤料一般采用卵石及粗砂、中砂自下而上顺序铺垫，各层厚度应均匀，同时为便于定期更换滤料，各滤料层之间可采用聚乙烯塑料密网或金属网隔开。此外，为避免杂质进入过滤池，在非使用时期，过滤池顶应用预制混凝土板盖住。

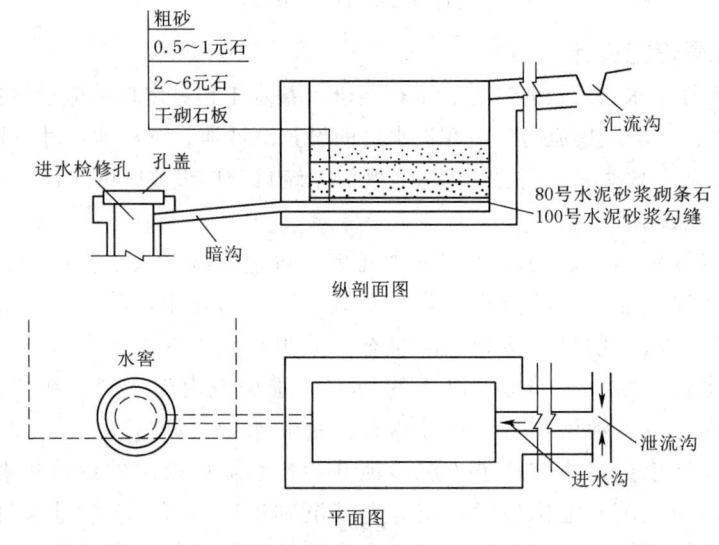

图8.13 过滤池结构图

8.3.4.3 拦污栅设计

在沉沙池的水流入口处应设置拦污栅，以拦阻汇集水流中挟带的大型固体悬浮的枯枝残叶、杂草等大型固体悬浮污物。拦污栅结构简单，可在铁板或薄钢板及其他板材上直接呈梅花状打孔，也可直接采取筛网制成，通常用8号铅丝编织成1cm方格网状方形栅，长与宽依据汇流水沟（管）尺寸而定。简单的也可用竹条、木条、柳条制造成网状拦污栅。

除以上主要设施外，水窖上还应设置溢流管、井台等辅助设施，以避免窖水超蓄，危及水窖安全。

8.3.5 灌溉系统设计

灌溉系统包括首部取水设备、输水管道和田间的灌水器等节水灌溉设备，是实现雨水高效利用的最终措施。由于各地地形条件、雨水资源、灌溉作物和经济条件的不同，可选择适宜的节水灌溉形式。利用集蓄雨水对作物进行灌溉时，应采用高效适用的灌水方法。旱作农田可采用坐水种、点灌、注水灌、覆膜灌溉等简易节水灌溉方法和滴灌、微喷灌、小管出流灌、小型移动式喷灌等，不应采用漫灌方法。水稻田应采用节水灌溉技术。

集雨灌溉宜同时采取地膜覆盖、合理耕作、培肥改土、选用抗旱作物品种、化学制剂保墒等农艺技术措施。坐水种宜采用能一次完成开沟、播种、灌水、施肥、覆膜等作业的坐水播种机。生长期灌溉采用滴灌方法时，滴灌管的铺设宜与坐水种作业同时完成。

集雨微灌工程设计应符合现行国家标准《微灌工程技术标准》（GB/T 50485）的有关规定，小型集雨喷灌工程的设计应符合现行国家标准《喷灌工程技术规范》（GB/T 50085）的有关规定。平坦地区微灌和小型喷灌工程的干、支管埋深不宜小于0cm，寒冷地区管道应埋设在冻结线以下。

对作物进行集雨补充灌溉时，应在收集当地降雨和作物需水资料和对农业实践经验进行调查的基础上，分析确定影响作物的需水关键期及需要补充的灌溉水量，并应根据集雨工程蓄水容量和灌溉面积确定作物灌水次数、灌水定额和灌溉定额。有条件的地方，集雨灌溉制度应根据集雨灌溉试验资料确定。这里只讲述关于取水设备和配水设备的内容，田间灌溉系统设计可参考前面几章内容。

8.3.5.1 取水设备

集雨蓄水工程主要分布在道路旁、庭院、田间地头和低凹的集水沟附近，还有部分分布在塬面，布局分散，且单个工程的蓄水量较小（30～80m^3）。除村庄附近及农户周围有电源外，一般山区的公路边、山坡间和田间均为无电区，因而取水设备多种多样，现对主要设备介绍如下。

1. 手动取水设备

手动取水设备主要有吊桶取水和手压泵取水两种形式。历史悠久，简单方便，但取水效率低，费工费时。在一些无电区、偏僻的不发达地区，手动取水设备仍然是主要的取水方式。

（1）吊桶取水。用一根绳子系一个小桶，靠人力取水。主要用于浇灌蓄水工程周围的小片菜地。

（2）手压泵取水。手压泵取水设备较吊桶取水先进，工作原理通过手压活塞上下运动，产生吸水和压水作用，完成取水。手压泵取水不仅可用于浇灌蓄水工程周围的小片菜地，还可连接小型重力式滴灌系统进行滴灌作业。表 8.15 列出了部分手压泵的主要技术参数，以供参考。

2. 电动取水设备

灌溉系统中使用的电动取水设备一般为微型机组或小型机组，可根据用户条件、用水量、扬程等分别选用。

（1）单相潜水电泵。单相潜水电泵分为干式泵型（QDX）和湿式泵型（QDS）

表 8.15　　部分手压泵的主要技术参数

泵型	流量/(m³/h)	扬程/m	吸程/m	活塞直径/mm	活塞行程/mm	往返次数/(次/min)	进出水管直径/mm	泵重/kg
RB1.5	1.5	15	7	86	120	40	25	15
BSA-75	1.68		6			40		15
BSB-75	1.68		6			40		31
CBS-86	1.68		6			40		16

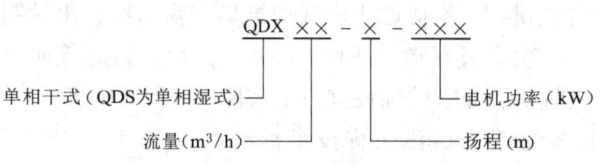

图 8.14　单相潜水电泵型号的参数标识

两种，QDX 型泵装有自动保护装置，能确保电机安全运行。其使用条件为电泵潜入水下深度 0.5～5.0m；水温不超过 40℃；水中所含固体杂质的体积比不超过 0.1%，黏度不大于 0.2mm，pH 值为 6.5～8.0；电源为 50Hz、220V 单相交流电源。适用范围：流量 Q 为 1.5～25.0m³/h，扬程 H 为 3.0～30.0m，电机功率 P 为 0.18～0.75kW。其型号参数标识见图 8.14。

单项潜水电泵在使用时用绳索吊入水窖内的水下，用完后可取出保管，使用方便，在集雨灌溉中使用较多。其主要技术性能参数如表 8.16 所列。

表 8.16　　QDX、QDS 型单项潜水电泵主要技术性能参数

型号	流量 Q/(m³/h)	扬程 H/m	转速 n/(t/min)	配套功率 P/kW	重量/kg
QD-8-0.18	3.0	8.0	2850	0.18	10.0
QDX3.6-5-0.18	3.6	6.0			
QDX6-5-0.18	6.0	5.0			
QDX10-3.5-0.18	10.0	3.5			
QDX1.5-12-0.25	1.5	12.0	2850	0.25	17.0
QDX6-7-0.25	6.0	7.0			
QDX3-10-0.25	3.0	10.0			
QDX10-4.5-0.25	10.0	4.5			
QDX8-5-0.25	8.0	5.0			
QDX5-7-0.25	5.0	7.0			
QDX3-12-0.25	3.0	12.0			
QDX3-10-0.25	3.0	10.0			
QDX3-15-0.37	3.0	15.0	2850	0.37	
QDX6-10-0.37	6.0	10.0			
QDX10-7-0.37	10.0	7.0			
QDX15-5-0.37	15.0	5.0			
QDX25-3-0.37	25.0	3.0			

8.3 集雨灌溉工程设计

续表

型　　号	流量 $Q/(m^3/h)$	扬程 H/m	转速 $n/(t/min)$	配套功率 P/kW	重量/kg
QDX3-20-0.55	3.0	20.0			
QDX3-20-0.55	3.0	22.0			
QDX3-20-0.55	4.0	20.0			23.0
QDX3-20-0.55	6.0	15.0	2920	0.55	23.0
QDX3-20-0.55	10.0	10.0			23.0
QDX3-20-0.55	10.0	12.0			20.5
QDX3-20-0.55	15.0	7.0			
QDX3-20-0.55	25.0	4.5			
QDX8-18-0.75	8.0	18.0			18.0
QDX8-18-0.75	1.5	32.0			
QDX8-18-0.75	3.0	30.0	2850	0.75	18.0
QDX8-18-0.75	6.0	20.0			
QDX8-18-0.75	8.0	16.0			18.0
QDX8-18-0.75	15.0	10.0			18.0

（2）微型水泵。微型水泵主要有微型离心泵和微型混流泵，其泵型号参数标识见图 8.15。微型水泵的主要技术性能参数如表 8.17 所列。

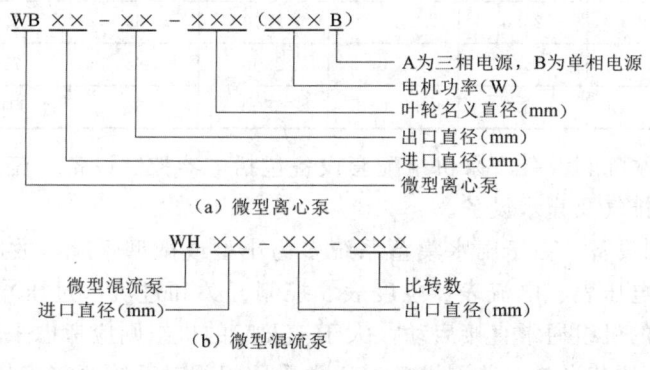

图 8.15　微型水泵型号的参数标识

表 8.17　　　　　　　　微型水泵的主要技术性能参数

型　　号	流量 Q /(m^3/h)	扬程 H /m	转速 n /(t/min)	效率 η /%	配套功率 P /kW	吸上高度 H_s /kg
25DB-35	1.26	18.0	2850		220	6.0
40BZ-12D	5.0	12.0	2900		370	7.0
WB40-40-80（180B）	4.0	6.0	2800	56	180	7.0
WB40-40-70（250B）	10.0	4.0	2800	32	250	5.5
WB40-40-80（250B）	6.0	6.0	2800	64	250	6.5
WB40-40-90（250B）	4.0	10.0	2800	58	250	6.5

续表

型　　号	流量 Q /(m³/h)	扬程 H /m	转速 n /(t/min)	效率 η /%	配套功率 P /kW	吸上高度 H_s /kg
WB40-40-85（370B）	8.0	8.0	2800	70	370	7.5
WB40-40-95（370B）	6.0	10.0	2800	64	370	6.5
WB40-40-95（550A）	10.0	10.0	2800	68	550	7.0
WB40-40-105（550A）	8.0	12.0	2800	65	550	6.0
WB40-40-95（550B）	10.0	10.0	2800	68	550	7.0
WB40-40-105（550B）	8.0	12.0	2800	65	550	6.0
WB40-40-100（750A）	12.0	10.0	2800	70	750	7.5
WB40-40-105（750A）	12.0	12.0	2800	68	750	7.0
WB40-40-120（750A）	8.0	16.0	2800	58	750	7.0
WB40-40-120（110A）	12.0	16.0	2800	64	1100	7.0
WB40-40-125（110A）	8.0	20.0	2800	52	1100	7.0
WB40-32-85（180B）	3.0	8.0	2800	55	180	6.5
WB40-32-85（250B）	5.0	8.0	2800	55	250	6.5
WH50-40-350	12.5	2.5	2800	60	180	
WH50-40-250	12.5	3.0	2800	60	250	
WH65-50-500	25.0	2.5	2800	64	370	
WH65-50-350	25.0	3.5	2800	64	550	
WH65-50-250	25.0	5.0	2800	64	750	
WH65-50-180	25.0	8.0	2800	64	1100	

（3）电动提水配套设备。泵机组配套设备包括电器控制设备，流量压力调节设施及监测设备，进排气及充水设备。

1）电器控制设备。由于雨水集蓄系统多为小型或微型系统，故电器控制设备比较简单，一般由电压表、电流表、电度表、控制开关和过流（过压）保护器等组成，功率小于15kW的机组通常直接启动，大于15kW的机组则应考虑采用降压启动。

2）流量压力调节设施及监测设备。通常采用闸阀对系统所需流量压力进行调节，压力由标准压力表进行监测，流量一般采用家用自来水表测量。

3）进排气及充水设备。进排气设备是为在水泵启动时排净水管中集存的气体，或在停泵时吸进气体以保护管网而设置的，一般在水泵出口处安装。充水设备仅是对离心泵而言，每次启动前需对进水管充水直至水淹没泵轴线以上，泵机组方能启动工作。小型泵站进水管口一般安装底阀以便充水，有条件的可采用真空泵或手压泵抽真空进行充水。

3. 太阳能提水设备

太阳能光伏提水技术是一种新技术，基本原理是利用太阳电池板将太阳能直接转换为电能，然后驱动各类电动机带动水泵从井、江、河、湖、塘等水源提水。系统由

4部分组成：太阳能电池板组件、最大功率点跟踪/控制（逆变）器或蓄电池组、电机和水泵。它具有无噪声、全自动、高可靠性等许多优点。

目前太阳能提水设备雨水集蓄利用工程中应用的还比较少，主要原因是一次性投资较大。一套100W、流量$0.2m^3/h$、扬程10m的简单提水装置投资约850元。

在边远地区，采用太阳光伏系统供电提水设备解决这些无电地区的人畜饮水和灌溉问题，是最理想的方式之一。一方面，中国西部边远地区太阳能资源丰富；另一方面，光伏提水设备无污染、无噪声、可靠性高、维护工作量极小。据中国水利部有关专家试验测评，中国光伏提水成本小于0.2元/t，比柴油机提水成本低一半左右，而其可靠性远超过风力提水。随着太阳能电池价格的下降，光伏提水应用前景将更加广阔。

4. 风力提水设备

风能是一种使用简便而有效的绿色能源。在风力提水机组的产品品种上，我国已基本形成南方型低扬程大流量风力提水机组和北方型高扬程小流量风力提水机组两大系列，有十几种产品型号。主要产品和技术的发展趋势如下：

（1）低扬程大流量风力提水机多采用旋转式水泵，用于提取地表水和浅层地下水。

（2）高扬程小流量风力提水机多采用往复式水泵，用于提取深层地下水。

（3）风力提水机——微滴灌系统。

（4）风力机——空气泵提水机组。

（5）风力发电机——电泵提水系统。

目前，在雨水集蓄利用工程中应用的主要是小型用户风力提水机组，扬程为10～40m，流量为$3～20m^3/h$，提供人畜饮用水和发展小面积灌溉。

5. 自压（虹吸式）提水

雨水集蓄利用工程大多建于缺水山丘区，由于受地形的影响，有一些集雨工程建在用水农户灌溉地块的上方，从而形成了自压供水或虹吸式供水。自压供水是利用自然落差，水的压力通过预埋在集雨工程底部的塑料管道将水输送到农户或灌溉田间。虹吸式取水是用具有虹吸作用的弯管从集雨工程顶部自流引水的一种取水方式。自压（虹吸式）提水充分利用了自然条件，不需要电力（柴油）等运行费用，设备简单可靠，在有条件的地方应大力推广应用。

8.3.5.2 配水设备

1. 管道输水工程设计

（1）原则。管道输水灌溉系统设计的基本任务是，在勘测和收集并综合分析规划基本资料以及掌握规划区基本情况和特点的基础上，研究规划发展管道输水灌溉系统的必要性和可行性，确定规划原则和主要内容。通过技术论证和水力计算，确定管道输水灌溉系统的工程规模和控制范围；选定最佳管道输水灌溉系统规划布置方案；进行投资预算与效益分析，以彻底改变当地农业生产条件，建设高产稳产、优质高效农田及适应农业现代化的要求为目的。

管道输水灌溉系统一般应遵循以下基本原则：

1）管道输水灌溉系统布置时应与水源、道路、林带、供电线路、排水、农业生产现状、经济条件等紧密结合，统筹安排，并尽量充分利用当地已有的水利设施及其他工程设施。管网布置力求管线长度短或管网系统投资低、管网系统最安全、控制面积大，力求做到管线平顺、拐弯和起伏较少且水流条件好，尽量避免逆坡布置。支管分水或出水口的间距与位置，应适用于用户管理。

2）管道输水灌溉系统布设时应综合考虑系统各组成部分的设置及其衔接。在平原地区且规模较大时宜采用环状管网或树枝状管网，其各级管道应尽量采取两侧分水的布置形式；在山地丘陵地区宜采用树枝状管网，其主要管道应尽量沿山脊布置，以尽量减少管道起伏。地形复杂需要采用改变管道纵坡布置时，管道最大纵坡不宜超过1∶1.5，而且应小于或等于土壤的内摩擦角，并在其拐弯处或直管段超过30m时设置镇墩。固定管道的转弯角度应大于90°，埋设深度一般在冻土层深度以下。

3）在山丘区，大中型自流灌区和抽水灌区内部以及一切有可能利用地形坡度提供自然水头的地方，只要在最末级管道最不利出水口处有 0.3～0.5m 的压力水头，应首先考虑布设自压式低压管灌系统。对于地埋暗管，沿管线具有 5/1000 左右的地形坡度，就可满足自压式管道输水灌溉系统输水压力能坡线的要求。

4）小水源如单井、群井、小型抽水灌区等应选用布设全移动式低压管灌系统。群井联用的井灌区和大的抽水灌区及自流灌区宜布设固定式管道输水灌溉系统。

5）输配水管网的进口设计流量和设计压力，应根据管道输水灌溉系统所需要的设计流量和大多数配水管道进口所需要的设计压力确定。若局部地区供水压力不足，而提高全系统工作压力又不经济时，应采取措施。若部分地区供水压力过高，则可结合地形条件和供水压力要求，设置压力分区，采取减压措施，或采用不同等级的管材和不同压力要求的灌水方法，布置成不同的灌溉系统。在进行各级管道水力计算时，应同时验算各级管道产生水锤的可能性及水锤压力的大小值，以便采取水锤防护措施。特别是在管道纵向拐弯处，应检验是否会产生负水锤中空现象，并依此条件，在管道工作压力中预留 2～3m 水头的余压。

6）田间给水栓或出水口的间距应依据现行农村生产管理体制和园田化规划确定，以方便用户管理和实行轮灌，田间末级暗管和地面移动软管的布设方向应与作物种植方向或耕作方向及地形坡度相适应，一般应取平行方向布置。

7）管道输水灌溉系统布局应有利于管理运用，方便检查和维修，保证输水、配水和灌水的安全可靠。输配水地埋固定管道应尽可能布设在坚实的地基上，尽量避开填方区以及可能发生滑坡或受山洪威胁的地带。若管道因地形条件限制，必须铺设在松软地基或有可能发生不均匀沉陷的地段，则应对管道地基进行处理。

8）应尽可能发挥输配水管网综合利用的功能，把农田灌溉与农村供水以及水产、环境美化等相结合，使输配水管网的效益达到最高。

9）输配水管网各级管道进口必须设置节制阀；分水口较多的输配水管道，每隔 3～5 个分水口应设置一个节制阀。管道最低处应设置退水泄水阀，各用水单位都应安设独立的配水口和闸阀，并因装设压力和流量的计量装置。在水泵出口闸阀的下游、压力池放水阀的下游以及可能产生水锤负压或水柱分离的管道处，应安装进气阀；在管道的驼峰处或管道最高处应安装排气阀；在水泵逆止阀的下游或闸阀的上游管道处应安装防止水锤的防护装置。

（2）布置类型与形式。根据水源位置、控制范围、地形条件、田块形状和作物种植情况等，低压管道系统输配水管网可布设成树枝状、环状和混合状三种类型；依其结构可分为地埋固定式和地面移动式两种类型。

1）地埋暗管固定管网的布设形式。

a. 树枝状管网，特点是管线总长度较短，构造简单，投资较低，所以目前大多数农田灌溉输配水管网均采用这种形式。但管网内的压力不均匀，各条管道间的水量不能相互调剂，任一级管线损坏时，其以下管线就会断水而得不到可靠的供水。其布置形式可分为两种。

（a）水源位于田块一侧，树枝状管网呈"一"字形、T形和L形。这三种布置形式主要适用于控制面积较小的井灌区。一般井的出水量为 $20\sim40\text{m}^3/\text{h}$，控制面积 $3.3\sim6.7\text{hm}^2$。田块的长宽比 $L/b\leqslant3$ 的情况，多用地面移动软管输水和灌水，管径大致为 100mm，长度不超过 400mm。当控制面积较大，地块近似成方形，作物种植方向与灌水方向相同或不相同时可布置成梳齿形或"丰"字形。对于井灌区，这两种布置形式主要适用于井出水量 $60\sim100\text{L/h}$，控制面积 $10\sim20\text{hm}^2$，田块的长度比 L/b 约为 1 的情况。常采用一级地埋暗管输水和一级地面移动软管输、灌水。地埋暗管多采用硬塑料管。内光外波纹塑料管和当地材料管，管径为 $100\sim200\text{mm}$，管长依需要而定，一般输水距离不超过 1.0km。地面移动软管主要使用薄膜塑料软管和涂塑布管，管径 $50\sim100\text{mm}$，长度一般不超过灌水畦、沟长度。

（b）水源位于田块中心，常采用"工"字形和长"一"字形树枝状管网布置形式。主要适用于井灌区，水井位于田块中部。井出水量 $40\sim60\text{m}^3/\text{h}$，控制面积 $6.7\sim10.0\text{hm}^2$。田块的长宽比 $L/b\leqslant2$ 时，采用"工"字形；长宽比 $L/b>2$ 时，采用长"一"字形。

b. 环状管网：一般干、支管或干、支、毛管各管线互相连接成环形的管网形式。其突出特点是，供水安全可靠，管内水压力较均匀，管道内的水流条件好，供水保证率高，各条管道间水量调配灵活，有利于随机用水。但管线总长度较长，管材和管件等用量大，投资一般高于树枝状管网。

2）地面移动管道。地面移动管网一般只有一级或两级。移动管道按其软硬程度可以分为三种：①软管，用完后可以卷起来移动或收藏，体积小，运输方便。这样每节可以较长，一般 $10\sim50\text{m}$，各节之间用快速接头连接；②半软管，这种管子在水放空后横断面还基本能保持圆形，也可以卷成盘状，但盘的直径较大（$1\sim4\text{m}$）；③硬管，为了便于移动，每节不能太长，一般 $6\sim9\text{m}$，要用较多的快速接头。管道能否正常工作主要决定于接头工作的可靠性。所以对快速接头的要求较高。现在常用的软管有麻布水龙带、锦纶塑料、维塑软管等；半软管有胶管、高压聚乙烯软管等；硬管有硬塑料管，铝合金管和镀锌薄壁钢管等。常见的形式有以下几种：

a. 长畦短灌，又称为长畦分段灌，是将一条长畦分为若干短段，从而形成没有横向畦埂的短畦，用软管或纵向输水沟自下而上分段进行畦灌的灌水方法。

b. 移动闸管，是在移动管（软管或硬管）上开孔，孔上设有控制闸门，以调节放水孔的出水流量大小。移动闸管可直接与井泵出水管口相连接，也可与固定地埋暗管上的给水栓相连接，闸管顺畦长方向放置，闸管上孔闸的间距视灌水畦、沟的布置而定，闸管长度不宜大于20m。实践证明，软管制作的闸管，控制闸门极易脱落，无法使用。

(3) 管道水力计算。

1) 管径的确定。确定管网中各级管道或各管段的直径是管网设计的主要任务。管道是管道输水灌溉系统的重要组成部分，其投资占有相当大的比例，管径大，投资大，但管道水头损失小，运行管理费少；而管径小，投资少，但运行管理费用高，所以，必需合理确定管径。一般先根据各种管材的适宜流速及经验初选管径，然后进行水力计算校核水头损失是否合理，经反复试算，最后选定出符合市场生产规格标准的管径。通常初选管径可按式（8.12）计算：

$$D=\sqrt{\frac{4Q}{\pi V}}=1.13\sqrt{\frac{Q}{V}} \tag{8.12}$$

式中：D 为管道内径，m；Q 为设计流量，m^3/s；V 为管内流速，m/s。

由式（8.12）可知，管径尺寸不仅与通过的流量有关，而且还与所采用的流速数值有关。初选管径时，流速可采用经济流速值。经济流速是指管道造价较低以及其运行费用也较低的适宜流速值，应根据当地管材单价和动力价格分析确定。不同管径，其经济流速不相同，一般大直径管道的经济流速大于小直径管道的经济流速。在缺乏分析资料时，可考虑直径 100~250mm 的管道，采用经济流速 0.7m/s 左右；直径 300~600mm 的取 1.0m/s 左右；直径 700~800mm 的取 1.2m/s 左右；直径 900mm 以上的管道，经济流速可选用 1.3m/s 左右。

在管道输水灌溉系统中，管网及管道内的流速一般控制在 0.5~1.3m/s 之间，以不产生淤积和不发生水击为限定条件。各种管材的适宜流速的选取可参考表 8.18。如在设计时，采用的流速大于表中上限值，必须进行水锤计算，符合要求方可采用；如流速小于表中下限值时，应满足不淤积的要求，最小流速一般为 0.3~0.4m/s。

表 8.18　　　　　　　　　管道输水适宜流速值　　　　　　　　　单位：m^3/s

管材	混凝土管	石棉水泥管	水泥砂管等	硬塑料管	地面移动软管	钢筋混凝土管	钢丝网水泥管
适宜流速	0.5~1.0	0.7~1.3	0.4~0.8	0.6~1.5	0.4~0.8	0.8~1.5	0.8~1.4

2) 管网水力计算。管道沿程水头损失和局部水头损失。

a. 沿程水头损失采用式（8.13）计算：

$$h_f = f\frac{Q^m L}{D^b} \tag{8.13}$$

式中：h_f 为管道沿程水头损失，m；f 为管道阻力系数；Q 为管道流量，m^3/h；L 为计算管段长度，m；D 为管道内径，mm；m、b 分别为流量指数和管径指数。

如果是多口出流，需要乘以多口系数。

b. 局部水头损失按式（8.14）计算：

$$h_j = \xi \frac{v^2}{2g} \qquad (8.14)$$

式中：h_j 为局部水头损失，m；ξ 为局部阻力系数；v 为管道水流流速，m/s；g 为重力加速度，9.81m/s²。

初步规划设计时，局部水头损失也可按沿程水头损失的10%～15%估算，较长的平直管道，局部水头损失可忽略不计。

c. 管道水头损失 H 用式（8.15）计算。

$$H = \sum h_f + \sum h_j \qquad (8.15)$$

3）系统设计工作压力的推算。为计算系统的设计工作压力，首先要在灌区内选择一个或几个能代表整个灌区的典型点，然后按式（8.16）计算出工作压力 H_z，取其最大者为设计工作压力。

$$H_z = H_0 + H + \Delta H \qquad (8.16)$$

式中：H_z 为管道系统工作压力，m；H 为管道总水头损失，m；ΔH 为典型点高程与水源水面的高差，m；H_0 为田间灌水要求的工作水头，m。

对于半固定式管道灌溉系统，距水源最远处出水口的工作压力，与配套管材、管长、流量及地形等因素有关。若出水口下接软管的流量为15m³/h、管径75mm时，100m长的塑料软管水头损失约为1.2m；流量为20m³/h、管径90mm时，100m长的塑料软管水头损失为1.0m左右。在生产中，农民所用的软管长度多在100m左右，其水头损失达1.0m以上。再者，软管出口还需要压力水头0.2～0.3m。对于固定式系统出水口的压力水头一般不低于0.5m。此外，若特殊情况，如地面升高或送水距离较远，其工作压力应酌情增加。

2. 渠道输水工程设计

(1) 渠灌区管道输水灌溉系统的引取水枢纽布设。渠灌区的管道输水灌溉系统大都从支、斗渠或农渠上引水。其渠、管的联接方式和各种设施的布置均取决于地形条件和水流特性（如水头、流量、含沙量等）以及水质情况。通常管道与明渠的联接均需设置进水闸门，其后应布设沉淀池，闸门进口尚需安装拦污栅，并应在适当位置处设置量水设备。

(2) 渠灌区管道输水灌溉系统的分配水，控制和泄水建筑物的布设。在各级地埋暗管首、尾和为控制管道内水压、流量处均应布设闸板门或闸阀，以利分水、配水、泄水及控制调节管道内的水压或流量。采用自来水管网中的闸阀，造价过高，联接安装麻烦；最好采用闸板形式，起闭灵活方便，造价低，装配容易。

(3) 量测建筑物的布设。管道输水灌溉系统中，通常都采用压力表量测管道内的水压。压力表的量程不宜大于0.4MPa，精度一般可选用1.0级。压力表应安装在各级管道首部进水口后为宜。在井灌区，管道输水灌溉系统流量不大，可选用旋翼式自来水表，但其口径不宜大于ϕ50mm，否则造价过高，会影响投资。在渠灌区，各级管道流量较大，如仍采用自来水表，既造价高，又会因渠水含沙量大，还含有其他杂质，而使水表失效。采用闸板式圆缺孔板量水装置或配合分流式量水计，则量水精度更精确，其测流误差不大于3%，价格低，加工安装简易，使用维护均很方便。

(4) 给水装置的布设。给水装置是管道输水灌溉系统出地埋暗管向田间灌水、供水的主要装置，可分为两类：①直接向土渠供水的装置，称出水口；②接下一级软管或闸管的装置，称给水栓。一般每个出水口或给水栓控制的面积为 0.7hm² 左右，压力不小于 3kPa，间距大致为 30～60m。出水口和给水栓的结构类型很多，选用时应因地制宜，依据其技术性能、造价和在田间工作的适应性，并结合当地的经济条件和加工能力等，综合考虑确定。一般要求：①结构简单，坚固耐用；②密封性能好，关闭时不渗水，不漏水；③水力性能好，局部水头损失小；④整体性能好，开关方便，容易装卸；⑤功能多，除供水外，尽可能具有进排气，消除水锤、真空等功能，以保证管路安全运行；⑥造价低。根据止水原理，出水口和给水栓可分为外力止水式、内水压式和栓塞止水式等三大类型。

(5) 管道安全装置的布设。为防止管道进气、排气不及时或操作运用不当，以及井灌区泵不按规程操作或突然停电等原因而发生事故，甚至使管道破裂，必须在管道上设置安全保护装置。目前在管道输水灌溉系统中使用的安全保护装置主要有：球阀型进排气装置、平板型进排气进置、单流门直排气阀和安全阀四种。它们一般应装设在管道首部或管线较高处。

(6) 镇墩、支墩的设置。当管道受到较大的水平力时应设置镇墩，例如管坡较大，管子自重和管内水重就会在管子轴线方向形成分力而使管子向下坡滑动，这时每隔一定的距离就要设置一个镇墩。另外当管道改变方向时，管内水流对管道会产生一个侧向推力，在管道末端会产生一个轴向水平推力，故这些地方也应设立镇墩。镇墩的大小要根据水平推力的大小和土壤的摩擦力来设计。镇墩一般用块石混凝土或混凝土建造，较大的镇墩还应布置必要的构造钢筋。

支墩是用来支承水管，传递垂直压力的。一般只在土质较差，而且管径较大时才采用。对于管径较小（小于 300mm）而且土质较好时可不设置支墩，而将管子直接置于沟底部，然后覆土。

8.4 集雨灌溉工程施工与管理

8.4.1 施工的一般规定
8.4.1.1 建筑材料应符合的要求

(1) 水泥应符合现行国家标准《混凝土结构工程施工质量验收规范》（GB 50204）的有关规定。水泥强度应符合工程设计要求。

(2) 土壤固化剂的技术性能指标应符合现行行业标准《土壤固化剂应用技术标准》（CJJ/T 286）的有关规定。

1) 粉状土壤固化剂的细度为 0.074mm，标准筛筛余量不得超过 15%。

2) 液状土壤固化剂中溶液的固体含量不得大于 3%，不得有沉淀或絮状现象。

3) 固化剂掺入土中，在最佳含水量状态下施工作业，其初凝时间应大于 4h，即用固化土混合料停放 4h，所制试件抗压强度损失不大于 10%。

4) 固化土试件经 65℃蒸养 24h 后，在蒸煮箱中自然冷却，时间表面不得有裂纹。

5) 固化土无侧限抗压强度应符合相关强度标准。

(3) 砂料应符合现行国家标准《建设用砂》(GB/T 14684) 的有关规定。包括砂的颗粒级配，砂的含泥、石粉和泥块含量，有害物质（云母、轻物质、有机质、硫化物及硫酸盐、氯化物、贝壳），坚固性，表观密度及松散堆积密度、空隙率，碱集料反应，含水率及饱和面干吸水率等符合相关规定。

(4) 粗骨料应质地坚硬，不得采用软弱、风化骨料，骨料粒径应小于混凝土集流面厚度的 1/2 和蓄水建筑物混凝土结构最小尺寸的 1/2。

(5) 砌筑使用的料石应坚硬完整，不得使用风化石或软弱岩石；砌筑时应将石料上的泥土、杂物洗刷干净。

(6) 拌和用水的总含盐量、硫酸根离子和氯离子含量分别不应大于 5000mg/L、2700mg/L 和 300mg/L。

8.4.1.2 土石方施工应符合的要求

(1) 基础应置于完整、均匀的地基上。水窖（窑、池）开挖时如发现基土裂缝宽度大于 0.5cm 且为通缝，应另选工程地址。蓄水工程不宜建在地基条件不均匀或地下水位高的地方，以及破碎基岩上。

(2) 水窖（窑、池）开挖中应随时注意土基或岩石有无变形，并应及时支护。雨天施工时，应搭建遮雨篷，基坑周围应设置排水沟。

(3) 基土干密度低于 $1.5g/cm^3$ 时，水窖（窑、池）的开挖直径应小于设计直径 6~8cm，预留部分土应击压至设计直径。

(4) 岩基开挖后如发现有裂缝时，应采用混凝土或水泥砂浆灌填。采用爆破作业开挖时，应采取打浅孔、弱爆破的方法。

8.4.1.3 混凝土及砂浆施工应符合的要求

(1) 混凝土配合比的拟定应符合现行国家标准《混凝土结构工程施工质量验收规范》(GB 50204) 的有关规定；砂浆配合比应符合现行行业标准《砌筑砂浆配合比设计规程》(JGJ/T 98) 的有关规定。

(2) 模板与支撑应保证足够的刚度和稳定性。模板和支护应在混凝土达到一定强度后再拆除。

(3) 混凝土及砂浆应按规定配合比进行拌和。采用人工拌和时，应干、湿料各拌 3 次。混凝土拌和后至使用完毕的时间，常温下不应超过 3h，气温超过 30℃时不应超过 2h。

(4) 混凝土浇筑应连续进行，每次浇筑高度不应超过 20cm。混凝土因故中途停止浇筑，当浇筑时气温为 20~30℃时，间歇时间不得超过 90min；当浇筑时气温为 10~20℃时，间歇时间不得超过 135min。混凝土浇筑中途间歇时间超过标准规定时，应在浇筑停止 24h 后，将混凝土表面凿毛，清洗表面和排除积水，再用 1:1 水泥砂浆铺层 2~3cm 后再浇筑新的混凝土。

(5) 混凝土浇筑时应进行振捣密实，宜采用机械震捣。抹面应平整光滑。

(6) 混凝土及砂浆应在终凝后进行洒水养护，时间不应少于 7 天。夏天天气炎热时洒水不应少于4次/d，地下部位可适当减少养护次数。

8.4.1.4 固化土施工应符合的要求

（1）固化土的配合比及最优含水率、最大干密度应通过试验确定。所用土料应过5mm筛。土料备料宜按最优含水率±（1%～2%）控制。

（2）干性固化土采用强制性搅拌机搅拌时，搅拌时间宜控制1min。为人工搅拌时，应保证混合料拌和均匀。

（3）混合料应在最优含水率下夯实。夯实可采用人工或机械方式进行，每次夯实厚度不应超过20cm。夯压应有重叠。夯压不应少于3遍，宜测定压实度。

（4）固化土夯实整平24h后，应洒水养护7天。

（5）采用固化土砌块铺砌集流面时，砌块接缝应采用固化土浆液或纯固化剂浆液灌缝，并应抹光。勾缝应饱满、平整。砌块施工12～18h后养护不应少于7天。

8.4.1.5 伸缩缝施工应符合的要求

伸缩缝的形式、位置、尺寸及填缝材料应符合设计要求。工缝内杂物应清除干净，填充应饱满、密实。

8.4.1.6 浆砌石施工应符合的要求

浆砌块（片）石应采用座浆砌筑，不得先干砌再灌缝。砌筑应做到石料安砌平整、稳当，上下层砌石应错缝，砌缝应采用砂浆填充密实。石料砌筑前应先湿润表面。

8.4.1.7 塑膜铺设应符合的要求

（1）塑膜铺设接缝可采用焊接和搭接，焊接时两幅膜重叠宽度不宜小于10cm。搭接可采取折叠方式，重叠宽度不得小于30cm。

（2）埋藏式塑膜的覆盖层应厚度均匀、密实平整。塑膜铺设宜避开高温及寒冷天气。

8.4.1.8 土基处理应符合的要求

（1）原土翻夯应分层夯实，每层铺松土厚度不应大于20cm。夯实深度和密实度应达到设计要求。夯实后表面应整平。回填土含水率宜按表8.19的规定取值。

表8.19　　　　　　　　　　回 填 土 含 水 率　　　　　　　　　　　　　　%

土料种类	砂壤土	壤 土	重壤土
含水率范围	8～15	12～15	16～20

（2）硬化土集流面的土基应进行翻夯处理，深度应符合设计要求或不少于30cm，原土翻夯集流面翻夯深度不应小于30cm，干密度不应小于1.5g/cm³；水泥土集流面可采用塑性水泥土现场夯实或预制干硬性水泥土砌筑，厚度不宜小于10cm。塑性水泥土水泥含量宜为8%～12%，夯实干密度不应小于1.55g/cm³；干硬性水泥土干密度不应小于1.8g/cm³。塑膜集流面的土基应铲除杂草，并应清除杂物、整平表面，同时应拍实或夯实。

8.4.1.9 节水灌溉工程施工与设备安装应符合的要求

节水灌溉工程施工与设备安装应符合现行国家标准《喷灌工程技术规范》（GB/T

50085)、《微灌工程技术标准》(GB/T 50485)及《灌溉与排水工程设计规范》(GB 50288)的有关规定。

（1）工程施工应按照已批准的设计进行。

（2）施工前应检查图纸、文件是否齐备，并核对设计是否与灌区地形、水源、植物种植及首部枢纽位置等相符。修改设计或换材料、设备，应经设计部门及业主同意，并及时书面告知工程监理，必要时应经相关主管部门审批。

（3）施工前应编制工程进度计划，并制定必要的安全措施。

（4）施工中应注意防洪、排水、保护农田和生态环境，并应做好弃土处理。喷灌工程中设计到基坑开挖的必须保证边坡稳定，若基坑挖好后不能进行下道工序，应预留15~30cm土层不挖，待下道工序开始前再挖至设计标高。

（5）建筑物砌筑应符合现行国家标准《砌体工程施工质量验收规范》(GB 50203)、《混凝土结构工程施工质量验收规范》(GB 50208)、《建筑地面工程施工及验收规范》(GB 50209)的相关规定；砌筑完毕后，应待砌体砂浆或混凝土凝固达到设计强度后回填；回填后应干湿事宜，分层夯实，并与砌体接触密实。

（6）在施工过程中应做好施工记录。对隐蔽工程必须填写隐蔽工程验收记录，出现工程事故应查明原因，应及时处理并记录处理措施，并应经验收合格后进入下道工序。全部工程施工完毕应及时绘制竣工图，并编写竣工报告。

（7）设备安装人员应持证上岗；安装用的工具、材料因准备齐全，安装用的机具应经检查确认安全可靠；与设备安装的土建工程应验收合格。待安装设备应按设计核对无误，并进行现场抽检和检验记录归档。

8.4.2 集流场施工与管理
8.4.2.1 集流场施工技术要素

1. 混凝土集流面

工程施工前，应对地基进行洒水翻夯实理，翻夯层厚度以30cm为宜，夯实后土壤干容重不应小于$1.5g/cm^3$。没有特殊荷载要求时，可直接在地基上铺浇混凝土；当有特殊荷载要求时，如碾压场、拖拉机或汽车行驶等，应按要求进行设计。在有砂石料的地区，可把河卵石、小块石掺入地基内，使其露出地面2cm，按要求浇筑混凝土集流面。

混凝土集流面宜采用C14混凝土现浇（厚度3~6cm），并留有伸缩缝。砂石料的含泥量不大于4%，并不得用矿化度大于2g/L的水拌和。对于人畜饮水兼用的集流面，其缝隙不得用油沥青材料填充，伸缩缝深度应与混凝土深度一致。

集流工程中所有混凝土工程和砂浆工程要求在初凝后覆盖麦草或草帘、草袋等物洒水养护7天以上。在夏季施工时，每天洒水不少于4次，以保证覆盖物潮湿。

2. 瓦屋集流面

瓦屋集流面集流雨水的施工可按当地房屋建设的实际情况和要求进行，瓦片之间要搭接良好，坡度适中，屋檐处应设滴水或在檐下设置集雨水槽，便于雨水的导引容蓄。

3. 片（块）石衬砌集流面

施工时应根据片（块）石的大小和形状，在厚度不小于 5cm 的情况下，采用竖向砸入或水平铺垫。水平铺垫时地基或基础处理方法及要求同混凝土集流面基础处理，即处理深度不小于 30cm，干容重不小于 1.5g/cm^3。

4. 水泥土及原状土集流面

土质集流面是投资最低，应用比较广泛的一种集雨方式。利用土质道路作为集流面时，要进行平整，一般纵向坡度沿地形走向，横向倾向于路边排水沟。黄土夯实集流面首先要将地表挖松，去除杂草、杂物，保证夯实后干密度在 1.60g/cm^3 以上。水泥土集雨面要求 325 号或 425 号。水泥与土以 1:8 比例（或水泥占 10%）混合均匀，厚度 5cm 左右，夯实后密度在 1.60g/cm^3 以上。红黏土夯实集流面要求细棉砂、红黏土和黄土以 1:1:1 比例混合，厚 5cm，洒水并夯实，集雨效率可达 35%。土质集雨面所集的水含沙浓度较高，在进入储水体前应先进入沉沙池。

5. 防渗膜布集流面

塑料薄膜防渗集流面可分为裸露式和埋藏式两种。塑料薄膜集流面铺设前，要对基础进行处理，铲除杂草，整平夯实，夯实程度以人不落陷为宜。裸露式集流面是直接将塑料薄膜铺设在修整完好的地面上，在四周用恒温熨斗焊接，接缝可搭接 10cm 宽或搭接 30cm 后折叠止水，四周及表面适当部位宜用砖块、石块或木条等压实。埋藏式集流面可采用草泥、细沙等覆盖，厚度以 4~5cm 为宜。草泥应铺盖均匀、压实和拍光，细砂应摊铺均匀。折叠搭接塑料薄膜的止水缝应使水流不能冲开，即缝隙高茬处于集雨面上游位置。裸露式与埋藏式相比，前者集流效率高，但较易损坏，后者正好相反。薄膜应以 EVA 加抗老化剂最好。塑料膜集流面特点是易移动、易替换、便于土地轮作，缺点是寿命相对较短。

整修好的集流面上喷洒乳化沥青可提高集流效率，降低土壤水分无效消耗，维护得当时使用寿命可达 20 年以上。乳化沥青配方：100 号沥青 17%、洗衣粉 0.5%、聚乙烯醇 0.5%、水 82.0%（质量分数）。集流面坡度应在 20°~30°，喷洒时气温要求在 15℃ 以上，气温高，乳化沥青容易喷洒，工作效率高。喷洒面积以 4~20m^2 较为适宜，面积过大会影响集水效果。喷洒乳化沥青的地表要在雨后平整打实、拍光，使集水区表面光滑。集雨区表面要充分干燥，这样可以使喷洒的沥青与土粒紧密结合，不致形成沥青与地表不黏结的情况。集雨区表面的草根等均应除净，以防止次年杂草萌生，破坏沥青薄膜。沥青柏油公路作为集流面时需要对路肩进行处理，在路基下需要修筑导引及拦截工程，保证水流通畅。

6. HEC 土壤固化集流面

HEC 固化剂在施工技术要求中对骨料或其他掺和料选择性不严，对拌和用水的水质也基本没有要求，就地拌和后又有较大的强度和抗渗能力。施工具体要求为将表土挖松，清除杂草和杂物，HEC 和土以 1:8 的比例混合均匀，应用强制式搅拌机，铺平夯实到要求厚度（5cm 左右），夯实后的干密度应在 1.6g/cm^3。

7. 自然土石山体集流面

在黄土高原区，可将不能耕种的闲空地充分利用起来，并根据闲空地适当选择处理方法，建立人工集流面，集蓄有限的自然降水。

梯田面积大的地区，可以适当利用部分可耕梯田作为集流场，以达到充分用水的目标。

8.4.2.2 集流场管护

维护管理的主要目的是要保持水质良好、提高集流效率、保证集流工程安全运行和延长寿命。在自然集流场中，平时要注意清理集流场中的垃圾及杂物，尽量保持集流面的干净整洁。在人工防渗集流场中，及时清理集流场中的杂物，铲除接缝处滋生的各类杂草，防止牲畜践踏及超重车辆的碾压。雨后和汛期应及时检查集流面，填补脱落的接缝材料，修补被冲蚀或脱落的混凝土和砂浆表面，维修集流面范围内的冲沟、塌陷、空洞等损害情况，对因雨水冲刷引起的地基土沉陷、空洞等破坏，挖除表面衬砌；对发生沉陷和空洞范围内的土体进行开挖后，回填夯实，然后对混凝土或其他衬砌结构进行修复。冬季降雪后及时清扫，可减轻冻胀破坏程度。对一些大型、高标准的人工集流面，可设置围墙进行管理。

8.4.3 蓄水工程施工与管理

8.4.3.1 蓄水工程施工

蓄水工程形式的选择应根据地形、土质、用途、建筑材料和社会经济等因素确定。根据经验，当土体垂直开挖自稳性好且蓄水容积不大于 $60m^3$ 时，可选择水窖；当土质好、地形适宜时，可选择水窖；当土质较软弱或蓄水容积大于 $60m^3$ 时，可选用水池；有适宜的低洼地形，主要用于拦蓄雨洪时，可选用水塘；降雨较多且经济较发达地区的蓄水工程可采用预制水罐或修建在楼房内的水池。

1. 红胶泥水窖

红胶泥水窖的施工，主要分为挖窖、钉窖和捶窖3个步骤。

(1) 挖窖：窖址选好后，按设计尺寸进行开挖。当旱窖挖到位时，应先将旱窖与水窖接合的扣带挖好，然后水窖部分与码眼同时挖，扣带沿窖壁一周，深15cm，口宽10cm，在扣带内每隔20cm打一圈码眼，窖壁上的码眼应呈梅花形分布，间距30cm，深15cm，口径6~10cm，码眼口小里大。

(2) 钉窖：开始和泥前，首先要作泥样试验，即拌和少许胶土成泥，塑一口小碗，盛水一昼夜，若泥碗不裂缝、不漏水、不变形，说明质量符合要求，可以直接和泥钉窖；如果泥碗被溶解破坏，说明胶泥砂性大，可以加些石灰；泥碗出现裂缝，说明黏性太大，可以加些黄土。这样反复试验，即可确定出掺和石灰或黄土的比例。然后按比例和泥，在和泥之前，将胶土晒干，打碎过筛，加水浸泡1~2天使之充分吸水软化，然后用脚踩踏，或用木棍、木锤等细锤细捣，直到胶泥软硬适中，即可钉窖。钉窖时，先将水、旱窖结合扣带钉好，然后把泥做成长20cm、直径10cm的泥棒，和直径15cm、厚4cm的圆形泥饼，先将泥棒蘸水塞进码眼内，码眼口部小内部大，要注意塞头，保持泥棒在窖壁上外露3cm，再把泥饼蘸水用力粘到各泥棒之间，并均匀压平，使泥棒和泥饼成为一体，保持厚度达到3cm，自上而下直到窖底，窖底厚度一般保证在6~8cm之间。

(3) 捶窖：钉窖完成后，要盖好窖口，阴干1~2天，再用木榔头捶打。捶打时，前五天每天捶一遍,此后两天捶一遍。若第一次锤打时窑壁太黏,可用鞋底黏上草木灰轻按轻捶,要用力均匀,此后一遍比一遍加重。若遇到有膨胀的地方,说明里边已充气,要用小刀划破放气,然后再捶。一直锤到窑壁发亮,听起来发出钢声,淹上水很快向下滑溜为宜,暂时不蓄水,可先倒入几担"养窑水",防止窑壁干裂。

2. 水泥砂浆薄壁窑

水泥砂浆薄壁窑的窑体,包括水窑、旱窑、窑口和窑盖四部分。窑体施工工序为挖窑体、墁壁、窑底浇筑、窑体防渗和制作窑盖五个环节。

(1) 挖窑体:窑址和窑型选定后,铲除表土,确定中心点,按选定的窑口尺寸在地面上画一小圆,在圆的范围内向下开挖取土,挖至 1.5m 深左右按图纸设计要求整修上部窑型。在窑深 0.5~0.8m 处开始扩展,留深 2.5~3.0m,中径达到设计直径 (3.8~4.2m) 后用铅垂线测量是否垂直,严格检查尺寸,防止窑体中线偏斜。上部窑体一般不蓄水,俗称旱窑。

水窑部分从中径(缸口)开始,每下挖 1.0m 在窑壁上沿等高线挖一条宽 5cm、深 5~8cm 的圈带,在两圈带中间每隔 30cm 打混凝土柱(码眼),或用长条形坚硬石片(长 8~10cm,直径 4~5cm)钉入窑体内并外露 1cm,呈"晶"字形布设,第一次墁砂浆时将外露片石盖住。

(2) 墁壁:窑体按设计尺寸挖好后,清除窑壁和圈带内的浮土并洒水湿润,用 1:3.5 水泥砂浆将圈带内填筑后再由下往上墁壁。砂浆厚度 3cm,分两次墁壁。第一次粗墁挤压,过 24h 后再用 1:3 水泥砂浆用铁泥臂(抹面工具)细墁一层(有的地方墁壁三次,每次厚 1cm)。

(3) 窑底浇筑:窑底防渗是最重要的一环,要严格把控施工质量。窑底防渗分为胶泥和混凝土两种。处理窑底前要先将底部原状土轻轻夯实,以防止底部发生不均匀沉陷。

1) 红胶泥防渗。先将红黏土打碎过筛,用水浸泡 1~2 天,使之充分吸水软化,并反复翻拌成面团状,然后将泡制好的红胶泥分两层夯实,厚度 30cm。最后用 1:3 水泥砂浆墁壁 3cm。此外在窑底设防冲板,以落水点为中心浇筑 10cm 厚的 C20 混凝土,防冲板面积不小于 $1m^2$。

2) 混凝土防渗。在处理好的窑底土体上浇筑 10~15cm 厚的 C20 混凝土,用水泥砂浆抹面。

(4) 窑体防渗:窑壁、窑底的墁壁、浇筑混凝土工序结束 1 天后,即可进行刷浆防渗。防渗浆采用 425 号水泥加水稀释成糊状,从上到下刷两遍,然后将窑口封闭,过 24h 后洒水养护 14 天左右即可蓄水。为了提高防渗效果,可在水泥中加防渗剂(粉),用量为水泥用量的 3%~5%,第二次墁壁和抹浆时使用,防渗效果显著。

(5) 制作窑盖:制作窑盖可与打窑同时进行,按设计尺寸要求就地预制或集中预制,厚度 8cm、直径 1.2~1.4cm,并按要求布设提水设备预留孔。为便于管理,应在窑盖上刻写蓄水员、编导、施工年月、乡村名称等。窑盖表面要求平整,不得出现蜂窝、麻面等,浇筑好后覆盖麦草洒水养护 7~14 天。窑台用砖浆砌或用混凝土预制窑圈,窑台高 30cm 即可,并用水泥砂浆勾好砖缝,再将窑盖安装好。

3. 混凝土盖碗窖

混凝土盖碗窖包括水窖、窖盖两部分。水窖部分施工工序与水泥砂浆薄壁窖相同。混凝土帽盖施工分为土模制作、钢筋布置绑扎、混凝土浇筑三道工序。

(1) 土模制作：首先在平整好的窖址地面上去其表土，整修一直径为5～6m的圆形平面。在平面上画直径为4.5m的圆，在圆外挖一条宽0.55m、深1.5m的环形土槽。圆内的土体修成半球台状，顶部做成直径1.0m，高6cm的土盘。再在半球状土模下部外沿挖一条宽25cm，深20cm的环状槽，即为圈梁土模。然后将半球状土模拍打密实，再墁一层水泥砂浆。

(2) 钢筋布置绑扎：圈梁为4根$\phi6mm$钢筋环形布设，用8号铅丝作箍筋，间距20cm。窖口用$\phi6mm$钢筋做成直径105cm的圆环，窖口与圈梁之间用12根$\phi6mm$钢筋沿半球体表面均匀辐射分布，再用8号铅丝横向环绕，间距20cm。钢筋与铅丝交叉处用24号铅丝绑扎。

(3) 混凝土浇筑：钢筋绑扎好后，即可浇筑帽盖混凝土，厚度6cm，混凝土中水泥∶砂子∶石子配合比为1∶2∶4。先从圈梁开始，然后沿四周由下往上浇筑。在距窖顶50cm处预埋$\phi8\sim10cm$的进水管（孔）。混凝土浇筑时要一次成型，振捣密实，及时收面三次，用麦草覆盖混凝土，12h后洒水养护，14天后方可开挖体内土方。帽盖四周要分层填土夯实，以增强窖盖的稳定性。窖口要及时做好窖台、窖盖设施。

4. 混凝土球形窖

混凝土现浇球形水窖整体性强，受力性能好，全窖只钉两个半球壳和圈梁衔接在一起，施工技术要点如下：

(1) 放线：在选好的窖址上，根据开挖范围和高度，用皮尺、线绳、水平尺、木桩等进行放线钉桩，通过放线掌握工作面、圈梁、球形直径的界限，并通过圆心拉一条直线，将界限标在直线上，以备开挖时随时检查。

(2) 土模制作：当开挖工作面时，应根据预留尺寸边开挖边预留上半球窖壳的土模，上半部分开挖完成后，要全面细致地校核复查，使土模和受力圈梁槽的断面尺寸符合设计要求。

(3) 浇筑圈梁和上半球：浇筑前为防止土体吸收混凝土中水分，先在土球模和圈梁预留槽中均匀铺衬一层牛皮纸，再进行圈梁浇筑，其成型断面为15cm×15cm。12h后在圈梁上以螺旋式向上现浇上半球，每圈混凝土旋转高度不得超过15cm，浇筑时掌握厚度（4cm），并用木抹子振捣压实混凝土。上半球浇筑完后，洒水养护5～7天。

(4) 下半球窖体开挖与浇筑：开挖下半球窖体时，先将上半球中预留土模地方的土，全部取出至圈梁，然后从圈梁下边缘向里挖至浇筑厚度，以半径高度造型、夯实、拍光窖壁、再铺衬上牛皮纸后，从下到上均匀进行现浇，每次浇筑高度不应超过20cm。受力圈梁和下半球窖壁接茬处，用1∶3砂浆进行捣缝密实处理，以加固结合部分。

(5) 回填土：每层回填土厚度不应大于25cm，回填时适当分层压实。回填土含水量应控制在20%～25%之间，容重不小于1.7g/cm³。当回填土与原地面水平时，必须收口密实，并高出原地面3cm左右，防止降雨期间出现集水沉陷。

(6) 窖壁粉刷密封层：窖体内部粉刷是确保不漏水的关键。窖壁粉刷采用M10水泥砂浆，从下到上抹面三次，每次抹面厚度不应超过0.5cm，初凝前反复压实收光。

(7) 窖颈、窖口、进水道和过滤池的砌筑：窖颈可用混凝土砌筑后再粉刷，也可加工内、外模一次现浇成功。窖口必须高出地面0.2m，以防止杂物滚入。窖盖可用木板或混凝土一次现浇完成。过滤池的大小和进水道的孔径可根据来水流量确定，但进水道的进口下沿略高于过滤池底，过滤池内装有一定级配的石子，作为过滤层。

(8) 窖体养护：窖体养护时间不得少于7天。

5. 水窖体

水窖体包括平窖、窖池、前墙（窖口封闭墙）三大部分，共七道环节。施工程序为：剖理崖面—开挖土窖—窖顶加固防潮—开挖窖池—窖池防渗—进、出水管及溢流管布设—前墙砌筑封闭。

(1) 剖理崖面。根据地形选好窖址后，首先将自然坡面（或崖面）按土质情况从上到下剖理崖面（崖面坡度一般为75°～80°），崖面高度要大于4.5m，以保证窖顶土体稳定。崖面以上坡面要开挖排水沟，将坡面水引至水窖两侧的集水（沟）渠内，以防止坡面水冲刷崖面。

(2) 土窖开挖。

1) 根据集水、灌溉条件，选好土窖基准面，确定土窖基座高程，开展工作平台。

2) 在崖面上确定并标出土窖中心线，按设计尺寸中的窖高、窖宽在崖面上作图画出窖顶圆弧线。

3) 砌筑窖拱和窖口。为了保持窖口稳定，要先加固窖口。当崖面土质坚实时，按窖顶圆弧线形状，沿线的外侧挖一条（宽24cm、深50cm）土槽，再在拱底两侧各挖一个砖座坑（宽30cm、深20cm），紧接着浆砌砖座砖拱，从两侧向拱顶中心收拢，每层砖之间要错位压茬，最后将空隙处填土捣实，也可以用C15混凝土浇筑窖拱窖口。

4) 窖口加固处理后，即可从外向里开挖窖体（窖拱盖部分），开挖时要从中心线向两侧扩展，严格掌握尺寸，一次成型，土方开挖可采用人力车运土，以提高工效。当窖深挖至设计尺寸（6～10m）时，最后检查修理，并视土质情况采取不同的窖顶防潮措施。

(3) 窖顶加固防潮：可采用草泥防潮和水泥砂浆防潮两种形式。

1) 草泥防潮：草泥是用黄土加适量的麦秸加水翻拌均匀，堆放1天熟化后墁壁（草泥厚2cm左右），并及时收面。这种办法施工简便，能就地取材，施工简便，但窖内潮湿时容易脱落。

2) 水泥砂浆防潮：用1:5～1:3水泥砂浆从窖底两侧向拱顶墁壁一层，厚1～1.5cm。墁壁后要及时收面。

当窖顶土质松散时，在窖拱上每隔1.0～1.5m时布设拱肋（宽15cm、深15cm）一道，采用支模从窖脚两侧向窖顶依次浇筑C15混凝土（48h可拆模）。肋拱施工要从窑里往窑口依次后退施工。

(4) 开挖窑池:窑池的结构尺寸和水泥砂浆薄壁窑基本相同,深度稍浅,增加了窑池长度。土方开挖时,第一层土先从窑口往窑里挖成人力车能运土的斜面。第二层土从窑里往后退,一次挖至设计深度,利用人力车运土。在确定开挖窑池尺寸时,窑脚要留10cm平台。窑池壁要布设码眼。

(5) 窑池防渗:窑池墁壁防渗施工工艺与水泥砂浆薄壁窑相同。

(6) 进、出水管及溢流管布设:进水形式有窑顶进水和前墙(侧墙)进水两种。当窑顶土体不厚(3~4m)、顶上有平台地和集水场时,可采用窑顶进水形式。即在窑拱盖土体挖好后,选定中心线和孔口,从上往下开挖取土,也可采用挖窑洞烟筒的方法从下往上掏洞(垂直)取土,在顶上布设窑台、进水管、窑盖。进水管一般可采用15cm塑料管。当窑顶土体很高时(大于5m)宜采用前墙进水,即在窑池设计最高蓄水位高程处安装$\phi10\sim15cm$进水管,同时在该高程的前墙适当位置布设同径溢水管,出水管设在池底以上0.5m处的前墙内,用10cm硬塑管引出前墙以外,前端安装闸阀和计量装置。

(7) 前墙砌筑封闭:对隧道式的窑窖需在洞口处设置专用挡水前墙,前墙采用M7.5水泥砂浆砌"二四"砖墙(即使下挖式的窑池也应对其前墙以及侧后墙进行防渗处理)。窑池内侧砖墙墁一层水泥砂浆,外侧可填土夯实或做其他加厚措施,以保持前墙稳定和保温防冻。

6. 开敞式圆形蓄水池(浆砌石墙)

(1) 池墙砌筑。当蓄水池体位于地面以上时,浆砌石墙稳定性好。基础处理是蓄水池工程的关键,尤其是湿陷性黄土地区,如有轻微渗漏,即发生湿陷,危及工程安全。施工前应首先查看地质资料和土壤承载力,并在现场进行坑探试验。土基承载力不够时,要采取加固措施。池墙砌筑时,要按图纸设计要求放线,严格掌握垂直度、坡度和高程。池墙砌筑时要沿周边分层整体砌石,不可分段分块单独施工,以保证池墙的整体性。质量要求:作为浆砌石的石料要求质地坚硬,形状大致方正,无尖角石片。风化石、薄片石料不宜选用。浆砌块石,一般用灌浆法砌筑,墙两侧临空面用座浆法砌筑密实,中间部分用灌浆法,灌浆时应插入钢钎摇动,促使灌浆密实。墙内侧块石临池面要求规则整齐,要根据设计要求铲凿修理后方可使用。水泥砂浆强度标号应符合设计要求。砂浆应随拌随用,不得留置过久,一般不宜超过45min。浆砌石外露的(地面以上部分)外侧面应进行勾缝。勾缝工作须待全部浆砌石完成后,自上而下进行。勾缝前须将浆砌缝刷洗干净,并洒水湿润。池墙内壁用100号水泥砂浆抹面3cm厚,砂浆中加入防渗剂,其用量为水泥用量的3‰~5‰。池墙砌筑时,要预埋进、出水管(孔),出水管要做好防渗处理。防渗止水环要根据出水管材料或设计要求选用和施工。

(2) 池底建造。池底施工程序分基础处理,浆砌块石,混凝土浇筑,池墙、池底防渗四道环节。

1) 基础处理。凡是土质基础一般都要经过换基土,夯实碾压后才能进行建筑物施工。首先在池旁设高程基准点,根据设计尺寸开挖池底土体,并碾压夯实底部原状土。回填土可按设计施工要求采用3:7灰土,1:10水泥土或原状土,采用分层填土碾压、夯实。当土中含水量不足时,要进行人工浇洒补水,使之达到最优含水量标准。人工夯实,每层铺土厚0.15m,夯打时应重合1/3。打夯时,各处遍数要相同,不能漏打和少打,边墙处更应夯打密实。干容重要求达到1.5~1.6g/cm³。机械碾压时,铺土厚度0.20~0.25m,碾压遍数根据压重和振动力确定。

2)浆砌块石。地基经回填碾压夯实达到设计高度时即可进行池底砌石,当砌石厚度在30cm以内时,一次砌筑完成,砌石厚度大于30cm时,可根据石料情况分层砌筑。砌石时,底部采用座浆法砌底面,然后进行灌浆。用碎石填充石缝,务必灌浆密实,砌石稳固,上层表面成反坡圆弧形。

3)混凝土浇筑。在浆砌石基础上浇筑C19混凝土,厚10cm。依次推进,形成整体,一次灌筑完成,并要及时收面3遍,表面要求密实、平整、光滑。

4)池墙、池底防渗。池底混凝土浇筑好后,清除尘土后即可进行防渗处理。防渗措施多种多样。可采用425号水泥加防渗剂用水稀释成糊状刷面,也可喷射防渗乳胶。

(3)附属设施安装施工。附属设施包括沉沙池、进水管、溢水管、出水管等。其结构形式和施工工艺相差不大。

7. 封闭式矩形蓄水池(砖砌墙)

当蓄水池体结构位于地面以下或大部分池体位于地面以下时,修建封闭式蓄水池比较经济,结构也相对简易,施工方便,且有保温防冻功能。

(1)池体开挖。根据当地土质条件确定开挖边墙坡度。垂直开挖时即使特别密实的土体,也只允许挖深2m左右,当池体深度大于2m时,开挖要有坡度,以确保土体稳定。在确定池体开挖尺寸时,要根据土质、池深选定边坡坡度,然后根据池底尺寸确定开挖线。开挖过程要施工放线,严格掌握坡度,池深开挖要计算池底回填夯实部分和基础厚度,要求一次按设计要求挖够深度,并进行墙基开挖。

(2)池墙砌筑。按设计要求挖好池体后,首先对墙基和池基加固处理,然后砖砌池墙。砖砌矩形池受力条件不如圆形池,要加设钢筋混凝土柱和上下圈梁(圆形蓄水池可不设)。砖砌墙体时,砖要充分吸水。沿四周分层整体砌筑,座浆要饱满,墙四周空隙处及时分层填土夯实。墙角混凝土柱与边墙要做好接茬。先砌墙,后浇筑混凝土柱。圈梁和柱的混凝土要按设计要求施工。

(3)池底浇筑。施工程序同开敞式圆形蓄水池。

(4)池盖混凝土预制安装。池盖混凝土可就地浇筑或预制板安装,矩形蓄水池因宽度较小,一般选用混凝土空心板预制构件安装,施工简便。板上铺保温防冻材料,一般以炉碴较为经济,保温层厚度根据当地最低气温和最大冻土层深度确定,一般为80~120cm,上面再覆土30cm,四周用二四砖墙浆砌,池体外露部分和池盖保温层四周填土夯实,以增强上部结构稳定和提高保温防冻效果。

(5)附属设施安装施工。附属设施包括沉沙池、进水管、检查洞(室)、扒梯、出水管等。扒梯在安装出水管的侧墙上按设计要求布设。砌墙时将弯制好钢筋砌于墙体内。顶盖预留孔口,四周砌墙,比保温层稍高,顶上设混凝土板,在顶盖混凝土板安装后即可施工。

8.4.3.2 蓄水工程管理

1. 水窖和蓄水池正常运行的要求

（1）蓄水池渗漏量小。上年秋季蓄满水后至翌年春灌时，因渗漏使水位下降不超过 0.6m。

（2）在平水年，保证正常蓄水，使水窖和蓄水池的重复利用系数达到 1.5～2.5。

（3）水窖和蓄水池内淤积量较小，当年淤积泥沙不超过水窖容积的 20%。正常蓄水深 5.0m 的水窖和水池当年淤积泥沙厚度不超过 1.0m。

（4）保证水窖内常年有水，使水窖水位不低于 0.2m。避免水窖干湿交替，以防止防渗层脱落。

2. 渗漏检查

渗漏是水窖和蓄水池最常见、最主要的质量事故。加强渗漏的检查和处理，是水窖和蓄水池管理中非常重要的工作。渗漏检查主要采用窖内观察和蓄水观测。

（1）窖内观察。如果水窖蓄水后水位下降很快或蓄不住水时，说明水窖渗漏严重，应于晴天中午下窖检查窖底和窖壁，是否有裂缝洞穴发生，标出位置，并分析渗漏原因。既无裂缝又无洞穴时，可能与防渗层太薄或防渗材料防渗性能差有关。

（2）蓄水观测。雨季窖内蓄满水或引水入窖后，每隔一定时段观测窖内水位并做好记录，根据水位下降速度可找出渗漏原因，如果下降速度过快，甚至在注水入窖时，水位出现下降，说明窖底可能存在洞穴；如果水位下降较快，并越来越快时，说明可能存在裂缝；如果水位下降较慢，并越来越慢时，说明防渗层太薄或防渗材料的防渗性能差。

3. 渗漏处理

水窖和蓄水池渗漏主要出现在窖底、窖壁、出水管等部位。

（1）窖底渗漏。这是主要的渗漏部位，多为基础处理不好、地基承压力不够（黄土有湿陷性）或防渗达不到设计要求，一般表现为洞穴渗漏、裂缝渗漏和整体慢性渗漏。

1）洞穴渗漏处理。将洞穴处混凝土和胶泥防渗层取掉，加固夯实基础，加大处理面积，加厚混凝土的厚度，在水泥砂浆和混凝土中加入防水粉等防渗材料，然后对窖底用 100 号水泥砂浆抹 2～3 次，厚度 3.0cm。

2）渗漏裂缝处理。与洞穴渗漏处理相似，裂缝较小时，可采用 1∶2 水泥砂浆灌缝，然后对裂缝部位用 100 号水泥砂浆抹面 2～3 次，厚度 3.0cm。

3）整体慢性渗漏处理。窖底采用水泥砂浆墁壁处理，并用 200 号碎石混凝土现浇窖底（厚 5.0cm），再用 100 号水泥砂浆进行防渗处理。

处理窖底时要注意窖底与窖壁结合部的防渗处理。

（2）窖壁渗漏。窖壁渗漏主要是裂缝渗漏和整体慢性渗漏两种。产生的原因是：四周土质不密实或有树根、陷穴，防渗层厚度不够。防渗层砂浆和混凝土标号不够，施工接茬达不到要求。针对不同情况，对产生的裂缝部位，打掉防渗层，彻底清理隐患，分层捣实，然后用混凝土加厚加固处理，最后用水泥砂浆抹面防渗。整体慢性渗漏采用100号水泥砂浆加防水粉抹面2～3层，厚度3.0cm。

（3）出水管渗漏。出水管渗漏主要是出水管与窖壁结合部位的裂缝渗漏。出水管采用两道橡胶圈止水，并对出水管四周用碎石混凝土浇筑，对出水管内外端加固处理，防止管道晃动，以免管壁与窖体间产生裂缝。

4. 水窖和蓄水池的管护

（1）蓄水时的管护。蓄水前及时清理集水渠、沉沙池、清除拦污栅前和池中杂物，疏通进水管。蓄水水位至设计水深时，及时关闭进水口防止超蓄造成储水体坍塌。坡面蓄水池应在沉沙池前布设挡水墙，防止山洪从池顶漫入池内。

（2）日常管护。定期检查维修储水体，经常保持储水体完好无损，当淤泥深度达0.5m以上时，要及时清淤。平时窖体内水深至少0.2m，保持窖内湿度，避免干湿交替使防渗层脱落。平时窖口应加盖上锁，保证水质安全、干净、卫生。开敞式蓄水池于秋季灌水后及时排除池中积水，冬季要打扫池内积雪，防止池体冻胀破裂或防渗层脱落，封闭式蓄水池冬季应对池顶采取防冻保护措施。

8.4.4 蓄水附属设施施工与管理

8.4.4.1 沉沙池

首先在窖体3m以外按尺寸进行开挖，人工夯实池体池墙。浆砌石的厚度可采用15～20cm；砌砖厚度可采用6～12cm；砌混凝土预制块可用5～8cm。如果有天然石板时，可用一层石板砌筑。采用砌砖时，用水泥砂浆抹面，厚度3cm，然后进行混凝土浇筑，厚度为8cm，一次现浇完成，并按要求洒水养护7～14天。土池采用红胶泥防渗或草泥防渗，池底防渗层厚度5～10cm，侧墙3cm。进水管管口应用过滤纱网进行包裹，防止杂草等漂浮物进入蓄水设施内。

沉沙池管理时应注意：

（1）每次引蓄水前要及时清除池内的泥沙淤积，以便更好地发挥沉沙作用。

（2）冬季封冻前排除池内积水，以避免沉沙池遭到冻害。

（3）及时维修池体，保证沉沙池完好无损。

8.4.4.2 过滤池

对水质要求较高时，需修建过滤池，过滤池尺寸及滤料可根据来水量及滤料的导水性能确定。

过滤池一般做成圆形，在施工中，其底部先预埋一根输水管，输水管与蓄水池或窖窖相连，滤料一般采用卵石、粗砂及中砂自下而上顺序铺垫，各层厚度应均匀，同时为便于定期更换滤料，各滤料层之间可采用聚乙烯塑料密网或金属网隔开。此外，为避免杂质进入过滤池，在非使用时期，过滤池顶应用预制混凝土板盖住。

8.4.4.3 拦污栅

拦污栅结构简单，可在铁板或薄钢板及其他板材上直接呈梅花状打孔（圆孔、方孔均可），亦可直接采取筛网制成，通常用8号铅丝编织成1cm方格网状方形栅，长与宽依据汇流水沟（管）尺寸而定，也可用竹条、木条、柳条制成网状拦污栅。

拦污栅是为了防止杂草入池，但是拦截污物过多后，会对水流形成阻碍，应适时清除栅前污物，并对拦污栅进行定期检查。

1. 拦污栅的清理

常见的清污方法有人工清污和机械清污。当水面清污有困难时，也可采用潜水员潜入栅前清理污物。具备提栅清污条件时，将拦污栅提升至平台，人工清理污物。机械清污是使用清污机将污物从栅面上捞起来。它适用面广，效率高，能够在动水条件下工作，应用较为广泛。目前，国内常见的清污机有耙斗式清污机和回转式清污机。

2. 拦污栅的检查

拦污栅的检查包括污物检查和栅体检查。污物检查一般可通过定期检测拦污栅前后压差的方法间接了解，也可以水下电视检查。栅体检查一般结合提栅清污进行。检查一般包括以下内容：

(1) 栅体锈蚀情况。

(2) 栅条是否完好。

(3) 支承框架有无变形。

(4) 吊耳及连接是否完好等。

8.4.5 灌溉系统施工与管理

8.4.5.1 提水系统—手压泵和电力潜水泵的运行维护

1. 手压泵

(1) 高压手动泵在使用前要在各转动处注入 2~3 滴润滑油，缸体内注入 6~8 滴食用油，可使操作灵活轻便。

(2) 使用前，要拧开加水堵塞螺栓，向泵体内加满清水，然后拧紧堵塞螺栓，即可抽水作业。

(3) 当气温在 0℃ 以下时，灌水后应将泵体内的水放出，并将手把上下往复摇动几次。将泵体内的水排尽，以防止冻坏泵体。

(4) 在使用过程中应经常检查各紧固件螺栓是否松动，各转动件要常加润滑油，露天安装使用的泵，平时用塑料袋罩在泵上。

(5) 长期存放时，应将泵体擦洗干净，各转动部件涂上黄油，放置于通风干燥处。

2. 电动潜水泵

(1) 使用前要先检查电缆线及插头是否完好无损，各螺栓有无松动，有无油渗出泵壳。

(2) 要随同电机安装漏电短路保险设施，电机绝缘电阻应大于 5Ω，要安装漏电断路线等保险设施，并要检查电压波动范围是否在额定电压 −15%~+5% 之间。

(3) 接上电源后先空转数秒钟（不得超过 60s），查看启动、运转是否正常，转向是否正确。

(4) 切勿用电缆线吊放水泵，应在提手处穿绳。

(5) 潜水泵潜入水中最深不超过 10m，垂直吊放，离窖底应在 50cm 以上，与窖壁的最小距离不得小于 30cm。

(6) 应在窖壁或窖底设置潜水泵支架固定潜水泵，并用竹篮或铁丝网罩住、防止水草杂物堵塞潜水泵进水口。

(7) 潜水泵工作时，要注意水位下降，以防泵体露出水面工作。更不能长期脱水运行，以免电机发热烧坏。

(8) 潜水泵工作时，人畜不得进入作业面，以防万一引发触电事故。

(9) 潜水泵工作时，不宜长期沉浸在水中，应在清水中通电运行几分钟，清洗泵内泥浆，擦干后涂上防锈油放置于通风干燥处备用。

(10) 潜水泵使用半年后，应进行维修检查，更换已损坏的零件，经过拆装修理的潜水泵，要进行气压密封程度检验（0.2MPa 气压检查）。

3. 汽（柴）油机组运行管理

(1) 使用前要打开油箱盖，检查油品是否足够。

(2) 检查机组各部件是否完好无损，各螺栓有无松动。

(3) 转动部件应经常加润滑油。

(4) 汽（柴）油机组正式运行前，应先试运行，观察机组转速是否正常，出水量、水压是否满足要求。

8.4.5.2 输水管路系统—主、支管—运行维修

输水管路系统分固定式和移动式两种。固定式输水管路系统埋设于一定深度的土层中，运行维护任务不大。移动式输水管路系统一般根据灌溉需要临时铺设管路系统，移动频繁时应注意维护。输水管路系统的维护管理主要有以下几点：

(1) 主、支管多用橡胶管和硬塑料管。接头处管内径要求一致、减少因变径所产生的局部水头损失。

(2) 移动管道时不宜折弯或硬折，避免管道受损，布设在地面的管道，要防止重车碾压。

(3) 灌完不用时，不应露天久置，避免日晒老化变质，用后要及时冲洗一次，擦干净，放在阴凉干燥通风处备用。

(4) 管道初次运行时，应逐条依次进行冲洗，冲洗时间 15min 左右。日常运行中也要定期进行冲洗。

(5) 管道日常运行时，为防止水锤产生，管道上的阀门启闭必须缓慢进行，并做到启闭自如。

8.4.5.3 毛管、滴灌带运行维护

(1) 滴灌带、毛管均系软管，移动式安装。每次铺设移动都要卷好，避免硬折损伤。

(2) 滴灌带系统加压后，有规律地打开和关闭毛管，每个灌溉周期冲洗一次，可避免沉积物在系统中"硬化"和堵塞滴灌灌水器。

(3) 当灌水结合施肥时，灌水后应对所有的毛管冲洗 10～20min，使肥料残留沉积物降低到最低程度。

(4) 对毛管的进出口进行压力测试，与开始灌溉时毛管进、出口压力相比较，当它们之间出现差别时，说明出现了一定程度的堵塞，应采取相应措施。若灌水器为其他形式的滴头，也要经常检查其工作状况，测定滴头流量，如果发现流量普遍减少，说明可能引起堵塞，要及早采取措施，以免系统遭到破坏。

8.4.5.4 过滤器的运行维护

雨水集蓄灌溉系统中常用网式过滤器，运行时要经常对滤网进行检查，发现损坏及时修复或更换。灌溉季节结束时，应取出滤网进行冲洗，晾干后备用。运行过程中除人工清洗外，也可自动清洗。当过滤器上、下游压差超过 3～5m 时，打开排污阀门冲洗 20～30s 后关闭，恢复正常运行。

8.5 集雨灌溉工程案例分析——贵州黔西县太来乡芭蕉片区烟水配套工程

8.5.1 基本情况

8.5.1.1 自然地理及社会经济状况

工程项目区位于黔西县城东北面，地处黔中丘原向黔西北山区过渡的斜坡地带，地貌类型为溶蚀峰丛、峰林、洼地、盆地地貌，海拔为 1335～1141m。工程涉及太来乡的芭蕉、太来、独山和沙寨四个村，共 9880 人，耕地面积 10195 亩（水田 650 亩，旱地 9545 亩），耕地主要分布于山间槽谷洼地及缓坡地带，相对集中连片。项目区非常适宜种植烤烟，但地表水极为缺乏，地下水难以利用，灌溉只能靠大气降雨，季节性干旱十分严重，成为烤烟生产和当地农村经济发展的制约因素。当地农民人均年收入 1525 元，种植烤烟是当地农民重要的经济来源。

8.5.1.2 水文气象

项目区属中亚热带向北亚热带过渡的季风气候区，冬无严寒，夏无酷暑，适宜多种农作物生长。据黔西县气象部门多年观测资料统计，当地多年平均气温 13.9℃，最热月（7月）平均气温 23.1℃，最冷月（1月）平均气温 3.5℃，极端最高气温 35.4℃（1958 年 4 月 23 日），极端最低气温 -10.4℃（1977 年 2 月 9 日）。多年平均日照时数 1284.7h，年平均无霜期 271.3 天，多年平均水面蒸发量 1288mm，多年平均风速 1.6m/s，全年以东北风居多。多年平均降水量 978.8mm，降水的年际变化大，最大年降水量 1414.4mm（1964 年），最小年降水量 704.2mm（1960 年）。降水时空分布不均，多集中在 4—9 月，占全年降水量的 81.4%，降水日数为 187.8 天（≥0.1mm），暴雨日数为 1.8 天（≥50mm），实测最大一日降水量为 155.6mm（1964 年 6 月 28 日）。

区内主要气象灾害有干旱、倒春寒、冰雹、暴雨等，对烤烟生产影响最大的是干旱，春旱造成育苗和移栽困难，夏旱影响烟叶的正常生长，造成减产减收。

8.5.1.3 作物种植

区内粮食作物种植以水稻、玉米、土豆为主，经济作物以烤烟、油菜、大豆为主。

8.5.1.4 土壤地质

工程区主要出露岩层为二叠系和三叠系灰岩、白云岩、白云质灰岩、黏土岩和页岩，第四系广泛分布于缓丘下部及台地。土壤主要有黄壤土、石灰土等。

8.5.1.5 集流条件

灌区烟地主要分布在山间洼地、谷地和小于15°坡地上，可利用的天然集流坡面主要分布在耕地中4座小山坡面，根据1/10000地形图量算求得，可利用面积分别为8.69万m²、20.17万m²、23.51万m²、6.21万m²，总面积58.58万m²。坡面植被以灌木林和草丛为主，有少量乔木。由于地处岩溶山区，地下溶沟、溶槽、溶洞发育，一般中小雨量不产生坡面地表径流，大雨和暴雨时产生地表径流，按地区经验，该天然坡面集流效率在0.15左右。

8.5.1.6 建材供应

区内广泛分布的石灰岩为工程建设提供了丰富的建筑材料，且储量丰富，易于开采，岩石致密、强度高。工程所用水泥可由县水泥厂供应，钢材、管材等可从县城采购。

8.5.1.7 交通及电力供应

工程区有直达县乡公路，涉及的各村均有乡村公路相连，对外交通方便。场内二次运输需修建临时施工便道，以小型农用运输车为主。区内布有6~10kV高压输电线路，各村寨均实现通电，工程用电可就近接线。

8.5.2 工程规划设计

8.5.2.1 灌溉设计标准

根据《节水灌溉工程技术规范》(GB/T 50363)，本工程取灌溉设计保证率为75%。根据黔西县气象站1957—2005年历年连续干旱天数统计分析，以天然降雨不能满足作物灌溉需水作为干旱统计标准，即日降雨量小于3mm，连续5日累计降雨量小于8mm，连续10日降雨量小于15mm，连续干旱20天的中间时段降雨小于12mm视为无雨。分析得频率为$P=75\%$的典型年连续干旱天数为24天。因此，本工程取灌溉设计保证率为75%，设计抗旱天数取24天。

8.5.2.2 水量平衡分析

1. 单位面积年集雨量分析

全年单位集水面积可集水量按式（8.17）计算：

$$W_i = K_i P_p / 1000 \tag{8.17}$$

式中：W_i 为保证率等于 P 的年份单位面积全年可集水量，m³/m²；K_i 为集流面全年集流效率；P_p 为设计保证率 $P=75\%$ 的年降雨量，mm。

根据黔西县气象站历年降水量资料统计分析得，多年平均年降雨量为976mm，设计频率 $P=75\%$，典型年降雨量为874mm（$C_v=0.15$，$C_s/C_v=2.0$）。集流面采用天然坡面，年集流效率取0.15，按式（8.17）求得全年单位集水面积可集水量为

$$W_i = \frac{K_i P_p}{1000} = 0.15 \times \frac{874}{1000} = 0.131 (\text{m}^3/\text{m}^2)$$

2. 灌溉用水量分析

(1) 灌水方式。本工程采用在田间设置取水龙头，人工挑水点浇或在龙头上接软管进行点浇的灌水方式。

8.5 集雨灌溉工程案例分析——贵州黔西县太来乡芭蕉片区烟水配套工程

(2) 灌溉制度。

1) 灌水定额。根据当地烤烟种植习惯及灌溉试验观测，每亩种植烤烟1100株，烤烟净灌水定额为1.5L/株，即每亩净灌水定额1100×0.0015=1.65（m³/亩），灌溉水利用系数取0.9，则毛灌水定额为1.65/0.9=1.84（m³/亩）。

2) 灌水次数及灌溉定额。根据试验观测，当地旱期烤烟灌水周期一般为8天，按烤烟设计抗旱天数24天计算，则设计年（$P=75\%$）烤烟整个生育期抗旱灌水次数为3次，即净灌溉定额为1.65×3=4.95（m³/亩），毛灌溉定额为1.84×3=5.52（m³/亩）。

(3) 灌溉用水量。本工程规划烤烟种植面积1500亩，为保证烟叶质量，烟草部门要求烟地实行轮作制，因此年实际灌溉烤烟面积为750亩。烤烟歇作年，耕地可以种植玉米、土豆和大豆等作物，土豆和大豆在当地气候条件下一般不需灌溉，只有玉米在遇春旱、夏旱时需要灌溉。为节省工程投资，要求烤烟歇作年耕地不种植需要灌溉的作物，因此灌区设计年灌溉用水量仅按烤烟计算为4125m³。

3. 水量平衡分析

(1) 集流场面积确定。本工程设计灌溉保证率为$P=75\%$，设计年单位灌溉面积用水量为5.5m³/亩，年灌溉用水总量为4125m³，根据集水量计算公式可求得需集流场总面积为31730m²。

(2) 蓄水设施容积确定。蓄水设施容积按式（8.18）计算：

$$V=\frac{KW}{1-\alpha} \tag{8.18}$$

式中：V为蓄水容积，m³；W为全年供水量，m³；α为蓄水工程蒸发、渗漏损失系数，一般取0.05~0.1；K为容积系数，灌溉供水工程取0.6~0.9。

本工程α取0.1，K取0.9，W为9350m³，则蓄水设施容积按式（8.18）计算。

$$V=\frac{KW}{1-\alpha}=\frac{0.9\times935}{1-0.1}=9350（m³）$$

根据以上计算，该工程需蓄水设施总容积9350m³，单位灌溉面积需蓄水设施容积为5.5m³/亩。

(3) 水量平衡分析。工程区可利用的天然集流坡面为分布在耕地中的4座小山上部坡面，总面积58.58万m²，年可集雨量6.745万m³，工程设计年灌溉用水量仅为4125m³，完全满足集流要求。

8.5.2.3 工程规划与布置

1. 规划原则

根据烟水配套工程建设要求，本工程规划布置按照集雨蓄水可靠、灌溉水利用率高、灌溉取用水方便、有利于统一管理为原则进行规划布置。依据工程区地形、地块和降雨特征，合理布置集流场、蓄水设施、田间输配水系统和取水设施，合理选择蓄水设施形式和材料，以及取用水方式。

2. 总体规划

该灌区烟地主要分布于区内的4座小山之间，谷地和小于15°的坡地上，耕地相对集中连片，高程为1125~1250m。根据这一地形特点，按照因地制宜的原则，可将区内4座小山山腰以上的天然坡面作为集流场,并按每个集流场可控制的烟地范围划分成4个小区,每个小区即成为一个独立的集雨灌溉系统,便于统一管理。雨水集蓄烟水配套工程平面布置图详见图8.16。

3. 工程布置

(1) 集流场布置。工程可利用的现有集流面为区内4座小山山腰以上的天然坡面,并按从西向东的顺序进行编号。由1/10000地形图上量算求得,4个集流场可利用的集流面积分别为 $8.69m^2$、$20.17m^2$、$23.51m^2$、$6.21m^2$,总面积 $58.58m^2$。与上面计算出的集流场总面积 $31730m^2$ 相比,可用面积已远大于计算需要的集流面积,能够满足集流要求,故将集流场布置在这4个天然坡面之上。

截流沟大致沿等高线布置,汇流沟垂直等高线布置。高程位置最低的一道截流沟也是汇流沟,承接上一道截流沟汇集的雨水。汇流沟与耕地的最小高差控制在20m左右,以便与蓄水池衔接并满足输水要求。

根据在地形图上的实际布置和量算结果得各小区基本参数,见表8.20。

表 8.20 各小区基本参数表

项 目 名 称	一区	二区	三区	四区	合计
分区烟地面积/亩	190	470	500	340	1500
年实际灌溉面积/亩	95	235	250	170	750
设计年灌溉用水量/m^3	523	1293	1375	935	4126
可利用天然坡面面积/万 m^2	8.96	20.17	23.51	6.21	58.58
实际利用天然坡面面积/万 m^2	3.31	11.39	13.26	5.62	33.58
设计年可集雨量/万 m^3	0.43	1.48	1.72	0.73	4.36
布置 $200m^3$ 蓄水池数量/座	3	7	7	5	22

(2) 蓄水池布置。由于当地人均耕地仅1.03亩,耕地十分紧张,为少占耕地、方便取水,蓄水池均布置在高于地块的集流场汇流沟附近,水池与耕地高差为15~40m,以便自流输水。水池容积均按每座 $200m^3$ 的标准容积考虑,根据各区灌溉用水量的要求,一区需配置蓄水池3座,二区配置7座,三区配置7座,四区配置5座,实际蓄水容积分别为 $600m^3$、$1400m^3$、$1400m^3$、$1000m^3$,总容积 $4400m^3$,略大于设计灌溉用水量,留有一定的富余量。各小区蓄水池的布置高程一致,并能同时向田间管网供水。

田间取用水规划全部采用管网输水和设置放水龙头解决。田间管网采用树枝状布置形式,放水龙头设置间距为50m,以方便灌水时接地面移动软管进行人工点浇。

(3) 灌溉输水系统布置。为便于田间取用水,规划烟区均采用管网输水,每个小区设主管一条,主管与蓄水池之间均用输水管道连通,可同时向主管输水。田间支管一般垂直于主管布置,布置间距为50m。田间取水龙头布置于支管上,间距为50m,以方便接地面移动软管进行人工浇灌。

8.5 集雨灌溉工程案例分析——贵州黔西县太来乡芭蕉片区烟水配套工程

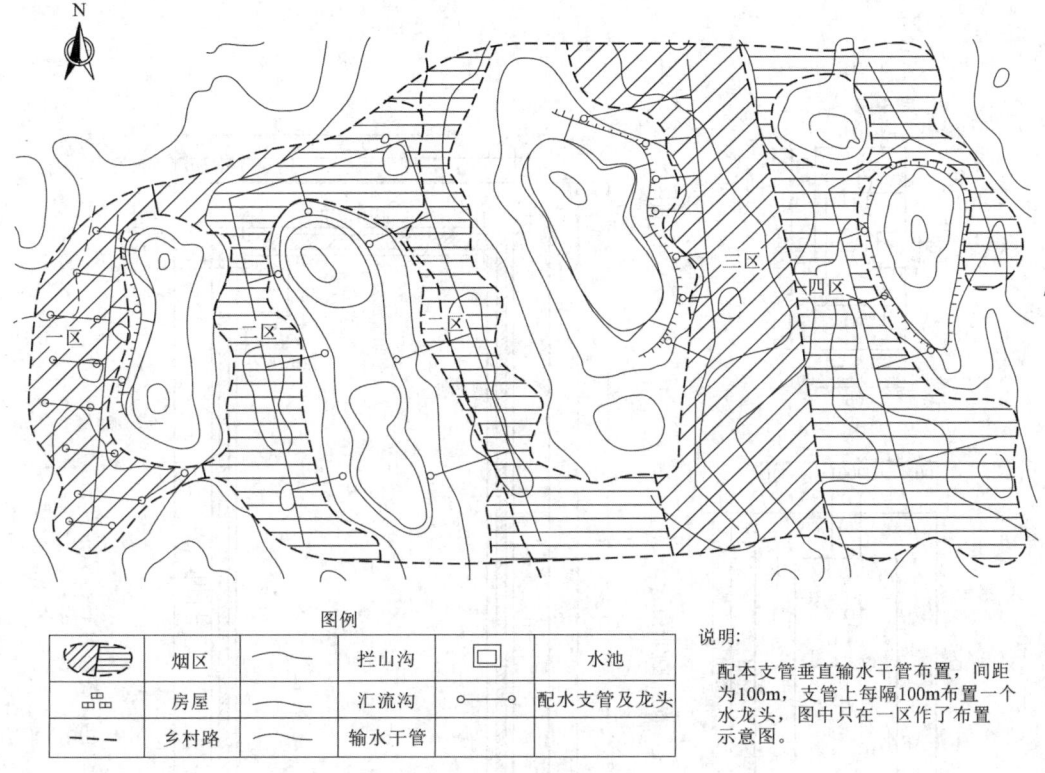

图 8.16 雨水集蓄烟水配套工程平面布置图

8.5.2.4 主要建筑物设计

1. 截流沟设计

截流沟采用土渠，梯形断面，断面尺寸为：底宽 0.4m，上口宽 0.8m，渠深 0.4m，渠底坡为 1/50。垂直于等高线的汇流沟采用浆砌石渠，矩形断面，尺寸为 0.3m×0.3m，渠堤宽 0.3m。汇流输水渠采用矩形断面的浆砌石渠，断面尺寸为 0.5m×0.6m，渠堤宽为 0.4m，渠底坡为 1/1000。

2. 沉沙池设计

沉沙池布置于蓄水池前 2~3m，每座水池配置一个。沉沙池采用矩形，长 1m、宽 1m、池深 1.2m。沉沙池墙体采用 M5 水泥砂浆砌块石，池底采用 C15 混凝土现浇，池顶盖板采用 C20 钢筋混凝土现浇。

3. 蓄水池设计

蓄水池采用容积为 200m³ 的标准水池，矩形浆砌石结构，平面尺寸为 20m×5m，正常水深 2.0m，超高 0.3m，池深 2.3m。水池墙体采用 M7.5 水泥砂浆砌块石结构，经结构计算确定墙底宽为 1.25m，顶宽 0.5m；池墙采用 M10 水泥砂浆抹面防渗，池底采用 0.25m 厚的 M7.5 浆砌石垫层，0.1m 厚 C15 现浇混凝土防渗；为保护人畜安全，池顶设 1.2m 高的砖砌防护围栏。每座蓄水池配一闸阀井，闸阀井净空尺寸为 0.8m×0.8m×0.5m。200m³ 水池结构详见图 8.17。

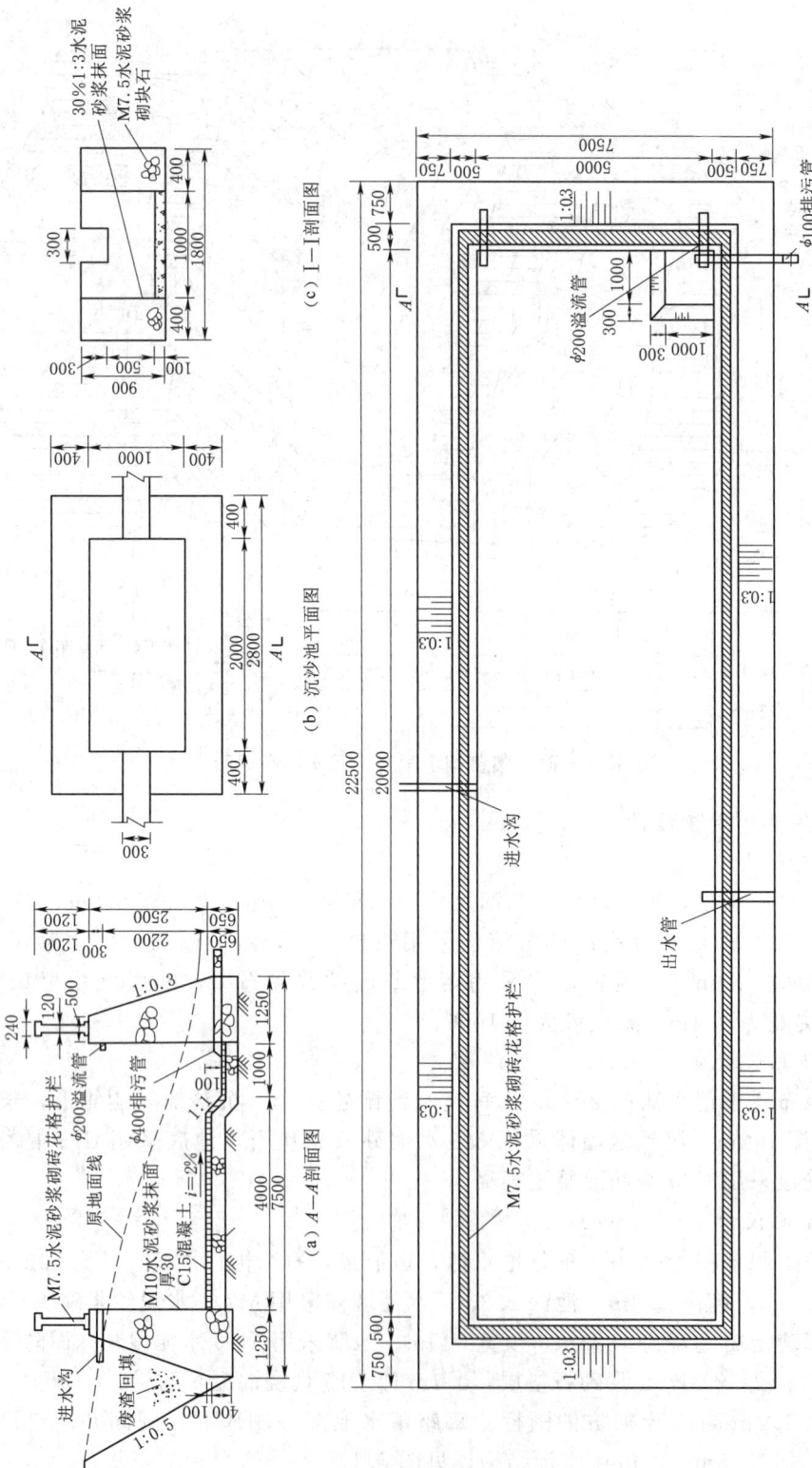

图 8.17 200m³ 水池结构图（单位：高程为 m；尺寸为 mm）

单座水池的工程量为：M7.5 水泥砂浆砌块石 199m³，C15 现浇混凝土防渗 11m³，M10 水泥砂浆抹面 125m²，M7.5 水泥砂浆砌砖防护围栏 8m³。

4. 田间灌溉系统设计

田间管网采用树枝状布置，每个小区铺设输水主管一条，田间配水支管道垂直于主管布置，敷设间距为 100m，给水栓按 100m 间距布设于支管上，即每个给水栓的控制面积为 3.748 亩。

(1) 日灌溉用水流量计算。烤烟设计灌水周期为 8 天，完成一次灌水延续时间需 4 天，日灌水工作时间为 8h，烤烟灌水定额为 1.65m³/亩，灌溉面积为 750 亩，则日灌溉总用水量为 750×1.65/4＝308.38(m³)，总用水流量为 38.67m³/h。给水栓设计流量按一天灌完所控制面积 3.748 亩计算为 6.184m³/日，即 0.773m³/h。各小区日灌溉用水量见表 8.20。

(2) 管道设计流量计算。支管设计流量按支管上的给水栓同时开启计算，根据布置结果，支管上的给水栓最多为 3 个，一般为 1～2 个，即支管最大设计流量为 2.319m³/h，2 个给水栓时为 1.546m³/h。

输水干管设计流量按小区内同时开启的给水栓个数确定，各小区日灌溉用水量见表 8.21。

表 8.21　　　　　　　　各小区日灌溉用水量

项　目　名　称	一区	二区	三区	四区	合计
烟地面积/亩	190	470	500	340	1500
轮作种植面积/亩	95	235	250	170	750
日灌溉面积/亩	23.75	58.75	62.50	42.50	187.50
日灌溉用水量/m³	38.19	96.94	103.13	70.13	308.39
日灌溉用水流量/(m³/h)	4.90	12.12	12.89	8.77	38.68
同时开启的给水栓个数/个	7	16	17	12	52
设计日最大供水量/(m³/h)	5.41	12.37	13.14	8.28	40.20

(3) 管材与管径选择。为节省工程造价，经比较，烟区干支管均采用 PE 管材，地面移动管采用聚乙烯软管，灌区管径按下式计算：

$$D = \sqrt{\frac{Q}{\frac{1}{4}\pi v}} \tag{8.19}$$

式中：D 为管道直径，mm；Q 为管道设计流量，m³/h；v 为管道内水的流速，m/s，一般为 1.0～1.5m/s，最大限制为 2.0～2.5m/s，最小流速为 0.5m/s。

管网水头损失按式（8.20）计算：

$$h_f = fQ^m \frac{L}{D^b} \tag{8.20}$$

式中：h_f 为水头损失，m；f 为与摩阻损失有关的系数，$f=0.948\times10^5$；m 为流量指数，$m=1.77$；L 为管道长度，m；D 为管道直径，mm；b 为管径指数，

$b=4.77$。

按上述公式计算结果，一区和四区干管选用管径为 $\phi 50mm$，二区和三区干管选用管径为 $\phi 63mm$，支管管径选用 $\phi 25mm$。地面移动软管直径 $D_{软}$ 根据给水栓设计流量 $Q_{给}=0.773m^3/h$，求得：$D_{软}=20mm$（外径），壁厚 1.5mm。

(4) 管道铺设。灌区输水管道要求全部埋设，管槽开挖断面深 0.7m、宽 0.4m。管道经过岩石或土夹石多、易损坏管道的地段，应在槽底铺设 10cm 厚砂或细土垫层保护管道。管槽回填土中不得含有可能损坏管道的大粒径石块及硬土块。各支管与各给水栓接点处均设置一个 C15 混凝土浇筑镇墩，尺寸为 0.3m×0.3m×0.3m。

8.5.3 工程投资概算

8.5.3.1 基础单价计算依据

1. 人工概算单价

根据当地有关规定，人工概算单价采用 17.92 元/工日。

2. 材料概算价格

本工程钢材、水泥、木材、油料预算价格按照 2007 年三季度当地有关部门公布的价格取为：钢筋 4310.74 元/t，钢模板 4641.66 元/t；42.5 级水泥为 374.59 元/t、32.5 级的复合水泥为 353.79 元/t；板枋材 1305.43 元/m^3；原木 946.68 元/m^3；汽油 5366.06 元/t；柴油 4956.06 元/t。

水泥、钢筋、板枋材等按有关规定进入工程单价计算的价格为：水泥 250 元/t、钢筋 2500 元/t、木材 1300 元/m^3、柴油 1800 元/t、汽油 2200 元/t。超出部分按工地预算价进行补差，价差计取税金后列入相应部分之后。

3. 风、水单价

电 0.5 元/(kW·h)、风 0.10 元/m^3、水 1.5 元/m^3。

4. 石料概算单价

砂、石材料现场就近开采，运到工地的预算价为：块石 43.26 元/m^3、碎石 54.98 元/m^3、砂 62.58 元/m^3。根据有关规定，进入工程单价的价格为：砂 25 元/m^3、碎石 20 元/m^3、块石 15 元/m^3。超出部分按工地预算价进行补差，价差计取税金后列入相应部分之后。

5. 定额依据

建筑工程执行《水利建筑工程概算定额》《水利工程概预算补充定额》；施工机械台班费执行《贵州省水利水电工程施工机械台班费用定额》。

6. 费用计算标准及依据

按有关规定取值如下：其他直接费取直接费的 1.0%，现场经费土石方取 4%，混凝土及钢筋混凝土取 5%；间接费土石方取 5%，混凝土及钢筋混凝土取 5%；计划利润取直接工程费+间接费之和的 7%；税金取直接工程费+间接费+计划利润的 3.22%。

8.5.3.2 主要工程量

经设计计算，工程建设需完成的主要工程量见表 8.22。

8.5 集雨灌溉工程案例分析——贵州黔西县太来乡芭蕉片区烟水配套工程

表 8.22　　　　　　　　　　主　要　工　程　量

工程名称	单位	蓄水池	沉沙池	管道工程	截流输水沟
土方开挖	m³	8750	125	4345	3125
石方开挖	m³	1750			
废渣回填	m³	1475			
M7.5 浆砌块石	m³	4975	72.5		794
C15 混凝土底板	m³	275	5	3.4	
M10 水泥砂浆抹面	m³	3125	125		
M7.5 浆砌砖护栏	m³	200			
C20 钢筋混凝土盖板	m³		6.1		
D50 PE 塑料管	m			4220	
D63 PE 塑料管	m			3544	
D40 PE 塑料管	m			7753	
给水栓	个			125	
D40 闸阀	个			15	
D50 控制闸阀	个	25		10	
D63 闸阀	个			10	

8.5.3.3　工程总指标

本工程设计总投资 172.097 万元，其中建筑安装工程 143.783 万元，设备购置费 8.396 万元，临时工程 2 万元，其他费用 10.723 万元，基本预备费 8.095 万元。单位灌溉面积投资 1147.31 元。工程投资总概算详见表 8.23。

表 8.23　　　　　　　　　工　程　投　资　总　概　算　　　　　　　　　　单位：元

序号	工程或费用名称	建安工程费	设备购置费	其他费用	合计
	第一部分　建筑工程	1403738.42			1403738.42
一	截流输水工程	163646.72			163646.72
二	沉沙池工程	17654.46			17654.46
三	蓄水池工程	1182254.25			1182254.25
四	管道工程	40183.99			40183.99
	第二部分　设备及安装工程	14094.24	93961.61		108055.85
一	输水干管工程	12587.52	83916.80		96504.32
二	田间管网工程	1506.72	10044.81		11551.53
	第三部分　临时工程	20000.00			20000.00
	一至三部分合计	1437833.66	93961.61		1531795.27
	第四部分　其他费用				107225.67
一	建设管理费（一至三部分的 3%）			45953.86	45953.86
二	勘测设计费（一至三部分的 2.5%）			38294.88	38294.88

续表

序号	工程或费用名称	建安工程费	设备购置费	其他费用	合计
三	工程质量监督费（一至三部分的0.5%）			7658.98	7658.98
四	其他费用（一至三部分的1%）			15317.95	15317.95
	基本预备费（一至四部分的5%）				81951.05
	工程总投资				1720971.98

参 考 文 献

［1］ 程满金，郑大玮，马兰忠. 北方半干旱黄土丘陵区集雨补灌旱作节水农业技术［M］. 郑州：黄河水利出版社，2008.

［2］ 徐建新，陈南祥. 北方山丘区集雨节灌综合技术应用研究［M］. 郑州：黄河水利出版社，2006.

［3］ 马耀光，张保军. 旱地农业高效节水与灌溉技术［M］. 北京：化学工业出版社，2012.

［4］ 李怀有，赵安成，郭永乐. 黄土高塬沟壑区集雨节水灌溉技术［M］. 郑州：黄河水利出版社，2002.

［5］ 陈维杰. 集雨节灌技术［M］. 郑州：黄河水利出版社，2003.

［6］ 郭树龙，温季，贾树宝. 节水灌溉工程技术设计与应用［M］. 郑州：黄河水利出版社，2012.

［7］ 施坰林. 节水灌溉新技术［M］. 北京：中国农业出版社，2007.

［8］ 水利部农村水利司，财政部农业司. 农村集雨工程简明读本［M］. 北京：中国水利水电出版社，2001.

［9］ 吴普特，黄占斌，高建恩，等. 人工汇集雨水利用技术研究［J］. 郑州：黄河水利出版社，2002.

［10］ 张祖新，张祖新. 雨水集蓄工程技术［M］. 北京：中国水利水电出版社，1998.

［11］ 李元红. 雨水集蓄利用工程技术［M］. 郑州：黄河水利出版社，2011.

［12］ 水利部农村水利司农水处. 雨水集蓄利用技术与实践［M］. 北京：中国水利水电出版社，2001.

［13］ 胡良明. 雨水综合利用理论与实践［M］. 郑州：黄河水利出版社，2008.

［14］ 山仑，康绍忠，吴普特. 中国节水农业［M］. 北京：中国农业出版社，2004.

［15］ 中华人民共和国水利部. 节水灌溉工程技术规范［M］. 北京：中国计划出版社，2006.

［16］ GB/T 50596—2010 雨水集蓄利用工程技术规范［S］. 北京：中国计划出版社，2010.

［17］ 张祖新. 雨水集蓄工程技术［M］. 北京：中国水利水电出版社，1998.

［18］ 李元红. 雨水集蓄利用工程技术［M］. 郑州：黄河水利出版社，2011.

［19］ 顾斌杰. 雨水集蓄利用技术与实践［M］. 北京：中国水利水电出版社，2001.

［20］ GB/T 50485—2009 微灌工程技术标准［S］. 北京：中国计划出版社，2020.

［21］ GB/T 50363—2018 节水灌溉工程技术规范［S］. 北京：中国计划出版社，2018.

［22］ GB/T 50288—2018 灌溉与排水工程设计规范［S］. 北京：中国计划出版社，2018.

［23］ GB/T 20203—2017 管道输水灌溉工程技术规范［S］. 北京：中国计划出版社，2017.

第 9 章 节水灌溉自动化技术

节水灌溉自动化技术是指随着计算机在生产生活中的应用和普及,为了能更好地提高灌溉效率,节约水资源,而将计算机自动化技术应用在节水灌溉中的一种新型技术。利用自动化数据监测技术,我们可以通过传感器,实现对农业灌溉区用水量的实时监测和统计分析,进而实现对整个农业灌溉过程的动态控制管理。

较传统的灌溉技术而言,节水灌溉自动化技术的优势表现在能大量节省灌溉使用的肥料、杀虫剂、能量、人工和水量等资源,减少了人为因素对灌溉造成的不良影响,提升灌溉操作的正确性,同时促进对自然环境的保护。

9.1 灌溉信息监测技术

信息化是以现代通信、网络、数据库技术为基础,对所研究对象各要素汇总至数据库,供特定人群生活、工作、学习、辅助决策等和人类息息相关的各种行为相结合的一种技术,使用该技术后,可以提高各种行为的效率,为推动人类社会进步提供技术支持。信息化代表了一种信息技术被高度应用,信息资源被高度共享,从而使得人的智能潜力以及社会物质资源潜力被充分发挥,个人行为、组织决策和社会运行均趋于合理化的理想状态。

9.1.1 墒情

墒,指土壤的湿度墒情,指土壤水分状况。土壤湿度是指土壤的干湿程度,即土壤的实际含水量,可用土壤含水量占烘干土重的百分数表示:土壤含水量=水分重/烘干土重×100%,也可以用土壤含水量相对于田间持水量的百分比,或土壤含水量相对于饱和水量的百分比即相对含水量表示。根据土壤的相对湿度,可以知道土壤含水的程度,以及还能保持多少水量等信息,在灌溉上有参考价值。

在农业上的土壤墒情,是指作物根系层的土壤含水量状况。土壤含水量的多少直接影响着作物的正常生长及其产量、产品的形成,快速准确地测定农田土壤水分,对于探明作物生长发育期内土壤水分盈亏,做出节水灌溉、施肥决策或排水措施等,最终实现高产、高效和优质农业具有重要意义。

9.1.1.1 土壤墒情监测的内容

土壤墒情和旱情的发展趋势是与气象条件、土壤性质、土壤的水分状态、作物种类及其生长发育状况密切相关的,因此可以认为,气象条件、土壤的物理特性、土壤水分状态和作物种类及其生长发育状况是墒情和旱情监测的四大要素。土壤的物理特性包括土壤的质地、土壤的结构、土壤的比重、土壤干容重、土壤孔隙度等。土壤质

9.1 土壤水分温度电导率速测仪

地由当地的土壤颗粒级配情况来决定,土壤质地的判别方法采用国际标准分类方法来进行。

如图9.1所示,土壤墒情监测内容包括土壤湿度监测、土壤水分监测、蒸发池的蒸发率、地下水位监测、土壤水势监测、电导率监测、剖面土壤水分监测等。具体过程是运用这些监测设备将采集到的数据通过无线传输的方式送到主控计算机上,进行接收、识别、分析、处理,并及时做出决策。

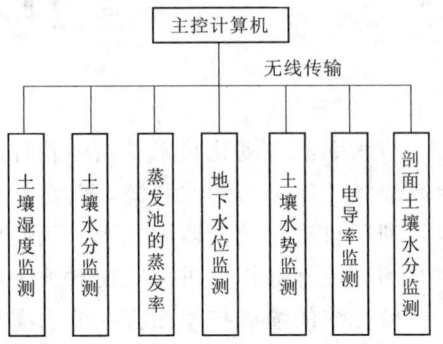

9.1.1.2 土壤墒情监测的原理

土壤墒情自动化监测的工作原理是通过传感器将土壤墒情信息以电信号的方式自动传送给低功耗测控终端,终端数据会通过无线传输的方式上传到服务器,将其存储生成曲线图、对比图、表格等形式,工作人员可为土壤墒情

图9.1 土壤墒情监测示意图

设置超限值,一旦采集的数据出现异常就能够及时预警。土壤墒情监测是水循环规律研究、农牧业灌溉、水资源合理利用及抗旱救灾基本信息收集的基础工作。目前,市面上土壤墒情监测系统大多是通过GPRS进行数据的传送。

图9.2所示是土壤测控终端DATA-6311,该终端运用GPRS网络将从土壤水分传感器采集到的一路或多路信息进行远传,其供电方式有蓄电池和太阳能电池板两种方式,在太阳能电池板到太阳能充电控制器之间有电源防雷模块,防止阴雨天遭受雷击,延长了电源的使用寿命。

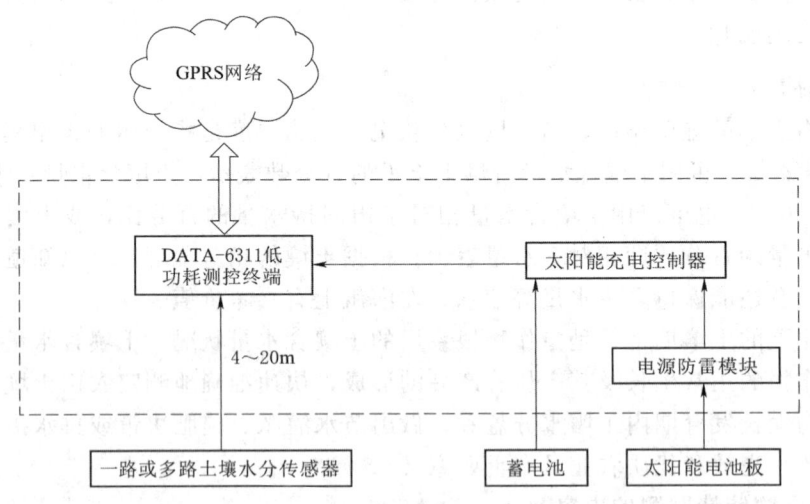

图9.2 土壤水分墒情监测原理图

9.1.1.3 墒情的监测技术

土壤含水量的测定方法主要有烘干法、张力计(负压计)法、中子仪法、γ射线法、时域反射法(TDR法)、电阻法和遥感监测法。为了更好地预测未来土壤水分的

变化趋势，经常同时还要进行气象要素和地下水位的观测，现将不同的单点土壤含水量的观测方法简述如下。

1. 烘干法

目前国际上仍在沿用的标准方法。其测定的简要过程是：先在田间地块中选择具有代表性的取样点，按所需深度用土钻分层采集土样，放入铝盒并盖好盖，以防水分蒸发，尽快称重，将湿土加铝盒的重量，记为 W_1；打开盖子，放于烘箱中，在 $105\sim110℃$ 条件下，烘至恒重，再称重，将干土加铝盒的重量，记为 W_2。设空铝盒的重量为 W_3，则该土壤质量含水量为 $(W_1-W_2)/(W_2-W_3)\times100\%$，一般应采取 3 个以上平行土样，求取平均值。

9.2 烘干称重法

烘干法一直是公认的最经典和最精确的测定土壤含水量的一种方法，其操作简单，但其缺陷是深层取土比较费力、测定时间长、破坏土壤结构、难以实现定点连续监测土壤水分的动态变化。

另外还有酒精燃烧法、红外法烘干法、微波炉烘干法等，这些方法虽然可以缩短烘干时间，但却需要特殊设备或消耗大量药品，同时也具有烘干法的所有缺陷。

2. 张力计（负压计）法

张力计法又称负压计法。在非饱和土壤中，土壤的溶质势可忽略不计时，把张力计插入待测土体中一段时间至平衡，此时，土壤水分与其所受的基质势具有一一对应的关系，因此，用张力计法监测土壤含水量时，通常是先在室内测定所测土壤的土壤水分特征曲线，然后根据土壤水分特征曲线，由张力计测得的土壤基质势反算出土壤含水量。

由于张力计法操作简易、使用广泛，但是其易受环境温度影响，仪器稳定性较差，而且负压计具有滞后性，往往不能及时反映土壤水分状况，不适用于太干燥的土壤。

3. 中子仪法

中子仪法是以测量快中子与土壤水分中氢原子碰撞而转化为慢中子的数量来感知土壤水分状况的，通过仪器可以将计数器的计数转化为土壤含水量值，具体做法是将快速中子源和慢中子探测器置于埋入待测土壤中的封闭管套内，中子源不断发射快中子，快中子进入土壤介质与水中的氢核质子相碰撞，就会改变运动方向损失部分能量，变成慢中子。土壤中水分含量越高，氢核质子就越多，致使球形慢中子的云密度就越高。慢中子被探测器和一个定标器量出显示数据，经过标定公式求出土壤含水量。

利用中子仪测土壤水分含量，不必采土，不破坏土壤结构，并可定点连续监测，从而得到该样点土壤水分动态分布规律，且快速准确，无滞后现象，具有与自动记录系统和计算机连接等优点。其缺陷是目前大多数的设备只能测出 10cm 以下土层中的水分含量，而不能用于表层土壤水分的测定。另外，在有机质多的土壤中，短时间内有机质含量变化大的土壤，会影响含水量的测定。

4. γ 射线法

γ 射线法是利用 γ 射线透射土壤后的衰减程度来测定土壤水分状况的。当固体物质不变时，γ 射线辐射程度的变化基本上决定于土壤含水率，含水量越高，γ 射线吸收的也多。γ 射线透射法具有测量迅速、可在线测量、不破坏土体、层间分辨率和测量精度高等优点。

γ射线法对被测体（土壤）的要求较高，如上壤厚度不宜太大、射线源与接收板严格对中、防护要求高等，这些要求影响了仪器的实际应用。这种装置在室内用得较多，且效果较好，在野外用的较少。

γ射线仪装置一般由量测设备、放射源自动测架、计算机控制系统三部分组成。量测设备包括放射源、探头和定标器；自动测架由电机带动进行点位控制；计算机控制系统与定标器、自动测架相连，并通过专用软件对测量系统进行控制，同时自动采集实验数据。该装置可进行二维平面测量，工作人员可通过计算机对测量系统进行远距离控制，避免了放射性物质对人体的危害，所测数据直接由计算机采集，并转化成Excel表格，有利于对实验资料进行整理分析。

5. 时域反射法

TDR，全称 Time Domain Reflectometry，是一种时域反射技术，早期主要应用于通信方面的线路检测。它是依据电磁波在土壤介质中传播时，其传导常数如速度的衰减取决于土壤的性质，特别是取决于土壤中含水量和电导率。用一对平行棒或金属线作为导体，土壤作为电介质，一对棒起波导管的作用，电磁波信号在土壤中以平面波传导，经传输线一端返到TDR接收器，分析传导速度和振幅变化，根据速度与介电常数的关系和介电常数与体积含水量之间的函数关系而得出土壤含水量。

TDR法的优点是测定快、安全、可靠、精度高，不受矿物含量、矿化度、温度等影响，携带安装方便，土样也不受扰动，可反复多次测量。更为突出的优点是能完成定时多点自动观测和计算，并能同时完成多项（水分、溶质、电导率和温度等）内容的观测。数据自动采集和远程遥控更显现出它广阔的应用前景，它是目前世界上比较先进的测量方法，但价格较高。

6. 电阻法

电阻法是根据在间距较小的两个电极间水分含量的不同，其电阻也不同的原理来测定土壤含水率。在两电极间嵌以某种有孔介质材料（如石膏、尼龙或玻璃纤维）构成电阻盒，并事先求出含水量与电阻间的关系曲线。此法在测定非盐碱土中的土壤含水量时，可取得较精确的结果。其原理是：把合适的电极放在一个由石膏、尼龙或玻璃纤维等多孔体制成的块状传感器内，然后把它埋在待测土壤中，多孔体在土壤吸水并与土壤水达到平衡，其吸水的数量因土壤含水量而异。把安置在传感器中的电极用导线连到一个测定电阻的装置上测出电阻，利用已校订的土壤含水量与所测电阻的关系，就能求出土壤含水量。

电阻法设备简单，操作容易，可以和中子仪法一样，定点连续测定，所测土壤含水率的范围较大，但易受化学物质、有机物质影响，一般精度不高。

7. 遥感监测法

遥感监测法主要是利用气象卫星的热通道资料来反演土壤的含水量，是一种大范围的土壤墒情监测方法。遥感监测常用方法有热惯量法和作物缺水指数法等，前者主要用于裸露土壤或作物生长前期，后者虽可用于作物生长旺盛期，但其计算复杂，要求地面气象因素较多，在实践应用中有较大困难。参考前人的有关研究成果，陈怀亮等提出了遥感监测土壤墒情的植被温度条件指数法，该方法同时考虑了多年作物生长状况和地表温度变化特点，能够反映出作物对水分胁迫和温度变化的敏感性，用于监测土壤墒情具有简单、直接等优点，并能够克服热惯量法和作物缺水指数法的一些不足。

9.1.1.4 土壤墒情自动化监测系统

随着经济与科技的进步，土壤墒情监测系统日渐成熟，传统的人工监测已经跟不上时代的步伐，而被逐渐淘汰。因为有了自动化，墒情监测更加科学合理，大大节省了人力物力，并且让监测信息的实效性、范围性、准确性得到了保证，应用前景十分广泛。

如图9.3所示，墒情自动化监测系统具体分为三大模块：采集模块A、分析处理模块B、执行模块C。采集模块主要是水、土壤和植物等相关参数通过对应的传感器采集以后经模数转换器Ⅰ传到主控计算机上，主控计算机再对采集到的数据进行存储、显示、分析和处理后，得到土壤墒情对作物生长影响的模型，计算机连接着打印机，可以将相关数据打印出来，最后将控制命令通过数模转换器Ⅱ传到相应的执行机构上，控制水泵、施肥机和喷药机相应机构的动作，自动执行控制命令。总之，墒情监测技术已经朝着测控一体化的方向快速发展。

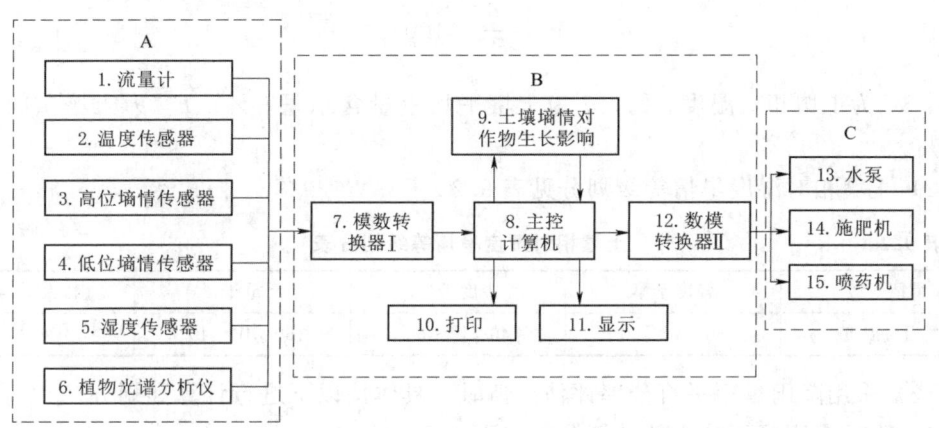

图9.3 墒情自动化监测系统组成

目前，农业领域的监测系统存在着以下缺点：①有线监测点的布置需要大量走线，布置方式不灵活；②监测点数量由于通信布线成本的限制而不能大量布置，造成监测力度不够，甚至存在监测盲区；③有线监测点线路检查和维护需要大量的人力物力，若多块农田实现集中管理会增加安装成本，不利于构建大型远程控制系统。

由于有线传感器的缺点，现在用得较多的是无线监测。无线传感器网络由低功耗微小的网络节点通过自组织方式构建通信网络，其通信便利的优点，使其在农业应用方面尤为突出。现在5G技术作为一种先进的无线通信技术，比起以往的2G、3G和4G通信技术，具有数据传输速度更快、更加安全可靠等优点，会得到更加广泛的应用。

9.1.2 农业旱情监测系统

旱情是指在作物生育期内，由于降水少、河流及其他水资源短缺，土壤含水量降低，对农作物某一生长阶段的供水量少于植物需水量，从而影响作物正常生长，使群众生产、生活受到影响。

农业旱情是指耕地或农作物受旱情况，即土壤水分供给不能满足农作物发芽或正常生长要求，导致农作物生长受到抑制甚至干枯的现象。农业旱情指标包括土壤相对湿度、降水量距平百分率、连续无雨日数、作物缺水率和缺水天数。农业旱情指标适应见表 9.1。

表 9.1 农业旱情指标适用表

农业类别	雨养农业区	灌溉农业区	
		水浇地	水田
适用指标	土壤相对湿度 降水量距平百分率 连续无雨日数	土壤相对湿度 作物缺水率	作物缺水率 缺水天数

（1）采用土壤相对湿度评估农业旱情时，具体按以下进行计算和划分：

1）采用 0～40cm 深度的土壤相对湿度作为旱情评估指标。土壤相对湿度的计算公式如下：

$$W = \frac{\theta}{F_C} \times 100\% \tag{9.1}$$

式中：W 为土壤相对湿度，%；θ 为土壤平均重量含水量，%；F_C 为土壤田间持水量，%。

2）土壤相对湿度旱情等级划分见表 9.2。

表 9.2 土壤相对湿度旱情等级划分表

旱情等级	轻度干旱	中度干旱	严重干旱	特大干旱
土壤相对湿度/%	$50 < W \leqslant 60$	$40 < W \leqslant 50$	$30 < W \leqslant 40$	$W \leqslant 30$

（2）采用降雨量距平百分率评估旱情时，具体按以下进行计算和划分。

1）降雨量距平百分率的计算公式如下：

$$D_P = \frac{P - \overline{P}}{\overline{P}} \times 100\% \tag{9.2}$$

式中：D_P 为降雨量距平百分率，%；P 为计算时段内降水量，mm；$\overline{P}$ 为多年同期平均降水量，mm；宜采用近 30 年的平均值。

2）降雨量距平百分率旱情等级划分见表 9.3。

表 9.3 降雨量距平百分率旱情等级划分表

旱情等级	降雨量距平百分率 D_P/%		
	月尺度	季尺度	年尺度
轻度干旱	$-60 < D_P \leqslant -40$	$-50 < D_P \leqslant -25$	$-30 < D_P \leqslant -15$
中度干旱	$-80 < D_P \leqslant -60$	$-70 < D_P \leqslant -50$	$-40 < D_P \leqslant -30$
严重干旱	$-95 < D_P \leqslant -80$	$-80 < D_P \leqslant -70$	$-45 < D_P \leqslant -40$
特大干旱	$D_P \leqslant -95$	$D_P \leqslant -80$	$D_P \leqslant -45$

(3) 采用连续无雨日数评估农业旱情时，具体按表 9.4 划分：
1) 连续无雨日数指标为连续无有效降水的天数。
2) 连续无雨日数旱情等级划分见表 9.4。

表 9.4 连续无雨日数旱情等级划分表

季 节	地域	不同旱情等级的连续无雨日数			
		轻度干旱	中度干旱	严重干旱	特大干旱
春季（3—5 月）秋季（9—11 月）	北方	15～30	31～50	51～75	>75
	南方	10～20	21～45	46～60	>60
夏季（6—8 月）	北方	10～20	21～30	31～50	>50
	南方	5～10	11～15	16～30	>30
冬季（12 月至次年 2 月）	北方	20～30	31～60	61～80	>80
	南方	15～25	26～45	46～70	>70

(4) 采用作物缺水率评估旱情等级时，具体按以下进行计算和划分：
1) 作物缺水率的计算公式如下：

$$D_W = \frac{W_r - W}{W_r} \times 100\% \qquad (9.3)$$

式中：D_W 为作物缺水率，%；W_r 为计算期内作物实际需水量，m^3；W 为同期可用或实际提供的灌溉水量，m^3。

2) 作物缺水率旱情等级划分见表 9.5。

表 9.5 作物缺水率旱情等级划分表

旱情等级	轻度干旱	中度干旱	严重干旱	特大干旱
作物缺水率 D_W/%	$5 < D_W \leq 20$	$20 < D_W \leq 35$	$35 < D_W \leq 50$	$D_W > 50$

(5) 采用断水天数评估旱情等级时，旱情等级划分见表 9.6。

表 9.6 断水天数旱情等级划分

旱 情 等 级			轻度干旱	中度干旱	严重干旱	特大干旱
断水天数	南方	春秋季	7～10	11～20	21～30	>30
		夏季	5～7	8～12	13～20	>20
	北方		7～10	11～15	16～25	>25

9.1.2.1 自动气象监测站

近年来，全球气候异常现象越来越显著，其引起的经济损失日益严重，地面气象观测的气象参数的实时性对人类生产生活有着重要的影响，同时，为了准确掌握一定区域内的气象参数分布特征，需要在监控区域内布置许多监控节点。自动气象监测站监控系统通过对观测数据及运行状态的分析判断，设计信息储存、统计、查询、提示、报警等功能，并利用图文、声音和手机短信等方式，提示业务技术人员及时有效地处理故障，以保障自动站观测数据的完整和准确。

自动气象站用于对大气温度、相对湿度、地温、气压、雨量、风向、风速、太阳辐射、能见度等气象要素的全天候现场监测，具有手机气象短信服务功能，可通过多种通信方法与省气象信息中心计算机进行通信，将采集到的气象数据传输到气象信息中心计算机数据库中，用于对气象数据统计、分析和处理。

如图 9.4 所示，监测部分包括各种气象传感器、单片机微控制器、GPRS 无线通信模块。主控制器采用单片机，其处理能力强，运算速度快，片内资源丰富，且其最大的特点就是超低功耗，由于系统运行时开启的功能模块不同，即采用不同的工作模式，芯片的功耗有着显著的不同。由传感器获取的气象参数需要定时地以文本格式存储到 SD 卡中，这样即使监控中心出现突然断电的情况，依然可以获取到当天的气象参数，便于数据的整理和参数的计算。同时监测模块中还设置了时钟电路，采集到的气象参数存储名称通常是按采集时间命名的，这样可以方便查阅。再者，监测系统还有报警电路，一旦系统出现故障，会自动报警，提醒值班人员及时检修。

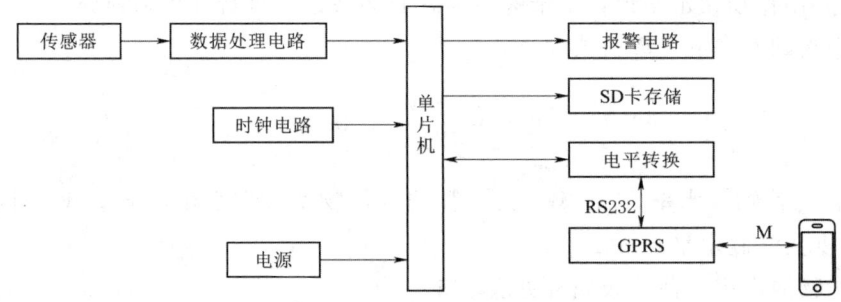

图 9.4　自动气象站监测原理图

实时的气象数据监测服务需要一个安装有数据控制软件的 PC，使得监测数据中心软件可以实现数据的完整接收、分析和存储。当不需要采集气象信息时，手机通过命令（M）向 GPRS 模块发送休眠命令，GPRS 收到该命令就会将信息通过标准 RS232 串口传送给单片机控制器，使系统处于低功耗模式；当系统需要采集数据时，手机发送唤醒短信，使系统处于工作状态，这样的工作模式能够极大地降低系统的功耗。

9.1.2.2　植物生长发育参数的测定

现有的植物生理信息检测系统往往和植物环境信息采集系统集成在一起，统称植物生理生态信息检测系统。按照其获取的信息的来源不同可以分成植物内部固有的生理参数信息和植物外部生长环境信息两部分，其中植物本身所固有的生理参数目前还是以形态学参数为主，如茎秆直径，叶片面积，果实的生长和膨大过程，植株高度信息，等等。研究者希望通过这些参数来确定植物当前的水分、营养和产量的估计，从而更好地评估作物当前的状态。有了植物生理参数信息，才可以更精确判断植物的长势和评价各项经济指标。这样比以往的靠人工经验进行作物生长状态估计有着更多的优势；另一部分植物生长环境信息的测量主要包括环境温湿度、光辐射强度、二氧化碳和氧气含量、土壤电导率、土壤 pH 值和各种离子浓度等。

1. 植物生理信息检测的意义

随着科学技术的发展，计算机技术、电子技术、传感技术、通信技术、检测技术、图像识别技术、人工智能技术等在农业生产中开始得到广泛的应用，使农业在智能化、自动化方面取得了长足的进步。

设施农业的发展是以作物为中心，为其构建适宜的生产环境，因此，快速、准确的作物生理信息检测技术为智能化、自动化环境控制提供了重要依据。在现代大型温室中，所有环境因子如室内温、湿、光、气、热等均可以通过不同功能的传感器探头获取，并由计算机进行综合管理，实施自动控制。相比之下，对作物本身生理信息的无损检测技术发展相对缓慢，作物生理信息的获取，特别是对于设施农业这种可控环境下的作物生产，可以根据作物生长状况合理控制作物生长的环境参数，使水、肥、农药等得到精确的自动化管理，因此，作物生理信息获取技术的研究和发展可以提高农业生产的科学性，有利于提高我国农业整体水平。

国内外学者已针对作物生长信息技术进行了大量研究，其中包括如生长发育状况等可视物理信息在内的表观信息和包括叶片及冠层温度、叶水势、叶绿素 a 含量等信息在内的内在信息。从目前的研究报道来看，植物电信号分析技术、机器视觉和图像处理技术、光谱分析及遥感技术、叶绿素荧光分析技术在作物生理信息采集中得到广泛应用，使农业生产更加具有科学性、稳定性、可控性。

2. 植物生理信息检测技术

植物生理信息检测技术主要利用以下四种技术：

(1) 植物分析技术。微弱的电信号是生物体内最重要的物理信号，它在环境刺激细胞偶联中起到重要作用，并与多种生理活动紧密相关。植物电信号是植物细胞或组织的静息电位在外界刺激下，发生变化并能在细胞、组织间传递的一种微弱信号，是一种能表征植物生理过程及体内信息变化的重要植物生理信号。植物电信号被认为是与植物生理过程及体内传送信息相关的信号，它与环境的刺激存在某种关联，在植物受到环境变化的刺激后，电信号激发植物产生运动、生长代谢及物质运输等生理变化，从而调节植物与外部环境的联系。研究发现，植物电信号在温度、光照、水分、机械损伤、电等因素下都可被激发，且长距离的植物器官和组织间联系的方式主要是通过生物电化学或电生理信号，因此在外界环境发生变化时，植物电信号变化显著。

(2) 机器视觉和图像处理技术。近年，随着信息技术的飞跃发展和计算机的普及，计算机机器视觉技术广泛应用于多个领域，在设施农业领域也已取得较大进展。利用计算机机器视觉技术获取温室内植物生长信息，对植物生长状况进行实时监测，对植物生产和研究植物生理方面具有重要意义。

计算机处理速度的提高和硬件成本的降低以及 CCD 等硬件设备的完善，为实现农业可视化、数字化、精确化、现代化和信息化提供了可能。计算机、图像采集设备等硬件设施是基础，图像数据处理及分析方法是核心，在计算机视觉系统从简单因素的视觉模拟到取代、解析人的视觉信息的发展历程，无疑是硬件设施与分析方法相互制约、相互促进的过程。如今的计算机视觉技术也从单纯的外观视觉向植物的性状、组成及成分分布等内部特征方向发展，从而人们对植物特性的认识也在逐步深入。

（3）光谱分析及遥感技术。光谱分析技术具有分析速度快、效率高、成本低、测试方便、重现性好等特点，是一种公认的绿色分析技术。早在40年前，科学家们就发现光谱特性与植物营养状况密切相关，并进行了一系列利用光谱特性对植物生长状况检测的相关研究。目前，随着光谱技术的不断发展，越来越新的光谱技术被应用到作物生长信息检测领域，如近红外技术、多光谱技术、高光谱技术等。为对研究对象进行更好的分析处理，图像分析技术与光谱分析技术相结合的光谱成像技术也开始得到应用，如高光谱成像技术和多光谱成像技术等。

遥感技术是以航空摄影技术为基础，在20世纪60年代发展起来的一门新兴技术，它根据不同物体对波谱产生不同响应的原理，利用遥感器从空中来探测地面物体体质。国外遥感技术大多首先应用于农业，如美国利用气象卫星和陆地卫星等数据预测世界小麦产量，准确度高于90%。现代遥感技术使用了从紫外到远红外范围内的电磁波来获取目标物的信息，此范围包含丰富的植物生理信息，因此可以更广泛地获取植物信息。现代遥感技术在大面积作物长势监测与估产、农情宏观预报、农业咨询调查、农业管理等方面做出了重要贡献。

（4）叶绿素荧光分析技术。Kautsky是公认的叶绿素荧光诱导现象的发现者。1931年，Kautsky和Hirsch用肉眼观察并记录了叶绿素荧光诱导现象。在Kautsky的发现之后，人们对叶绿素荧光诱导现象进行了广泛而深入的研究，并逐步形成了光合作用荧光诱导理论，被广泛应用于光合作用研究。由于Kautsky的杰出贡献，叶绿素荧光诱导现象也被称为Kautsky效应（Kautsky Effect）。

叶绿素荧光作为光合作用研究的探针，得到了广泛的研究和应用。叶绿素荧光不仅能反映光能吸收、激发能传递和光化学反应等光合作用的原初反应过程，而且与电子传递、质子梯度的建立及ATP合成和CO_2固定等过程有关。几乎所有光合作用过程的变化均可通过叶绿素荧光反映出来，而荧光测定技术不需破碎细胞，不伤害生物体。因此通过研究叶绿素荧光来间接研究光合作用的变化是一种简便、快捷、可靠的方法。目前，叶绿素荧光在光合作用、植物胁迫生理学、水生生物学、海洋学和遥感等方面得到了广泛的应用。

3. 以上四种方法存在的问题

（1）植物电信号分析技术对植物生理信息检测的重点主要针对受胁迫植物生长状况受影响程度的检测，且由于电信号较弱，受周围环境干扰较大，信噪比较低，检测稳定性略差。

（2）机器视觉和图像处理技术对植物外观形态的判定和分析效果较好，对植物内部生理因素的检测较弱。

（3）光谱分析及遥感技术发展比较完善，对植物内在的营养成分和水分含量检测效果较好，但对植物生长状况的判定和诊断优势不足。

（4）叶绿素荧光分析技术中的荧光动力学分析技术具有较好的植物生长状况监测效果，但不能对植物成分含量及生理信息进行定量检测。

9.1.3 农田土壤墒情监测系统在农田灌溉中的应用

农田土壤墒情监测系统是影响农作物正常生长的关键因素,它能对土地的水分进行有效地分析,从而判定什么时候进行合理的灌溉。其可以根据不同地域的土壤类型、灌溉方式、灌溉水源、各种作物等进行不同的划分,在不同类型区域选择代表性地块,建设含有土壤含水量,地下水位,降雨量等信息的自动采集系统,通过灌溉预报软件结合信息的实时监控,获得最佳的灌溉时间,灌溉水量及采取的节水措施,达到节水目的,并且和其配套的一系列的灌水系统的配合,农田的合理灌溉会达到一个新高度。中国现在一般是采用 GSM 网络载体来进行土壤的水分营养物质等信息的传输,采集的信息将直接反馈到计算机上,一切情况在计算机上都一目了然。计算机对各类信息进行分析处理,最后确定各个区域的农田所需要的灌水量,控制喷灌机以及深井泵等设备进行有效灌溉工作。GSM 农田土壤墒情监测技术十分准确,它不仅能够实时监控土壤的水分,空气的湿度等,还能够将所探测的信息经过一系列的处理之后呈现出来,然后结合灌溉系统,二者相辅相成又相互促进,达到节水灌溉的目的。据统计,运用此技术后的灌溉水的利用率比以前提高 20% 以上,农作物增产范围在 15%～20% 之间。

在农田土壤墒情监测上,所期望的效果就是能够检测的范围要大,精度要高,并且能够用于实际工作当中。但是由于系统的可控制范围必须够大才能保证每个质地不同,水分不同的地方能够检测到,以 GSM 网络为核心的区域农田土壤墒情监测系统对田间的土壤水分进行采集,土壤水分采集传感器通过一系列的处理再上传,要特别注意的地方就是要保证信息的安全性和多个因素的实时检测,包括防止电源意外中断的检测,防止雷击导致信息接收不到等一系列的防止信息中断的检测。在整个农田的灌溉当中,不但系统能够对土壤墒情进行监测,相应配套的灌溉系统也能收发自如地进行自动灌溉,而且用户也可以方便地按照自己所需要的方式来进行灌溉和其他的工作。用户可以根据自己的需要进行顺序设置,比如先进行水稻田的灌溉,再进行棉花地的灌溉等,还可以将此流程设置为标准模式,以后的顺序就是按照这种设定来进行,不必一直重复设定,从而省去了很多麻烦,根据自己的真实情况,让农田得到充分的水分吸收,促进农作物的生长,达到增产的目的,做到合理灌溉和有效地节约水资源,使得物联网区域农田土壤墒情监测能够发挥最大的作用。

9.2 自动化灌溉技术

9.2.1 自动化灌溉量水技术的研究意义

水是生命的基本要素,也是重要的基础资源,水资源既是经济社会发展的重要物质基础,也是维护国家安全不可替代的战略资源。但是,随着社会经济发展、人口增长、气候变化、工农业生产活动和城市化的快速发展,水资源短缺已经成为影响人类世界的一大问题,这个问题在未来将更加突出。

近年来,随着农业用水需求的不断增加,农业供用水矛盾日益凸显,加之水资源利用率低下，使得农业灌溉用水越加紧张，我国作为一个农业大国，农业灌溉用水占总用水量的较大部分，大力推广和发展自动化节水灌溉技术成为我国农业今后发展的趋势，尤其发展现代化高效节水农业更是农业的必由出路。现代化高效节水农业不仅在种植和灌溉方面比较精细化，而且在输配水、灌水方式、降雨、蒸发、土壤墒情和作物需水规律等方面进行全面统一考虑，通过灌溉自动化系统将灌溉水、降雨、地下水联合调用，按时、按需、按量进行自动灌溉，并利用土壤墒情和气象设备实时动态监测，土壤含水率和水分动态变化，实现灌溉水的自动化和动态化管理。

自 20 世纪 70 年代以来，新型灌溉技术在国外已经相当普及，同时研发并制造一系列用途广泛、功能性强的数字式灌溉控制器，并取得了广泛的应用。当前，在美国、加拿大等农业发达国家，将先进的电子技术、计算机和控制技术等应用到农业节水灌溉方面，探索出能够广泛应用的计算机控制、模糊控制和神经网络控制等技术，控制精度和智能化程度越来越高、可靠性也越来越好、操作也越来越简便。

9.2.2　自动化灌溉量水技术的工作原理

所谓的自动化灌溉控制是指利用田间布设的相关设备采集或监测土壤信息、田间信息和作物生长信息，并将监测数据传到首部控制中心，在相应系统软件分析决策下，对终端发出相应灌溉管理指令的过程。

自动化控制系统的工作原理为：运用土壤、气象、作物等类型的传感器及监测设备将土壤、作物、气象状况等监测数据通过墒情信息采集站传到计算机中央控制系统，中央控制系统中的各类软件将汇集的数值进行分析，比如将含水量与灌溉饱和点和补偿点比较后确定是否应该灌溉或停止灌水，然后将开启或关闭阀门的信号通过中央控制系统传输到阀门控制系统，再由阀门控制系统实施某灌区的阀门开启或关闭，以此来实现农业的自动化控制。具体的原理框图如图 9.5 所示。

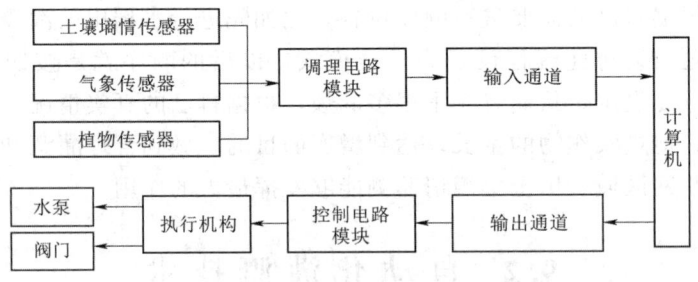

图 9.5　自动化灌溉控制原理框图

图中具体的工作过程是：土壤、作物、气象等被测控参数通过相应的传感器采集并经调理电路模块将采集到的非标准电信号转化为标准电信号，再经输入通道转化为能被计算机识别接收的数字信号，计算机对采集到的数据进行分析并与原先设定值比较，然后输出的数字信号经输出通道转化为模拟信号，再经过控制电路模块的放大作用，进而驱动执行机构执行控制命令，控制水泵和阀门进行工作。

9.2.3 自动化灌溉技术在渠道和管道中的应用

灌溉自动化诞生于 20 世纪 30 年代，法国科学家发明出一种自动化闸门运用于渠系中，并根据自动闸门制定出了一套灌溉自动化的控制模式，灌溉自动化应运而生。自动化灌溉系统是基于计算机技术、通信技术和现代农业技术为一体的自动化控制系统，依据灌溉方式的不同，灌溉自动化技术主要分为渠道灌溉自动化和管道灌溉自动化。下面就这两种方式做详细介绍。

9.2.3.1 自动化灌溉技术在渠道中的应用

将自动化技术应用于渠道灌溉中称为自动化渠道灌溉技术。灌溉渠道系统是指从水源取水、通过渠道及其附属建筑物向农田供水、经由田间工程进行农田灌水的工程系统，包括渠首工程、输配水工程和田间工程三大部分。自动化灌溉工程主要由水源、地下、地上供水系统、首部过滤系统、田间阀门、机井信号传输与控制系统及远程监控系统组成。

目前澳大利亚研制开发的全渠道控制系统（TCC）是全球最先进的灌溉控制技术之一，也是典型的下游控制系统。其核心设备为测控一体化闸门，该闸门集水量监测和控制于一体，系统由模块化的硬件和软件组合而成，在澳大利亚、美国等国广泛应用，近年来我国一些灌区也开始推广应用，通过计算机和通信网络对每扇闸门自动调节，提高了农田配水效率，为用水户提供了灵活、可靠、公平的供水服务。下面介绍一体化测控闸门的构成、原理、功能和特点：

(1) 构成：一体化测控闸门作为全渠道控制系统核心设备，主要由闸门、水位传感器、开度传感器、控制器、太阳能板、电动机及驱动装置、门框、止水材料等部件组成，具有质量高、精度高，设计先进、安装维护方便、模块化和多功能等优点。

(2) 工作原理：一体化测控闸门是由水力学原理设计而成，是集测、控于一体的顶面溢流式闸门，闸门可通过自身测得的上下游水位和闸门开度计算出流量，以太阳能为动力，通过集成在内部的无线通信系统和 SCADA（即数据采集与监视控制系统）系统与控制中心及用水户连接，控制中心和用水户通过配套软件系统进行实时动态联系，为用水户提供及时而稳定的供水服务。一体化测控闸门为堰流式出流，流量计算公式如下：

$$Q = mb\sqrt{2g}H^{\frac{3}{2}} \tag{9.4}$$

m 按照雷伯克（T Rehbock）流量系数公式计算：

$$m = 0.403 + 0.053\frac{H}{P} + \frac{0.0007}{H} \tag{9.5}$$

$$H \geqslant 0.025; H/P \leqslant 2; P \geqslant 0.3 \tag{9.6}$$

式中：Q 为过堰流量；b 为堰宽；H 为堰上水头；m 为堰流流量系数；P 为上游堰高。

(3) 功能：一体化测控闸门可为用户提供定制的解决方案，比如渠系管理和控制，需求管理，或者用户订水管理和收费；也可与全渠道控制系统的其他设备相结合，为灌区所面临的挑战提供解决方案，比如配水效率、运行控制、精确计量和提高为农民服务的水平。

(4) 特点:一体化测控闸门集精确的超声波水位测量、高精度的流量计量与闸门控制、高强度的运作负载周期、顶流堰式设计和全太阳能驱动于一体,实现就地或远程全渠道 TCC 控制模式,获得精准化的实时数据。

全渠道 TCC 控制模式,用户预订用水时,软件会自动检查用户预订的水量是否合适,输水系统是否有容量及调水限制,确定后才把信息发送到用户预订的槽闸口,在用户要求的时间内自动开启一体化槽闸,通过不断调整,达到用户预订的流量。上游槽闸预计下游槽闸需求,然后采用前馈控制上游槽闸,随着实时水位与流量信息的不断调整来维持下游渠道水位。当下游用户用水时,下游渠道水位下降,通过每个闸门的高精度水位传感器与闸门状态来调整闸门开度补充水量,直至水位达到设定的目标值。依次往上类推,使整个网络中的所有闸门在短时间内自动调节到最佳工作状态,实现整个渠系网络输配水的自动化、数字化、智能化。全渠道 TCC 控制方式,可分为基于需求和基于供给的两种控制模式。基于需求的运行方式是通过改变闸门流量(开度)以匹配下游渠系时间需求,并保持渠段下游水位在设定值;基于供给的运行方式是通过改变闸门流量(开度)以匹配上游渠系时间需求,并保持渠段上游水位在设定值。就地或远程控制方式闸门均为独立运行,不考虑上下游闸门的情况,TCC 控制方式闸门为系统控制,每一个闸门的调节会根据整个渠系的状态进行调整。

9.2.3.2 自动化灌溉技术在管道中的应用

随着滴灌、微喷灌、渗灌和低压管道输水等现代先进灌溉方式的出现和应用,越来越多的灌区采用管道系统输水和配水,因此将自动化技术应用于管道灌溉势在必行。(主要是自动化滴灌)。管道灌溉系统是从水源取水经处理后,用有压或无压管道网输送到田间进行灌溉的工程,一般由水源工程、首部枢纽、输配水管网、灌水器等部分组成。

下面以喷灌工程技术为例进行介绍。

1. 水源工程

水源工程包括河流、湖泊、水库和井泉等都可以做为喷灌的水源,但都必须修建相应的水源工程,如泵站及附属设施、水量调节池等。喷灌可使用各种农用泵,如离心泵、潜水泵、深井泵等。在有电力供应的地方,常用电动机作为水泵的动力机;在用电困难的地方,可用柴油机、拖拉机或手扶拖拉机等作为水泵的动力机,动力机功率大小根据水泵的配套要求而定。

2. 首部枢纽

首部枢纽的作用是从水源取水,并对水进行加压、水质处理、肥料注入和系统控制。一般包括动力设备、水泵、过滤器、施肥器、泄压阀、逆止阀、水表、压力表以及控制设备,如自动灌溉控制器、恒压变频装置等。首部设备的多少,可视系统类型、水源条件及用户要求有所增减。如果是在城市供水系统作为水源的情况下,往往不需要加压水泵。

3. 管道系统及配件

管道系统一般包括干管、支管两级,竖管三级,其作用是将压力水输送并分配到田间喷头中去。干管、支管起输、配水作用，竖管安装在支管上，末端接喷头。管道系统中装有各种连接和控制的附属配件，包括闸阀、三通、弯头和其他接头等，有时在干管或支管的上端还装有施肥装置。

4. 喷头

喷头将管道系统输送来的水通过喷嘴喷射到空中，形成下雨的效果洒落在地面，灌溉作物。喷头装在竖管上或直接安装在支管上，是喷灌系统的关键设备，根据实际情况选择合适的喷头。

喷灌自动化控制系统如图 9.6 所示。

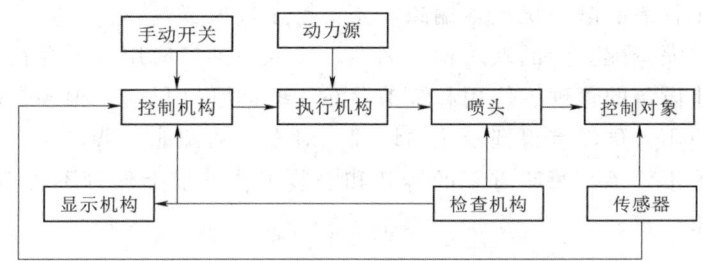

图 9.6　喷灌自动化控制系统框图

在图 9.6 中，各个组成部分的功能如下：

(1) 传感器。传感器是把控制对象的某些参量转换成所需要的信号。例如当要控制土壤湿度时，就可以用湿度计把土壤湿度值变成电信号送到控制机构中去。

(2) 控制机构。控制机构是整个自动化系统的中枢，它把从传感器传来的信息或检查机构传来的回报信号经过分析运算后，确定应采取怎样的操作，并发出指令到执行机构，使喷头进入运转或停止运转。根据自动化程度的不同，控制机构的复杂程度也不同，控制机构一般还可以接收手动开关发来的指令，以便必要时由值班人员直接干预操作过程。

(3) 执行机构。执行机构是根据控制机构传来的指令进行实际操作，在喷灌系统中一般是一个自动阀，可选用电动阀、电磁阀、气动阀或水动阀。

(4) 检查机构。检查机构是检查执行机构执行指令的情况，即喷头或喷灌机运转情况及土壤湿度的变化或喷灌水深等，并发出控制信号到控制机构，必要时也可以传到显示机构使值班人员了解系统的运行情况。

(5) 显示机构。根据检测参量所需要的精度，数字显示或表盘显示实时值和设定极限值，发出报警，报警是光信号（如红灯）、音响信号（如电铃）或两者兼有之。

(6) 动力源。在自动化喷灌系统中，除了为使喷头正常工作而对灌溉水加压需要动力源外，要使自动化系统能正常工作也需要动力源。动力源可以是市电、自备发电机、电池、柴油机、空气压缩机等，根据实际需要，选择合适的即可。

喷灌自动化控制系统工作原理：采用时序控制方式，将灌水开始时间、灌水延续时间和灌水周期作为控制参量，实现整个系统的自动灌水。其基本组成包括控制器（控制机构）、电磁阀（执行机构），还可选用土壤水分传感器、降雨传感器及霜冻传感器等设备，其中控制器是系统的核心。灌溉管理人员可根据需要将灌水开始时间、灌水延续时间、灌水周期等设置到控制器的程序当中，控制器根据其收集到的土壤湿度压力等信息作出调节，通过电缆向电磁阀发出信号，调节灌溉系统中的相关控制阀门，如泄压阀、逆止阀及管道系统中闸阀等的开度，进而调节喷头压力及流量，实现自动灌溉。

9.2.3.3 自动化管道灌溉目前存在的问题

9.3 无人机植保灌溉演示

在自动化管道灌溉技术的应用中，灌溉系统的设备配置较多，随着水利信息化、自动化和智能化技术的发展，新的技术和产品不断涌现，发现在农业自动化管道灌溉中存在一些问题，具体体现在以下三点：

(1) 自动化管道灌溉系统成本偏高，需要投入较大资金。

(2) 自动化灌溉配套产品缺乏相应标准，导致在推广应用方面存在一定的壁垒。

(3) 自动化设备的管理、使用和维护存在一些问题，目前，很多自动化灌溉系统的管理人员、使用人员没有得到专业的培训，对设备的性能、特点和日常维护不甚了解，操作、维护不熟练。每年重复的拆卸和安装工作，加上保管不善造成设备损坏、零部件丢失现象严重。

9.3 智能化灌溉技术

智能化灌溉技术是将灌溉节水技术、作物栽培技术及节水灌溉工程的运行管理技术有机结合，通过计算机通用化和模块化的设计程序，构筑供水流量、压力、土壤水分、作物生长信息、气象资料的自动监测控制技术，能够进行水、土环境因子的模拟优化，实现灌溉节水、作物生理、土壤湿度等技术控制指标的逼近控制，从而达到精确化灌溉的目标。

现代农业是采用计算机网络技术、自动控制技术、人工智能技术、数据库技术进行科学管理的社会化农业。智能化灌溉是现代农业的重要标志，也是现代化农业重要的建设任务。我国水资源缺乏，耕地面积广阔，灌溉水利用系数低，因此智能灌溉技术的研究成为近些年的研究热点。

随着农业生产的规模化，对农业灌溉灵活、准确、快捷的要求也越来越高，传统的灌溉方式还存在一些问题：①仍以传统经验生产为主，农田灌溉精度难以保证，缺乏量化指标和配套集成技术；②监测与控制都采用人工管理，管理水平滞后，存在劳动强度大、人机交互能力差等弊端，严重影响农作物品质和产量。因此，高效、智能灌溉技术随之涌现，依靠人工智能算法科学计算灌水定额，确保农田含水量保持在适宜作物生长的最佳状态，成为解决水资源不足、缓解农业用水供需矛盾的有效途径。

国家"十四五"规划对做好新时期农业农村工作作出了重要部署，大规模推进农业节水灌溉技术，加快智能灌溉控制系统的研发，到2030年农田灌溉水有效利用系数提高到0.6以上。智能化灌溉是实现节水的必要保障，使用智能灌溉控制系统，不但能更有效地利用水资源、提高产量，还能够提高自动化生产效率，降低人力成本和管理成本，显著提高效益。

本节着眼于智能灌溉的技术层面，结合具体实例分析无线传感网络技术、模糊控制技术、神经网络技术、专家系统控制技术在现代农业灌溉中的应用现状，并介绍未来高效智能灌溉技术的发展方向。

9.3.1 无线传感网络技术在智能灌溉中的应用

无线传感网络（wireless sensor network，WSN）技术在智能灌溉中的应用是将智能传感器按照一定的布局安装在灌溉农田内，然后通过无线通信方式实时监测、感知和采集网络覆盖区域内环境和监测对象的信息，再发送到信息采集站或灌溉系统集控中心，避免了灌溉现场布线带来的各种问题。WSN 主要由传感节点（终端）、路由节点（路由器）、协调节点（协调器）组成，分别负责灌溉区域内的信息采集和数据转换、控制信息的交换、传感器网络的配置和管理。WSN 具有容量大、功耗低、可靠性强等优点，可应用于较大规模的作物生产基地，促进了智能农业和精准农业的发展。无线传感网络的拓扑结构如图 9.7 所示。

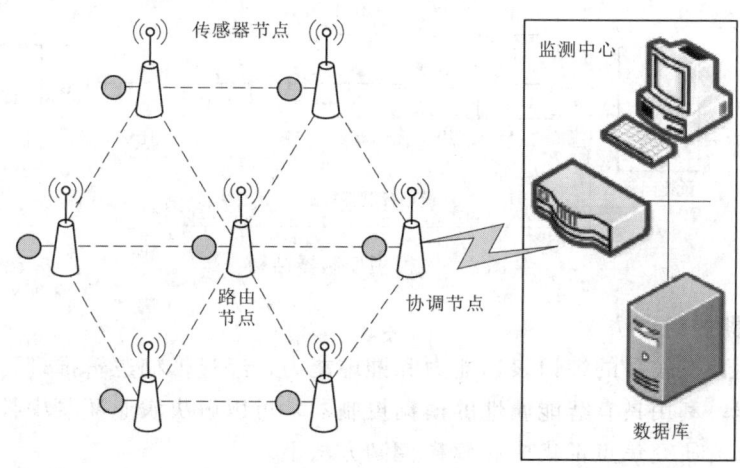

图 9.7　无线传感网络的拓扑结构

国内有学者基于 WSN 研发了一套自动灌溉系统，把土壤温湿度传感器置于田间，用 ZigBee 网络进行数据传输，采用智能算法进行水量规划，该系统功耗低，自动化程度高，在应用过程中取得较好效果。而该研究只使用了一种 ZigBee 网络，ZigBee 技术是一种短距离的无线通信技术，不适用于大规模作物种植基地的远程控制。

将 WSN 技术应用在现代农业灌溉中，实现对农作物的生长状况、土壤酸碱度、土壤含水率的监测，突破了地域限制，提高了数据的共享性，根据当前环境参数合理计算灌水定额，达到了节水的目的。此外，WSN 在农田灌溉中的应用还应结合大数据技术、智能控制技术，充分进行数据挖掘，精准计算灌区需水量，在无人值守的情况下完成智能灌溉。

9.3.2 模糊控制技术在智能灌溉中的应用

9.3.2.1 模糊控制理论

模糊控制（fuzzy control，FC）是把基于丰富的种植经验总结出来的、用自然语言表述的灌溉策略，或是大量实际灌溉数据总结出来的控制规则，用计算机予以实现

9.4 智能化灌溉系统展示

的智能化灌溉控制。它与传统控制方法最大的不同在于不需要知道被控对象的数学模型。

土壤是一个惯性、非线性系统，且作物全生育期包含多环境变量，很难建立精确统一的数学模型，将模糊控制用于灌溉过程非常合适，效果较为明显。常用的模糊控制器结构如图9.8所示。土壤湿度作为作物生长的重要环境变量，在农田灌溉中，通常把土壤湿度和土壤湿度变化率分别作为模糊控制器的输入信号（以 e、ec 表示），引进量化因子 K_e、K_{ec}，经过模糊化模块（D/F）变换成模糊量（E、EC），送入含有模糊规则的模糊推理模块（AR），经过近似推理得出结论——模糊集合 U，然后被清晰化模块（F/D）变换成清晰量，以比例因子 K_u 表示，再将信号 u 输出到下一级去调节被控对象，使其输出满意的结果，完成灌溉系统模糊控制。

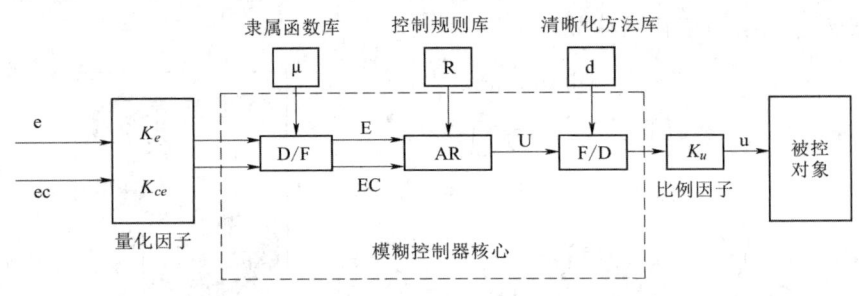

图 9.8　模糊控制器结构

9.3.2.2　模糊控制方法

模糊控制具有较强的知识表达能力和推理能力，经过模糊逻辑推理可以实现类似人的决策过程。利用具有智能属性的模糊控制器，可以解决农业灌溉中控制精度低的问题，国内外的研究焦点都集中在模糊控制方法上。

目前国内有学者采用模糊算法，根据需水规律精确调控葡萄不同发育阶段的土壤水势，自动完成灌溉，增强了系统的适应性，在减少灌溉用水需求的同时提高了葡萄的品质。但该研究只采用了一种模糊控制算法，一个系统的灌溉任务有多重性和时变性，需要采用多种智能技术相结合的方式完成任务集合的处理，实现智能节水灌溉。为了更好地改善模糊控制的稳态性能和控制精准度，科研人员将模糊控制与传统的 PID 控制相结合，提出了模糊 PID 控制方法，应用于智能灌溉控制系统，可以提升其动态性能。

将模糊控制技术应用于智能灌溉可以抛开被控对象的数学模型，解决了灌溉过程中的非线性问题，提高了灌溉精度，但是针对某种作物，模糊控制规则和隶属函数的获取与确定需要极其丰富的种植经验，并且控制规则一旦确定，在灌溉系统运行过程中不易更改。因此有必要使用粒子群优化算法、遗传算法对模糊规则进行动态寻优，能在线修改模糊控制规则，改善系统的控制品质。

9.3.3　神经网络技术在智能灌溉中的应用
9.3.3.1　神经网络理论

人工神经网络（artificial neural networks，ANN）技术在智能灌溉中的应用是指用计算机语言模拟人脑神经的决策方式指导灌溉,其实质为采用某种网络拓扑结构而构成的农田环境信息智能处理系统。在现代农业灌溉问题上,通过调整大量并行互联节点间的连接关系,人工神经网络能够适应于复杂环境和多目标控制要求,以完成对信息的处理。神经网络还可以与其他类型的控制原理相结合,产生性能更为优异的灌溉控制系统。

9.3.3.2 神经网络控制方法

神经网络应用于灌溉领域可以解决灌溉控制领域难以解决的两大难题:一是被控对象(土)存在不确定性和非线性特性;二是农田多环境因子之间的相互耦合。因此,人工神经网络引起了广大智慧农业工作者的极大关注。国内有学者抽取表征土壤入渗性能的关键特征值,基于神经网络,利用试验数据回归建立了灌溉水入渗深度预测模型,可以根据作物需求控制灌溉水湿润至合理深度,减少深层渗漏。但该研究只提取了4个特征值建立了入渗识别模型,且只进行了室内验证,预测深度与实际深度误差不超过10%,室内环境与复杂的农田环境差异较大,该模型预测的准确性难以保证。

有人提出了神经网络和灰色预测方法相结合的并联灰色神经网络组合模型来预测灌溉用水量,提高了预测精度,可应用于长期灌溉用水量预测,具有很好的应用前景。基于ZigBee与BP神经网络的棉田自动灌溉控制系统,使用无线传感网络获取农田环境状况,并建立BP神经网络的监测预警模型,试验结果表明,该系统能够实现数据采集,适用于棉田灌溉的实时监控。上述利用神经网络技术能够完成运算、推理、识别及灌溉控制任务,具有较高的智能水平,但是未能全面、系统地确定网络的结构和类型,计算过程中有可能造成网络训练失败。

9.3.3.3 神经网络与模糊控制技术的融合

模糊控制算法解决了现代农业智能灌溉系统中自然语言和人类思维推理表达的数学化问题,使机器能模拟人脑的感知、推理等智能行为。但是,在模糊控制系统的应用过程中,还有不少工作,如大量数据的处理、操作经验的归纳总结,特别是灌溉系统中模糊规则的形成、隶属函数的选型、调整等工作,还得依赖人工完成。因此,可以将神经网络和模糊控制融合在一起,这样就克服了模糊控制器不具备自学习能力的缺点,从而使机器能更好地模拟人类智能而提高灌溉效率。

人工神经网络技术在现代农业智能灌溉领域的学习、预测和优化等方面表现出了很好的智能特性和极好的应用前景,也解决了复杂的农田环境下多目标控制问题。缺点是神经网络的结构和类型难以确定,无法保证结果的绝对正确性,算法易陷入局部最优。

9.3.4 专家系统控制技术在智能灌溉中的应用
9.3.4.1 专家系统控制理论

专家系统控制(expert system control,ESC)技术是智能控制的重要分支之一。现代农业智能灌溉领域的专家系统实质上是一类包含大量专门农业知识和经验的程序系统,它应用人工智能技术和计算机技术,根据农业灌溉专家提供的知识和经验进行推理和判断,使机器模拟人类专家解决智能灌溉问题的计算机程序系统。农业专家系统的基本结构如图9.9所示，包括知识库、推理机、数据库、知识获取机构、解释机构以及人机界面等模块。

9.3.4.2 专家系统控制方法

传统农作物种植多以经验为主，农业专家系统是将农业技术与信息技术进行融合，综合分析各类农业领域相关知识、经验、数据、模型后，通过计算得出最优的解决方案，用于指导智慧农业生产的一种高新科技。当农业专家系统运用在农业灌溉时，可以大大提高灌溉的智能性，使灌溉系统具有诊断、决策及预测等功能。

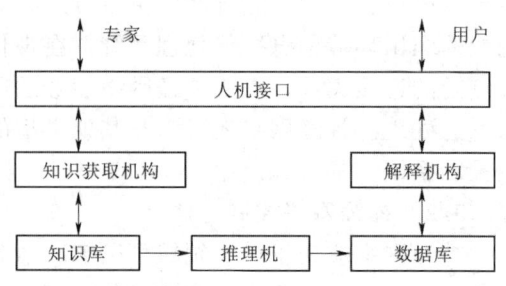

图9.9 农业专家系统的基本结构

目前国内有研究人员设计了作物灌溉专家系统，建立了专家知识库，利用作物灌溉知识，根据种植日期和作物类型制定详细的灌溉计划，并通过试验证明该系统能够应用于所有农作物，该作物灌溉专家系统使人类专家的知识突破了时间和空间的限制，提高了灌溉精度，带来了巨大的社会效益和经济效益，但是该系统不具备自我学习和在系统运行过程中自我完善和发展的能力。

获取农作物的生长信息及各生长阶段的需求进行合理灌溉是节水灌溉的关键。专家系统控制技术汇集了农业领域多位专家的知识和经验，解决了复杂的灌溉问题，表现出较强的工作能力，而且能够准确、迅速、不知疲倦地工作。作物生长信息知识库能够根据不同作物不同时期的生长需求，自动形成最优控制方案，按其所需提供适宜的灌水计划。纵观专家系统的整个设计过程不难发现，知识获取成为构建灌溉领域专家系统的瓶颈，当外界环境变化较大时，需要通过编程的方式才能充实和完善知识库中的知识。

9.3.5 智能灌溉技术的发展方向

国家"十四五"发展规划明确指出，要大力发展智慧农业，智慧农业是以信息和知识为核心要素，通过互联网、物联网、大数据、人工智能和智能装备等现代信息技术与农业跨界融合，实现农业生产全过程的信息感知、定量决策、智能控制、精准投入、个性化服务的全新农业生产方式，是农业信息化发展从数字化到网络化再到智能化的高级阶段。智能灌溉是智慧农业的基础，建设现代农业产业科技创新中心，重点突破农机装备、智能农业、生态环保等领域关键技术。智能节水灌溉的核心是开发出在无人干预的情况下能自主根据作物需水量和地块形状在不同位置灌溉不同水量的农机装备。人工智能技术与自动控制技术、无线传感网络技术相结合，并灵活应用数据挖掘技术，根据不同作物不同时期的生长需求，自动形成最优控制方案，实现对作物的精准灌溉，提高了灌溉系统的智能化。

9.3.5.1 物联网技术在智能灌溉中的应用

物联网是在互联网基础上进行延伸和扩展，是一种可实现信息全面感知、可靠传输和智能处理的网络。我国提出了"感知中国"的物联网发展战略，"现代农业物联网"就是物联网发展战略中最重要的应用方向之一。在现代农业领域，通过将物联网

9.5 智能型远程灌溉控制系统

应用到农业灌溉，实现"智慧农业"。随着物联网技术的发展，农业物联网将成为必然趋势，能够根据用户的需求，实时监控土壤的温湿度、叶面湿度、空气温湿度等环境参数，并采用无线信号收发模块传输数据、开关或调节指定设备。农业物联网可为实现农田节水灌溉智能化管理提供科学依据。

9.3.5.2 大数据、云计算技术在智能灌溉中的应用

大数据（big data）技术是在获取、存储、管理、分析方面超过传统数据库软件工作能力的数据集合。农田环境复杂，作物需水量影响因素多，数据信息量大，大数据技术的特色在于对海量农田环境数据信息进行充分挖掘，提高数据的"加工能力"，保证灌溉决策的正确性。云计算（cloud computing）是一种新提出的计算模式，应用在现代农业灌溉领域的技术实质是计算、存储、服务器、应用软件等 IT 软件、硬件资源的虚拟化。智能灌溉系统立足现代农业，融入国际领先的"物联网、云计算、移动互联网"技术，借助电脑、智能手机，实现对农业生产现场气象、土壤、水源环境的实时监测。每户一部云端服务器，使农民足不出户就能远程监控园区的作物情况并进行灌溉设备的远程控制，为广大农业工作者提供一套高效便捷、功能强大的农业管理系统，实现智能化管理。

在智能灌溉领域，大数据技术与云计算技术紧密结合，建立数据监测、网络通信、数据云计算、管理决策为一体的智能灌溉系统，更好地为智慧农业服务。

9.3.5.3 智能控制技术的融合

目前，国内采用的人工智能技术针对某一灌溉控制任务，多着眼于数学语言进行描述，多局限于单项智能技术的应用。实际上，一个系统的灌溉任务有多重性和时变性，需要采用多种智能技术相结合的方式，完成任务集合的处理，实现智能节水灌溉。使用智能控制技术能够根据作物需求进行合理灌溉，但是如前所述，每种智能控制技术都有各自的优缺点。因此，有必要对多种智能控制方法进行融合，通过定性和定量相结合的方法，针对被控对象和灌溉任务的复杂性、不确定性和多变性，有效自主地实现复杂信息的处理、优化和判断，最终达到智能节水灌溉的目的。

9.4 基于物联网云平台的自动化灌溉系统

物联网是新一代信息技术的重要组成部分，也是"信息化"时代的重要发展阶段。其英文名称是："internet of things（IoT）"。顾名思义，物联网就是物物相连的互联网。这有两层意思：①物联网的核心和基础仍然是互联网，是在互联网基础上的延伸和扩展的网络；②其用户端延伸和扩展到了任何物品与物品之间，进行信息交换和通信，也就是物物相息。物联网通过智能感知、识别技术与普适计算等通信感知技术，广泛应用于网络的融合中，也因此被称为继计算机、互联网之后世界信息产业发展的第三次浪潮。物联网是互联网的应用拓展，与其说物联网是网络，不如说物联网是业务和应用。因此，应用创新是物联网发展的核心，以用户体验为核心的创新2.0是物联网发展的灵魂。

云计算（cloud computing）是基于互联网的相关服务的增加、使用和交付模式，

通常涉及通过互联网来提供动态易扩展且经常是虚拟化的资源。云是网络、互联网的一种比喻说法。过去在图中往往用云来表示电信网，后来也用来表示互联网和底层基础设施的抽象。因此，云计算甚至可以让你体验每秒10万亿次的运算能力，拥有这么强大的计算能力可以模拟核爆炸、预测气候变化和市场发展趋势。用户通过电脑、手机等方式接入数据中心，按自己的需求进行运算。

物联网和云计算都是新一代信息技术的典型代表。物联网系统通常包括感知、传输和应用3个层次，基本特征是全面感知、可靠传送和智能处理。近年来农业传感仪器和感知技术得到了迅速发展和广泛应用。云服务不但可以拥有便捷的云端数据存储、大量的开放软件服务和强大的云计算支撑，而且具有移动互联、实时在线、安全稳定和用户终端设备配置要求低等优点，向用户提供自由、方便和灵活的服务，极大地改变了传统数据中心的运行模式，大大降低了用户运维成本，这种新的服务模式在"互联网+"时代引起了业界又一次重大的产业变革。

基于物联网通用平台和云计算技术，结合自动控制技术和专家系统技术、传感器技术、网络技术、无线通信技术、软件技术等于一体的智能化远程节水灌溉控制和管理系统，系统可以接入大田或者温室滴灌、喷灌等各种类型的灌溉系统，可以控制水肥一体化设备。系统根据物联网系统采集到的温室或农田的土壤温湿度和空气温湿度等环境参数、当前及未来的天气状况以及作物生长实际用水需求，通过物联网平台特有的多因子智能控制规则引擎，利用智能控制和人工智能技术，对滴灌、喷灌、微灌、水肥一体化等灌溉设备进行智能控制，实现精准灌溉，提高水资源的利用率，为农作物生长提供更精准的生长环境。使用智能灌溉控制系统，不但能更有效地利用水资源、提高产量，还能够提高自动化生产效率，降低人力成本和管理成本，显著提高效益。

本节以一种基于阿里云的渠灌闸门智能控制系统为例，面向中小型灌溉渠道，从系统的观点出发，充分利用新一代信息技术在系统研发、部署、运行、使用等方面的优势，将传统的机电一体化技术与物联网、云、移动互联等技术相结合，实现渠灌输水的精准化和可控化，提高农业用水效率。

9.6 智能测控一体化闸门

9.7 基于物联网云平台明渠自动测流装置

该系统采用云服务器，实施物联网技术架构，分为感知层、传输层、支撑层和应用层，如图9.10所示。基本思路是各类传感设备按照预先设置频率采集数据，嵌入式控制模块负责将感知信息进行有效处理，并经无线通信发送至云平台。在云端建立灌区数据中心，开发中间件，利用云计算资源，实现数据汇集、整理、存储和呈现。用户只需使用较低的终端配置设备即可实现闸门的实时监测、远程控制和智能调度等功能。

9.4.1 系统技术架构

感知层集成了水位传感器、闸门开度仪、电机控制器、光伏控制器和摄像头（部分重要水闸站点）等，通过数据采集和计算即可实现对上下游水位、闸门启闭状态、闸门开度、闸门运行速度、过闸流量、现场图像、电压电流以及电池状况等信息的汇聚。系统在阿里云服务器拥有固定IP地址。在传输层，嵌入式模块通过GPRS模块向指定IP地址发送状态数据或接受控制指令。在支撑层，阿里云服务器为系统提供

9.4 基于物联网云平台的自动化灌溉系统

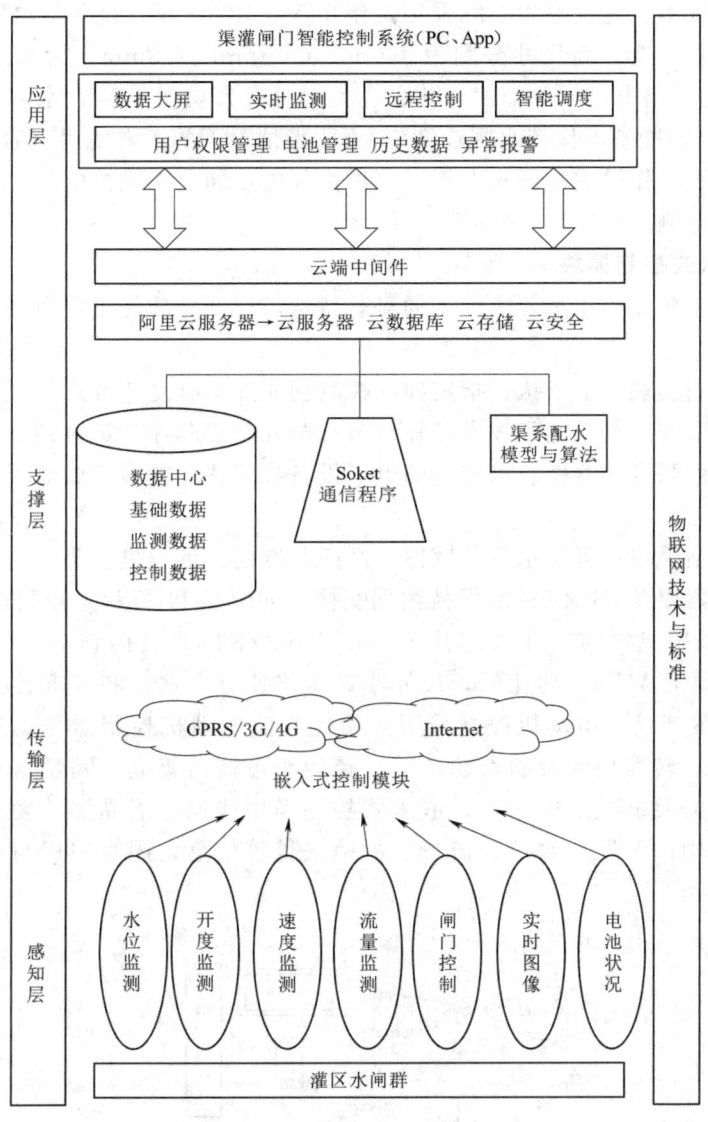

图 9.10 系统架构图

云服务器、云数据库、云存储和云安全等服务,满足系统在云端建立灌区数据中心、部署中间件等需要;在应用层,根据不同应用需求,分别研发面向 PC 的 B/S 版和面向移动终端的 App 版应用系统。用户在任何时间、任何地点,均可通过计算机或手机访问云服务器,实时查看水闸运行状态数据,远程控制闸门的开启、关闭、开度以及运行时间等,制定并执行灌溉方案。

9.4.2 硬件设计
9.4.2.1 光伏供电模块

水闸装置中耗电部件主要包括各类传感器、控制器、电动机和控制板。在满足水闸系统供电要求的基础上,选用功率较低的太阳能电池板和容量较低的蓄电池,以降低产品尺寸及成本。光伏电源系统采用两组 12V、12A·h 的铅酸蓄电池，两组 10W 的太阳能板，长、宽、高尺寸分别为 340mm、170mm、18mm，为水闸提供 24V 和 5V 两种等级的输出电压。单个闸门开启或关闭时最大功耗 45W，水闸静止时功耗小于 5W，光伏电源能基本保持水闸连续 15 天阴天情况下的正常使用。通过光伏控制器可以实现对负载工作模式、停充电压、欠压恢复电压和欠压保护电压等参数设定，并进行实时电量监测。

9.4.2.2 嵌入式控制模块

远程实时监测和控制是智能水闸的显著特点，这部分功能主要由嵌入式控制模块完成。

嵌入式控制模块是用于执行指定独立控制功能并具有复杂方式处理数据能力的控制系统。它是由嵌入式微电子技术芯片（包括微处理器芯片、定时器、序列发生器或控制器等一系列微电子器件）来控制的电子设备或装置，能够完成监视、控制等各种自动化处理任务。

嵌入式控制模块负责与水位传感器、闸门开度仪、远程摄像头、光伏控制器、直流电动机控制器以及 GPRS 模块保持数据交换，如图 9.11 所示。控制板选用 STM32 系列 MCU，采用成熟的工业级芯片 STM32F103ZET6，其内核为 32 位 ARM Cortex-M3，主频 72MHz，功耗低，尺寸小，价格便宜；水位和开度传感器均采用成熟的 MODBUS 产品。电动机控制采用多功能直流电动机控制器，具有多种调速模式，支持刹车、转速控制及斜坡起动等。摄像头可按需集成，满足重要水闸站点的实时图像传送需要。经二次开发，嵌入式控制模块能通过液晶屏、发光二极管等媒介在本地显示闸门开度、水位、流量、故障报警等信息，同时完成与云端服务器间的数据远程传送。

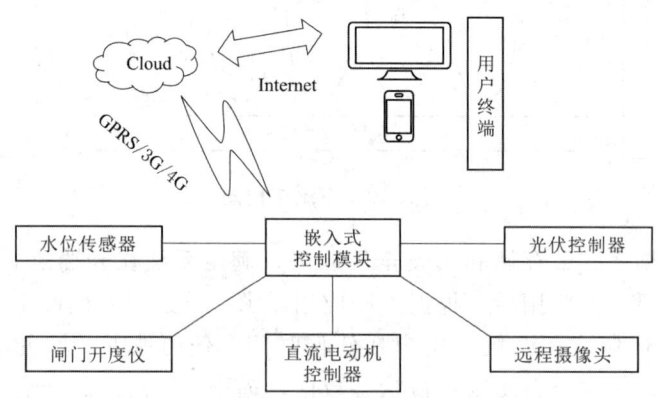

图 9.11 嵌入式控制模块运行原理图

9.4.2.3 水闸安装

将传感器、嵌入式控制模块、无线通信模块、太阳能电池与机械本体结构进行一体化集成，其中嵌入式控制模块、无线通信模块和太阳能电池统一装入小型控制盒，电动机封装在水渠外侧并高于阀芯；阀芯和底座之间做好专门的防漏处理。一体化设计的水闸产品可以在出厂前便完成大部分调试，施工时采取整体吊装，降低了户外安装调试工作量。因采用太阳能电源和 GPRS/3G/4G 无线通信，降低了布线成本，有助于解决传统水闸野外布线烦琐、供电困难等问题。在闸门产品化时，预先生产常见尺寸的系列产品；根据灌区渠系实际情况，可以按需选择并组合安装水闸，如图 9.12 所示。

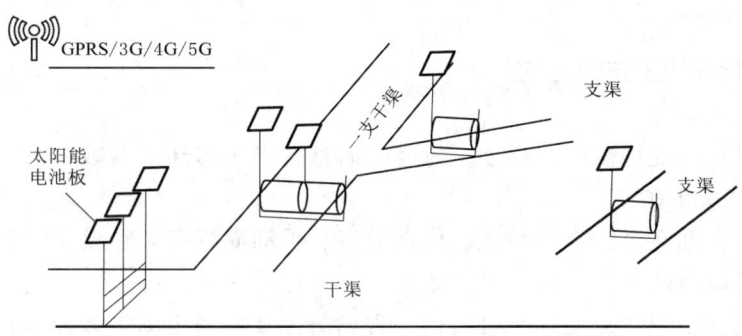

图 9.12 水闸安装布置图

9.4.3 软件设计
9.4.3.1 系统构成
系统软件设计包括本地控制端、远程终端以及云端等 3 个层次的程序设计。本地控制端系统，主要完成传感器数据采集与显示、水闸手动开启与关闭、运行模式设置以及与云端保持数据通信等功能；远程终端访问系统包括 Web 网站和移动 App，为用户提供权限管理、灌区数据大屏、水闸远程监测与控制、智能调度与异常报警等功能，实现人机交互；数据大屏通过数据可视化技术全方位、多角度呈现当前灌区所有渠系和水闸相关实时数据的动态变化；云端中间件为远程控制终端和水闸终端搭建桥梁，水闸运行状态数据经嵌入式模块发送至云端存储并处理，供远程控制终端访问；用户通过远程控制终端经云端向水闸发送控制指令。此外，云端中间件还为系统提供数据可视化、渠系配水等模型与算法的支撑。

9.4.3.2 数据通信
通过设置定时中断完成水闸运行状态数据的采集。在闸门静止时，每 1000ms 一次轮询各类传感器；在闸门运行时，轮询周期缩短至 100ms，以提高数据实时性。在获得传感器应答后，分别进行数据的 CRC 校验、时序校验和合理性校验，以提高数据可靠性。如数据错误则返回错误代码。

9.4.3.3 智能调度
智能调度是指用户按照所在灌区不同区域、不同时间、不同农作物的灌溉需求，制定灌溉方案，让系统在渠系配水优化模型的作用下，自动决定需要开启或关闭的水闸及其运行模式、开启时间、开启时长、开度等参数设置，通过远程遥控，自主完成灌溉任务，同时将运行结果数据反馈至用户端供辅助决策。渠灌系统由很多渠道串联而成，每段渠道被水闸分割。某个水闸开度变化时，将引起闸门前后水位和流量的变化。将实时监测获取的闸后水位、流量与目标值的偏离量作为控制水闸开度的反馈输入，建立基于水位、流量双反馈的闸门开度云控模型，并在此基础上开发云端中间件。通过云端软件包对水闸群的联动控制，完成自动调水。

9.4.3.4 异常报警

当水闸供电不足或者水闸未按指定指令执行时系统将自动报警。前者通过对光伏控制器实时监测电量来实现，后者根据旋转式闸门开启或关闭时的角速度变化规律作出判断。

9.4.4 自动化灌溉系统的功能

1. 数据采集功能

可自动采集，处理温度、湿度、风速、雨量、光照等环境参数。

2. 灌溉控制功能

（1）具有自动灌溉、定时灌溉、周期灌溉、手动灌溉等多种模式，用户可根据需要灵活选用灌溉模式。

（2）可实现中控室控制，手机短信、现场遥控及现场手动等多种方式控制。

3. 参数设置功能

（1）系统可以对现场的温、湿度限值进行设置和修改。

（2）系统可通过控制器或后台监控系统完成灌溉起始时间、停止时间、喷灌时间等参数设置。

4. 显示功能

（1）控制器上配有液晶屏，以中文菜单方式显示，现场采集数据显示在液晶屏上。

（2）后台监控系统可配大屏幕显示器，图形、表格等多种形式动态显示整个灌溉区运行情况，准确、直观、明了。

5. 报警功能

当灌溉系统出现故障，如水管破裂等，立即停止水泵运行，并报警。

6. 通信功能

（1）通过后台机查看、设置、修改参数。

（2）采集数据上传后台机，供后台机进行数据处理和显示。

（3）接收后台机发出的控制命令。

7. 数据处理功能

后台机可完成用户提出的统计、贮存、查询等各种数据处理功能，并可打印用户要求的报表。

（1）电磁阀门开启次数和时间统计。

（2）通过电磁阀门的水流量统计。

（3）系统故障次数统计，系统使用率统计。

（4）用户要求的其他统计功能。

9.4.5 自动化灌溉系统的特点及优势

（1）基于成熟的物联网通用平台和云计算应用平台构建，系统运行稳定可靠，性能卓越,灵活的配置功能,可以最大程度满足不同客户的个性化需求。

(2) 物联网前端选用自主研发的一体化智能监控终端,集成度高,安装及维护简便。IP66以上的防护等级,防尘防水,适应户外阴雨潮湿恶劣环境。

(3) 前端设备通过无线传输连接到中心监控点,最远无线传输距离可以达到8km,满足绝大多数情况下的使用需要。

(4) 前端通信模块、控制模块和电磁阀等设备均采用低功耗设计,支持太阳能供电。

(5) 智能手机客户端App和微信公众服务号接口模块,可以随时随地远程监控农业环境并远程控制相关灌溉设备。环境告警和控制信息可以通过手机短信、彩信、微信等多种方式实时推送和发布。

(6) 可以根据不同作物在不同生长阶段的用水需求,建立控制模板,不需人工干预,由系统实现全自动控制。

(7) 系统可自动根据采集到的环境数据进行智能分析,灵活地控制灌溉设备。先进的多因子智能控制模块和智能规则引擎,可以设定多个环境因子作为规则的组合触发条件,同一规则下,可触发分阶段的复杂动作,使调控更精准、更智能。

(8) 支持定时任务,可以以天、周、月为循环周期,按照时间段设定灌溉设备的开启和关闭。

(9) 软件系统可以支持基于互联网云计算的租用模式(SAAS),按使用量和使用时间收费,客户不需购置单独的软件和服务器,投资最小,安装实施周期最短,不需维护。

(10) 前端设备安装部署无需供电和网络线路,施工简单,即装即用。

参 考 文 献

[1] 李德旺,许春雨,宋建成. 现代农业智能灌溉技术的研究现状与展望 [J]. 江苏农业科学,2017,45 (17): 27-31.

[2] 陈大雕. 喷灌系统的自动化 [J]. 喷灌技术,1979 (2): 54-68.

[3] 包志炎,王学斌,张海波,等. 基于物联网和云架构的渠灌闸门智能控制系统 [J]. 农业机械学报,2017,48 (11): 222-228.

[4] 李志义,赵祥生. 基于物联网的区域农田土壤墒情监测系统研究 [J]. 能源与节能,2013 (7): 60-61.

[5] 王毅. 城市草坪智能化灌溉系统研究 [D]. 西安:西安建筑科技大学,2008.

[6] 何勇,聂鹏程,刘飞. 农业物联网与传感仪器研究进展 [J]. 农业机械学报,2013,44 (10): 216-226.

[7] 孙其博,刘杰,黎羴,等. 物联网:概念、架构与关键技术研究综述 [J]. 北京邮电大学学报,2010,33 (3): 1-9.

[8] 王志良,刘欣,刘磊. 物联网控制基础 [M]. 西安:西安电子科技大学出版社,2014.

[9] 李建军,许燕,张冠,等. 基于BP神经网络预测和模糊控制的灌溉控制器设计 [J]. 机械设计与研究,2015,31 (5): 150-154.

[10] 曹兴锋. 自动气象监测站网监控系统设计与应用 [J]. 山东气象,2014,34 (2): 72-74.

[11] 夏江涛. 基于 ZigBee 技术的气象参数监测系统设计 [J]. 机械与电子, 2014 (4): 50-53.
[12] 周晓倩, 马孝义, 陈磊, 等. 一种气象数据监测系统的设计 [J]. 电子技术应用, 2014 (5): 136-139.
[13] 杨昊谕. 基于叶绿素荧光光谱分析的植物生理信息检测技术研究 [D]. 长春: 吉林大学, 2010.